FISIOTERAPIA no câncer de mama

FISIOTERAPIA
no câncer de mama

Angela Gonçalves Marx

Patrícia Vieira Guedes Figueira

Coordenadoras

Copyright © 2017 Editora Manole Ltda., por meio de contrato com as coordenadoras.

Editora gestora: Sônia Midori Fujiyoshi
Editora: Cristiana Gonzaga S. Corrêa
Capa: Daniel Justi
Editoração eletrônica: Lira Editorial
Ilustrações: Mary Yamazaki Yorado e Sirio Cansado
Fotos do miolo: gentilmente cedidas pelos autores

Dados Internacionais de Catalogação na Publicação (CIP)
(Câmara Brasileira do Livro, SP, Brasil)

Fisioterapia no câncer de mama / coordenação
Angela Gonçalves Marx, Patrícia Vieira Guedes
Figueira. -- Barueri, SP : Manole, 2017.

Vários autores.
Bibliografia
ISBN: 978-85-204-5359-9

1. Fisioterapia 2. Mama - Câncer - Fisioterapia
3. Mama - Câncer - Pacientes - Reabilitação
4. Oncologia I. Marx, Angela Gonçalves. II. Figueira,
Patrícia Vieira Guedes.

17-02819   CDD-615.82
                              NLM-WB 460

Índices para catálogo sistemático:
1. Fisioterapia : Câncer de mama : Ciências médicas
615.82

Todos os direitos reservados.
Nenhuma parte deste livro poderá ser reproduzida, por
qualquer processo, sem a permissão expressa dos editores.
É proibida a reprodução por xerox.

A Editora Manole é filiada à ABDR – Associação Brasileira de Direitos Reprográficos.

Edição – 2017

Direitos adquiridos pela:

Editora Manole Ltda.
Avenida Ceci, 672 – Tamboré
06460-120 – Barueri – SP – Brasil
Tel.: (11) 4196-6000
www.manole.com.br
info@manole.com.br

Impresso no Brasil
Printed in Brazil

Este livro contempla as regras do Acordo Ortográfico da Língua Portuguesa de 1990, que
entrou em vigor no Brasil em 2009.

Foram feitos todos os esforços para se conseguir a cessão dos direitos autorais das imagens
aqui reproduzidas, bem como a citação de suas fontes.
Caso algum autor sinta-se prejudicado, favor entrar em contato com a editora.

Coordenadoras

Angela Gonçalves Marx

Fisioterapeuta. Mestre em Ciências – Oncologia – pelo Hospital do Câncer de São Paulo – AC Camargo Cancer Center. Doutora em Ciências – Oncologia – pela Universidade de São Paulo (USP). Coordenadora do Curso de Pós-graduação de Fisioterapia em Oncologia do Centro de Estudos Avançados e Formação Integrada de Brasília. Presidente da Associação Brasileira de Fisioterapia em Oncologia (ABFO) – Gestão 2008-2011. Diretora da Clínica Angela Marx.

Patrícia Vieira Guedes Figueira

Fisioterapeuta. Título de Especialista Profissional em Fisioterapia em Oncologia pela ABFO/Conselho Federal de Fisioterapia e Terapia Ocupacional (Coffito). Pós-graduada em Fisioterapia em Oncologia pela Faculdade de Ciências da Saúde de São Paulo, em Fisioterapia Hospitalar pelo Hospital Israelita Albert Einstein, em Fisiologia do Exercício pela USP e em Fisioterapia em Neurologia pela Universidade Cidade de São Paulo. Mestre e Doutoranda em Ciências – Área de Mastologia – pela Universidade Federal de São Paulo (Unifesp). Preceptora da Especialização e Residência em Saúde da Mulher no Ambulatório de Mastologia da Unifesp. Presidente da ABFO – Gestão 2013-2017. Diretora da Clínica Angela Marx.

Cuido do corpo?
Ou cuido da alma?
Alma é tratável?
Seria abuso de autoridade, de intromissão?
O tocar no corpo permite certa intimidade.
Quero tocar na alma.
Na minha alma.
E que o corpo seja somente um meio para expressar
Não somente técnicas, conhecimento,
Mas compreensão e cumplicidade.
E que, ao cuidar do corpo,
A alma se acalme.
Acalmem-se as dores.
Acalmem-se os sentidos.
Pois a vida é assim.

Angela Gonçalves Marx

Agradecimentos

À Editora Manole, nas pessoas de Carlos, Vanessa e Cristiana, dentre todos os outros funcionários que não tive contato, mas que possibilitaram, com seu inestimável trabalho, a publicação deste livro.

Aos editores sra. Daniela Manole e sr. Dinu Manole, pela amizade de tantos anos e confiança depositada em nosso trabalho.

À Patricia Figueira, co-coordenadora deste livro, pela amizade, empenho, dinamismo e participação importante para que os projetos se tornassem realidade.

À Veronique Mertens, amiga de todas as horas, pela paciência e carinho nesses anos todos.

A Deus, que permitiu que eu tivesse pais maravilhosos, que me ofereceram todo suporte emocional e educacional, e por isso, me foi dada a oportunidade de tratar, cuidar, crescer e conviver com inúmeros pacientes com os quais aprendo e me emociono continuamente nesse processo terapêutico de mão dupla.

Angela Gonçalves Marx

Agradecimentos

À equipe da Editora Manole, pela confiança e atenção durante todo o processo.

Aos colaboradores, que abrilhantaram os capítulos partilhando os seus conhecimentos e as suas vivências.

A minha família, esposo e amigos pelo amor, paciência e incentivo em todos os momentos.

Às pacientes, por compartilhar momentos não só de angústia, medo e dor, mas também suas alegrias e conquistas, motivando-me a ser melhor pessoa e profissional a cada dia.

À dra. Angela Marx, que me permitiu estar ao seu lado desde o início e me ensinou, com maestria, a arte de atender os pacientes com câncer de mama.

A Deus, responsável por me colocar no exato local e momento da vida que eu deveria estar.

Patrícia Vieira Guedes Figueira

Autores

Afonso Celso Pinto Nazário
Professor Livre-docente do Departamento de Ginecologia da Escola Paulista de Medicina da Universidade Federal de São Paulo (EPM-Unifesp).

André Luciano Pinto
Fisioterapeuta. Mestre em Fisioterapia Intensiva pelo IBRATI. Pós-graduado em Acupuntura pela Escola de Terapias Orientais de São Paulo. Pós-graduado em Termografia pelo Hospital das Clínicas da Faculdade de Medicina da Universidade de São Paulo (HC-FMUSP). Instrutor do Método *Therapy Taping*.

Andrea Yumi Watanabe
Médica Mastologista. Especialista em Mastologia pela Sociedade Brasileira de Mastologia. Mestre em Ginecologia pela EPM-Unifesp.

Angela Gonçalves Marx
Fisioterapeuta. Mestre em Ciências – Oncologia – pelo Hospital do Câncer de São Paulo – AC Camargo Cancer Center. Doutora em Ciências – Oncologia – pela USP. Coordenadora do Curso de Pós-graduação de Fisioterapia em Oncologia do Centro de Estudos Avançados e Formação Integrada de Brasília. Presidente da Associação Brasileira de Fisioterapia em Oncologia (ABFO) – Gestão 2008-2011. Diretora da Clínica Angela Marx.

Carolina Maciel Reis Gonzaga
Fisioterapeuta. Mestre e Doutora em Ciências da Saúde pela Faculdade de Medicina da Universidade Federal de Goiânia. Docente do Curso de Graduação em Fisioterapia do Instituto Unificado de Ensino Superior Objetivo (IUESO) e do Curso de Especialização em Fisioterapia em Oncologia (CEAFI). Vice-presidente da Associação Brasileira de Fisioterapia em Oncologia (ABFO – Gestão 2013-2017).

Claudia Luci dos Santos Inhaia
Especialização em Cuidados Paliativos pelo Instituto Pallium Latinoamérica e em Terapia da Dor pelo Instituto Israelita de Ensino e Pesquisa Albert Einstein (IIEPAE). Mestre em Tocoginecologia pela Universidade Estadual de Campinas (Unicamp). Coordenadora da Enfermaria de Cuidados Paliativos do Centro de Referência da Saúde da Mulher/Hospital Pérola Byington.

Christiane Nunes Onaga
Médica Veterinária. Especialização em Homeopatia.

Cid Ricardo Abreu Buarque de Gusmão
Médico Oncologista Clínico do Departamento de Oncologia do Instituto do Câncer do Estado de São Paulo "Octavio Frias de Oliveira" do Hospital das Clínicas da Faculdade de Medicina da Universidade de São Paulo. Membro da Academia de Medicina do Estado de São Paulo, da Sociedade Brasileira de Oncologia Clínica (SBOC), da American Society of Clinical Oncology, da European Society for Medical Oncology e da International Society for Pharmacoeconomics and Outcomes Research.

Danila Cristina Paquier Sala
Enfermeira. Especialista em Enfermagem Oncológica. Técnica Administrativa em Educação do Departamento de Administração e Saúde Coletiva da Escola Paulista de Enfermagem (EPE) da Unifesp.

Denise Tiemi Noguchi
Especialista em Bases de Medicina Integrativa pelo IIEPAE, em Psico-oncologia pelo Hospital Pérola Byington e em Medicina Paliativa pelo Instituto Paliar/Centro Universitário São Camilo. Assistente de Coordenação da Pós-graduação de Bases de Medicina Integrativa do IIEPAE. Médica Responsável pelo Grupo de Medicina Integrativa do Centro de Oncologia e Hematologia do Hospital Israelita Albert Einstein (HIAE).

Edson Mantovani Barbosa
Médico Mastologista. Doutor na Área de Oncologia pela USP. Coordenador do Departamento de Mastologia do Instituto Brasileiro de Controle do Câncer (IBCC).

Elizabeth Hazin
Especialista em Literatura Inglesa pela University of London, Reino Unido. Mestre em Teoria Literária pela Universidade Federal de Pernambuco (UFPE). Doutora em Literatura Brasileira pela USP. Professora Colaboradora do Programa de Pós-graduação da Universidade de Brasília (UnB).

Emília Cardoso Martinez
Fisioterapeuta. Mestre em Ciências da Saúde pela Faculdade de Ciências Médicas da Santa Casa de São Paulo (FCMSCSP). Pós-graduada em Fisioterapia Musculoesquelética pela Santa Casa de Misericórdia de São Paulo. Professora Convidada da FCMSCSP. Professora-assistente e Supervisora de Estágio do Centro Universitário das Faculdades Metropolitanas Unidas.

Giselia Santos Tolentino
Enfermeira. Especialista em Enfermagem Oncológica e em Clínica Cirúrgica. Mestranda do Programa de Pós-graduação em Enfermagem da EPE-Unifesp.

Heloisa de Andrade Carvalho
Doutora e Livre-docente em Medicina pela FMUSP. Professora-associada da Disciplina de Radioterapia do Departamento de Radiologia e Oncologia da USP.

Icaro Thiago de Carvalho
Médico Especialista em Radioterapia pelo Instituto de Radiologia do Hospital das Clínicas (HC) da FMUSP. Médico radio-oncologista do Centro de Oncologia e Hematologia do Hospital Israelita Albert Einstein. Membro da Diretoria da Sociedade Brasileira de Radioterapia (2014-2017).

Juan Sebastián Sánchez Tobar
Pós-graduação em Cirurgia Geral pela Fundação Técnico-Educacional Souza Marques e em Mastologia pela Pontifícia Universidade Católica do Rio de Janeiro (PUC-RJ). *Fellowship* em Cirurgia Geral e Oncológica pelo MetroHealth Hospital, Cleveland, EUA.

Leonardo Ribeiro Soares
Médico-assistente do Instituto de Mastologia e Oncologia (IMO). Médico Titular do Hospital das Clínicas da Universidade Federal de Goiás (UFG) e do Hospital da Mulher e Maternidade Dona Íris.

Marcos Leal Brioschi

Médico. Mestre em Princípios da Cirurgia pela Faculdade Evangélica do Paraná. Doutor em Medicina e em Biotermodinâmica pela Universidade Federal do Paraná (UFPR). Pós-doutor pelo Departamento de Neurologia do HC-FMUSP. Professor Colaborador pelo Departamento de Pós-graduação em Cirurgia pela UFPR. Médico Pesquisador do Centro de Dor do HC-FMUSP.

Maíra Roveratti

Fisioterapeuta. Pós-graduação em Fisiologia e Biomecânica da Atividade Motora pelo HC-FMUSP. Pós-graduação em Fisioterapia em Oncologia pela Facis. Formação em Reeducação Postural Global – Método Souchard. Formação em Método Rolf de Integração Estrutural – ISSI. Formação em Linfoterapia – Clínica Angela Marx. Professora do Curso de Liberação e Integração Miofascial – Introdução ao Método Rolf pela ISSI.

Maria Cristina Monteiro de Barros

Especialista em Psicologia Transpessoal pela Associação Luso-brasileira de Transpessoal (Alubrat) e em Psicologia da Saúde e Hospitalar pelo Hospital das Clínicas da Faculdade de Medicina da USP (HC-FMUSP). Mestre em Psicologia do Desenvolvimento pelo Instituto de Psicologia da USP. Doutoranda em Psicologia e Espiritualidade na Saúde Mental pelo Programa de Saúde, Espiritualidade e Religiosidade do Instituto de Psiquiatria da USP. Professora da Disciplina Psicologia Transpessoal da Alubrat, Universidade Internacional da Paz (Unipaz) e do Instituto Junguiano de Ensino e Pesquisa. Vice-presidente da Alubrat.

Mariane Altomare

Fisioterapeuta. Mestre em Biologia Humana e Experimental pelo Laboratório de Reparo Tecidual (LRT) da Universidade do Estado do Rio de Janeiro (UERJ). Idealizadora das Técnicas de Liberação Tecidual Funcional e Bandagens Compressivas em Cirurgia Plástica. Colaboradora no LRT/UERJ com a linha de pesquisa: Tensão Mecânica x Reparo Tecidual. Coordenadora da Câmara Técnica de Fisioterapia Dermatofuncional do Crefito 2. Membro da Comissão de Ética da Associação Brasileira de Fisioterapia Dermatofuncional (ABRAFIDEF).

Patrícia Vieira Guedes Figueira

Fisioterapeuta. Título de Especialista Profissional em Fisioterapia em Oncologia pela ABFO/Conselho Federal de Fisioterapia e Terapia Ocupacional (Coffito). Pós-

-graduada em Fisioterapia em Oncologia pela Faculdade de Ciências da Saúde de São Paulo, em Fisioterapia Hospitalar pelo Hospital Israelita Albert Einstein, em Fisiologia do Exercício pela USP e em Fisioterapia em Neurologia pela Universidade Cidade de São Paulo. Mestre e Doutoranda em Ciências – Área de Mastologia – pela Universidade Federal de São Paulo (Unifesp). Preceptora da Especialização e Residência em Saúde da Mulher no Ambulatório de Mastologia da Unifesp. Presidente da ABFO – Gestão 2013-2017. Diretora da Clínica Angela Marx.

Rita de Cássia Macieira
Psicóloga. Título de Especialização em Psico-oncologia pela Sociedade Brasileira de Psico-oncologia (SBPO). Mestre em Saúde Materno-infantil pela Universidade de Santo Amaro (Unisa). Professora e Co-coordenadora de Cursos de Pós-graduação pelo Instituto Junguiano de Ensino e Pesquisa/FACIS.

Roberto Vieira
Título de Especialista da Sociedade Brasileira de Mastologia. Mestre e Doutor pelo Instituto Fernandes Figueira (IFF)/Fundação Oswaldo Cruz (Fiocruz). Presidente da Sociedade Brasileira de Mastologia Regional Rio de Janeiro. Coordenador do Projeto de Pesquisa em Câncer de Mama e Genética do IFF/Fiocruz.

Roger Guilherme Rodrigues Guimarães
Médico Especialista em Radioterapia pelo HC-FMUSP. Doutor em Medicina – Programa de Oncologia – pela FMUSP. Médico-assistente Voluntário do Instituto de Radiologia – Setor Radioterapia – do HC-FMUSP. Membro Titular da Sociedade Brasileira de Radioterapia. Médico Coordenador do Centro de Radioterapia do Hospital Vitória/Santos-SP. Médico Responsável pela Clínica Paulista de Radioterapia e Betaterapia – São Paulo/SP

Ruffo de Freitas Júnior
Especialista em Epidemiologia pela UFG, em Oncologia Clínica pelo Guy's Hospital – University of London, Reino Unido, em Tocoginecologia pelo Hospital Municipal Miguel Couto e em Cirurgia Geral pelo Hospital Geral do Andaraí. Mestre em Medicina pela Unicamp. Doutor em Tocoginecologia pela Unicamp. Professor-associado da Disciplina Estágio Supervisionado em Ginecologia e Obstetrícia I, II e III do Departamento de Ginecologia e Obstetrícia da UFG. Presidente da Sociedade Brasileira de Mastologia.

Simone Elias

Especialista em Mastologia pela Sociedade Brasileira de Mastologia. Mestre e Doutora em Ginecologia pela EPM-Unifesp. Pós-doutora em Radiologia Clínica pela EPM-Unifesp. Coordenadora do Ambulatório de Mastologia do HU--HSP/SPDM. Professora Adjunta da Disciplina de Mastologia do Departamento de Ginecologia da EPM-Unifesp.

Vânia Lopes Pinto

Enfermeira. Especialista em Cuidado Pré-Natal. Técnica Administrativa em Educação do Departamento de Enfermagem na Saúde da Mulher da EPE-Unifesp.

Sumário

Prefácio XXI

Introdução XXIII

Parte 1 – Câncer de mama

1. Câncer de mama no Brasil 3
2. Prevenção do câncer de mama. 23
3. Anatomia da mama e da axila e sua relação com a cintura escapular e o tórax 39
4. Câncer de mama 63
5. Tratamento cirúrgico no câncer de mama 77
6. Tratamento clínico do câncer de mama. 89
7. Radioterapia em câncer de mama 97
8. Oncoplástica 121
9. Câncer de mama no homem 131

Parte 2 – Fisioterapia no câncer de mama

10. Fisioterapia no pré-operatório, no pós-operatório precoce e no pós-operatório tardio 139
11. Exercícios e o câncer de mama. 157
12. Fisioterapia nas cirurgias oncoplásticas e reconstrutivas da mama 171
13. Fisioterapia nas metástases de câncer de mama 189
14. Termografia e sua aplicação no paciente de câncer de mama 207

xx Fisioterapia no câncer de mama

Parte 3 – Fisioterapia nas complicações

15. Seroma/linfocele 217
16. Síndrome da rede axilar 231
17. Fibroses e aderências 243
18. Lesões nervosas periféricas 257
19. Fadiga relacionada ao câncer 275
20. Náuseas e vômitos 287
21. Fisioterapia na radioterapia 295
22. Alterações posturais no câncer de mama 311
23. Linfedema 333

Parte 4 – Interdisciplinaridade e cuidados paliativos

24. Cuidados paliativos e câncer de mama 375
25. Interface da medicina integrativa e a fisioterapia
    na abordagem às mulheres com câncer de mama 399
26. Interdisciplinaridade – psicologia no câncer de mama 409
27. Assistência de enfermagem no câncer de mama 431
28. Experiência do paciente: antes, durante e depois 449

Índice remissivo 461

Prefácio

O esforço em desenvolver habilidades e competências para a realização de um trabalho eficiente e eficaz deve fazer parte da vida de todo profissional cuja meta é a assertividade necessária para a resolução dos problemas inerentes a sua área de atuação.

O câncer de mama é um tema mais que relevante para a saúde pública brasileira e mundial e exige o mais profundo estudo daqueles que se propõem a atuar nesta área. Por mais que se disponibilizem trabalhos acadêmicos e científicos neste tema, pelo seu caráter complexo como área de estudo e de atuação, sabe-se que sempre haverá espaço para novas obras.

Os fisioterapeutas brasileiros contribuem, de forma exemplar, para o desenvolvimento da fisioterapia mundial com publicação científica de qualidade e com o esforço do trabalho assistencial criativo e competente, o qual se destaca nas mais diversas áreas das especialidades fisioterapêuticas.

A fisioterapia em oncologia é uma das áreas que mais tem se desenvolvido dentro do cenário da profissão em nosso país. Graças a profissionais desbravadores e estudiosos, esta área de trabalho especializado vem sendo disseminada de forma rápida, trazendo um crescimento do número de profissionais.

As coordenadoras deste livro, Angela Gonçalves Marx e Patrícia Vieira Guedes Figueira, são parte da história da fisioterapia em oncologia e ambas têm se dedicado à disseminação dos estudos, da produção científica e da multiplicação de profissionais aptos para a atuação em oncologia, por meio de seus cursos, seminários, palestras e da organização e realização de curso em nível de pós-graduação.

Destaque há de ser feito para o espírito pioneiro e desbravador da fisioterapia em oncologia da Dra. Angela, que tem seu nome reconhecido e apresenta-se como profissional de referência nesta especialidade. Sua contribuição vai além dos estudos e publicações científicas, visto que seu espírito empreendedor permitiu a disseminação do conhecimento especializado aos demais profissionais, não somente pelo trabalho na formação deles, mas principalmente pelo efeito contagiante de sua paixão e amor na prática clínica em oncologia.

Esta obra é um guia para todos os profissionais que desejam iniciar ou aprofundar o conhecimento da fisioterapia no câncer de mama para uma prática clínica responsável e de resultados. Sendo assim, as coordenadoras buscaram profissionais de reconhecida competência em suas áreas de atuação para colaborarem em diversos capítulos, tornando ainda mais brilhante e valorosa esta obra e assegurando uma ampla visão multi e interprofissional.

Na Parte 1, o câncer de mama é abordado sobre os aspectos anatomofisiopatológicos, sua prevenção e os tratamentos. A colaboração de vários profissionais da área para discorrerem especificamente sobre cada tema confere solidez e clareza.

Na Parte 2, os autores abordam a atuação da fisioterapia no câncer de mama no pré e no pós-operatório, nas cirurgias oncoplásticas e reconstrutivas e nas metástases de câncer de mama, além de apresentarem um capítulo específico sobre a importância da prática de exercícios na prevenção e nas disfunções provocadas pelo tratamento do câncer de mama.

Na Parte 3, os autores tratam da atuação da fisioterapia nas complicações do câncer de mama.

A Parte 4 apresenta a interdisciplinaridade na atuação do câncer de mama, e destaca-se o tema dos cuidados paliativos, o qual nem sempre recebe a devida atenção em estudos e trabalhos desta área.

Compartilhar conhecimentos e experiências de vida profissional revela uma grandeza de espírito típica de pessoas que se preocupam com a realização de um mundo melhor. As coordenadoras desta obra, sem dúvida, fazem parte do rol dessas pessoas e, com elas, a ciência e a clínica fisioterapêutica se expandem, ganham reconhecimento e colaboram para a construção de uma saúde melhor para nossa população. O mundo melhor que todos queremos agradece.

Reginaldo Antolin Bonatti
Fisioterapeuta. Mestre em Educação, História e Cultura.
Doutor em Ciências Sociais/Antropologia.
Doutor Honoris Causa em Fisioterapia pela
Logos University, Flórida, EUA

Introdução

Câncer de mama e fisioterapia. Primeiramente, há que se discutir que o câncer é hoje a patologia que mais cresce no mundo em número de casos. No Brasil, são estimados mais de 52 mil novos casos de câncer de mama para os anos de 2016-2017. As mulheres moradoras de maiores centros têm maior probabilidade de ter câncer de mama se comparadas às que vivem em regiões menos desenvolvidas. A fisioterapia no Brasil, quando comparada à medicina, ainda é uma ciência nova. Existe como profissão reconhecida há pouco mais de 45 anos.

Os primeiros relatos médicos de câncer de mama em pesquisa realizada no PubMed datam de 1868 no *The British Medical Journal*. Apenas após 83 anos, em 1951, surgiu no *La Presse Médicale* a primeira publicação com a palavra fisioterapia com o seguinte título: "Active phases of breast cancer and immediate physiotherapy", escrito por A. Ameline. Na década de 1950, falava-se em intervenção imediata da fisioterapia e sobre a associação da fisioterapia com a cirurgia como uma interferência fundamental, ainda mais considerando a radicalidade das cirurgias realizadas na época. Em 1953, o tema do artigo foi "Exercises for the postmastectomy patient", e em 1955, outros dois artigos foram publicados, sempre relacionando a cirurgia para câncer de mama e a fisioterapia. Os autores dos primeiros artigos sobre o assunto são franceses, alemães e espanhóis. Veio da Europa, então, a largada para a atuação da fisioterapia no paciente com câncer de mama.

As publicações quanto ao câncer cresceram enormemente nos últimos anos, as cirurgias tornaram-se mais conservadoras, os tratamentos, adjuvantes, como a radioterapia, a quimioterapia, a endocrinoterapia e os estudos moleculares, cada vez mais frequentes e em evidência, além de pesquisas na área de prevenção, que buscam a detecção precoce e a cura dessa enfermidade que acomete milhares de mulheres em todo o mundo.

No projeto deste livro, realizamos uma pesquisa com os artigos publicados sobre o câncer de mama e a fisioterapia e encontramos 13 artigos entre os anos de 1900 e 1970, e todos relatavam somente duas morbidades relacionadas ao tratamento – todas as mulheres tinham sido submetidas à mastectomia e era alta a incidência de limitação de movimento e linfedema. O tratamento orientado na época eram exercícios e uso da compressão pneumática, sem estabelecer nenhum parâmetro.

Entre os anos de 1970 e 1980, verificamos 39 artigos que já mostravam outros aspectos da fisioterapia, bem como a intervenção em outras morbidades, como os trabalhos em grupo para paciente e compressão pneumática, e começou-se a publicar as morbidades provocadas pela radioterapia, como as lesões de plexo.

Entre os anos de 1981 e 1990, já foram encontrados 52 artigos e com várias abordagens interessantes: já se iniciava a pesquisa comparando a intervenção precoce e tardia com exercícios, a prevenção de linfedema, radioterapia e lesão de plexo, alterações da articulação do ombro, esportes para a mulher mastectomizada e vários artigos russos usando eletroterapia, massagem, magnetoterapia e exercícios. Somente em 1990 surgiu o primeiro artigo realizado por J. Ferrandez, avaliando a drenagem linfática manual e a terapia compressiva no linfedema por meio de exames de imagem, como a linfocintilografia.

Entre 1991 e 1999, encontramos 89 artigos que mostraram a melhora nos parâmetros de tratamento do linfedema; surgiu a associação entre massagem, compressão e exercícios e prosseguiram os estudos sobre a eficácia da drenagem linfática com o uso de linfocintilografia nos linfedemas, principalmente em estudos franceses. A dor, dentre outras morbidades, começa a ser abordada pela fisioterapia, e outros estudos comparam a intervenção precoce e a tardia de exercícios. É nesse período que aparece a primeira citação para calcular de forma eficaz a diferença de volume do membro superior com linfedema, com a fórmula do cone truncado.

Entre 2000 e 2010, as publicações chegam a mais de 500 artigos e são propostos novos tratamentos e outras abordagens da fisioterapia para prevenção e tratamento de outras morbidades associadas ao tratamento do câncer.

O crescimento exponencial dos estudos mostrou a intervenção da fisioterapia em diversas áreas: controle da náusea e do vômito provocados pela quimioterapia; fadiga provocada pela quimioterapia e radioterapia; cuidados paliativos; uso de terapias integrativas como dança, ioga e tai chi chuan; prevenção e tratamento da osteoporose provocada pela menopausa química e com o uso da endocrinoterapia; uso de exercícios de fortalecimento muscular; e atuação nas neuropatias provocadas pela quimioterapia e nas alterações posturais.

Os estudos dos últimos 5 anos mostram ainda mais a preocupação com a qualidade de vida das pacientes de câncer de mama e a presença cada vez mais marcante da fisioterapia, como o uso de massagem para diminuição do cortisol e da serotonina e aumento da dopamina; exercícios de fortalecimento para pacientes com linfedema de membro superior; uso da acupuntura e da estimulação elétrica nervosa transcutânea (TENS) para diminuição da dor; uso do *taping* para manejo da dor e como tratamento alternativo dos linfedemas; hidroterapia no linfedema; atuação nas artralgias provocadas pelos inibidores da aromatase; e inúmeros trabalhos que mostram os benefícios da prática regular de exercícios orientados a quimioterapia, radioterapia, náuseas, dor, sintomas da menopausa, depressão, fadiga e distúrbios dos sono, dentre outros.

Em relação a livros publicados no Brasil sobre o assunto na área de fisioterapia, câncer e seus efeitos adversos, há 4 publicações importantes que merecem destaque. O primeiro livro que aborda o tratamento do linfedema foi lançado em 1983, chamado *Fisioterapia no edema linfático*. Em 2000, foi lançado o primeiro livro sobre a atuação da fisioterapia em câncer – *Reabilitação física no câncer de mama*, escrito por uma das autoras deste livro e que foi um marco na fisioterapia nessa área. Em 2011, foi lançado o livro *Tratado de fisioterapia em saúde da mulher*, que aborda, dentre outros assuntos, a oncologia mamária. *Diretrizes para assistência interdisciplinar em câncer de mama* foi a última importante publicação realizada em 2014, com chancela da Sociedade Internacional de Senologia, que aborda, além da fisioterapia, a psicologia, a enfermagem e a nutrição.

Muitas pesquisas ainda precisam ser realizadas para se alcançar um alto nível de evidência científica na área de fisioterapia em oncologia, em especial para câncer de mama, e muito deve ser investido na formação de fisioterapeutas para o atendimento com competência dessas pacientes que apresentam tantas particularidades, mas que se beneficiam de forma primorosa com a boa assistência prestada.

A prática de fisioterapia no Brasil data de 1919, mas o reconhecimento e a regulamentação são de 1969. Hoje, somos mais de 200 mil fisioterapeutas em todo o território nacional, mas os profissionais com boa formação que atuam em oncologia ainda são poucos. A fisioterapia em oncologia, apesar de atuar há vários anos no Brasil, foi reconhecida como especialidade da fisioterapia somente em 2009 e, por meio da Associação Brasileira de Fisioterapia em Oncologia (ABFO) e da Sociedade Brasileira de Fisioterapia em Cancerologia (SBFC), confere, junto ao Conselho Federal de Fisioterapia e Terapia Ocupacional (Coffito), o título de especialista profissional de fisioterapia em oncologia.

A fisioterapia em oncologia atua em todos os níveis de atenção: atenção básica, de média e de alta complexidade. Tem por objetivos principais resgatar a funcionalidade do indivíduo, por meio de diagnóstico fisioterapêutico, prescrição e execução de métodos, técnicas e recursos fisioterapêuticos e educativos.

A atuação da fisioterapia é ampla e a prevenção, seja da doença ou de complicações, é o grande desafio.

Para que um bom trabalho seja feito, a equipe interdisciplinar deve estar coesa e com linguagem uniforme. É muito importante encaminhar a paciente para um profissional mais preparado e especializado para que ela receba, no momento mais precoce possível, a melhor orientação e atendimento.

Na equipe, devem constar todas as especialidades médicas para tratamento do câncer, entre elas mastologia, oncologia, radioterapia e cirurgia oncoplástica, além de fisioterapia especializada, nutrição, psicologia, enfermagem e assistência social. Também deve ter o envolvimento de familiares e cuidadores.

Idealmente, a paciente deveria passar por todos esses especialistas, no momento adequado, para receber as orientações no tempo certo e ser educada sobre o que fazer, como detectar alterações e procurar o especialista.

Na realidade deste país isso não acontece para todos, por três motivos principais:

- falta de recursos: o tratamento completo como apresentado é oneroso para a grande maioria da população. Somente uma pequena parcela da população tem recursos e disponibilidade de frequentar todos esses especialistas;
- falta de vagas nos serviços públicos: alguns serviços públicos oferecem esses serviços, mas geralmente estão concentrados em grandes centros/capitais que recebem pacientes de todo o país, com demanda maior do que a oferta. Apresentam-se então lotados e com pouca disponibilidade de vagas;
- falta de encaminhamento de colegas pelo desconhecimento.

O terceiro item merece uma explanação maior. Infelizmente, isso é realidade, em relação principalmente à fisioterapia, mas sabemos que não é somente nesta área. As pacientes não são orientadas a procurar um fisioterapeuta de forma precoce, mas, sim, quando qualquer complicação já está instalada. Muitas pacientes não são orientadas sobre o que fazer no pós-operatório, não sabem se podem mexer o braço, se podem voltar a fazer as atividades de vida diária, tampouco as atividades laborais ou de lazer. Entram em uma rotina em que o familiar não deixa fazer nada, na ilusão de que as estão protegendo. Ainda existe quase um terrorismo com orientações como "não mexa o braço porque sua prótese pode parar nas costas" ou "não levante uma caneca, pois o peso pode fazer seu braço inchar". Outras recebem informações superficiais sobre exercícios a serem realizados por profissional não fisioterapeuta, com pouca efetividade e pouca ou nenhuma adesão.

Por que será que isso acontece?

- desinformação por parte de outros profissionais da saúde sobre o papel do fisioterapeuta no tratamento do câncer de mama;
- falta de confiança no profissional. Encaminha-se a paciente para um fisioterapeuta com pouca experiência na área ou sem qualquer formação em oncologia e ele não realiza condutas eficazes.

Cabe a nós, fisioterapeutas especialistas no atendimento a pacientes oncológicos, trabalhar com competência, estudar sempre e oferecer aos pacientes o melhor atendimento, seja na prevenção, ao diagnóstico, após cirurgia, após os tratamentos com quimioterapia, radioterapia, endocrinoterapia ou terapia-alvo, e também nos pacientes em cuidados paliativos.

Este livro é dividido em quatro partes. A Parte 1 tem como objetivo fornecer as informações básicas sobre o câncer de mama no Brasil, com dados epidemiológicos, aspectos relacionados a prevenção e fatores de risco, além de todo o processo desde o diagnóstico até o tratamento médico, cirúrgico e complementar do câncer de mama. A Parte 2 traz informações sobre a fisioterapia no pré e no pós--operatório, inclusive nas reconstruções; descreve em um dos capítulos a importância dos exercícios não só na prevenção do câncer de mama, mas também na prevenção de complicações e no seu tratamento; e a fisioterapia nas metástases mais comuns do câncer de mama. A Parte 3 trata da fisioterapia nas complicações específicas não só de cada momento terapêutico, mas também nas diversas modalidades de tratamento médico. Na Parte 4, são abordados os outros profissionais de saúde envolvidos no tratamento da paciente com câncer de mama em toda a sua dimensão, seja física, social, psíquica e espiritual, terminando com depoimentos emocionantes de pacientes acometidas pela doença.

Esperamos que esta obra possa nortear não somente profissionais de fisioterapia, mas também todos os profissionais de saúde envolvidos no tratamento do câncer de mama. Tivemos a ousadia de colocar neste livro nossa experiência clínica, acadêmica e todo o nosso amor pela profissão e por nossas pacientes. Temos a pretensão de que as informações aqui contidas possam ser disseminadas com o objetivo de melhorar o atendimento às pacientes com câncer de mama em todo o Brasil. Que esta pequena semente cresça e frutifique nas mãos de outros profissionais igualmente apaixonados pelo cuidado ao próximo.

Boa leitura a todos!

Angela Gonçalves Marx e Patrícia Vieira Guedes Figueira

Parte 1

Câncer de mama

1

Câncer de mama no Brasil

Carolina Maciel Reis Gonzaga

INTRODUÇÃO

Os dados mais recentes e disponíveis sobre as taxas de incidência e de mortalidade por câncer de mama mundial referem-se a 2 a 4 anos atrás do ano em curso, em razão do tempo necessário para coleta, compilação, controle de qualidade e divulgação dos resultados.

O câncer de mama é o 2º tipo de câncer mais comum no mundo, e é o tipo de câncer mais frequente entre as mulheres, com uma estimativa de 1,67 milhão de novos casos diagnosticados em 2012 (25% de todos os tipos de câncer).[1,2]

É o câncer mais comum em mulheres, tanto nas regiões mais desenvolvidas quanto nas menos.[2] As taxas de incidência variam quase 4 vezes entre as regiões do mundo, com taxas de 27 por 100.000 mulheres na África e na Ásia Oriental a 96/100 mil na Europa Ocidental.[1] A variação nas taxas de incidência de câncer de mama reflete diferenças na disponibilidade de detecção precoce e também dos fatores de risco da própria doença.

Os fatores de risco para câncer da mama incluem fatores reprodutivos e hormonais – longo período menstrual, uso de anticoncepcionais orais e nuliparidade.[3] Fatores de risco potencialmente modificáveis incluem ganho de peso após 18 anos, excesso de peso ou obesidade para câncer de mama pós-menopausa, uso de terapia hormonal na menopausa (estrogênio e progesterona combinados), sedentarismo e consumo de álcool.[3,4]

A idade continua sendo um dos mais importantes fatores de risco para a doença. As taxas de incidência aumentam rapidamente até os 50 anos. Após essa idade, o aumento ocorre de forma mais lenta. Nos Estados Unidos, cerca de 1 em 8 mulheres irá desenvolver câncer de mama invasivo durante a vida (12%). Por faixa etária, até 49 anos, 1 em 53 mulheres apresenta risco. De 50 a 59 anos, o risco é de 1 em 44; de 60 a 69 anos, 1 em 29, e em mulheres acima de 70 anos, 1 em 15 mulheres apresenta risco.[5]

Entre as décadas de 1980 e 1990, a taxa de incidência de câncer de mama aumentou cerca de 30% nos países ocidentais, provavelmente em virtude de mudanças nos fatores reprodutivos das mulheres, uso de terapia de reposição hormonal e aumento do rastreamento mamográfico.[6] No entanto, a partir da década de 2000, houve declínio das taxas de incidência, que foi atribuído ao rastreamento mamográfico anterior e à redução do uso de terapia de reposição hormonal em países como Estados Unidos, Reino Unido, França e Austrália.[6-11]

Embora as razões não sejam completamente esclarecidas, as taxas de incidência de câncer de mama têm aumentado na maioria dos países da América do Sul, África e Ásia. Acredita-se que esse aumento esteja relacionado às mudanças dos padrões reprodutivos, aumento da obesidade, diminuição de atividade física[12] e aumento do rastreamento mamográfico.[13]

Sabe-se que a mamografia muitas vezes pode detectar o câncer de mama em fase inicial, quando o tratamento é mais eficaz e com maiores chances de cura. No entanto, nem todos os tipos de câncer de mama são detectados por meio da mamografia, além de alguns tipos detectados precocemente apresentarem mau prognóstico. Convém realçar que resultados mamográficos falso-positivos aumentam os números de diagnósticos e de tratamentos excessivos.

O câncer de mama configura-se como a 5ª causa de morte por câncer em geral (522 mil mortes), com maior número de casos nas regiões menos desenvolvidas (324 mil), configurando-se como a 2ª causa de morte por câncer nas áreas mais desenvolvidas após o câncer de pulmão.[1]

As taxas de mortalidade na América do Norte e em alguns países europeus têm apresentado tendência de queda desde 1990. Essas reduções foram atribuídas à detecção precoce por meio da mamografia e aos avanços no tratamento.[13] Em contraste, as taxas de mortalidade nos países em desenvolvimento estão aumentando,[14] provavelmente por conta de mudanças de estilo de vida agravadas pela introdução tardia dos programas de rastreamento mamográfico e, em alguns casos, o acesso limitado ao tratamento.[14,15]

A disparidade nas taxas de mortalidade entre regiões do mundo é menor que a diferença de incidência por causa da sobrevida maior nas regiões desenvolvidas, com taxas de mortalidade que variam de 6/100 mil na Ásia Oriental a 20/100 mil na África Ocidental.[1] A sobrevida em 5 anos teve aumento na maioria dos países desenvolvidos, aproximadamente 85% durante o período de 2005 a 2009. Por outro lado, a sobrevida em 5 anos é menor que 70% em países como Malásia (68%), Índia (60%), Mongólia (57%) e África do Sul (53%). No Brasil, a sobrevida em 5 anos aumentou entre os períodos de 1995 a 1999 e 2005 a 2009 (de 78% para 87%).[16]

ESTIMATIVA GLOBAL E BRASILEIRA

Incidência de câncer de mama

A estimativa mundial, realizada em 2012 pelo projeto Globocan/Iarc, estimou que 1,7 milhão de mulheres foram diagnosticadas com câncer de mama em todo o mundo e, segundo as estimativas, 6,3 milhões de mulheres que haviam sido diagnosticadas nos últimos 5 anos estavam vivas. Desde as estimativas de 2008, a incidência de câncer de mama aumentou mais de 20%, configurando-se como o tipo de câncer mais frequentemente diagnosticado entre as mulheres em 140 de 184 países em todo o mundo, representando 1 em cada 4 de todos os tipos de câncer em mulheres.[1]

Apesar de as taxas de incidência apresentarem aumento na maioria das regiões do mundo, existe grande disparidade entre os países desenvolvidos e os em desenvolvimento.[15] As taxas de incidência mais elevadas permanecem nas regiões mais desenvolvidas; na Europa Ocidental, a incidência de câncer de mama atingiu mais de 90 novos casos por 100 mil mulheres por ano, em comparação com 30/100 mil na África Oriental (Figura 1).[1,2]

De acordo com as estimativas para o ano de 2016 nos Estados Unidos, aproximadamente 246.660 novos casos de câncer de mama invasivo seriam diagnosticados em mulheres. O câncer de mama tende a ser diagnosticado em uma idade mais jovem do que outros tipos de câncer mais comuns, com idade média no momento do diagnóstico de 61 anos, em comparação com 70 anos para o câncer de pulmão e 68 anos para o câncer colorretal. Cerca de 19% dos cânceres de mama são diagnosticados em mulheres com idades entre 30 e 49 anos, e 44% ocorrem entre as mulheres de 65 anos ou mais.[17]

No período de 2008 a 2012, a taxa de incidência de câncer de mama em mulheres negras nos Estados Unidos foi de 124,3/100 mil mulheres, 3% menor do que em mulheres brancas (128,1/100 mil mulheres). No entanto, as taxas de incidência de câncer de mama são mais elevadas entre as mulheres negras com menos de 45 anos de idade.[18]

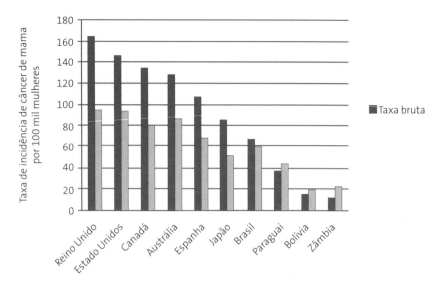

Figura 1 Taxas de incidência de câncer de mama, por 100 mil mulheres, em países selecionados.
Fonte: Ferlay et al., 2012.[1]

Semelhante ao padrão das mulheres brancas, as taxas de incidência entre as mulheres negras aumentou rapidamente a partir de 1980, em grande parte por conta do aumento do rastreamento mamográfico. Entretanto, as taxas estabilizaram em mulheres brancas desde 2004, mas continuaram aumentando em mulheres negras entre 1986 e 2012 (modelo age-period-cohort – APC = 0,5%). Como resultado, as taxas de incidência em mulheres negras e brancas igualaram em 2012. O aumento contínuo das taxas de incidência de câncer de mama em mulheres negras pode, em parte, refletir a epidemia de obesidade. A prevalência de obesidade aumentou de 38% durante 1988 a 1994 para 57% em 2013 e 2014 para as mulheres negras e de 23% para 38% durante o mesmo período para as mulheres brancas.[18]

Na China, a taxa de incidência estimada de câncer de mama em 2015 foi de 268 novos casos para cada 100 mil mulheres, com tendência de aumento significativo de 4% ao ano no período de 2000 a 2011.[19] Entre as mulheres asiáticas de Xangai, foi observado um aumento de 141% na taxa de incidência no período de 1973 a 2012, com tendência de aumento de 3% ao ano (APC = 2,96), provavelmente em virtude das mudanças nos fatores de risco causadas pela globalização.[20]

A estimativa para o Brasil, biênio 2016-2017, indica a ocorrência de cerca de 57.960 casos novos de câncer de mama, com risco estimado de 56,20 casos a cada 100 mil mulheres. Sem considerar os tumores de pele não melanoma, o câncer de mama é o mais frequente nas mulheres das regiões Sul (74,30/100 mil), Sudeste (68,08/100 mil), Centro-Oeste (55,87/100 mil) e Nordeste (38,74/100 mil). Na região Norte, é o 2º tumor mais incidente (22,26/100 mil) (Tabela 1). Nas Unidades da Federação (UF), as taxas variam de 91,25/100 mil no Rio de Janeiro a 14,93/100 mil no Amapá.[16]

TABELA 1 Estimativas para o ano de 2016 das taxas brutas de incidência por 100 mil mulheres e do número de casos novos de câncer de mama, segundo estados e capitais

Brasil e regiões	Estimativa de câncer de mama feminino			
	Estados		Capitais	
	Casos	Taxa bruta	Casos	Taxa bruta
Brasil	57.960	56,2	18.990	79,37
Região Norte	1.810	22,26	1.040	39,98
Região Nordeste	11.190	38,74	4.050	61,97
Região Centro-Oeste	4.230	55,87	1.140	78,38
Região Sul	10.970	74,3	2.060	102,69
Região Sudeste	29.760	68,08	10.700	94,54

Fonte: Inca, 2016.[16]

Mortalidade por câncer de mama

O câncer de mama configura-se como a causa mais frequente de morte por câncer em mulheres nas regiões menos desenvolvidas (324 mil mortes). Nas regiões mais desenvolvidas, atualmente, é a 2ª causa de morte por câncer (198 mil mortes), depois do câncer de pulmão. As taxas de mortalidade variam de 6 por 100 mil na Ásia Oriental a 20/100 mil na África (Figura 2).[1]

Nos Estados Unidos, aproximadamente 40.450 mortes por câncer de mama foram estimadas para 2016. Com relação à tendência da taxa de mortalidade, no período de 2004 a 2013, houve queda de 1,9% por ano.[5]

Apesar de as mulheres negras apresentarem taxa menor de incidência de câncer de mama do que as mulheres brancas, elas têm taxa de mortalidade maior. Acredita-se que o maior risco de morte por câncer de mama entre as mulheres negras seja reflexo de maior prevalência de comorbidades, maior tempo para iniciar o tratamento após o diagnóstico, menor acesso a tratamentos de alta qualidade, maior índice de massa corpórea (IMC) e maior prevalência de tumores

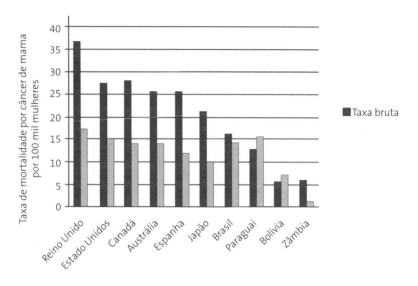

Figura 2 Taxas de mortalidade por câncer de mama por 100 mil mulheres, em países selecionados.
Fonte: Ferlay et al., 2012.[1]

com características agressivas.[21-23] De acordo com os resultados de uma pesquisa clínica, as mulheres negras tiveram menor sobrevida que as mulheres brancas, apesar do tratamento uniforme, mesmo após controle do estágio da doença, das características do tumor e do nível socioeconômico.[24]

Na China, a taxa de mortalidade em 2015 foi de 69,5/100 mil com tendência de aumento significativo de 1% ao ano no período de 2000 a 2011.[19] Já nas mulheres de Xangai, foi observado um aumento de 26,6% na taxa de mortalidade no período de 1973 a 2012, com uma tendência de aumento de 0,87% ao ano.[20]

No Brasil, a taxa de mortalidade por câncer de mama feminino em 2013 foi de 14/100 mil.[16] Nas regiões brasileiras, as maiores taxas foram observadas no Sul (12,7/100 mil) e Sudeste (12,6/100 mil), regiões mais desenvolvidas, e as menores taxas nas regiões Norte (6,6/100 mil) e Nordeste (9,0/100 mil), regiões em desenvolvimento (Figura 3). Esse mesmo padrão heterogêneo foi observado nas taxas de mortalidade nos estados brasileiros (Figura 4), sendo que as maiores taxas foram registradas no Rio Grande do Sul, Rio de Janeiro e São Paulo, estados com maior nível socioeconômico, e no Distrito Federal.[25]

Câncer de mama no Brasil 9

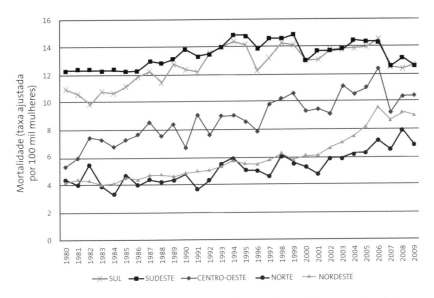

Figura 3 Taxa padronizada de mortalidade por câncer de mama feminino nas regiões do Brasil no período de 1980 a 2009.

Figura 4 Taxa padronizada de mortalidade por câncer de mama feminino no Brasil.

Com relação à tendência temporal da mortalidade por câncer de mama feminino no Brasil, nas décadas de 1994 a 2009, o país apresentou estabilização. No entanto, as taxas apresentaram-se de modo desigual nas regiões e estados brasileiros, com tendência de aumento significativo nas regiões Nordeste (5,3%), Centro-Oeste (1,9%) e Norte (2,4%), e queda significativa na região Sudeste (-0,9%). Nos estados, também foi observado o mesmo perfil: tendência de queda e de estabilidade nas taxas de mortalidade nos estados mais desenvolvidos e aumento acentuado entre os estados com menor nível socioeconômico, especialmente nos estados do Maranhão, Paraíba e Piauí (tendência de aumento superior a 10% ao ano).[25]

ESTATÍSTICA ATUAL POR REGIÃO

Origem dos dados

Incidência de câncer de mama

A cada 2 anos, o Instituto Nacional do Câncer José Alencar Gomes da Silva (Inca) estima o número de novos casos de câncer que ocorrerão no Brasil. Para a obtenção da estimativa do número de novos casos de câncer de mama esperados para todas as UF para o biênio 2016-2017, foi calculada a taxa de incidência de câncer de mama para uma determinada região, multiplicando-se a taxa de mortalidade da região pela razão entre os valores de incidência e de mortalidade (I/M) das localidades em que há Registros de Câncer de Base Populacional (RCBP).

Mortalidade por câncer de mama

A fonte das informações de óbitos por câncer é o Sistema de Informação sobre Mortalidade (SIM) do Ministério da Saúde. Desde sua criação em 1975, as informações contidas nas declarações de óbito são codificadas, tabuladas e divulgadas em anuários estatísticos do Ministério da Saúde, de acordo com a Classificação Internacional de Doenças. Os óbitos fornecidos pelo SIM a partir de 1996 foram classificados pela CID-10.

Região Norte

Para o Norte, em 2016, esperavam-se 1.810 casos novos de câncer de mama, com um risco estimado de 22,26 casos a cada 100 mil mulheres (Tabela 2). As maiores taxas de incidência foram observadas no Tocantins (27,71/100 mil) e Rondônia (25,35/100 mil).

A taxa de mortalidade bruta em 2013 na região Norte foi de 6,62/100 mil, e o total de óbitos registrados, 536. A maior taxa de mortalidade foi observada no estado do Amazonas (8,41/100 mil) e a menor, em Roraima (3,9/100 mil) (Tabela 2).

Na região Norte, o câncer de mama é a 2ª causa de mortalidade por câncer entre as mulheres, precedido pelo câncer de colo de útero,[16] com tendência de aumento anual no coeficiente de mortalidade de 2%. Os estados mantêm o mesmo perfil, havendo variação no aumento da tendência de 4,5% em Rondônia a 1,6% no Pará. Nessa região, existem grandes vazios espaciais, em função da vastidão territorial e de grandes áreas intocadas, como a ocupada pela floresta Amazônica;[26] porém, é uma região que apresenta elevado aumento na taxa de crescimento populacional. Considerando os fatos e a tendência da mortalidade desfavorável, o câncer de mama permanece de importância fundamental para a saúde pública.

TABELA 2 Estimativas para o ano de 2016 das taxas brutas (por 100 mil mulheres) de incidência de câncer de mama em 2016 e de mortalidade por câncer de mama em 2013, região Norte

Unidades da Federação	Estimativa de novos casos (2016)		Número de mortes (2013)	
	Casos	Taxa bruta	Óbitos	Taxa bruta
Acre	70	19,06	30	7,94
Amapá	50	14,93	17	4,87
Amazonas	440	24,25	150	8,41
Pará	830	20,79	230	5,93
Rondônia	190	25,35	57	7,3
Roraima	50	22,32	9	3,9
Tocantins	180	27,71	43	6,16
Total	1.810	22,26	536	6,62

Fonte: MS/INCA/Conprev/Divisão de Vigilância.

Região Nordeste

Esperavam-se 11.190 casos novos de câncer de mama em mulheres para o Nordeste no ano de 2016. Esses valores correspondiam a um risco estimado de 38,74 casos novos a cada 100 mil mulheres (Tabela 3). Em 2013, ocorreram 3.054 óbitos por câncer de mama, com uma taxa de mortalidade de 11,07/100 mil.

O câncer de mama é o mais frequente em Pernambuco (53,18/100 mil) e a menor taxa de incidência foi observada no Maranhão (19,30/100 mil). Já as menores taxas de mortalidade foram observadas nos estados do Maranhão (6,5/100 mil) e Alagoas (8,82/100 mil).

A população da região Nordeste apresenta precários indicadores sociais e econômicos. Paralelamente, apresenta as maiores tendências de aumento da mortalidade por câncer de mama entre as mulheres. Na região Nordeste, houve aumento na mortalidade de 5,3% no período de 2000 a 2009 e um preocupante aumento de 12% ao ano no estado do Maranhão.

TABELA 3 Estimativas para o ano de 2016 das taxas brutas (por 100 mil mulheres) de incidência de câncer de mama em 2016 e de mortalidade por câncer de mama em 2013, região Nordeste

Unidades da Federação	Estimativa de novos casos (2016)		Número de mortes (2013)	
	Casos	Taxa bruta	Óbitos	Taxa bruta
Alagoas	520	30,54	144	8,82
Bahia	2.760	35,18	795	11,01
Ceará	2.160	46,30	531	12,04
Maranhão	650	19,30	220	6,5
Paraíba	800	39,50	207	10,52
Pernambuco	2.550	53,18	651	14,04
Piauí	580	34,39	184	11,42
Rio Grande do Norte	720	42,56	188	11,39
Sergipe	450	41,03	134	12,35
Total	11.190	38,74	3.054	11,07

Fonte: MS/INCA/Conprev/Divisão de Vigilância.

Região Centro-Oeste

Estimaram-se, para a região Centro-Oeste, no ano de 2016, 4.230 casos novos de câncer de mama em mulheres, correspondendo a um risco estimado de 55,87 casos novos a cada 100 mil mulheres (Tabela 4). A taxa de incidência variou de 67,74/100 mil no Distrito Federal para 44,88/100 mil no Mato Grosso.

Em 2013, ocorreram 892 óbitos por câncer de mama, correspondendo a uma taxa bruta de 12,28/100 mil. A maior taxa de mortalidade foi observada no Distrito Federal (16,21/100 mil), seguido dos estados de Goiás e Mato Grosso do Sul (12/100 mil).

TABELA 4 Estimativas para o ano de 2016 das taxas brutas (por 100 mil mulheres) de incidência de câncer de mama em 2016 e de mortalidade por câncer de mama em 2013, região Centro-Oeste

Unidades da Federação	Estimativa de novos casos (2016)		Número de mortes (2013)	
	Casos	Taxa bruta	Óbitos	Taxa bruta
Distrito Federal	1.020	67,74	224	16,21
Goiás	1.680	52,09	362	11,68
Mato Grosso	710	44,88	159	10,43
Mato Grosso do Sul	820	65,23	147	11,69
Total	4.230	55,87	892	12,28

Fonte: MS/INCA/Conprev/Divisão de Vigilância.

Região Sudeste

Para a região Sudeste, no ano de 2016, esperavam-se 29.760 casos novos de câncer de mama em mulheres. Esses valores correspondiam a um risco estimado de 68,08 casos novos a cada 100 mil mulheres (Tabela 5).

As maiores taxas de incidência eram esperadas no Rio de Janeiro (91,25/100 mil) e em São Paulo (69,70/100 mil), seguidas de Espírito Santo (53,85/100 mil) e Minas Gerais (48,19/100 mil). Considerando a incidência, as maiores taxas de mortalidade por câncer de mama em 2013 foram 22,36/100 mil no Rio de Janeiro e 17,4/100 mil em São Paulo, e a menor taxa ocorreu em Minas Gerais (12,81/100 mil).

Na região Sudeste, os coeficientes de mortalidade são maiores no Rio de Janeiro e em São Paulo. Por outro lado, esses estados apresentaram tendência de queda significativa na mortalidade por câncer de mama entre as mulheres. São Paulo destaca-se com queda de -1,9% desde 1999, sugerindo avanços no tratamento.

Tem-se conhecimento de que a Secretaria Estadual da Saúde de São Paulo vem desenvolvendo, em cooperação com o Centro de Referência da Saúde da Mulher, a Disciplina de Mastologia da Universidade Federal de São Paulo (Unifesp), e a Fundação Oncocentro, um plano estratégico para redução de mortalidade por câncer de mama. O planejamento desse tipo de ação propicia terapêutica imediata e individualizada.

14 Fisioterapia no câncer de mama

TABELA 5 Estimativas para o ano de 2016 das taxas brutas (por 100 mil mulheres) de incidência de câncer de mama em 2016 e de mortalidade por câncer de mama em 2013, região Sudeste

Unidades da Federação	Estimativa de novos casos (2016)		Número de mortes (2013)	
	Casos	Taxa bruta	Óbitos	Taxa bruta
Espírito Santo	1.010	53,85	269	14,81
Minas Gerais	5.160	48,19	1.292	12,81
Rio de Janeiro	8.020	91,25	1.898	22,36
São Paulo	15.570	69,70	3.742	17,4
Total	29.760	68,08	7.201	17,19

Fonte: MS/INCA/Conprev/Divisão de Vigilância.

Região Sul

Esperavam-se 10.970 casos novos de câncer de mama em mulheres na região Sul em 2016. O risco estimado foi de 74,30 casos novos a cada 100 mil (Tabela 6).

As estimativas de incidência nos estados da região Sul foram altas, sendo a maior no Rio Grande do Sul (90/100 mil). Na região Sul, a mortalidade por câncer de mama é maior no Rio Grande do Sul, quando comparada com os estados de Santa Catarina e Paraná, sugerindo heterogeneidade de perfis de exposição a fatores de risco e de modos de vida, e fatores genéticos.

TABELA 6 Estimativas das taxas brutas (por 100 mil mulheres) de incidência de câncer de mama em 2016 e de mortalidade por câncer de mama em 2013, região Sul

Unidades da Federação	Estimativa de novos casos (2016)		Número de mortes (2013)	
	Casos	Taxa bruta	Óbitos	Taxa bruta
Paraná	3.730	65,24	829	15,4
Rio Grande do Sul	5.210	90,20	1.176	21,27
Santa Catarina	2.030	62,06	518	16,11
Total	10.970	74,30	2.523	17,86

Fonte: MS/INCA/Conprev/Divisão de Vigilância.

PROGRAMA NACIONAL DE CONTROLE DE CÂNCER DE MAMA

Histórico

No Brasil, a partir da década de 1980, houve o lançamento do Programa de Assistência Integral à Saúde da Mulher, com ações de controle do câncer de mama e cuidados mais amplos para com a mulher, além da tradicional atenção ao ciclo gravídico-puerperal.[27]

Em 1986, foi criado o Programa de Oncologia do Inca, e suas linhas básicas de trabalho eram a informação e a educação sobre os tipos de câncer mais incidentes, dentre eles o câncer de mama.[28]

Com a implantação do Programa Viva Mulher no final da década de 1990, foram iniciadas ações para formulação de diretrizes e estruturação da rede assistencial na detecção precoce do câncer de mama. O Documento de Consenso, em 2004, propôs as diretrizes técnicas para o controle do câncer de mama no Brasil.[29]

Em 2005, foi elaborado o Plano de Ação para o Controle dos Cânceres de Colo do Útero e de Mama, que propôs 6 diretrizes estratégicas: aumento de cobertura da população-alvo, garantia da qualidade, fortalecimento do sistema de informação, desenvolvimento de capacitações, estratégia de mobilização social e desenvolvimento de pesquisas.

Em 2009, o Inca promoveu o Encontro Internacional sobre Rastreamento do Câncer de Mama no Rio de Janeiro, reunindo representantes do Ministério e das secretarias estaduais de Saúde, do movimento organizado de mulheres e de instituições ligadas ao controle de câncer, com objetivo de conhecer a experiência de programas bem-sucedidos da Europa, Canadá e Chile. O Encontro resultou em recomendações para implantação de um programa organizado de rastreamento para câncer de mama.[30]

A implantação do Sistema de Informação do Câncer de Mama (Sismama), em 2009, o aumento da oferta de mamografias pelo Ministério da Saúde (Mais Saúde 2008-2011) e a publicação de documentos, dentre os quais os Parâmetros Técnicos para o Rastreamento do Câncer de Mama[31] e Recomendações para a Redução da Mortalidade do Câncer de Mama no Brasil (INCA 2010), vêm norteando a organização das ações de controle.

Diretrizes

Promoção da saúde

Ações sobre determinantes sociais do processo saúde-doença e qualidade de vida são fundamentais para a melhoria da saúde da população e para o controle de doenças e agravos. Com relação ao controle do câncer de mama, destaca-se a importância de ações intersetoriais que promovam acesso à informação e ampliem oportunidades para controle do peso corpóreo e a prática regular de atividade física.

A redução das dificuldades de acesso aos serviços de saúde para o alcance da cobertura adequada da população-alvo no rastreamento é também componente estratégico que requer a qualificação contínua do Sistema Único de Saúde.

O Inca desenvolve ações de informação e comunicação em saúde que servem de subsídio aos gestores para o planejamento de suas atividades.

Detecção precoce

Sabe-se que o câncer de mama, quando identificado em estágios iniciais, apresenta prognóstico mais favorável e elevado percentual de cura. As estratégias para a detecção precoce incluem tanto o diagnóstico precoce quanto o rastreamento.[32] Em ambas as estratégias, é fundamental que a mulher esteja bem informada e atenta a possíveis alterações nas mamas e, em caso de anormalidades, busque prontamente o serviço de saúde.

A política de alerta à saúde das mamas destaca a importância do diagnóstico precoce e orienta a população feminina sobre as mudanças habituais das mamas em diferentes momentos do ciclo de vida e os principais sinais de câncer de mama.

A estratégia do diagnóstico precoce é especialmente importante em contextos de apresentação avançada do câncer de mama.

Já o rastreamento é uma estratégia dirigida às mulheres na faixa etária com maior impacto na redução da mortalidade. Os benefícios são o melhor prognóstico da doença, com tratamento mais efetivo e menor morbidade associada, enquanto os riscos ou malefícios incluem os resultados falso-positivos e falso-negativos, o sobrediagnóstico e o sobretratamento, e o risco da exposição à radiação ionizante.[33]

O rastreamento pode ser oportunístico ou organizado. No primeiro, o exame de rastreio é ofertado às mulheres que oportunamente chegam às unidades de saúde, enquanto o modelo organizado é dirigido às mulheres elegíveis de uma dada população que são formalmente convidadas para os exames periódicos. A experiência internacional tem demonstrado que o segundo modelo apresenta melhores resultados e menores custos.[30]

No Brasil, a mamografia e o exame clínico das mamas (ECM) são os métodos preconizados para o rastreamento na rotina da atenção integral à saúde da mulher. A recomendação para as mulheres de 50 a 69 anos de idade é a realização da mamografia a cada 2 anos e do exame clínico anual das mamas. Para as mulheres de 40 a 49 anos, a recomendação é o exame clínico anual e a mamografia diagnóstica em caso de resultado alterado do ECM. Segundo a OMS, a inclusão desse grupo no rastreamento mamográfico tem hoje limitada evidência de redução da mortalidade.[34] Uma das razões é a menor sensibilidade da mamografia em mulheres na pré-menopausa em razão da maior densidade mamária.

Há também recomendação para o rastreamento de mulheres com risco elevado de câncer de mama, cuja rotina deve se iniciar aos 35 anos de idade, com exame clínico das mamas e mamografia anuais. Segundo o Consenso de Mama, risco elevado de câncer de mama inclui: história familiar de câncer de mama em parente de 1° grau antes dos 50 anos ou de câncer bilateral ou de ovário em qualquer idade; história familiar de câncer de mama masculino; e diagnóstico histopatológico de lesão mamária proliferativa com atipia ou neoplasia lobular *in situ*. Recomenda-se que as mulheres com risco elevado de câncer de mama tenham acompanhamento clínico individualizado.[29]

O Sismama foi desenvolvido pelo Inca, em parceria com o Departamento de Informática do SUS (Datasus), como ferramenta para gerenciar as ações de detecção precoce do câncer de mama. Os dados gerados pelo sistema permitem estimar a cobertura da população-alvo, a qualidade dos exames, a distribuição dos diagnósticos, a situação do seguimento das mulheres com exames alterados, dentre outras informações relevantes ao acompanhamento e à melhoria das ações de rastreamento, diagnóstico e tratamento.

Os dados do Sismama são disponibilizados ao público no site do Datasus e podem ser tabulados por Brasil e UF.

Tratamento

O tratamento varia de acordo com o estadiamento da doença, suas características biológicas e as condições da paciente, como idade, *status* menopausal, comorbidades e preferências.

O prognóstico do câncer de mama depende do estadiamento da doença. Quando diagnosticado no início, o tratamento tem maior potencial curativo. Quando há evidências de metástases, o tratamento tem por objetivos principais prolongar a sobrevida e melhorar a qualidade de vida. As modalidades de tratamento do câncer de mama podem ser divididas em: tratamento local, como cirurgia e radioterapia, e tratamento sistêmico: quimioterapia, hormonoterapia e terapia biológica.

O tratamento do câncer de mama, conforme prevê a Política Nacional de Atenção Oncológica, deve ser feito por meio das Unidades de Assistência de Alta Complexidade em Oncologia (Unacon) e dos Centros de Assistência de Alta Complexidade em Oncologia (Cacon), que fazem parte de hospitais de nível terciário.

A habilitação das Unacon e Cacon é periodicamente atualizada de acordo com a necessidade e a indicação dos estados, com base em padrões e parâmetros publicados na Portaria da Secretaria de Atenção à Saúde (SAS/MS) n. 741 de dezembro de 2005.

O Inca é um dos responsáveis pela execução da expansão da atenção oncológica em nível terciário, em parceria com estados, municípios e hospitais públicos ou filantrópicos. Cabe às secretarias estaduais e municipais de saúde organizar o fluxo de atendimento dos pacientes na rede assistencial, estabelecendo a referência dos pacientes para Unacon ou Cacon.

Fontes de informação

Incidência

Informações sobre incidência de câncer de mama podem ser obtidas nos Registros Hospitalares de Câncer (RHC), nos Registros de Câncer de Base Populacional (RCBP) e nas Estimativas de Casos Novos de Câncer, publicadas pelo Inca a cada 2 anos.

Mortalidade

Informações sobre mortalidade por câncer de mama podem ser consultadas no Atlas da Mortalidade por Câncer no portal do Inca, a partir dos dados do Sistema de Informação da Mortalidade.

Detecção precoce

Alguns indicadores para avaliação das ações de detecção precoce estão disponíveis no painel de indicadores do Sismama e podem ser acessados no tabnet do sistema no Datasus. Dados de produção dos exames e procedimentos na linha de cuidados do câncer de mama podem ser obtidos também no Datasus, em informações de saúde/assistência à saúde.

Legislação

1. Ministério da Saúde/Gabinete do Ministro (MS/GM). Portaria n. 2.012, de 23/8/2011. Estabelece recursos adicionais para o fortalecimento das ações de rastreamento e diagnóstico precoce dos cânceres do colo uterino e de mama.

2. MS/GM Portaria n. 1.682, de 21/7/2011. Institui o Grupo Coordenador Nacional da Força-tarefa para a Avaliação dos laboratórios de citopatologia no âmbito do SUS.
3. Brasil. Ministério da Saúde/Gabinete do Ministro (MS/GM). MS/MS Portaria n. 558, de 24/3/2011. Constitui o Comitê Técnico Assessor para acompanhamento da política de prevenção, diagnóstico e tratamento dos cânceres de colo de útero e de mama.
4. Ministério da Saúde/Secretaria de Atenção a Saúde (MS/SAS). Portaria n. 1.856, de 12/7/2010. Altera a Portaria n. 1.183 e prorroga em 18 meses o financiamento dos exames de mamografia pelo FAEC.
5. MS/SAS Portaria n. 1.183, de 3/6/2009. Altera o procedimento mamografia unilateral (02.04.03.003-0) e inclui o procedimento mamografia bilateral para rastreamento (02.04.03.018-8), com financiamento pelo FAEC.
6. MS/SAS Portaria n. 215, de 25/6/2009. Prorroga o prazo para início da utilização exclusiva do Sismama para faturamento dos exames.
7. MS/SAS Portaria n. 779, de 31/12/2008. Em vigor desde junho de 2009, institui o Sistema de Informação do Câncer de Mama (Sismama).
8. MS/SAS. Retificação da Portaria MS/SAS n. 779, de 31/12/2008. Vincula o faturamento de procedimentos como mamografia bilateral e exame citopatológico, entre outros, à prestação de informações de cadastro e de laudo, descritas no manual gerencial do sistema.
9. Ministério da Saúde (MS). Portaria n. 2918, de 13/11/2007. Exclui e altera procedimentos da tabela SIA/SUS e SIH/SUS relativos ao controle do câncer de colo do útero e de mama.

CONSIDERAÇÕES FINAIS

O câncer de mama é o 2º tipo de câncer mais frequente no mundo e o mais comum entre as mulheres, respondendo por 22% dos casos novos nesse grupo. Só no Brasil, são esperados 57.960 novos casos em 2016, com um risco estimado de 56,20 casos a cada 100 mil mulheres.

Embora seja considerado um câncer de bom prognóstico, trata-se da maior causa de morte entre as mulheres brasileiras, com mais de 14 mil óbitos por ano (dados de 2013). Isso porque, na maioria dos casos, a doença ainda é diagnosticada em estádios avançados.

O objetivo deste capítulo foi disponibilizar as informações sobre incidência e mortalidade por câncer de mama global e no Brasil, conforme cada região, e as informações sobre planejamento de ações de controle da doença no país.

REFERÊNCIAS BIBLIOGRÁFICAS

1. Ferlay J, Soerjomataram I, Ervik M, Dikshit R, Eser S, Mathers C et al. GLOBO-CAN 2012 v1.0, Cancer Incidence and Mortality Worldwide. IARC CancerBase No. 11. Disponível em: globocan.iarc.fr. Acessado em: 15/7/2016.

2. Torre LA, Bray F, Siegel RL, Ferlay J, Lortet-Tieulent J, Jemal A. Global cancer statistics, 2012. CA: A Cancer Journal for Clinicians 2015; 65:87-108.

3. Colditz GA, Baer HJ, Tamimi RM. Breast cancer. In: Schottenfeld D, Fraumeni JF--Jr. Cancer epidemiology and prevention. 3.ed. New York: Oxford University Press, 2006. p.995-1012.

4. Chlebowski RT, Manson JE, Anderson GL, Cauley JA, Aragaki AK, Stefanick ML et al. Estrogen plus progestin and breast cancer incidence and mortality in the Women's Health Initiative Observational Study. J Natl Cancer Inst 2013; 105:526-35.

5. Siegel RL, Miller KD, Jemal A. Cancer statistics, 2016. CA: A Cancer Journal for Clinicians 2016; 66:7-30.

6. Canfell K, Banks E, Moa AM, Beral V. Decrease in breast cancer incidence following a rapid fall in use of hormone replacement therapy in Australia. Med J Aust 2008; 188:641-44.

7. Parkin DM. Is the recent fall in incidence of post-menopausal breast cancer in UK related to changes in use of hormone replacement therapy? Eur J Cancer 2009; 45:1649-53.

8. Seradour B, Allemand H, Weill A, Ricordeau P. Changes by age in breast cancer incidence, mammography screening and hormone therapy use in France from 2000 to 2006. Bull Cancer 2009; 96:E1-E6.

9. Cronin KA, Ravdin PM, Edwards BK. Sustained lower rates of breast cancer in the United States. Breast Cancer Res Treat 2009; 117:223-24.

10. DeSantis C, Siegel R, Bandi P, Jemal A. Breast cancer statistics, 2011. CA Cancer J Clin 2011; 61:409-18.

11. Ravdin PM, Cronin KA, Howlader N, Berg CD, Chlebowski RT, Feuer EJ et al. The decrease in breast-cancer incidence in 2003 in the United States. N Engl J Med 2007; 356:1670-1674.

12. Colditz GA, Sellers TA, Trapido E. Epidemiology-identifying the causes and preventability of cancer? Nat Rev Cancer 2006; 6:75-83.

13. Althuis MD, Dozier JM, Anderson WF, Devesa SS, Brinton LA. Global trends in breast cancer incidence and mortality 1973-1997. Int J Epidemiol 2005; 34:405-12.
14. Jemal A, Center MM, DeSantis C, Ward EM. Global patterns of cancer incidence and mortality rates and trends. Cancer Epidemiol Biomarkers Prev 2010; 19:1893-907.
15. DeSantis CE, Bray F, Ferlay J, LortetTieulent J, Anderson BO, Jemal A. International variation in female breast cancer incidence and mortality rates. Cancer Epidemiol Biomarkers Prev 2015; 24:1495-506.
16. www.inca.gov.br. 2016.
17. Miller KD, Siegel RL, Lin CC, Mariotto AB, Kramer JL, Rowland JH et al. Cancer treatment and survivorship statistics, 2016 CA: A Cancer Journal for Clinicians 2016; 66:271-89.
18. DeSantis CE, Siegel RL, Sauer AG, Miller KD, Fedewa SA, Alcaraz KI et al. Cancer statistics for African Americans, 2016: Progress and opportunities in reducing racial disparities. CA: A Cancer Journal for Clinicians 2016; 66:290-308.
19. Chen W, Zheng R, Baade PD, Zhang S, Zeng H, Bray F et al. Cancer statistics in China, 2015. CA: A Cancer Journal for Clinicians 2016; 66:115-32.
20. Huang Z, Wen W, Zheng Y, Gao YT, Wu1 C, Bao P et al. Breast cancer incidence and mortality: trends over 40 years among women in Shanghai, China. Ann Oncol 2016; 27(6):1129-34.
21. Warner ET, Tamimi RM, Hughes ME, Ottesen RA, Wong YN, Edge SB et al. Racial and ethnic differences in breast cancer survival: mediating effect of tumor characteristics and sociodemographic and treatment factors. J Clin Oncol 2015; 33:2254-61.
22. Menashe I, Anderson WF, Jatoi I, Rosenberg PS. Underlying causes of the black--white racial disparity in breast cancer mortality: a population-based analysis. J Natl Cancer Inst 2009; 101:993-1000.
23. Tammemagi CM, Nerenz D, Neslund-Dudas C, Feldkamp C, Nathanson D. Comorbidity and survival disparities among black and white patients with breast cancer. JAMA 2005; 294:1765-72.
24. Albain KS, Unger JM, Crowley JJ, Coltman CA Jr. Hershman DL. Racial disparities in cancer survival among randomized clinical trials patients of the Southwest Oncology Group. J Natl Cancer Inst 2009; 101:984-92.
25. Freitas Jr R et al. Contribuição do Sistema Único de Saúde no rastreamento mamográfico no Brasil, 2013. Radiol Bras 2016; 49(5):305-10.
26. www.ibge.gov.br/estatisticas.
27. Brasil. Ministério da Saúde. Assistência integral à saúde da mulher: bases de ação programática. Brasília: Ministério da Saúde, 1984. 27p.
28. Abreu E. Pró-Onco 10 anos. Rev Bras Cancerol 1997; 43(4).

29. Brasil. Instituto Nacional de Câncer (Inca). Controle do câncer de mama: documento do consenso. Rio de Janeiro: Inca, 2004.

30. Brasil. Instituto Nacional de Câncer (Inca). Encontro Internacional sobre Rastreamento do Câncer de Mama – Resumo das Apresentações. Rio de Janeiro: Inca, 2009.

31. Brasil. Instituto Nacional de Câncer (Inca). Parâmetros técnicos para o rastreamento do câncer de mama. Rio de Janeiro: Inca, 2009.

32. World Health Organization (WHO). Cancer control. Knowledge into action. WHO guide for efective programmes. Early Detection Module. Geneva: WHO, 2007.

33. Brasil. Ministério da Saúde. Secretaria de Atenção à Saúde. Departamento de Atenção Básica. Rastreamento (Série A: Normas e Manuais Técnicos. Cadernos de Atenção Primária n. 29). Brasília: Ministério da Saúde, 2010.

34. World Health Organization (WHO). International Agency for Research on Cancer. World Cancer Report 2008. Lyon: WHO, 2008.

2

Prevenção do câncer de mama

Simone Elias
Andrea Yumi Watanabe

INTRODUÇÃO

O câncer de mama corresponde ao principal tipo de câncer na mulher, resultando em uma taxa de incidência anual de cerca de 50/100 mil mulheres no Brasil e 160 a 200/100 mil nos Estados Unidos. Seu prognóstico é considerado bom, se diagnosticado no início e tratado adequadamente. Verifica-se que a sobrevida em 5 anos é de 73% nos países desenvolvidos e 58% no Brasil.[1] Em países com recursos limitados, o câncer de mama é diagnosticado em estádios avançados, por causa da ausência ou dificuldade de acesso ao rastreamento, detecção precoce, diagnóstico e tratamento.[2]

FATORES DE RISCO

Os fatores de risco para tal neoplasia podem ser divididos em diversas categorias, conforme mostra a Tabela 1.

As Tabelas 2 e 3 classificam os fatores de risco em baixo e moderado/alto de acordo com o risco relativo (RR).

Alguns poucos desses fatores, como os fatores ambientais ou hábitos, podem ser modificados. Assim, outras medidas redutoras de risco são necessárias para as pacientes denominadas como de "alto risco" para o desenvolvimento de câncer de mama.

Fisioterapia no câncer de mama

TABELA 1 Fatores de risco para câncer de mama[3,4]

Categorias de risco	Fatores de risco
Genéticos/ hereditários	Associados às mutações genéticas/síndromes hereditárias, sendo as principais : síndrome do câncer de mama/ovário hereditário: mutação do gene *BRCA1* ou *BRCA2*; síndrome de Li-Fraumeni: mutação do gene *TP53*; síndrome de Cowden: mutação do gene *PTEN*
Fatores demográficos	Sexo, etnia, idade
História reprodutiva	Idade da menarca, paridade, idade da primeira gestação a termo, idade da menopausa
Fatores ambientais	Irradiação torácica prévia, p.ex., história de irradiação torácica por linfoma aumenta o risco do câncer de mama em 55 vezes
Hábitos	Etilismo, tabagismo, IMC alto/obesidade
Outros fatores	Biópsias cujos resultados incluam lesões marcadoras de risco ou precursoras de neoplasias malignas (carcinoma lobular *in situ*, hiperplasia ductal ou lobular com atipia); alta densidade mamográfica (categoria D do BI-RADS)

IMC: índice de massa corpórea.

TABELA 2 Fatores de baixo risco para câncer de mama[4,5]

Fator	Risco
Menarca < 12 anos	RR = 1,2
Menopausa > 55 anos	RR = 1,29 (quando comparada com menopausa < 45 anos)
Primiparidade > 30 anos Nuliparidade	RR = 1,5 (quando comparada com primiparidade < 20 anos)
Uso de terapia hormonal na menopausa	Estroprogestativa > 5 anos: RR = 1,26 Obs.: o uso de estrogênios equinos conjugados isolados não aumentou o RR
Uso de anticoncepcionais hormonais	RR = 1,24 (após 10 anos de interrupção de seu uso, o RR iguala ao de não usuárias)
Tabagismo	Controverso
Etilismo	RR = 1,07 a 1,45

TABELA 3 Fatores de moderado e alto risco para câncer de mama[3,5]

Fator	Risco
Sexo	Proporção mulher:homem = 100 casos:1 caso
Idade	< 45 anos = 1 caso:8 mulheres > 55 anos = 2 a 3 casos:8 mulheres (estimativa para os EUA em 2015)
História familiar positiva	1 parente de 1º grau (mãe, irmã ou filha): RR = 2 2 parentes de 1º grau: RR = 3 3 parentes de 1º grau: RR = 4

(continua)

TABELA 3 Fatores de moderado e alto risco para câncer de mama[3,5] (*continuação*)

Fator	Risco
Antecedente pessoal de câncer de mama (na mama contralateral)	RR = 3 a 4
Alta densidade mamária (> 75% de densidade mamária)	RR = 4 a 6
Irradiação torácica antes dos 30 anos (p.ex., radioterapia em manto para linfoma de Hodgkin)	RR = 5 a 20. O risco aumenta quanto maior o intervalo entre a idade e a época da radiação
Antecedente pessoal de hiperplasia ductal atípica ou hiperplasia lobular atípica	RR = 3,5 a 5
Antecedente pessoal de neoplasia lobular (carcinoma lobular *in situ*)	RR = 7 a 11
Portador de mutação do gene *BRCA 1*	Risco vitalício = 55 a 65%
Portador de mutação do gene *BRCA 2*	Risco vitalício = 45%

Dentre as estratégias, podem-se incluir medidas gerais ou do estilo de vida:[6-8]

- controle da obesidade: parece haver associação entre obesidade (ao longo da vida) e o risco de câncer na pós-menopausa ou em idade mais jovem nas portadoras de mutação de *BRCA 1 e 2*;
- consumo de álcool: recomenda-se a ingestão máxima de 1 dose/dia;
- atividade física: 5 ou mais horas de atividade física/semana estão associadas a uma redução de 38% no risco de câncer de mama;
- tabagismo: também ainda controverso. Existem estudos mostrando proteção e outros mostrando discreto aumento de risco. Alguns estudos indicam que quanto mais cedo iniciado o consumo, maior a associação com o aumento do risco;
- dieta específica: não existem estudos que comprovem a eficácia de qualquer dieta específica (p.ex., pobre em gorduras) como fator protetor para o câncer de mama;
- vitamina D: estudos recentes mostram associação entre níveis adequados de vitamina D e redução do risco do câncer de mama;
- contraceptivos hormonais: discreto aumento após 10 anos de uso nas formulações antes de 1975 (com mais de 30 mcg de etinilestradiol). Metanálise de 34 estudos caso-controle desde 1980 mostrou um aumento no risco relativo de 1,19 (IC 95% 1,09 – 1,29). No entanto, os riscos não superam os benefícios. O anticoncepcional oral reduz o risco de câncer de ovário e não aumenta o risco de câncer de mama em portadoras de mutação do *BRCA 1 e 2* (Iodice et al., 2010).

Outras estratégias incluem intervenções cirúrgicas ou medicamentosas:[9-12]

- cirurgias redutoras de risco: pode ser considerada nas pacientes de alto risco e que desejam o procedimento. A técnica deve possibilitar a retirada de quase todo o tecido mamário (envolvendo região areolopapilar). A reconstrução imediata é desejável, respeitando-se a opinião da paciente e as condições clínico-cirúrgicas do procedimento. A redução do risco é muito boa e, nas pacientes de alto risco, é superior a 90%. A paciente deve realizar acompanhamento com exame clínico anual, sem necessidade de realização de exames de imagem, exceto na presença de achado clínico relevante;
- salpingooforectomia redutora de risco: deve ser considerada nas pacientes com mutação de *BRCA 1* e *2* conhecida ou altamente suspeita após prole constituída, pois apresentam risco elevado para câncer de ovário e tuba uterina. Preferencialmente, deve ser realizada por via laparoscópica. Obtém-se redução de 80% do risco de câncer de ovário e tuba uterina. Importante ressaltar que esse procedimento reduz em cerca de 50% o risco de câncer de mama quando a cirurgia é realizada em pacientes com menos de 40 anos;
- profilaxia medicamentosa: indicada apenas para pacientes acima de 35 anos (não há estudos suficientes em pacientes mais jovens).

DOENÇAS BENIGNAS PRÉVIAS

A mama da mulher adulta é constituída por dois principais componentes: o epitelial (unidades ductolobulares) e o mesenquimal (estroma, tecido adiposo, vasos sanguíneos e tecido muscular liso).

As neoplasias mamárias benignas são neoformações teciduais originadas de qualquer um dos componentes citados anteriormente, e que apresentam crescimento expansivo, porém sem comprometer os tecidos circunjacentes.[13] Constituem um grupo heterogêneo e extenso, e aqui serão abordadas as de maior importância e frequência.

Fibroadenoma

Trata-se de neoplasia benigna constituída por proliferação dos tecidos epitelial e estromal da mama. O fibroadenoma é a 2ª neoplasia mamária mais frequente considerando-se todas as faixas etárias, ficando abaixo apenas do câncer. Correspondendo a 25% de todos os nódulos mamários benignos, pode ocorrer desde a menarca até a senectude, mas é mais prevalente entre 20 e 30 anos de idade.[14] Entre as mulheres com menos de 35 anos, é a neoplasia mais comum e compreende 10% dos nódulos benignos na pós-menopausa.[15]

Fatores de risco

Os estudos não mostram relação entre o uso de anticoncepcionais hormonais orais ou terapia hormonal com o aumento na incidência de fibroadenomas.[16,17] Também não são conhecidos fatores genéticos que alterem o risco de aparecimento do fibroadenoma.

Quadro clínico

Nódulo móvel, bem delimitado, oval ou lobulado, de crescimento lento, com maior ocorrência no quadrante superolateral e na mama esquerda. Em geral, é indolor, exceto durante a gravidez e a lactação, condições em que podem crescer rapidamente e produzir dor. A consistência é fibroelástica e apresenta crescimento autolimitado, não ultrapassando 2 a 3 cm. Na maioria dos casos, é único. A bilateralidade pode ocorrer em 10 a 15% dos casos, e focos múltiplos na mesma mama em 5 a 10% dos casos.[18]

Diagnóstico

É eminentemente clínico. A ultrassonografia (US) está indicada naqueles casos em que a palpação não for típica, sendo o melhor método diagnóstico para esse tipo de lesão.

Formas especiais

Além da forma clássica, o fibroadenoma pode se apresentar, mais raramente, nas formas juvenil, gigante e complexa.

Tratamento

A indicação do tratamento cirúrgico baseia-se na idade da paciente e nas dimensões do nódulo, geralmente nos fibroadenomas palpáveis $\geq$ 2 cm e/ou pacientes com idade $\geq$ 35 anos.

Tumor filodes

É uma neoplasia mamária de comportamento histológico variável constituída por elementos epiteliais e mesenquimais, com predomínio deste último.[19]

Corresponde a menos de 1% de todos os tumores mamários, representando de 2 a 3% das neoplasias benignas. Tem frequente associação com a etnia negra e seu aparecimento é mais comum na 4ª e na 5ª décadas de vida. Os tumores filodes são classificados em benignos, *borderline* e malignos, segundo algumas características histológicas.

Fatores de risco

São desconhecidos.

Quadro clínico

Apresenta-se como tumor único, geralmente volumoso e unilateral. Tem crescimento rápido e progressivo. Não invade a pele, mas pode gerar estase venosa na pele e sofrimento desta, aumentando inclusive a temperatura da derme. A adenopatia axilar é rara.[19]

Diagnóstico

Na mamografia, apresenta-se como nódulo volumoso, muitas vezes dificultando ou impossibilitando o exame. Na US, apresenta-se como tumor volumoso, sólido, entremeado por áreas císticas em seu interior.

Tratamento

É preferencialmente cirúrgico em todos os subtipos histológicos. Deve-se remover a lesão com pelo menos 1 cm de margem de segurança, para evitar recidivas locais. Esta varia de 16 a 43% das pacientes submetidas à cirurgia conservadora. Na variante maligna, em razão de seu crescimento rápido e progressivo, muitas vezes é necessário um tratamento mais radical, podendo chegar até à mastectomia.[20]

Hamartoma

Também conhecido como fibroadenolipoma, trata-se de lesão bem circunscrita, composta por tecido epitelial, por tecido adiposo e conjuntivo de quantidade variável. Apresenta incidência que varia de 0,1 a 0,7%.[21] Clinicamente, a maioria das mulheres é assintomática, mas pode apresentar-se como nódulo móvel, amolecido ou fibroelástico, de dimensões variadas, podendo atingir grandes volumes e causar assimetria mamária. Na mamografia, mostra-se como nódulo bem delimitado, com halo radiotransparente e com densidade mista, ou seja, áreas isodensas ao tecido fibroglandular entremeadas de áreas hipodensas (tecido adiposo). À US, apresenta-se como nódulo circunscrito e heterogêneo. Como se trata de lesão benigna, não é necessário acompanhamento específico ou remoção cirúrgica, exceto nos casos de hamartomas de grandes volumes, para que seja realizada adequada simetrização das mamas.

Lipoma

É um tumor constituído por células adiposas maduras, podendo ocorrer em qualquer faixa etária. Aparecem na gordura subcutânea da mama, sendo raros aqueles situados no tecido parenquimatoso da mama. Clinicamente, apresenta-se como nódulo móvel, indolor e amolecido. A imagem mamográfica consiste em nódulo radiotransparente circundado por fina cápsula radiodensa. Na US, o lipoma pode se apresentar como nódulo oval, circunscrito e isoecogênico em relação à gordura adjacente.

RASTREAMENTO

O rastreamento do câncer de mama constitui-se na mamografia periódica, que possui potencial de detecção em uma população sem sinais ou sintomas da doença. Trata-se, portanto, de uma prevenção secundária.

Observa-se que, nas mulheres submetidas a rastreamento organizado, há queda na mortalidade por câncer em relação ao grupo não submetido ao rastreamento. Os benefícios observados nas curvas de sobrevida não são imediatos, ocorrendo anos após o início da doença.[22]

Durante muito tempo, o autoexame (AE) e o exame clínico das mamas (ECM) foram considerados ferramentas importantes a serem estimuladas e aplicadas em nível populacional. Atualmente, no entanto, não há evidências científicas da eficácia do ECM ou do AE na redução da mortalidade pela doença. Contudo, no contexto da conscientização da população feminina, o AE deve ser encorajado, para que as mulheres estejam atentas a modificações que se mantêm por 2 a 3 ciclos menstruais, devendo, então, procurar orientação médica. Em algumas populações, sem acesso à mamografia ou com mamas densas, o AE e o ECM podem ser métodos auxiliares.[23]

A alteração da mortalidade ocorre principalmente a partir dos 50 anos. Sempre existe controvérsia na faixa etária dos 40 aos 49 anos, em virtude das características distintas das mamas, dos tumores e do número de cânceres nesta população. No entanto, apesar de não haver consenso, as Sociedades de Mastologia, o Colégio Brasileiro de Radiologia e a Federação Brasileira de Ginecologia e Obstetrícia (Febrasgo) orientam a realização da mamografia com intervalos anuais a partir dos 40 anos, o que inclui tal faixa etária. Como limite superior, sugere-se que, após os 70 anos, a decisão de rastreamento seja individualizada e baseada na expectativa de vida.[23,24]

O Ministério da Saúde recomenda o rastreamento mamográfico entre 50 e 69 anos, por conta das controvérsias observadas na faixa etária de 40 a 49 anos e dos limitados estudos com população nacional.[25]

O rastreamento mamográfico organizado indica a realização da mamografia em mulheres assintomáticas, de uma maneira periódica (anual ou bianual), associada a uma estrutura logística de exames complementares, diagnóstico e tratamento. O programa deve atender a uma população referenciada, devendo estar associado a metas de resultados, programas de qualidade e equipe multidisciplinar. A mamografia de rastreamento deve ser aplicada em mulheres assintomáticas, e as sintomáticas devem ser separadas deste grupo, evitando-se, assim, erros na análise dos resultados nas populações rastreadas.

A experiência europeia mostra que, para atingir os benefícios do rastreamento e da detecção precoce, é necessário que as unidades de tratamento sejam acreditadas, aplicando-se critérios de controle de qualidade adequados e, preferencialmente, com diagnóstico e tratamento padronizados para o câncer de mama e realizados em Unidades de Mama. Assim, todos os elos dessa corrente devem ser avaliados: radiologia, técnica radiológica, cirurgião, anatomia patológica e o programa como um todo.[26] Tais indicadores preconizam quesitos básicos do tratamento e intervalos adequados dentre as diversas etapas.

No Brasil, é o Sistema Único de Saúde (SUS) o responsável por ações de saúde pública. Embora se note uma elevação do número de mamografias, no diagnóstico e no tratamento, há dificuldade na formalização de sistemas de referências efetivas e uma desigualdade entre as regiões do país. A cobertura insuficiente e a dificuldade no controle e na avaliação dos serviços de mamografia disponíveis pelo SUS retardam o diagnóstico.

A experiência nacional em rastreamento mamográfico é muito limitada. No programa do Hospital de Câncer de Barretos (HCB), observou-se que, nos 2 primeiros anos do projeto, 42,1% das mulheres nunca haviam realizado o exame de mamografia e apenas 43% dos tumores diagnosticados eram precoces.[27]

Comparando-se a sobrevida em 10 anos de tumores de mama invasivos na população norte-americana (SEER) e na brasileira (HCB), em momentos semelhantes, observou-se que as brasileiras apresentam estádio clínico mais avançado ao diagnóstico. No entanto, ao se comparar a sobrevida global por câncer de acordo com o estadiamento, observou-se que esta foi semelhante nas duas populações. Assim, a sobrevida pode estar mais relacionada ao diagnóstico tardio, e não ao tratamento.[28,29] Esse fato mostra que é necessário priorizar o diagnóstico precoce do câncer de mama no Brasil.

CAMPANHAS PÚBLICAS: EDUCAÇÃO E ORIENTAÇÃO, AUTOEXAME, MAMOGRAFIA

A mamografia e o exame clínico das mamas são os métodos preconizados para o diagnóstico precoce recomendados pelo Ministério da Saúde para controle do câncer da mama, sendo a mamografia considerada o método de eleição para rastreamento populacional.[30]

O National Comprehensive Cancer Network (NCCN) orienta que, em mulheres de baixo risco, a partir dos 20 até os 39 anos, sejam realizados o exame clínico das mamas anualmente e o *breast awareness*. A partir dos 40 anos, o NCCN preconiza que as mulheres iniciem a realização da mamografia anualmente, além do exame clínico anual das mamas e o *breast awareness*.[31]

No Brasil, não existe rastreamento organizado e a mamografia é ofertada às mulheres que oportunamente chegam às unidades de saúde. Sabe-se ainda que nem todas as mulheres possuem acesso ao serviço de saúde e à mamografia.

Estudo mostrou que, na região Sudeste, 82% das mulheres entrevistadas frequentavam o ginecologista com regularidade; na região Nordeste, esse valor caía para 59%. Dentre as mulheres com mais de 40 anos, somente 40% realizavam a mamografia regularmente, e 68% realizaram a mamografia alguma vez na vida.[32] Tais dados podem explicar por que o número de casos diagnosticados em estádios avançados no Brasil chega a 45,3%.[33]

Outro dado desse estudo mostrou que, dentre as mulheres que tiveram diagnóstico de câncer de mama, 38% descobriram a doença por meio do AE,[32] reforçando a falta de acesso à mamografia e ao serviço de saúde.

Na década de 1950, nos Estados Unidos, o AE das mamas surgiu como estratégia para diminuir o diagnóstico de tumores de mama em fase avançada.[34] Ao final da década de 1990, ensaios clínicos mostraram que o AE não reduzia a mortalidade pelo câncer de mama.[35] A partir de então, diversos países passaram a adotar a estratégia do *breast awareness*.[36]

A expressão *breast awareness* vem do inglês e significa "estar ciente das mamas"; atualmente é definida como a mulher se tornar familiarizada com suas próprias mamas e as modificações que elas sofrem ao longo da vida. Isso estimula as mulheres a saber a aparência e a consistência de suas mamas, de maneira que qualquer alteração possa ser percebida e passada ao médico.[37,38] Mulheres que estão "cientes das mamas" podem encontrar cânceres não detectados durante o rastreamento mamográfico, que detecta somente entre um terço e metade dos casos de câncer de mama.[36] O NCCN orienta a prática do *breast awareness* como método de rastreamento para câncer de mama em mulheres a partir dos 20 anos de idade e ressalta que a realização periódica e consistente do AE pode facilitar o *breast awareness*.[31]

Dessa forma, embora existam, na literatura, evidências de que o AE não reduz a mortalidade por câncer de mama, aumentando o número de procedimentos invasivos nessas mulheres,[35] ele pode ser considerado como estratégia do *breast awareness* em nosso país, já que pouco mais da metade das mulheres brasileiras têm acesso à mamografia e ao exame clínico das mamas, representando para muitas mulheres, portanto, a única forma de detecção do câncer de mama.[32]

Em nosso país, o AE é método bastante difundido,[32] embora não signifique que seja realizado e principalmente que seja realizado de forma adequada.

Em 2014, na disciplina de Mastologia do Departamento de Ginecologia da EPM/Unifesp, foi realizada uma pesquisa para avaliar o conhecimento e a informação sobre AE, fatores de risco e mamografia entre as mulheres. Observou-se de fato que a grande maioria das entrevistadas sabia da existência do AE (93,1%). Essa alta porcentagem também foi observada em outros estudos brasileiros, como no estudo de Marinho et al. de Campinas (95,3%)[39] e o de Monteiro et al. de Belém (96%).[40] No entanto, apesar de a maioria das entrevistadas saber da existência do AE, somente 9,4% das mulheres (19 mulheres) apresentaram conhecimento adequado sobre ele. Essa discrepância também foi observada no estudo de Campinas (7,4%).[39]

Nesse estudo da EPM/Unifesp, o AE era realizado por 133 pacientes (65,84%), e destas, somente 1/3 (30,83%) o fazia de forma adequada. O desempenho ruim na prática do AE também foi observado nos estudos brasileiros de Marinho et al. (16,7%),[39] Monteiro et al. (21,8%),[40] Molina et al. em Botucatu (27%),[41] Carelli et al. em São Paulo (30,4%)[42] e também nos estudos de outros países.

O médico foi a maior fonte de conhecimento a respeito do AE (58,7%), seguido das campanhas de televisão, rádio e internet (35,3%), demonstrando a importância que os profissionais da saúde possuem na educação das pacientes.

Apesar da ampla divulgação e do conhecimento referido sobre o AE, observa-se que informações sobre seus objetivos, modo de realização, frequência e melhor período de realização não são incorporadas pelas mulheres.

Assim, entende-se que outras modalidades de comunicação devam ser utilizadas em campanhas de educação populacional em que o AE seja explicado mais detalhadamente com relação ao seu objetivo e à maneira adequada de praticá-lo, e que não seja somente citado. Outra informação que parece não ter sensibilizado a população feminina é a importância da mamografia.

É sabido que a mamografia é o único método comprovado para o rastreamento do câncer de mama, pois reduz a mortalidade em até 30%.[6] Outro estudo de São Paulo mostrou que 36,7% de mulheres idosas de um centro de convivência nunca haviam recebido informação sobre a mamografia.[43] Uma pesquisa entre ginecologistas de Goiânia mostrou que 75% deles sabiam que a mamografia era o melhor exame para rastreamento do câncer de mama, ou seja, 1/4 deles ainda desconhecia a importância da mamografia para o diagnóstico precoce da doença.[44]

Quase metade das mulheres entrevistadas acredita que o câncer de mama é doença que apresenta sinais clínicos precocemente (49,5%), e 39,6% delas acreditavam que o melhor método de rastreamento são outros métodos que não a mamografia. Quando considerado também o conhecimento sobre a frequência e a idade de início para iniciar o rastreamento, somente 21,8% apresenta conhecimento adequado sobre o rastreamento para câncer de mama. Esse dado foi compatível ao achado no estudo de Santos et al. em São Paulo,[43] Schneider et al. em Santa Catarina (23,1%)[45] e Marinho et al. em Campinas,[39] mostrando que o desconhecimento acontece em todo país.

Essa informação incompleta acerca do AE traz às pacientes uma falsa sensação de segurança, levando-as a acreditar que a realização do AE descarta a necessidade de realização da mamografia.[32-43]

Esses fatores associados à falta de um programa de rastreamento adequado no país e à dificuldade de acesso ao sistema de saúde em muitas regiões[62] resulta em um triste panorama da nossa realidade: cerca de 60% das mulheres acima dos 40 anos não realizam a mamografia regularmente e, nesta faixa etária, 32% nunca realizou esse exame.[32]

A avaliação do conhecimento das pacientes com relação aos fatores de risco para o câncer de mama mostrou que a grande maioria das pacientes (82,7%) não apresentou conhecimento adequado sobre esse assunto. O câncer de mama é doença multifatorial e somente 5 a 20% dos casos estão relacionados a causas genéticas.[46] Nesse estudo, nota-se que o principal fator de risco relacionado ao câncer de mama foi a história familiar (85,2% das mulheres citaram esse fator de risco). Isso reflete outro mito relacionado a essa doença: somente mulheres que tenham história familiar podem ter câncer de mama. A propagação desse mito traz uma despreocupação às mulheres sem histórico familiar, e 22% delas têm uma sensação de imunidade à doença.[32]

A falta de conhecimento a respeito dos fatores de risco para o câncer de mama também foi observado em outros países, como Estados Unidos, Trinidad, Tanzânia e Malásia. Neles, nota-se que o fator de risco mais conhecido também é a história familiar. Já os fatores de risco modificáveis, como alcoolismo, obesidade e sedentarismo, são pouco conhecidos pelas populações entrevistadas. Ou seja, as mulheres de todo o mundo ignoram o fato de que seus hábitos de vida podem ter influência no aparecimento do câncer de mama.

De forma geral, as mulheres entrevistadas nesse estudo não tinham conhecimento adequado sobre o AE, o rastreamento e os fatores de risco para o câncer de mama. Apesar de a maioria delas realizarem o AE, mais da metade o fazia de maneira inadequada.

Nota-se que as mulheres que apresentaram melhor nível de conhecimento e desempenho na prática do AE foram as mais idosas e, consequentemente, as menopausadas. Esse dado mostra, talvez, que os médicos e as campanhas de rádio e televisão estejam mais voltados para esse grupo de pacientes, já que o câncer de mama incide principalmente nessa faixa etária.

O câncer de mama é doença muito prevalente e ainda apresenta alta mortalidade. As mamas representam a identidade feminina e são socialmente muito valorizadas, sendo motivo de vaidade e consideradas importante parte da feminilidade. Esses fatores associados geram medo e ansiedade nas mulheres, criando ambiente propício para o aparecimento e a multiplicação de mitos.

É necessário melhorar a educação das mulheres, pois sabe-se que aumentando seu conhecimento, elas se sentem mais motivadas, melhorando a prática do AE e do rastreamento mamográfico.[47]

Apesar de ser tema muito abordado em campanhas e programas de televisão, ainda existem muitas informações imprecisas que supervalorizam o AE e, dessa forma, podem indiretamente desvalorizar a mamografia. Esse estudo mostrou a necessidade da educação para todas as mulheres, a despeito de sua idade, etnia, religião, classe social ou escolaridade, sendo importante orientar o real benefício do AE. Atualmente, o AE é considerado importante dentro do contexto do *breast awareness*, ou seja, as mulheres devem ser estimuladas a realizarem o AE para conhecerem o próprio corpo e as próprias mamas.[31] Também é importante reforçar o papel da mamografia e dos hábitos de vida saudáveis tanto para a prevenção do câncer de mama quanto para a prevenção de outras doenças crônicas degenerativas. É necessário derrubar mitos, como o do histórico familiar, e aumentar a adesão aos programas de promoção à saúde e rastreamento mamográfico.

REFERÊNCIAS BIBLIOGRÁFICAS

1. Torre LA, Bray F, Siegel RL, Ferlay J, Lortet-Tieulent J, Jemal A. Global cancer statistics, 2012. CA: A Cancer Journal for Clinicians 2015; 65(2):87-108.
2. Lee BL, Liedke PE, Barrios CH, Simon SD, Finkelstein DM, Goss PE. Breast cancer in Brazil: present status and future goals. The Lancet Oncology 2012; 13(3):e95-e102.
3. Kemp C, Petti DA, Quadros LG, Sabbaga J, Gebrim LH, Assunção MC, Ricci MD et al Câncer de mama – prevenção primária. Projeto Diretrizes. Associação Médica Brasileira (AMB)/Conselho Federal de Medicina (CFM)/ Sociedade Brasileira de Mastologia (SBM)/Federação Brasileira das Associações de Ginecologia e Obstetrícia (Febrasgo). Disponível em: http://diretrizes.amb.org.br/_BibliotecaAntiga/cancer-de-mama-prevencao-primaria.pdf. Acessado em: 2/12/2016
4. Fitzgibbons PL, Henson DE, Hutter RV. Benign breast changes and the risk for subsequent breast cancer: an update of the 1985 consensus statement. Cancer Committee of the College of American Pathologists. Arch Pathol Lab Med 1998; 122:1053-5.
5. Armstrong K, Eisen A, Weber B. Assessing the risk of breast cancer. N Engl J Med 2000; 342:564-67.
6. National Comprehensive Cancer Network (NCCN Guidelines). Breast cancer screening and diagnosis. Disponível em: www.nccn.org/professionals/physician_gls/pdf/breast-screening.pdf. Acessado em: 2/12/2016
7. National Comprehensive Cancer Network (NCCN Guidelines). Breast cancer risk reduction. Disponível em: www.nccn.org/professionals/physician_gls/pdf/breast_risk.pdf. Acessado em: 2/12/2016
8. Collaborative Group on Hormonal Factors in Breast Cancer. Menarche, menopause, and breast cancer risk: individual participant meta-analysis, including 118.964 women with breast cancer from 117 epidemiological studies. Lancet Oncol 2012; 13(11):1141-51.
9. Collaborative Group on Hormonal Factors in Breast Cancer. Breast cancer and breastfeeding: collaborative reanalysis of individual data from 47 epidemiological stu-

dies in 30 countries of 50.302 women with breast cancer and 96.973 women without the disease. Lancet 2002; 360:187-95.

10. Euhus D. Managing the breast in patients who test positive for hereditary breast cancer. Ann Surg Oncol 2012; 19(6):1738-44. Epub 2012 Mar

11. National Comprehensive Cancer Network (NCCN). Genetic/familial high-risk assessment: breast and ovarian. Disponível em: www.nccn.org/professionals/physician_gls/pdf/genetics_screening.pdf. Acessado em: 2/12/2016.

12. Vogel VG, Costantino JP, Wickerham DL, Cronin WM, Cecchini RS, Atkins JN et al. Update of the National Surgical Adjuvant Breast and Bowel Project Study of Tamoxifen and Raloxifene (STAR) P-2 Trial: preventing breast cancer. Cancer Prev Res 2010; 3(6):696-706.

13. Nazário ACP, Narvaiza DGY. Neoplasias benignas. In: Baracat EC, Lima GR (eds.). Guia de medicina ambulatorial e hospitalar da Unifesp/EPM Ginecologia. Barueri: Manole, 2005. p.653-7.

14. Nazário ACP, Rego MF, Oliveira VM. Nódulos benignos da mama: uma revisão dos diagnósticos diferenciais e conduta. Rev Bras Ginecol Obstet 2007; 29(4):211-9.

15. Greenberg R, Skornick Y, Kaplan O. Management of breast fibroadenomas. J Gen Intern Med 1998; 13(9):640-5.

16. Ravnihar B, Segel DG, Lindther J. An epidemiologic study of breast cancer and benign breast neoplasm in relation to the oral contraceptive and estrogen use. Eur J Cancer 1979; 15:395-405.

17. Canny PF, Berkowitz GS, Kelsey JL. Fibroadenoma and the use of exogenous hormones: a case control study. Am J Epidemiol 1988; 127:454-61.

18. Haagensen CD. Disease of the breast. 3.ed. Philadelphia: W.B. Saunders, 1996. p.267-83.

19. Stranz H, Peitinger F, Hack A. Phyllodes tumor: an unexpected tumor of the breast. Strahkenther Onkol 2004; 180:148-51.

20. Geisler DP. Phyllodes tumors of the breast: a review of 32 cases. Cancer 2004; 907-10.

21. Tse GMK, Law BKB, Ma TKF, Chan ABW, Pang L-M, Chu WCW et al. Hamartoma of the breast: a clinicopathological review. J Clin Pathol 2002; 55:951-4.

22. Vieira RAC, Mauad EC, Matthes AGZ, Mattos JSC, Haikel Jr. RL, Bauab SP. Rastreamento mamográfico: começo – meio – fim. Rev Bras Mastol 2010; 20(2):92-7.

23. Anderson BO, Shyyan R, Eniu A, Smith RA, Yip CH, Bese NS et al. Breast cancer in limited-resource countries: an overview of the Breast Health Global Initiative 2005 guidelines. The Breast Journal 2006; 12 Suppl 1:S3-15.

24. Thuler LC. Considerações sobre a prevenção do câncer de mama feminino. Rev Bras Cancerol. 2003; 49(4):227-38.

25. Consenso. BdMDd. Recomendações da X Reunião Nacional de Consenso. Rastreamento do câncer de mama na mulher brasileira In: Mastologia. SBd, editor. 2008.
26. Perry N, Broeders M, de Wolf C, Tornberg S, Holland R, von Karsa L. European guidelines for quality assurance in breast cancer screening and diagnosis. 4.ed. Summary document. Annals of Oncology: Official Journal of the European Society for Medical Oncology/ESMO 2008; 19(4):614-22.
27. Vieira RA, Lourenco TS, Mauad EC, Moreira Filho VG, Peres SV, Silva TB et al. Barriers related to non-adherence in a mammography breast-screening program during the implementation period in the interior of Sao Paulo State, Brazil. Journal of Epidemiology and Global Health 2015; 5(3):211-9.
28. De Castro Mattos JS, Mauad EC, Syrjanen K, Longatto-Filho A, Haikel RL, Da Costa Vieira RA et al. The impact of breast cancer screening among younger women in the Barretos Region, Brazil. Anticancer Research 2013; 33(6):2651-5.
29. Vieira RA, Uemura G, Zucca-Matthes G, Costa AM, Micheli RA, Oliveira CZ. Evaluating breast cancer health system between countries: the use of USA/SEER and brazilian women as a cohort sample. The Breast Journal 2015; 21(3):322-3.
30. Câncer I-INd. Programa Nacional de Controle do Câncer de Mama, 2011 Disponível em: www2.inca.gov.br/wps/wcm/connect/acoes_programas/site/home/nobrasil/programa_controle_cancer_mama/. Acessado em: 2/12/2016.
31. National Comprehensive Cancer Network Practices Guidelines in Oncology (NCCN Guidelines). Breast cancer screening and diagnosis (version 1.2016). Disponível em: www.nccn.org/professionals/physician_gls/pdf/breast-screening.pdf. Acessado em: 2/12/2016.
32. Avon/IPSOS I. Percepções sobre o câncer de mama mitos e verdades em relação à doença. 2010. Disponível em: www.spm.gov.br/noticias/documentos-1/AVON FINAL TOTAL.pdf. Acessado em: 2/12/2016.
33. Andersson I, Bjurstam N, Frisell J, Nordenskjold B, Rutqvist LE. Long-term effects of mammography screening: updated overview of the Swedish randomised trials. Lancet 2002; 359(9310):909-19.
34. Kaiser RF. A special purpose health education program: breast self-examination. Public Health Reports 1955; 70(4):428-32.
35. Thomas DB, Gao DL, Ray RM, Wang WW, Allison CJ, Chen FL et al. Randomized trial of breast self-examination in Shanghai: final results. Journal of the National Cancer Institute 2002; 94(19):1445-57.
36. Thornton H, Pillarisetti RR. 'Breast awareness' and 'breast self-examination' are not the same. What do these terms mean? Why are they confused? What can we do? European Journal of Cancer 2008; 44(15):2118-21.

37. McCready T, Littlewood D, Jenkinson J. Breast self-examination and breast awareness: a literature review. Journal of Clinical Nursing 2005; 14(5):570-8.
38. Kosters JP, Gotzsche PC. Regular self-examination or clinical examination for early detection of breast cancer. The Cochrane Database of Systematic Reviews 2003; (2):CD003373.
39. Marinho LAB, Costa-Gurgel MS, Cecatti JG, Osis MJD. Conhecimento, atitude e prática do autoexame das mamas em centros de saúde. Revista de Saude Pública 2003; 37(5):576-82.
40. Monteiro APS, Arraes EPP, Pontes LB, Campos MSS, Ribeiro RT, Gonçalves EB. Auto-exame das mamas: frequência do conhecimento, prática e fatores associados. RBGO 2003; 25(3):201-5.
41. Molina L, Dalben I, De Luca LA. Análise das oportunidades de diagnóstico precoce para as neoplasias malignas de mama. Rev Assoc Med Bras 2007; 49(2):185-90.
42. Carelli I, Pompei LM, Mattos CS, Ferreira HG, Pescuma R, Fernandes CE et al. Knowledge, attitude and practice of breast self-examination in a female population of metropolitan Sao Paulo. Breast 2008; 17(3):270-4.
43. Santos GD, Chubaci RYS. Awareness about breast cancer and mammography in elderly women who frequent Daycare Centers in São Paulo (SP, Brazil). Ciência & Saúde Coletiva 2011; 16(5):2533-40.
44. Freitas Junior R, Oliveira ELC, Marinho ER, Zampronha RAC, Pereira RJ, Soares FA. Conhecimento sobre o diagnóstico e rastreamento do câncer de mama entre os ginecologistas do estado de Goiás (Brasil). Rev Assoc Med Bras 2003; 49(3):312-6.
45. Schneider IJC, Corseuil MW, Boing AF, d'Orsi E. Conhecimento sobre mamografia e fatores associados: inquéritos de base populacional com mulheres adultas e idosas. Rev Bras Epidemiol 2013; 16(4):930-42.
46. Chagas CR, Vieira RJ, Saraiva MN, Wajnberg M, Saraiva MLP, Souza JRC. Fatores de risco. In: Chagas CR, Menke CH, Vieira RJS, Boff RA (eds.). Tratado de mastologia da Sociedade Brasileira de Mastologia (SBM). Vol. 2. Rio de Janeiro: Revinter, 2011. p.543.
47. World Health Organization (WHO). Policy and advocacy. Cancer control: knowledge into action: WHO guide for effective programmes. 2007. Disponível em: www.who.int/cancer/FINAL-Advocacy-Module 6.pdf. Acessado em: 2/12/2016.

BIBLIOGRAFIA

1. Rutledge DN, Barsevick A, Knobf MT, Bookbinder M. Breast cancer detection: knowledge, attitudes, and behaviors of women from Pennsylvania. Oncology Nursing Forum 2001; 28(6):1032-40.

3

Anatomia da mama e da axila e sua relação com a cintura escapular e o tórax

Patrícia Vieira Guedes Figueira
Angela Gonçalves Marx
Edson Mantovani Barbosa

INTRODUÇÃO

Antes de iniciar o estudo do câncer de mama, é necessário conhecer mais sobre a morfologia da mama, da axila e as correlações com a cintura escapular e o tórax. O conhecimento das mudanças que a mama sofre desde o período embrionário até a fase adulta é essencial para o estudo da fisiopatologia mamária e influencia na decisão terapêutica.

As mamas são símbolos de feminilidade, estabelecem o vínculo entre a mãe e seu filho por meio da amamentação e são importantes na sexualidade da mulher. Nos homens, desenvolvem-se pouco, mas isso não os exclui de doenças na mama.

As mudanças nas mamas ocorrem durante todo o processo de desenvolvimento embrionário e persistem durante toda a vida, de forma positiva ou negativa, e no período gestacional essas alterações são mais evidentes.

Na 5ª semana gestacional, inicia-se o processo do ectoderma de formação de bandas galáticas da axila ao tronco e, no decorrer das semanas, sucedem-se os estágios chamados discos, globular e cônico, este último em torno de 10 a 14 semanas. Entre 12 e 16 semanas gestacionais, ocorre a diferenciação de células mesenquimais para a formação de músculo liso da aréola e da papila. Outros estágios, como o de brotamento e ramificação, acontecem com 16 semanas gestacionais. No último trimestre, ocorre o estágio de canalização de tecidos epiteliais ramificados. A diferenciação do parênquima mamário ocorre de 32 a 40 semanas gestacionais, com o desenvolvimento de estruturas lobuloalveolares, que é chamado de estágio vesical-final e aumenta em 4 vezes o tamanho da mama, além de desenvolver e pigmentar o complexo areolopapilar.[1]

Após o nascimento, as mamas das mulheres submetem-se a um crescimento amplo e regulado pelos hormônios. O desenvolvimento máximo da mama é alcançado em torno de 20 anos de idade, e mudanças atróficas iniciam-se na 5ª década de vida. Nos homens, ocorre um mínimo desenvolvimento e as mamas permanecem mais rudimentares.

ANATOMIA DE MAMA

A mama é considerada um anexo da pele, localizada na parede anterior do tórax e em número de 2, com exceção de casos com anormalidades congênitas, como a polimastia (mais de 2 mamas), a amastia (ausência de 1 mama) e a politelia (mais de 2 mamilos e aréola) (Figura 1).[2] O nome "seio" define o espaço compreendido entre as duas mamas (Figura 2).

Localização e limites da mama

As mamas são localizadas no tórax e apresentam os seguintes limites (Figura 3):

- superior: 2ª costela;
- inferior: 6ª/7ª costelas (prega inframamária);
- lateral: linha axilar anterior/média;
- medial: margem lateral do osso esterno;
- posterior: contato com a camada profunda da fáscia superficial e o espaço retromamário, fáscia do músculo peitoral maior, serrátil anterior, oblíquo externo e porção proximal do reto abdominal.

O espaço retromamário, composto por tecido conjuntivo frouxo e situado entre a glândula mamária e a fáscia do peitoral maior, permite a retirada cirúrgica da mama sem tocar a fáscia do músculo peitoral maior. Cerca de 2/3 da mama repousam sobre as fáscias do músculo peitoral maior, e a porção lateral da mama tem contato com a fáscia do músculo serrátil anterior.[3,4]

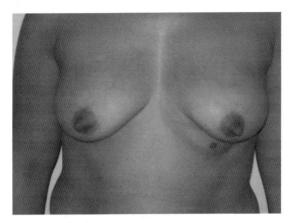

Figura 1 Polimastia e politelia.

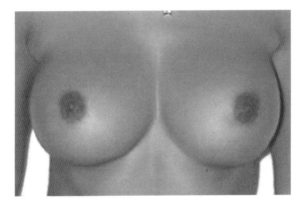

Figura 2 Mamas e seio.

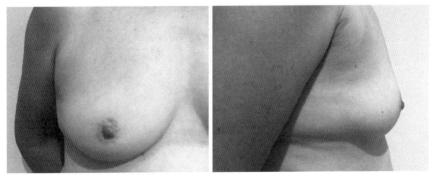

Figura 3 Localização e limites da mama.

Peso

O peso das mamas é bastante variável e está diretamente relacionado à fase da vida da mulher. Não lactantes possuem mamas menores, com peso que varia de 150 a 250 g. Em lactantes, esse peso pode ultrapassar 500 g, podendo chegar a 900 g. O peso da mama varia também conforme idade, características físicas, peso corpóreo, estado nutricional e densidade mamária. A proporção de glândulas mamárias e tecido adiposo determina a densidade da mama. Mamas grandes têm maior quantidade de gordura, o que define sua forma.

A forma das mamas é bastante variada. Pode ser cônica, discoide, plana e pendular (Figura 4). As mamas das mulheres multíparas tendem a ser mais amplas e pendulares, enquanto as mamas de mulheres nulíparas tendem a ser mais hemisféricas e cônicas. A idade também influencia a forma, pois, com o passar dos anos, ocorre substituição do tecido glandular mamário por tecido gorduroso, tornando-a mais pendular. A espessura média da mama varia de 5 a 7 cm, e a altura e a largura variam de 10 a 12 cm.[1-4]

A mama pode ser dividida em 4 quadrantes mais a região retroareolar. O parênquima mamário é mais abundante no quadrante superolateral e se projeta para dentro da axila, sendo chamado de prolongamento axilar de Spencer (Figura 5).[5]

As mamas são compostas por 3 importantes estruturas: a pele, o tecido subcutâneo e o tecido mamário (parênquima e estroma) (Figura 6).

A pele da mama é fina, elástica, contém folículos pilosos, glândulas sebáceas e glândulas sudoríparas.

O tecido subcutâneo envolve a glândula mamária exceto na região da papila. Os fascículos de tecido conjuntivo que se entremeiam com os lobos e os lóbulos da glândula mamária são também conhecidos como ligamento acessório ou de suspensor da mama (de Cooper).

A glândula mamária é formada por ductos, lobos e lóbulos entremeados por tecido conjuntivo, adiposo, nervos, vasos linfáticos e sanguíneos. Pequenas formações saculares, chamadas de alvéolos ou ácinos, reunidos em número de 10 a 100, formam os lóbulos mamários. Estes lóbulos agrupados de 20 a 40 formam lobos mamários.[1-4]

Diversas são as nomenclaturas dos ductos, começando pela papila até chegar nos alvéolos, como segue: ductos maiores, ductos coletores, ductos lactíferos, ductos segmentares e subsegmentares. Uma unidade ductolobular, ducto terminal, ductos extralobular e intralobular, ductos para os lóbulos e finalmente ductos alveolares complementam as diferentes nomenclaturas e localizações.

Anatomia da mama e da axila e sua relação com a cintura escapular e o tórax   43

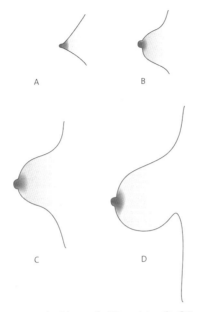

Figura 4 Formas da mama. A. Plana. B. Discoide. C. Cônica. D. Pendular.

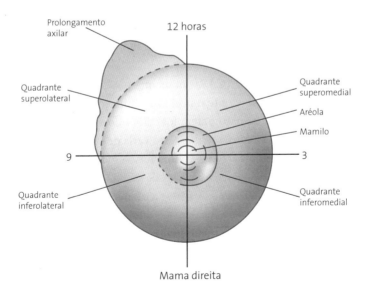

Figura 5 Mamas divididas em quadrantes e prolongamento de Spencer.

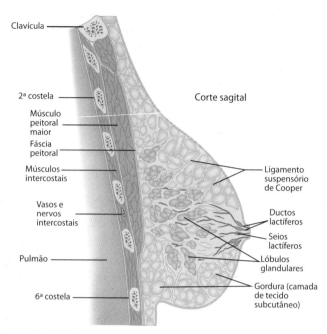

Figura 6 Estruturas da mama.

Os ductos são estruturas com diâmetro que variam de 2 a 8 mm, conforme a sua localização e função (Figura 7).[1]

O complexo areolopapilar (CAP) em mamas não pendulares está localizado no 4º espaço intercostal. Contém muitas terminações nervosas, glândulas sebáceas e sudoríparas, mas não contém folículos pilosos. A aréola tem formato circular, é mais pigmentada e seu diâmetro varia de 1,5 a 6 cm. As glândulas de Montgomery são glândulas com estrutura histológica intermediária entre as sudoríparas e as mamárias; elas são capazes de secretar leite, e seus ductos formam saliências ou elevações na superfície, na periferia da aréola, chamadas de tubérculos de Morgagni.

A papila mamária é formada por epitélio escamoso estratificado queratinizado, possui coloração variada entre rosada e mais pigmentada, principalmente em mulheres na gestação; tem forma cilíndrica, comprimento e largura variando de 0,9 a 1 cm e 1 a 1,2 cm, respectivamente; está localizada no centro da aréola e representa o ápice do cone. Contém as aberturas de todos os ductos lactíferos dos lóbulos, também chamados de condutos galactóforos ou seios lactíferos (Figura 8).[1-3]

Anatomia da mama e da axila e sua relação com a cintura escapular e o tórax   45

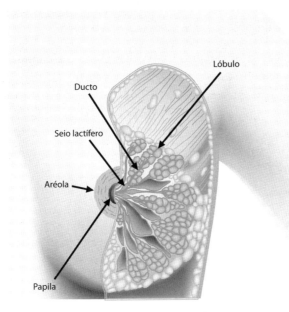

Figura 7 Ductos e lóbulos mamários.

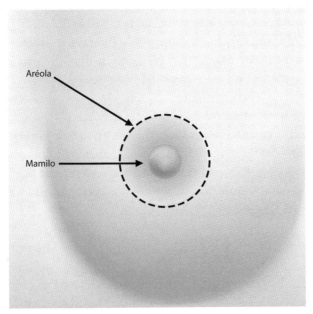

Figura 8 Complexo areolopapilar (CAP).

Vascularização da mama

A vascularização arterial da mama é realizada por um complexo de artérias, sendo as mais importantes a mamária interna e a torácica lateral, que juntas irrigam em torno de 90% da mama (Figura 9A).

O suprimento sanguíneo arterial é feito por:

- artéria mamária interna (ramos anteriores): irriga partes central e medial da mama (60%);
- artéria torácica lateral (ramo da segunda porção da artéria axilar): irriga parte superior e quadrante mais lateral (30%);
- artérias toracoacromial (ramos peitorais), intercostal posterior (2º, 3º e 4º espaços intercostais), artéria subescapular e toracodorsal: outras regiões da mama (10%).

A artéria axilar e seus ramos são responsáveis pela irrigação de diversas estruturas e músculos do tórax e cintura escapular, e serão vistos adiante com mais detalhes.

A drenagem venosa mamária é dividida em sistema superficial e profundo. O sistema superficial situa-se logo abaixo da camada superficial da fáscia superficial. A drenagem superficial da maioria das veias localizadas medialmente no tecido subcutâneo drenam na veia mamária interna (cerca de 90%). Os outros vasos restantes próximos à região supraesternal drenam nas veias superficiais da região do pescoço inferior.

O sistema de drenagem venosa profunda da mama é dividido em três grupos: ramos perfurantes da veia torácica interna, tributárias da veia axilar e ramos perfurantes das veias intercostais posteriores; estas últimas se comunicam com as veias vertebrais. Esse sistema drena para a rede capilar pulmonar e para as veias vertebrais. Dessa forma, estabelecem as rotas para as metástases pulmonares e ósseas (Figura 9B):[6,7]

- ramos perfurantes da veia torácica (mamária) interna: drenam a parte medial da mama;
- tributárias das veias axilares: drenam a parte lateral da mama;
- ramos perfurantes da veia intercostal posterior: drenam a parte mais central na mama.

Anatomia da mama e da axila e sua relação com a cintura escapular e o tórax 47

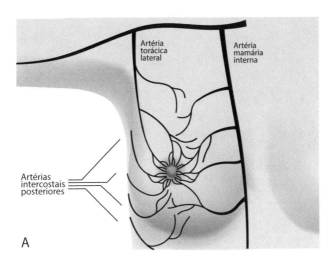

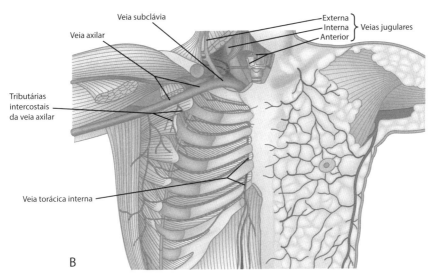

Figura 9 Vascularização das mamas. A. Vascularização arterial. B. Vascularização venosa.

Drenagem linfática da mama

A drenagem linfática da mama é formada por um conjunto de plexos linfáticos que se intercomunicam. É a principal via de disseminação de metástases originadas na mama (Figura 10).[8]

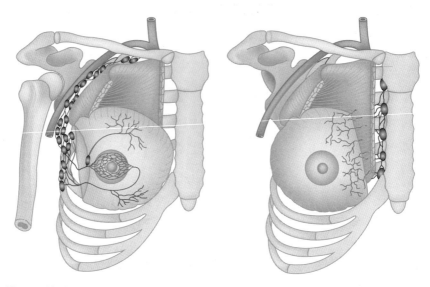

Figura 10 Drenagem linfática da mama.

A inter-relação dos vasos linfáticos nas regiões superficial e profunda da glândula mamária é decorrente da invaginação do ectoderma no mesoderma. Por ser uma glândula superficial, os linfáticos da mama podem drenar para os linfáticos da mama e para a axila oposta. Outra rede importante para o processo metastático é a rede denominada de Gerota, que drena a região inferomedial da mama para os linfáticos abdominais, diafragmáticos e para o fígado.

O sistema linfático mamário divide-se em plexos subepitelial, subareolar (de Sappey), subdérmicos, intradérmicos, intraparenquimatoso e fascial.

O fluxo linfático corre do plexo superficial para o profundo e do subcutâneo profundo e intramamário para os linfonodos das cadeias axilar e mamária interna, através dos canais interlobulares, intercanaliculares e interductais. Esses plexos comunicam-se com o plexo areolar e com o plexo que circunda a aréola. Estudos com linfocintilografia demonstram que os linfáticos profundos (parenquimatosos e retromamários) drenam preferencialmente para os linfonodos da cadeia da mamária interna. Já os superficiais drenam, em 95 a 97% das vezes, para o linfonodo sentinela axilar (primeiro a receber a drenagem linfática do tumor) localizado no nível I, e o restante para outras localizações.

Os plexos linfáticos são:

- plexo cutâneo (localizado na derme);
- plexo subcutâneo (região subcutânea superficial);

- plexo fascial (fáscia do músculo peitoral maior);
- plexo glandular (glândula mamária);
- plexo subareolar (plexo de Sappey): comunicação do glandular com o subcutâneo.

As drenagens linfáticas divididas em superficial e profunda são realizadas pelos vasos linfáticos eferentes mediais para os linfonodos da torácica interna e pelos vasos linfáticos eferentes laterais para os linfonodos axilares, subescapulares e, ocasionalmente, para linfonodos intercostais.

Existe uma comunicação entre vasos eferentes mediais de cada mama que determina a anastomose intramamária e explica as metástases nas mamas opostas.

ANATOMIA DA AXILA

A axila tem um formato espacial piramidal e o seu tamanho e forma variam pela posição do membro superior, pelo trofismo de músculos, pela flexibilidade e pela mobilidade dos tecidos. O ápice dessa pirâmide tem como limite medial a primeira costela, como limite posterior a margem superior e o processo coracoide da escápula, e como limite anterior a clavícula (Figura 11).[6,8]

As quatro paredes da pirâmide são formadas por músculos:

- parede anterior: músculos peitoral maior e menor;
- parede posterior: músculos subescapular, redondo maior e grande dorsal;
- parede medial: quatro primeiras costelas e músculos intercostais correspondentes e músculo serrátil anterior;
- parede lateral: tendão da cabeça longa do bíceps braquial e músculo coracobraquial.

Outras estruturas correlacionadas à axila são:

- artéria axilar e seus ramos;
- veias axilares e suas tributárias;
- nervos originados no plexo braquial;
- vasos linfáticos e linfonodos axilares;
- tecido adiposo;
- tecido mamário (possivelmente).

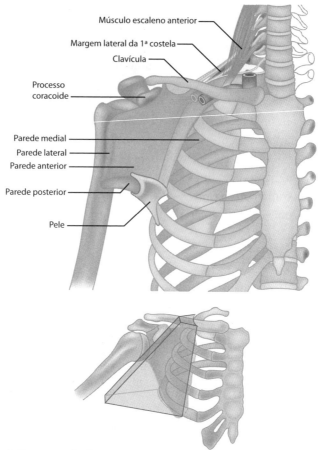

Figura 11 Axila e seus limites.

Essas estruturas são recobertas por uma bainha axilar, oriunda da fáscia cervical e seu prolongamento da porção pré-vertebral.

Artéria axilar

A artéria axilar inicia na margem lateral da primeira costela, cruza o músculo peitoral menor anteriormente e termina na margem anterior do músculo redondo maior, onde passa a ser chamada de artéria braquial (Figura 12).[6,8]

Os ramos da artéria axilar são:

- artéria torácica superior: projeta-se anteromedialmente, passando entre o peitoral maior e peitoral menor, e alcança a parede torácica;

- artéria toracoacromial: projeta-se na margem superior do músculo peitoral menor, penetra na fáscia clavipeitoral e divide-se em ramos peitorais, claviculares, deltoides e acromiais;
- artéria torácica lateral: segue as margens inferiores do músculo peitoral menor e alcança a parede torácica. Irriga diversos músculos, entre eles o músculo peitoral maior, o serrátil anterior e o subescapular, além de linfonodos axilares. Alguns ramos dessa artéria irrigam a glândula mamária;
- artéria subescapular: irriga músculos adjacentes ao subescapular e a parede torácica, por ser o ramo mais longo da artéria axilar;
- outros ramos: artérias anterior e posterior úmero-circunflexa.

Veia axilar

A veia axilar é formada pela união das veias basílica e braquial e está localizada medialmente à artéria axilar. Entre essas duas estruturas há vários nervos originados no plexo braquial. Ao final da margem lateral da primeira costela, torna-se a veia subclávia.[6,8]

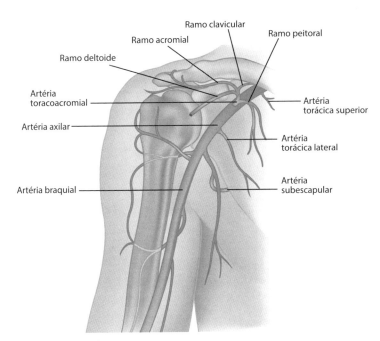

Figura 12 Artéria axilar e seus ramos.

Linfonodos axilares

Há várias classificações atribuídas aos linfonodos axilares; as mais comuns são por localização em relação às estruturas ou em níveis em relação ao músculo peitoral menor (Figura 13).[1,2,6,8]

Classificação pela localização geral de estruturas

1. Linfonodos peitorais ou anteriores: 3 a 5 linfonodos localizados na parede medial da axila, em torno da veia torácica lateral e margem inferior do músculo peitoral menor. Recebem a linfa da glândula mamária e da parede torácica anterior. A linfa segue dos linfonodos anteriores para os centrais e apicais.
2. Linfonodos apicais ou subclaviculares: formada por todos os linfonodos localizados no ápice da axila. Recebem a linfa vinda de todos os outros grupos de linfonodos e os linfonodos que acompanham a veia cefálica.
3. Linfonodos centrais: 3 a 4 grandes linfonodos, localizados mais profundamente em relação ao músculo peitoral menor, próximos à base da axila. Recebem a linfa dos linfonodos anteriores, posteriores e laterais.
4. Linfonodos umerais ou laterais: 4 a 6 linfonodos, localizados medialmente e posteriormente à veia axilar, próximos à parede lateral da axila. Recebem qua-

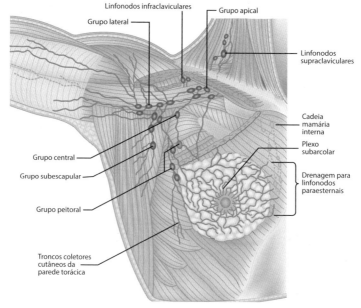

Figura 13 Linfonodos classificados pela localização geral de estruturas.

se toda a linfa do membro superior, com exceção dos linfonodos que acompanham a veia cefálica. A linfa segue para os linfonodos centrais e apicais.

5. Linfonodos subescapulares ou posteriores: 6 a 7 linfonodos, localizados na parede axilar posterior e adjacente aos vasos subescapulares. Recebem a linfa da parede torácica posterior e da região escapular. A linfa segue para os linfonodos centrais e apicais.

6. Linfonodos apicais ou subclaviculares: formada por todos os linfonodos localizados no ápice da axila. Recebem a linfa oriunda de todos os outros grupos de linfonodos e os linfonodos que acompanham a veia cefálica e drenam o membro superior. Os vasos linfáticos eferentes dos linfonodos apicais articulam-se com os troncos subclávio, jugular e broncomediastinal, e a linfa alcança o ducto torácico à esquerda e o ducto linfático à direita. Ambos os ductos desembocam na junção das veias jugular interna e subclávia de cada lado.

Outros grupos de linfonodos próximos à axila

1. Linfonodos interpeitorais ou Rotter: 1 a 4 pequenos linfonodos localizados entre os músculos peitoral maior e menor. A linfa é drenada para os linfonodos centrais e, mais raramente, para os linfonodos apicais.

2. Linfonodos deltopeitorais ou infraclaviculares: 1 a 2 linfonodos localizados próximos à veia cefálica no sulco deltopeitoral. A linfa é drenada para os linfonodos centrais e apicais e, mais raramente, para os linfonodos cervicais.

Classificação em níveis quanto ao músculo peitoral menor (Figura 14)

1. Nível I: linfonodos localizados lateral ou abaixo da borda inferior do músculo peitoral menor (linfonodos anteriores, posteriores e laterais da classificação anterior).

2. Nível II: linfonodos localizados mais profundamente em relação ao músculo peitoral menor (linfonodos centrais e alguns apicais).

3. Nível III: linfonodos localizados medial e superior à borda superior do músculo peitoral menor (linfonodos apicais).

Inervação da região da axila

Todos os nervos encontrados na axila são originados no plexo braquial, com exceção do nervo intercostobraquial.

O plexo braquial é composto por 3 troncos: o superior (C5 e C6), o médio (C7) e o inferior (C8 e T1). Cada um destes bifurca-se em anterior e posterior

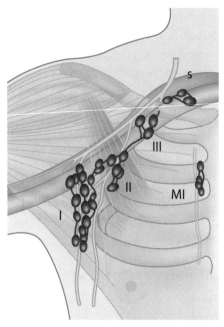

Figura 14 Linfonodos classificados em níveis em relação ao músculo peitoral menor.

e percorrem a clavícula posteriormente até a axila. O encontro de divisões anteriores e posteriores de vários troncos formam os fascículos, que se dividem em lateral, medial e posterior, conforme a localização em relação à artéria axilar (Figura 15).[2,6,8]

Principais nervos que atravessam a axila (Figura 16)[3,6,8]
- Nervo intercostobraquial: inerva regiões posteromedial e superior do braço e da axila;
- nervo torácico longo (nervo de Bell): inerva o músculo serrátil anterior;
- nervo subclávio: inerva o músculo subclávio;
- nervo peitoral lateral: inerva o músculo peitoral maior;
- nervo musculocutâneo: inerva músculos coracobraquial e bíceps braquial;
- nervo mediano: inerva músculos flexores e pronadores do antebraço e músculos intrínsecos da mão;
- nervo peitoral medial: inerva músculos peitoral menor e maior;
- nervo cutâneo braquial medial: sensibilidade medial do braço e face medial superior do antebraço;

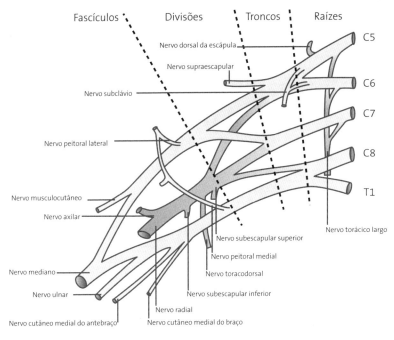

Figura 15 Plexo braquial.

- nervo cutâneo antibraquial medial: sensibilidade da face medial do antebraço;
- nervo ulnar: inerva músculos flexores do antebraço e músculos intrínsecos nas mãos;
- nervo toracodorsal: inerva os músculos grande dorsal e subescapular;
- nervo subescapular superior: inerva o músculo subescapular;
- nervo subescapular inferior: inerva o músculo redondo maior e o subescapular;
- nervo axilar: inerva os músculos redondo menor e deltoide;
- nervo radial: inerva os músculos extensores de braço e antebraço.

ANATOMIA DA PAREDE TORÁCICA E DA CINTURA ESCAPULAR

Conhecer os músculos da parede torácica e da cintura escapular, as diversas fáscias e suas relações com a mama e a axila são essenciais para o fisioterapeuta no processo de avaliação, diagnóstico e tratamento da paciente acometida com câncer de mama. Existem músculos do tronco que atuam nos

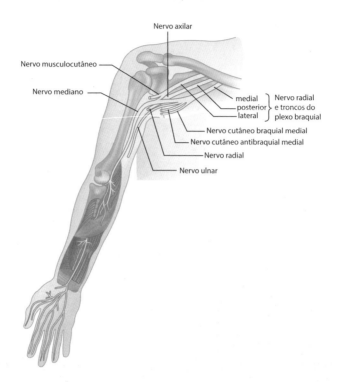

Figura 16 Correlação de nervos do plexo braquial com o membro superior.

movimentos da escápula, da clavícula e do membro superior, e músculos da escápula que contribuem com os movimentos do membro superior (Figura 17).[6,7,9]

1. Músculo peitoral maior: origem no terço médio da clavícula e na face lateral da 1ª à 7ª cartilagem costal, borda lateral do esterno e parte superior do reto abdominal; insere-se no lábio lateral do sulco intertubercular do úmero. Sua função é de flexão, adução e rotação medial do braço.
2. Músculo peitoral menor: origem na face lateral da 2ª à 5ª costela e insere-se no processo coracoide da escápula. Sua função é de depressão, adução e protrusão da escápula.
3. Músculo serrátil anterior: origem na face lateral das primeiras 9 costelas e insere-se na borda medial da escápula. Sua função é protrusão e abdução da escápula.
4. Músculo subclávio: origem na primeira costela e insere-se na face inferior do terço médio da clavícula. Sua função é de depressão e protrusão da es-

Anatomia da mama e da axila e sua relação com a cintura escapular e o tórax 57

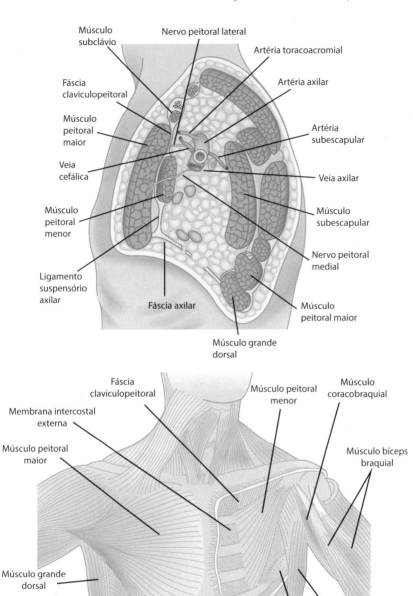

Figura 17 Músculos relacionados direta e indiretamente com a mama. A. Vista lateral. B. Vista anterior.

cápula e é um importante estabilizador da clavícula em movimentos do ombro.

5. Músculo grande dorsal: origem nos últimos 6 processos espinhais vertebrais torácicos, na crista ilíaca e na fáscia toracolombar, e insere-se no lábio intertubercular do úmero. Sua função é de extensão, adução e rotação medial do braço.

6. Músculo redondo maior: origem no ângulo inferior da escápula e insere-se no lábio intertubercular do úmero. Sua função é de rotação medial, adução e extensão do braço.

7. Músculo redondo menor: origem na borda lateral da escápula e insere-se no tubérculo maior do úmero. Sua função é de rotação lateral e adução do braço.

8. Músculo subescapular: origem na fossa subescapular e insere-se no tubérculo menor do úmero. Sua função é de rotação medial e adução do braço.

9. Músculo deltoide: origem no terço acromial da clavícula, acrômio e espinha da escápula, insere-se na tuberosidade deltóidea do úmero. Sua função é dividida conforme suas fibras: a parte anterior faz flexão e rotação medial do braço, a parte medial faz abdução do braço (30 a 90°) e a parte posterior faz extensão e rotação lateral do braço.

10. Músculo supraespinal: origem na fossa supraespinal da escápula e insere-se no tubérculo maior do úmero. Sua função é de rotação lateral e abdução do braço (0 a 30°).

11. Músculo infraespinal: origem na fossa infraespinal da escápula e insere-se no tubérculo maior do úmero. Sua função é de rotação lateral e adução do braço.

12. Músculo coracobraquial: origem no processo coracoide da escápula e insere-se na face anteromedial do úmero. Sua função é de flexão e adução do braço.

13. Músculo trapézio: origem na linha nucal superior, ligamento da nuca e nos processos espinhosos das vértebras cervicais e torácicas; insere-se no terço lateral da clavícula, no acrômio e na espinha da escápula. Sua função é dividida conforme a orientação das suas fibras: a parte descendente faz elevação da escápula, extensão da cabeça, inclinação ipsilateral e rotação contralateral da cabeça, a parte transversa faz retração da escápula e a parte ascendente faz depressão da escápula. Durante a abdução do braço (90 a 180°), as fibras ascendentes e descendentes em conjunto fazem a abdução da escápula.

14. Músculo romboide maior: origem nos processos espinhosos de T2 a T5 e insere-se na borda medial da escápula. Sua função é de retração, elevação e adução da escápula.
15. Músculo romboide menor: origem nos processos espinhosos de C7 e T1, insere-se na base da espinha da escápula. Sua função é de retração, elevação e adução da escápula.
16. Músculo elevador da escápula: origem nos processos transversos de C1 a C4 e insere-se no ângulo superior da escápula. Sua função é de elevação e adução da escápula.

Fáscias e a mama

A fáscia é um tecido viscoelástico formado basicamente de colágeno. Envelopa e penetra todas as estruturas corpóreas, sendo inseparável de todas elas; cria uma continuidade entre os tecidos com o objetivo não somente de separar as estruturas, mas também de melhorar a função e sustentação.

Existem cerca de 25 tipos de colágeno. O colágeno é uma glicoproteína e é a estrutura fibrosa mais importante que dá ao tecido conectivo a capacidade de resistir às tensões.

A orientação das fibras colágenas das fáscias é importante para definir sua função e estrutura. As fáscias envolvidas diretamente com a mama são classificadas como fáscias dinâmicas e sua função é estabilizar o movimento; é crítica para a transmissão de força miofascial e cria tensão significativa na musculatura. As fáscias passivas também têm seu papel na mama, sobretudo por meio da fáscia cervical, que é diretamente ligada à fáscia claviculopeitoral (Figura 18).

O tecido mamário é envolvido pela fáscia superficial da parede torácica anterior a qual continua com a fáscia cervical acima e com a fáscia abdominal superficial abaixo.

A glândula mamária situa-se sobre a fáscia superficial, que é contínua com a fáscia intermédia de revestimento abdominal (fáscia abdominal de Camper), e consiste de duas camadas: a superficial e a profunda. A camada superficial da fáscia superficial recobre o parênquima mamário, e a camada profunda da fáscia superficial repousa e separa o parênquima mamário do espaço retromamário, funde-se com a fáscia do músculo peitoral maior e tem relação com a fáscia do músculo serrátil anterior.[6,9,10]

A camada profunda da fáscia superficial é contínua com o estrato membranáceo (tela subcutânea abdominal e fáscia de Scarpa), e os ligamentos suspensores da mama conectam esta fáscia com à derme suprajacente.

A mama repousa sobre a fáscia peitoral profunda (peitoral maior) e a fáscia do músculo serrátil anterior. Elas são limitadas superiormente pela clavícula, lateralmente pela borda lateral do músculo grande dorsal, medialmente pelo esterno e inferiormente pela prega inframamária. A mama é fixada à derme da pele que a recobre por estruturas de tecido conectivo conhecidas como ligamentos suspensores da mama, porque a suspende sobre a parede torácica. São esses ligamentos que tracionam a pele, criando a aparência da pele em casca de laranja (*peau d'orange*) associada à malignidade.

A fáscia peitoral é fixada à clavícula e ao esterno e cobre o músculo peitoral maior. Ela continua inferiormente com a fáscia da parede abdominal, do serrátil anterior e do músculo oblíquo externo.

Além disso, a fáscia peitoral se estende lateralmente, sendo contínua com a fáscia lombar. Assim, há ligações interfasciais não somente entre as fáscias do tórax anterior, mas também com as da região posterior e mesmo lombar. A fáscia peitoral tem espessura variável de 0,2 a 1,14 mm. Os ramos perfurantes dos vasos e nervos emergem a partir da fáscia peitoral e estão localizados principalmente nas fáscias medial, lateral e inferior.

Fáscia claviculopeitoral, também chamada de membrana ou fáscia coracoclavicular, é uma fáscia forte situada abaixo da porção clavicular do peitoral maior, constituída por tecido conectivo frouxo. Preenche o espaço entre a clavícula e o peitoral menor e entre a 1ª costela e o processo coracoide da escápula. A fáscia se espessa para formar o ligamento costocoracoide; além disso, atua para suspender a base da axila, ocupa o intervalo entre o peitoral menor e o músculo subclávio e protege os vasos e nervos axilares.

Possui 6 bordas:

1. Lateral espessa e densa:
   — processo coracoide;
   — ligamento coracoclavicular.
2. Medial:
   — fixada à cartilagem da 1ª costela medial à origem do músculo subclávio;
   — funde-se com a fáscia intercostal externa dos dois primeiros espaços intercostais.
3. Superior: envolve o músculo subclávio e suas duas camadas são fixadas à clavícula, sendo que a camada posterior ao músculo se funde com a fáscia cervical e as bainhas dos vasos axilares:
   — fossa subclávia.

4. Inferior fina e, na borda superior do peitoral menor, divide-se em duas camadas; da borda inferior do peitoral menor continua para encontrar a fáscia axilar e lateralmente a fáscia sobre a cabeça curta do bíceps braquial:
   − continua com o ligamento suspensório da fáscia axilar.
5. Profunda: estende em continuidade com a bainha axilar.
6. Superficial: fáscia do peitoral maior.

Estruturas que atravessam a fáscia

A fáscia claviculopeitoral é atravessada pelas seguintes estruturas:

- nervo peitoral lateral;
- artéria toracoacromial;
- veia cefálica;
- vasos linfáticos que passam entre os linfonodos infraclaviculares e os apicais da axila.

Os componentes da fáscia claviculopeitoral são:

- fáscia do músculo subclávio;
- fáscia do músculo grande dorsal;

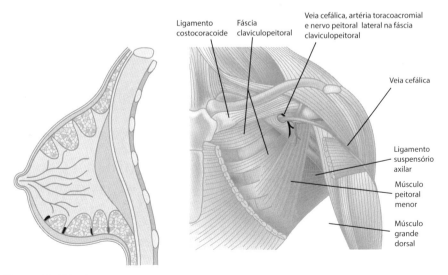

Figura 18 Fáscias.

- fáscia axilar (parte anterior);
- fáscia do músculo deltoide;
- fáscias sobre o bíceps e o coracobraquial;
- fáscia do músculo infra-hióideo.

Tanto as fáscias superficiais quanto profundas parecem ser as principais estruturas do corpo. Nas cirurgias de câncer de mama e na radioterapia, elas podem ser muito afetadas em sua função. Com isso, a estabilidade do corpo, conhecida como modelo de tensegridade ou força tênsil, pode apresentar grandes alterações e afetar não só a mobilidade articular, mas toda a postura corporal.

REFERÊNCIAS BIBLIOGRÁFICAS

1. Harris JR, Lippman ME, Morrow M, Osborne CK. Diseases of the breast. 5.ed. USA: Wolters Kluwer Health, 2014.
2. Netter FH. Atlas of human anatomy. 4.ed. Philadelphia: Saunders Elsevier, 2006.
3. Gabriel A, Maxwell GP. Breast anatomy. Disponível em: www.reference.medscape.com/article/127133. Acessado em: 29/6/2016.
4. O'Rahully R, Müller F, Carpenter S, Swenson R. Vessels, lymphatic drainage and the breast. In: Basic human anatomy. Disponível em: www.dartmouth.edu/~humananatomy/part_2/chapter_7.html. Acessado em: 1/7/2016.
5. Franco JM. Mastologia: formação do especialista. São Paulo: Atheneu, 1997.
6. Macéa JR, Fregnani JHTG. Anatomy of the thoracic wall, axilla and breast. Int J Morphol 2006; 24(4):691-704.
7. Drake RL, Vogl W, Mitchell AW. Gray's Anatomia clínica para estudantes. Rio de Janeiro: Elsevier, 2005.
8. Suami H. Lymphosome concept: anatomical study of the lymphatic system. J Surg Oncol 2017; 115(1):13-17.
9. Riggio E, Quattrone P, Nava M. Anatomical study of the breast superficial fascial system: the inframammary fold unit. Eur J Plast Surg 2000; 23:310-15.
10. Jinde L, Jianliang S, Xiaoping C, Xiaoyan T, Jiaqing L, Qun M et al. Anatomy and clinical significance of pectoral fascia. Plast Reconstr Surg 2006; 118(7):1557-60.

4

Câncer de mama

Afonso Celso Pinto Nazário

INTRODUÇÃO

O câncer de mama é, atualmente, a neoplasia maligna mais frequente entre as mulheres nos países desenvolvidos, excluindo-se os tumores de pele não melanoma. Nos EUA, foram estimados 231.840 casos novos no ano de 2015; o Brasil acompanha a mesma tendência e estimavam-se, para 2016, 57.960 casos novos, que o coloca também como a neoplasia maligna mais comum entre as mulheres brasileiras, ultrapassando em muito o carcinoma de cólon/reto (17.620 casos) e do colo uterino (16.340 casos).[1,2]

Além da elevada incidência, o câncer mamário ainda apresenta alta taxa de mortalidade, sendo a 2ª causa de óbito por neoplasia maligna nas mulheres norte-americanas, só perdendo para o câncer de pulmão/brônquios. Em 2015, foi responsável por 40.290 óbitos nos EUA. Entretanto, a mortalidade que era crescente entre as décadas de 1975 e 1990, com aumento anual de 0,4%, declinou entre 1990 e 2002, com queda anual de 2,3%, possivelmente em virtude da detecção precoce e da melhora na terapêutica. Assim, a taxa de sobrevida em 5 anos nos EUA, que era de 75,2% em 1975, aumentou para 90,5% em 2005.[1,2]

Infelizmente, a taxa de mortalidade no Brasil continua elevada (14.388 mortes em 2013) e em crescimento na maioria dos estados, porque a doença ainda é diagnosticada em estádios avançados.[2] Quando o diagnóstico é tardio, o tratamento é mutilante e agressivo. Dessa maneira, todos os esforços devem ser realizados no sentido de se detectar a doença o mais precocemente possível. De fato, em vários programas de rastreamento mamográfico, obteve-se redução da mortalidade na ordem de 20 a 35% entre 50 e 69 anos de idade e de 15% entre 40 e 49 anos.[3]

A importância do câncer de mama não reside apenas nos aspectos de saúde pública. A doença e o seu tratamento afetam a imagem pessoal e a sexualidade feminina e apresentam elevado impacto social e econômico, pois atingem muitas vezes mulheres em idade fértil, formadoras de famílias e economicamente ativas.

O câncer mamário atinge principalmente mulheres entre 45 e 55 anos. É mais comum na etnia branca e em regiões industrializadas. É muito raro em homens (proporção 1:100). Na Tabela 1, alinham-se os principais fatores de risco e respectivos valores de risco relativo.[4]

TABELA 1 Fatores de risco do câncer de mama

Risco pouco elevado (RR = 1,1 – 2,0)
Primiparidade após os 30 anos
Menarca precoce (antes dos 12 anos)
Menopausa tardia (após os 55 anos)
Nuliparidade
Falta de amamentação
Anticoncepcional hormonal (uso recente)
Terapia de reposição hormonal (recente e prolongada)
Obesidade na pós-menopausa
Antecedente pessoal de câncer de ovário, endométrio e cólon
Consumo de álcool
Altura
Status socioeconômico elevado
Descendência judaica
Risco moderado (RR = 2,1 – 4,0)
Um familiar de 1º grau com câncer de mama
Antecedente pessoal de hiperplasia atípica
Risco elevado (RR > 4,0)
Sexo feminino
Idade acima de 65 anos
Dois ou mais parentes de 1º grau acometidos antes dos 50 anos
Mutação dos genes *BRCA 1* e *BRCA 2*
Radiação torácica em manto na infância ou adolescência
Antecedente pessoal de câncer
Alta densidade mamária

DEFINIÇÃO E HISTÓRIA NATURAL

O câncer de mama é resultado da incapacidade da regulação normal das funções celulares de proliferação e diferenciação, decorrente de várias alterações genéticas, culminando em transformação maligna.

A carcinogênese mamária é processo extremamente complexo e, do ponto de vista didático, pode ser dividida em três etapas: iniciação, promoção e progressão.

Na iniciação, uma célula genotipicamente normal transforma-se em maligna, podendo passar por fase intermediária de atipia celular; mais recentemente, postula-se que a mutação ocorra na célula-tronco mamária. Os mecanismos genéticos estão envolvidos nessa etapa, podendo ser herdados (câncer de mama hereditário) ou adquiridos ao longo da vida (câncer de mama esporádico).

A forma hereditária é responsável por apenas 10% dos casos de câncer mamário e a principal alteração genética encontrada é a inativação de genes supressores de tumor. O distúrbio genético encontra-se presente já desde o início da vida, transmitido por células germinativas (herança autossômica dominante germinativa) e, por isso, tende a ocorrer em idade mais precoce, isto é, na pré-menopausa e, com frequência, de forma bilateral.

Os principais genes envolvidos são *BRCA 1* e *BRCA 2*. O *BRCA 1* localiza-se no cromossomo 17, e a portadora de sua mutação apresenta alta suscetibilidade para o câncer de mama (até 87% ao longo da vida) e para o de ovário (50%). O *BRCA 2* situa-se no cromossomo 13 e associa-se à alta suscetibilidade para o câncer de mama em mulheres jovens (85%) e para o câncer de mama masculino (RR = 15).[5]

Na grande maioria dos casos, contudo, as alterações genéticas não são herdadas, mas adquiridas ao longo da vida, constituindo o câncer de mama esporádico (70% dos casos). É definido como aquele em que nenhum caso da doença foi observado em duas gerações completas de 1° e 2° graus. O defeito genético decorre, em geral, da ativação de um ou mais proto-oncogenes, presentes em células sadias. A maioria dos oncogenes codifica fatores de crescimento e seus receptores.[5]

O câncer de mama familiar corresponde a 20% dos casos e, embora haja antecedentes em parentes de 1° ou 2° graus, o *pedigree* autossômico dominante não é caracterizado.

Por meio da ativação de um proto-oncogene ou da inativação de genes supressores, a célula alterada transmite o erro às células-filhas de forma sucessiva. O erro genético pode ser reparado ou a célula é induzida a sofrer apoptose.

Quando isso não ocorre, o erro genético pode se perpetuar e a célula neoplásica é estimulada a se dividir, com a formação de clones celulares mutados, caracterizando a fase de promoção.[5]

Entre os fatores promotores do câncer mamário, destacam-se aqueles que mantêm o lóbulo em constante processo de divisão celular, o que dificulta os processos fisiológicos de reparação. Estímulos externos (exógenos) ou internos (endógenos) favorecem a multiplicação das células que contêm as alterações genéticas. Os clones celulares mutados, entretanto, ainda não têm a capacidade de invasão nos tecidos adjacentes, ficando restritos à membrana basal (carcinoma *in situ*).

Na promoção, assumem grande importância os esteroides sexuais e os fatores de crescimento. Assim, os principais fatores promotores do câncer de mama são de natureza reprodutiva, como a menarca precoce, a menopausa tardia, a nuli ou oligoparidade e a primeira gestação tardia. O denominador comum é o estímulo estroprogestativo cíclico (ovulatório) continuado, sem a pausa reparadora da gravidez e da lactação; de fato, os esteroides sexuais de forma sinérgica mantêm o lóbulo mamário em constante proliferação.[6]

O período pré-clínico, isto é, o intervalo de tempo entre a primeira célula mutada e a formação de um nódulo maligno de 1 cm (que apresenta 10^9 células) é relativamente longo, estimado em cerca de 8 anos. Entretanto, uma vez atingida aquela dimensão, seu tamanho duplica em média a cada 100 dias.[5] Do ponto de vista clínico, na iniciação e nas etapas primordiais da promoção, o diagnóstico pelos métodos propedêuticos disponíveis não é possível. Entretanto, nas fases mais tardias da promoção neoplásica, com as lesões precursoras (hiperplasia atípica e carcinoma ductal *in situ*) já estabelecidas, é possível a detecção precoce por meio da mamografia.

Por fim, na fase de progressão, o carcinoma já consolidado rompe a membrana basal, invade os vasos linfáticos e sanguíneos, e é capaz de atingir e se proliferar em tecidos a distância (metástase). Nessa fase, apresentam papel de destaque a angiogênese e as enzimas proteolíticas, como a catepsina D.[5] O carcinoma passa a formar nódulos palpáveis, passíveis de serem detectados no exame físico e no autoexame. Inexoravelmente, a doença avança, produz metástases a distância e os principais sítios são ossos, pulmões e pleuras, fígado e cérebro.

Acredita-se que entre o epitélio mamário normal e o carcinoma invasor ocorram fases intermediárias de hiperplasia típica, atípica e carcinoma *in situ*, embora não necessariamente.

EXAME CLÍNICO

Embora o diagnóstico do câncer de mama inicial nos dias de hoje, com muita frequência, seja feito em sua forma subclínica, por meio de mamografia de rotina ou por programa de rastreamento (*screening*) populacional, o exame físico cuidadoso ainda é fundamental.

A principal manifestação clínica do câncer de mama é o nódulo. Em geral, tem consistência endurecida, é indolor, pouco móvel e irregular. A localização mais frequente é o quadrante superolateral. Pode ser acompanhado de adenomegalia axilar, de consistência endurecida, indolor e pouco móvel. O fluxo papilar é sintoma mais raro e, quando se associa ao câncer, tende a ser espontâneo, unilateral e uniductal. Estas mesmas características são observadas na paciente com papiloma intraductal e, dessa maneira, não é possível clinicamente diferenciar o fluxo do carcinoma daquele secundário ao papiloma. Nos dois casos, o aspecto físico é hemorrágico e, eventualmente, translúcido ("em água de rocha"). A dor raramente acompanha o nódulo maligno, ocorrendo em apenas 0,02% dos casos como sintoma isolado. A retração cutânea ou do mamilo decorre da infiltração neoplásica dos ligamentos suspensores da mama (ligamentos de Cooper), que conectam a fáscia pré-peitoral à pele e que, como o nome diz, são responsáveis pela suspensão da mama. A retração indica apenas que o tumor infiltrou e retraiu o ligamento suspensor adjacente, não alterando o prognóstico. Por fim, descrevem-se outras duas manifestações clínicas mais raras. A primeira é o eczema crônico do complexo areolopapilar, em especial quando há destruição parcial ou total da papila, que indica uma forma especial de carcinoma mamário denominada doença de Paget. A segunda é o carcinoma inflamatório, forma grave da doença em que se observa hiperemia e edema de mais de 1/3 da mama, sem sinais flogísticos ou febre. O edema da pele da mama assume o aspecto de casca de laranja, classicamente descrito como *"peau d'orange"* e é secundário à embolização maciça dos linfáticos subdérmicos.

O exame mamário apresenta moderada sensibilidade e boa especificidade para a detecção do câncer mamário, e o valor preditivo varia de acordo com a idade. É particularmente útil nas mulheres mais jovens, pela limitação da mamografia nesse grupo etário (mamas densas).

DIAGNÓSTICO

A mamografia é o método padrão para diagnóstico e rastreamento do câncer de mama. Mesmo nos casos em que o quadro clínico é suspeito, ela deve ser indicada, com o objetivo de detectar focos subclínicos multicêntricos ipsilaterais ou na mama contralateral. Entretanto, mesmo utilizando técnica de excelência, a taxa de falso-negativos é de 10 a 15%, podendo chegar a 40% em pacientes com mamas densas. Nesse sentido, a anormalidade palpatória clínica não deve ser desprezada se a mamografia for normal, e a investigação deve continuar com outros métodos semióticos, como a ultrassonografia (US), a ressonância magnética (RM), a punção aspirativa com agulha fina (PAAF) ou grossa, ou mesmo com a biópsia convencional a céu aberto.[7]

Os principais sinais mamográficos do câncer de mama são:

- nódulo espiculado (Figura 1);
- calcificações agrupadas pleomórficas;
- área de assimetria focal com distorção arquitetural do parênquima mamário. Essas imagens associam-se ao câncer mamário em 90% dos casos.

Embora a US seja um método não ionizante e mais confortável, apresenta valor preditivo menor que a mamografia para o diagnóstico de câncer mamário. Não visualiza as calcificações mais tênues e, portanto, não é eficaz no rastreamento de forma isolada. Deve ser indicada como auxiliar nas condições em que a mamografia não elucida o diagnóstico, como nas assimetrias e em ma-

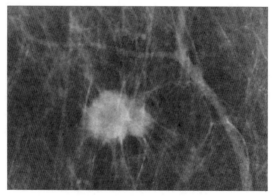

Figura 1 Nódulo mamográfico espiculado. BI-RADS™ 5.

mas densas. Por outro lado, as glândulas gordurosas dificultam a transmissão do feixe acústico, limitando o diagnóstico.

Do ponto de vista ecográfico, o câncer de mama produz nódulo sólido, de forma irregular, margens imprecisas e com microlobulações ou espiculações. Os ecos internos são heterogêneos, o que produz sombra acústica posterior. O diâmetro anteroposterior do nódulo maligno é comumente igual ou maior do que o longitudinal.

Em relação à RM, sua indicação no câncer de mama inicial é contraversa, porque embora detecte focos adicionais da doença, não tem impacto nas taxas de recorrência local, de reoperações e, principalmente, de sobrevida global. É útil quando não se consegue estimar com exatidão a extensão da doença pela mamografia e pela US, o que pode acontecer em mamas densas e no carcinoma lobular. Já na doença localmente avançada, em que o tratamento inicia-se com a quimioterapia (quimioterapia neoadjuvante), a RM deve ser indicada, pois é o melhor método de imagem para acompanhar uma eventual redução de volume do tumor.

A PAAF é método ambulatorial de baixo custo e relativamente simples. Dá-se preferência à punção orientada por US, pelo maior valor preditivo. A PAAF está contraindicada na investigação de calcificações suspeitas. Apresenta como desvantagens o fato de não ser possível avaliar a invasão e o grau histológico; além disso, é muito difícil determinar o tipo histológico e a expressão dos receptores hormonais. A taxa de falso-positivo é muito baixa (entre 0 e 2%); entretanto, a de falso-negativo é de 5 a 20% dos casos, decorrente principalmente da técnica inadequada, em particular em relação aos cuidados na fixação do material. Assim, se a alteração imagenológica é suspeita, mas a PAAF é negativa, insatisfatória ou incompatível com o diagnóstico clínico-imagenológico, a propedêutica deve continuar.[8]

A *core biopsy* consiste na biópsia por agulha grossa (BAG) com propulsor automático, que impulsiona e retrai a agulha que secciona o tecido. Apresenta como vantagens o fato de ser método ambulatorial, utilizando-se apenas anestesia local. Possibilita avaliar a invasão, o tipo histológico e a expressão imuno-histoquímica, além de permitir o planejamento terapêutico pré-operatório. Como desvantagens, alinham-se o custo (moderado), a fragmentação do material e a mobilização do tecido mamário simulando invasão e/ou embolização. Em pacientes mais ansiosas, o exame pode ser desconfortável.[8]

A mamotomia consiste na BAG utilizando-se sistema a vácuo com cânula oca, a qual gira em alta rotação, cortando o tecido, que é aspirado fora da mama.

É também denominada BAG vácuo-assistida. Assim como a *core biopsy*, apresenta como vantagens o fato de ser método ambulatorial, utilizando-se apenas anestesia local. Possibilita avaliar a invasão, o tipo histológico e os marcadores imuno-histoquímicos. Além disso, os fragmentos retirados são maiores (em tamanho e número), a mobilização do tecido mamário é menor e o aparelho é introduzido de uma só vez, trazendo maior conforto para a paciente, além de ser mais prático para o médico. Por fim, permite o planejamento terapêutico pré-operatório. Alinham-se como desvantagens o desconforto que a punção pode produzir em pacientes ansiosas e, principalmente, o seu alto custo.[9]

De forma geral, dá-se preferência à *core biopsy* nas lesões nodulares, reservando a mamotomia para a investigação de microcalcificações suspeitas.

Se não for possível realizar a biópsia percutânea pré-operatória de lesões impalpáveis, indica-se a marcação pré-cirúrgica, que consiste na localização pré-operatória de lesões mamárias não palpáveis suspeitas. Pode ser feita com fio-guia metálico em forma de arpão ("agulhamento") (Figura 2) ou por injeção de substância radioativa, técnica denominada ROLL (*radio-guided occult lesion localization*). Em ambos os casos, a marcação pode ser realizada com auxílio da mamografia estereotáxica ou da US.[10]

A marcação pré-cirúrgica apresenta como vantagens em relação aos métodos de biópsia percutânea o fato de o material ser abundante para o estudo anatomopatológico, permitindo melhor definição diagnóstica e adequada avaliação das margens de ressecção. Como desvantagens, destacam-se a necessidade de in-

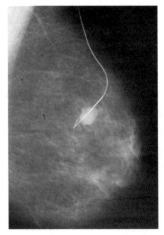

Figura 2 Marcação pré-cirúrgica com arpão metálico – agulhamento.

Câncer de mama **71**

ternação hospitalar e de anestesia, a cicatriz cirúrgica maior e a possibilidade de alteração na imagem da mamografia e/ou US subsequentes.[10]

Outros exames

No câncer de mama inicial, a possibilidade de metástases subclínicas é muito baixa, e exames como tomografia computadorizada (TC) de tórax e abdome, radiografia torácica, US abdominal, cintilografia óssea, marcadores tumorais ou PET-CT estão contraindicados, pois não antecipam o diagnóstico de metástase em grau que cause impacto na sobrevida global. Já nos estádios clínicos localmente avançados, são habitualmente indicadas as TC de tórax e abdome e a cintilografia óssea, reservando-se o PET-CT para o carcinoma inflamatório, forma clínica em que há hiperemia de mais de 1/3 da mama e que indica quadro grave e de mau prognóstico.[11]

CLASSIFICAÇÃO E TIPOS HISTOLÓGICOS E MOLECULARES

Os tipos mais comuns são o carcinoma ductal (invasivo não especial) e lobular infiltrantes. Os carcinomas tubulares, papilares, mucinosos e medulares verdadeiros são mais raros e de melhor prognóstico.

Do ponto de vista histológico, os carcinomas mamários podem ser classificados em bem diferenciados, moderadamente diferenciados e indiferenciados (Tabela 2).

Além dos dados clínicos e anatomopatológicos, a classificação molecular do tumor tem grande importância na decisão do tratamento adjuvante. São descritos atualmente os seguintes tipos moleculares:[12]

1. Luminal A: caracterizado pela expressão positiva dos receptores de estrogênio e/ou progesterona, geralmente é de baixo grau e apresenta baixo índice de proliferação. Apresenta melhor prognóstico.
2. Luminal B: também apresenta positividade dos receptores hormonais, mas tem maior índice de proliferação, alto grau histológico e alguns inclusive apresentam positividade ao HER2.
3. HER2: grupo que apresenta amplificação gênica do HER2, sem ter receptores hormonais positivos. Esses tumores são mais agressivos, independentemente do tamanho.

Fisioterapia no câncer de mama

TABELA 2 Grau histológico do câncer de mama

Diferenciação tubular	
1	≥ 75% do tumor forma túbulos
2	10 a 75% do tumor forma túbulos
3	< 10% do tumor forma túbulos
Grau nuclear	
1	Núcleos de tamanho pequeno, semelhante aos de uma célula ductal normal (2 a 3 vezes maior do que o tamanho de uma hemácia)
2	Núcleos de tamanho intermediário
3	Núcleos grandes, geralmente com nucléolos proeminentes
Contagem mitótica (por 10 campos de maior aumento)	
1	0 a 7 mitoses
2	8 a 14 mitoses
3	≥ 15 mitoses
Grau histológico	
Grau I	3 a 5: bem diferenciado
Grau II	6 a 7: moderadamente diferenciado
Grau III	8 a 9: pouco diferenciado

4. Basal: tem habitualmente uma expressão ausente dos receptores hormonais e do HER2. Geralmente são de alto grau e alta taxa de proliferação. São de mau prognóstico e incluem os tumores triplo-negativos.

Como a avaliação tumoral é, do ponto de vista molecular, inviável na prática clínica, usa-se a imuno-histoquímica na decisão terapêutica.

Os receptores hormonais são importantes fatores prognósticos e preditivos. A positividade desses receptores indica melhor prognóstico. É importante ainda quantificar essa positividade, usando, por exemplo, os índices de Allred, pois quanto maior esse índice, melhor o prognóstico e a resposta ao tratamento hormonal. Estão presentes em 75 a 80% dos tumores de mama em proporção crescente com a idade. Pacientes com receptores hormonais negativos demonstram benefício da quimioterapia, independentemente da idade.

A expressão do HER-2 é também um fator prognóstico e preditivo. O HER-2 é um proto-oncogene localizado no cromossomo 17q21 que codifica uma glicoproteína transmembrana com atividade intrínseca de tirosina-quinase homóloga ao receptor do fator de crescimento epidérmico. Está amplificado em 20 a

30% dos tumores de mama. Sua expressão está associada a maior agressividade tumoral. A pesquisa de sua superexpressão é feita rotineiramente por imuno-histoquímica, que é negativa quando o resultado mostra 0 ou 1+, positiva nos 3+ e inconclusiva nos casos 2+, quando a pesquisa deve ser esclarecida por testes que mostram a própria amplificação gênica, como o FISH ou o CISH.[13]

ESTADIAMENTO E METÁSTASES

O estadiamento pode ser clínico ou anatomopatológico. Nas Tabelas 3 e 4, é apresentado o estadiamento clínico, que segue a classificação TNM, em que T corresponde ao tamanho do tumor, N ao comprometimento linfonodal e M à presença de metástases a distância. O estadiamento do câncer de mama é misto, isto é, um tumor pequeno, mas com comprometimento linfonodal que corresponde ao mesmo estádio clínico que um tumor maior, porém sem comprometimento linfonodal.[14] O estadiamento correto é fundamental na definição da estratégia do tratamento, na comparação de estudos epidemiológicos e terapêuticos e na definição do prognóstico.[15] Na Tabela 5, é exposto o prognóstico associado ao estadiamento clínico.

TABELA 3 Estadiamento do câncer de mama

Estádio	0	Tis	N0	M0
	I	T1*	N0	M0
	IIA	T0	N1	M0
		T1*	N1	M0
		T2	N0	M0
	IIB	T2	N1	M0
		T3	N0	M0
	IIIA	T0	N2	M0
		T1*	N2	M0
		T2	N2	M0
		T3	N1, N2	M0
	IIIB	T4	N0, N1, N2	M0
	IIIC	Qualquer T	N3	M0
	IV	Qualquer T	Qualquer N	M1

*T1 inclui T1 mic.
Fonte: AJCC, 2009.[14]

TABELA 4 Classificação clínica do câncer de mama (cTNM)

Tumor primário (cT)

Tx = tumor primário não pode ser avaliado

T0 = não há evidência de tumor primário

Tis = carcinoma *in situ*

T1 = tumor ≤ 2 cm

    T1mic = carcinoma microinvasor

    T1a = tumor > 0,1 cm e ≤ 0,5 cm

    T1b = tumor > 0,5 cm e ≤ 1 cm

    T1c = tumor > 1 cm e ≤ 2 cm

T2 = tumor > 2 cm e ≤ 5 cm

T3 = tumor > 5 cm

T4 = tumor de qualquer tamanho com extensão para

    T4a = parede torácica*

    T4b = edema ou ulceração da pele

    T4c = 4a + 4b

    T4d = carcinoma inflamatório

* Parede torácica inclui arcos costais, músculos intercostais e músculo serrátil anterior, mas não o músculo peitoral

Linfonodos regionais (cN)

Nx = linfonodos regionais não podem ser avaliados

N0 = ausência de metástases para linfonodos regionais

N1 = metástase para linfonodos axilares ipsilaterais móveis

N2

    N2a = metástase para linfonodos axilares coalescentes ou aderidos a estruturas adjacentes

    N2b = metástase clinicamente aparente na mamária interna na ausência de metástase axilar

N3

    N3a = metástase para linfonodo infraclavicular

    N3b = metástase para linfonodos da mamária interna e axilar

    N3c = metástase para linfonodo supraclavicular

Metástases (cM)

Mx = metástase a distância não pode ser avaliada

M0 = ausência de metástase a distância

M1 = presença de metástase a distância

Fonte: AJCC, 2009.[14]

TABELA 5 Prognóstico associado ao estadiamento clínico

Estadiamento clínico (EC)	Sobrevida global em 5 anos
0	93%
I	88%
IIA	81%
IIB	74%
IIIA	67%
IIIB	41%
IIIC	49%
IV	15%

O câncer de mama pode produzir metástases virtualmente para qualquer órgão, mas as mais comuns são as ósseas, seguidas das pleuropulmonares e hepáticas.

Em levantamento de casos atendidos na Disciplina de Mastologia da EPM--Unifesp em 2013, observou-se 68,8% de câncer de mama inicial (estádios clínicos 0, I e II), 23,9% de doença localmente avançada (estádio clínico III) e 7,3% de doença metastática (estádio clínico IV).

REFERÊNCIAS BIBLIOGRÁFICAS

1. National Cancer Institute. Surveillance, Epidemiology and End Results (SEER). Database 2016. Disponível em: www.cancernet.nci.nih.gov.
2. Instituto Nacional do Câncer (Inca). Estimativa de incidência e mortalidade por câncer no Brasil para 2016. Disponível em: www.inca.org.br.
3. Smith RA, Manassaram-Baptiste D, Brooks D, Cokkinides V, Doroshenk M, Saslow D et al. Cancer screening in the United States, 2014: a review of current American Cancer Society guidelines and current issues in cancer screening. CA Cancer J Clin 2014; 64:30-51.
4. Nazario ACP. Epidemiologia. In: Nazario ACP, Elias S, Facina G, Araújo Neto JT. (eds.). Mastologia. Condutas atuais. Barueri: Manole, 2016. p.3-8.
5. Mavaddat N, Antoniou A, Easton DF, Garcia-Closas M. Genetic susceptibility to breast cancer. Mol Oncol 2010; 4:174-91.
6. Navarrete MAH, Nazario ACP, Baracat EC, Lima GR, Quadros LGA, Maier CM et al. Assessment of the proliferative, apoptotic and cellular renovation indices of the human mammary epithelium during the follicular and luteal phases of the menstrual cycle. Breast Cancer Res Treat 2005; 7:306-13.

7. Narvayza DG, Alves KBF, Elias S. Mamografia. In: Nazario ACP, Elias S, Facina G, Araújo Neto JT. (eds.). Mastologia. Condutas atuais. Barueri: Manole, 2016. p.17-20.
8. Willems SM, van Deurzen CH, van Diest PJ. Diagnosis of breast lesions: fine-needle aspiration cytology or core needle biopsy? A review. J Clin Pathol 2012; 65(4):287-92.
9. Yu YH, Liang C, Yuan ZX. Diagnostic value of vacuum-assisted breast biopsy for breast carcinoma: a meta-analysis and systematic review. Breast Cancer Res Treat. 2010; 120:469-79.
10. Sajid MS, Parampalli U, Haider Z, Bonomi R. Comparison of radioguided occult lesion localization (ROLL) and wire localization for non-palpable breast cancers: a meta-analysis. J Surg Oncol 2012; 105:852-8.
11. National Comprehensive Cancer Network (NCCN). Guidelines for patients with breast cancer 2016. Disponível em: www.nccn.org.
12. Perou CM, Sorlie T, Elsen MB, van de Rijn M, Jeffrey SS, Rees CA et al. Molecular portraits of human breast tumors. Nature 2000; 406(6797):747-52.
13. Slamon DJ, Clark GM, Wong SG, Levin WJ, Ullrich A, McGuire WL. Human breast cancer correlation of relapse and survival with amplification of the HER-2/neu oncogene. Science 1987; 235(4785):177-82.
14. American Joint Committee on Cancer (AJCC). Clarifications to the AJCC Cancer Staging Manual. 7.ed. 2009. Disponível em: www.cancerstaging.org.
15. Sanvido VM, Amaya FM. Estadiamento clínico do câncer de mama. In: Nazario ACP, Elias S, Facina G, Araújo Neto JT. (eds.). Mastologia. Condutas atuais. Barueri: Manole, 2016. p.201-6.

5

Tratamento cirúrgico no câncer de mama

Ruffo de Freitas Júnior
Leonardo Ribeiro Soares

INDICAÇÕES DO TRATAMENTO CIRÚRGICO

O tratamento cirúrgico representa a base terapêutica para a maioria dos casos de câncer de mama.[1] Segundo as recentes recomendações do National Comprehensive Cancer Network, as indicações do tratamento cirúrgico abrangem todos os casos de carcinoma ductal *in situ* (CDIS) e de neoplasia em estágios iniciais, excetuando-se situações especiais como elevado risco cirúrgico ou comorbidades que impeçam a cirurgia.

Para as portadoras de doença localmente avançada e também para aquelas que apresentem tumores de maior agressividade, incluindo tumor triplo negativo ou com superexpressão de fator de crescimento epidermal humano (HER-2), o tratamento cirúrgico deve ser precedido por terapias sistêmicas neoadjuvantes, seja quimioterapia, terapia biológica ou endocrinoterapia.

Por fim, em situações de recorrência local ou axilar, as indicações cirúrgicas devem ser individualizadas e discutidas conforme a possibilidade de ressecção da lesão, a morbidade cirúrgica e o benefício clínico para a paciente.[1] Deve-se destacar que o tratamento cirúrgico em portadoras de doença metastática permanece incerto e se restringe a protocolos de pesquisa ou a casos selecionados.

HISTÓRICO DO TRATAMENTO CIRÚRGICO

As primeiras referências ao tratamento cirúrgico do câncer de mama foram descritas entre 3.000 e 2.500 a.C., em uma série de documentos egípcios conhecidos como *Edwin Smith Surgical Papyrus*.[2] Entre essas descrições egípcias e as cirurgias praticadas atualmente, diversas abordagens e teorias foram descritas para o tratamento da neoplasia mamária. Na Grécia, Hipócrates e Galeno destacaram a origem sistêmica da doença e observaram resultados insatisfatórios com a cirurgia mamária, provavelmente em decorrência de casos avançados e metastáticos. Por outro lado, nos séculos XVIII e XIX, diversos cirurgiões adaptaram o conceito de tratamento cirúrgico envolvendo uma abordagem radical da mama e da axila, apesar das controvérsias acerca da origem da doença.[3]

O atual conceito de tratamento cirúrgico teve sua base nos estudos do patologista alemão Rudolf Virchow, o qual postulou a origem epitelial da neoplasia e o posterior envolvimento dos planos fasciais e dos ductos linfáticos.[4] Dessa forma, acreditava-se que o câncer de mama fosse inicialmente uma doença local e passível de cura com o tratamento cirúrgico. No final do século XIX, o cirurgião norte-americano William Halsted baseou-se na teoria de Virchow para descrever a mastectomia radical, que envolvia a ressecção em bloco de todo o tecido mamário, músculos peitorais e conteúdo axilar ipsilateral; essa cirurgia foi amplamente difundida e praticada, em decorrência dos resultados satisfatórios no controle local da doença.[3,5]

Na metade do século XX, os cirurgiões Merola, no Uruguai, e Patey e Dyson, no Reino Unido, descreveram os primeiros resultados acerca da preservação do músculo peitoral maior durante o tratamento cirúrgico do câncer de mama.[6] A cirurgia foi denominada "mastectomia radical modificada" e apresentava melhores resultados estéticos, conservando os benefícios oncológicos da mastectomia de Halsted.[3] Posteriormente, foram propostas novas adaptações à mastectomia radical, com a preservação de ambos os músculos peitorais, da pele e do complexo areolopapilar, acrescentando-se novas opções cirúrgicas à medida que se aumentou a prevalência dos casos diagnosticados em estágios iniciais.[3]

Por fim, já no século XXI, observou-se a consolidação da cirurgia conservadora da mama após a publicação dos estudos conduzidos por Umberto Veronesi, em Milão, e por Bernard Fisher, em Pittsburgh. Após 20 anos de seguimento, não foi observada diferença nas taxas de sobrevida entre as mulheres submetidas à mastectomia ou àquelas submetidas ao tratamento cirúrgico conservador associado à radioterapia.[7,8] De forma semelhante, também se observou uma evolução temporal na abordagem axilar do câncer de mama, com expansão das indicações de biópsia do linfonodo sentinela em detrimento à linfonodectomia radical de rotina.[9-11]

TIPOS DE CIRURGIA

Mastectomia

A mastectomia é a remoção do parênquima mamário, sendo indicada principalmente para o tratamento da neoplasia mamária. Atualmente, as indicações de mastectomia comumente se referem a mastectomia radical modificada (MRM), com preservação do músculo grande peitoral maior (Patey) ou dos dois músculos peitorais (Madden). Nessa cirurgia, a localização tumoral determina o tipo de excisão cutânea a ser realizada. Em geral, realiza-se uma incisão elíptica abrangendo o complexo areolopapilar, permitindo a ressecção em bloco do parênquima mamário e do tecido axilar proveniente da linfonodectomia[12] (Figura 1).

A expressão "mastectomia simples" refere-se à ressecção do parênquima mamário sem a abordagem axilar,[12] sendo indicada eventualmente em patologia benigna com apresentação atípica.[13] Também pode ser indicada em casos selecionados de neoplasias mamárias, como no tratamento de sarcomas de mama

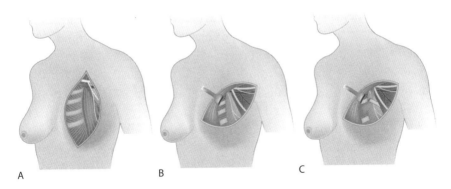

Figura 1 Variações técnicas da mastectomia segundo a abordagem das estruturas anatômicas. A. Mastectomia radical à Halsted, com ressecção de ambos os músculos peitorais. B. Mastectomia radical modificada à Patey, com preservação do músculo peitoral maior. C. Mastectomia radical modificada à Madden, com preservação de ambos os músculos peitorais.

e de recidiva local em pacientes previamente submetidas à cirurgia conservadora da mama. Nessa cirurgia, os músculos peitorais são preservados, mas a pele e o complexo areolopapilar são ressecados.[12]

Nas últimas décadas, diversas modalidades de mastectomia foram introduzidas à prática cirúrgica em todo o mundo, proporcionando novas opções terapêuticas e condutas cirúrgicas individualizadas. Nesse contexto, destaca-se a mastectomia poupadora de pele e aréola, ou *nipple sparing mastectomy*, a qual pode ser associada à radioterapia intraoperatória e diversas formas de reconstrução mamária.[14] Em uma metanálise recente comparando os desfechos clínicos após três tipos de mastectomia, em mulheres portadoras de câncer de mama em estágio inicial, observou-se que a preservação da pele e da aréola não comprometeu os resultados oncológicos. Nessa revisão, a taxa de recidiva areolar variou entre 1 e 3,4%, conforme o tempo de seguimento clínico.[15] Portanto, em casos selecionados, a preservação da pele e/ou da aréola pode ser considerada, proporcionando um resultado estético mais adequado e respeitando os princípios de segurança oncológica.

Cirurgia conservadora da mama

A consolidação das técnicas cirúrgicas de conservação mamária ocorreu após a observação de resultados favoráveis em diversos estudos randomizados conduzidos em diferentes grupos populacionais.[7,8,16] Apesar das controvérsias envolvendo a nomenclatura dessas técnicas cirúrgicas, como "quadrantectomia", "setorectomia" e "ressecção segmentar da mama", observa-se que compartilham o mesmo princípio de cirurgia conservadora.[12] Inicialmente, descreveu-se a quadrantectomia como a ressecção do segmento mamário peritumoral e da pele adjacente ao tumor, associada à abordagem axilar radical.[8] Nesse contexto, diante de margens cirúrgicas livres de neoplasia, não há benefício oncológico na ressecção do parênquima mamário adjacente ao tumor. Posteriormente, incorporaram-se ao tratamento conservador os conceitos de linfonodo sentinela, de preservação da pele e de oncoplastia, baseados em diversos critérios de seleção de pacientes.[11,17]

Considerando os resultados oncológicos, após um seguimento superior a 20 anos, não foi observada diferença nas taxas de sobrevida entre as mulheres submetidas à mastectomia ou aquelas submetidas ao tratamento cirúrgico conservador associado à radioterapia.[7,8] Entre as mulheres submetidas à quadrantectomia, deve-se ressaltar a importância da radioterapia adjuvante, que reduziu a recorrência local de 39,2% para 14,3%, conforme os resultados do National Surgical Adjuvant Breast and Bowel Project (NSABP) B-06.[7] Destaca-se ainda o benefício estético dessas cirurgias, com repercussão favorável na função sexual, na qualidade de vida e na autoimagem corporal.[16]

Reconstrução mamária

As cirurgias para tratamento do câncer de mama podem resultar em diferentes graus de assimetria e de distorção do formato mamário habitual. Esses defeitos cirúrgicos podem ocasionar percepções negativas no pós-operatório, reduzir a qualidade de vida e prejudicar a adesão ao tratamento adjuvante.[12] Portanto, após mastectomias e cirurgias conservadoras da mama, deve-se discutir a possibilidade de reconstrução mamária imediata ou tardia, respeitando-se critérios clínicos e patológicos bem estabelecidos. Não obstante, a associação de técnicas de oncoplastia à cirurgia conservadora clássica pode permitir a ressecção de maiores volumes de parênquima e reduzir a taxa de margens comprometidas, de re-excisões e de recidivas locais.[18]

As técnicas de reconstrução mamária são baseadas em dois conceitos distintos: deslocamento de volume ou substituição de volume. Os procedimentos de deslocamento de volume incluem o remodelamento local dos tecidos, a mastopexia e as técnicas de mamoplastia redutora. Já a substituição de volume envolve os retalhos locais ou a distância, com destaque para os retalhos miocutâneos dos músculos reto abdominal e grande dorsal. As indicações de cada procedimento são individualizadas e dependem da localização primária e do tamanho tumoral, da relação volumétrica entre a mama e o tumor e das características clínicas da paciente.[19] Por fim, deve-se considerar a simetria da mama contralateral e respeitar o desejo pessoal em aumentar ou reduzir o volume mamário, quando possível (Figura 2).

Abordagens axilares

Atualmente, o comprometimento metastático de linfonodos axilares é o fator prognóstico do câncer de mama de maior relevância clínica. Dessa forma, o estadiamento anatomopatológico da axila é fundamental para o planejamento terapêutico da doença, influenciando diretamente a abordagem local e sistêmica.[1] Segundo as recomendações do NCCN, na maioria dos casos de doença linfonodal, a quimioterapia deve ser considerada. Da mesma forma, a radiote-

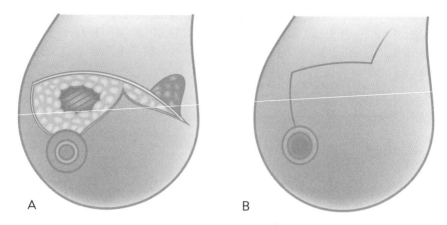

Figura 2 Técnica de rotação dermoglandular, a qual permite a ressecção de grandes áreas de pele e tecido glandular em regiões distantes do mamilo, com uma boa simetria mamária. A. Quadrantectomia em forma de triângulo ou trapézio invertido foi realizada no quadrante superior medial da mama, de forma perpendicular à pele, enquanto o triângulo da região axilar e o círculo periareolar foram desepitelizados e, posteriormente, aproximados. B. Observa-se o aspecto final da cicatriz cutânea.

rapia deve ser avaliada individualmente diante de outros fatores prognósticos, mas possui alto grau de recomendação em mulheres portadoras de 4 ou mais linfonodos positivos.[1]

A linfonodectomia foi tradicionalmente a abordagem axilar de escolha no tratamento cirúrgico do câncer de mama, por meio do esvaziamento linfonodal dos níveis I, II e III de Berg. Entretanto, em razão do caráter radical dessa cirurgia, observam-se taxas significativas de complicações linfáticas, nervosas e vasculares, cujas apresentações podem ser agudas ou crônicas.[20]

Com o intuito de reduzir a morbidade da linfonodectomia, a prática do linfonodo sentinela cresceu rapidamente após a verificação da segurança oncológica e da redução de complicações cirúrgicas com essa técnica.

A biópsia do linfonodo sentinela consiste em avaliar o primeiro linfonodo a receber a drenagem tumoral e, atualmente, encontra-se indicada para a maioria das mulheres portadoras de doença em estágio I, II e IIIA.[1] Na ausência de metástase no linfonodo sentinela, admite-se que os demais linfonodos também estejam livres de doença. Nesse contexto, observou-se que a linfonodectomia aumenta a morbidade cirúrgica, sem benefícios significativos em sobrevida global ou sobrevida livre de doença.[1,9,10] A linfonodectomia continua sendo considerada em casos de linfonodo sentinela comprometido, com exceção das pacientes portadoras de tumores cT1/cT2, cN0, submetidas à quadrantectomia e sem quimioterapia neoadjuvante, conforme os resultados do estudo ACOSOG Z0011.[11] Por fim, em mulheres submetidas a quimioterapia neoadjuvante, recomenda-se a dupla marcação do linfonodo sentinela, a qual deve ser realizada com isótopo radioativo (medicina nuclear) e com azul patente.[1,10]

COMPLICAÇÕES DO TRATAMENTO CIRÚRGICO

As complicações do tratamento cirúrgico do câncer de mama podem ser divididas didaticamente em agudas ou crônicas. Entre as complicações agudas, algumas são inerentes a qualquer procedimento cirúrgico, como o acúmulo de seroma, os processos infecciosos, a necrose de retalhos cutâneos, a hemorragia local e o hematoma de ferida operatória.[20] Geralmente, essas situações são de fácil manejo ambulatorial, mas às vezes podem necessitar de novos procedimentos cirúrgicos para a sua resolução, como a drenagem de hematomas ou de abscessos. Na Figura 3, observa-se a prevalência de alterações intra e pós-operatórias de pacientes submetidas ao tratamento cirúrgico do câncer de mama.

Entre as complicações cirúrgicas crônicas, destaca-se a ocorrência de escápula alada e de linfedema. A escápula alada decorre de injúria total ou parcial do nervo torácico longo, ou nervo de Bell, durante procedimentos cirúrgicos axilares. Trata-se de uma condição em que a borda medial da escápula torna-se proeminente e tende a se deslocar para trás, gerando o aspecto de asa. Também pode ser associada a dor, fraqueza ou diminuição da mobilidade ativa do ombro.[22] O diagnóstico pode ser realizado por meio da manobra de Hoppenfeld, posicionando o paciente em pé e com os ombros flexionados a 90°, com as mãos espalmadas na parede e com os cotovelos estendidos, empurrando as mãos contra a parede. Em estudos prévios, a incidência de escápula alada após linfonodectomias variou entre 1,5 e 74%, com variações segundo a própria definição de escápula alada, o tempo de avaliação e o grupo populacional analisado.[22] Entretanto, observou-se uma evolução temporal favorável dessa complicação nos casos de lesão parcial do nervo de Bell, especialmente nos casos em que houve tratamento fisioterápico adequado.[22]

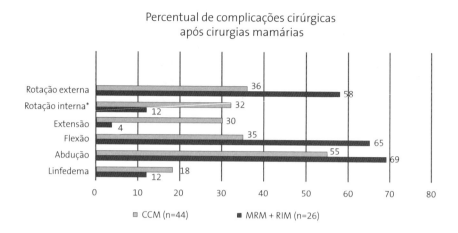

Figura 3 Prevalência de linfedema e restrição de movimentos do braço ipsilateral em portadoras de câncer de mama submetidas a tratamento cirúrgico.
CCM: cirurgia conservadora da mama; MRM: mastectomia radical modificada; RIM: reconstrução imediata da mama.
*Odds ratio (OR): 7,23; 95% de intervalo de confiança: 1,28 – 17,1; p = 0,03. Demais complicações sem diferença estatisticamente significativa entre os grupos. Análise realizada por meio de modelo de regressão logística, ajustada por idade, índice de massa corpórea, período pós-operatório, estadiamento clínico, quimioterapia, radioterapia, número de linfonodos ressecados, presença de metástase linfonodal e uso de tamoxifeno.
Fonte: adaptada de Freitas-Silva et al., 2010.[21]

O linfedema é uma condição de etiologia multifatorial, incluindo alterações estruturais e funcionais decorrentes do tratamento cirúrgico do câncer de mama e da radioterapia de cadeias linfáticas. Entretanto, além da obstrução do sistema linfático, fatores como idade, obesidade e alterações venosas do sistema axilossubclávio também podem contribuir para a ocorrência de linfedema.[23] Em um estudo clássico realizado em população brasileira, a prevalência média de linfedema em mulheres submetidas à cirurgia conservadora da mama ou à mastectomia radical modificada e reconstrução imediata foi de 15,7%, sem diferença significativa entre as duas modalidades cirúrgicas.[21] No tratamento dessa condição, deve-se ressaltar a fisioterapia complexa e outras modalidades fisioterapêuticas, as quais podem reduzir as limitações sociais e funcionais e melhorar a qualidade de vida das portadoras de linfedema.[21]

REFERÊNCIAS BIBLIOGRÁFICAS

1. National Comprehensive Cancer Network (NCCN). NCCN Clinical Practice Guidelines in Oncology: breast cancer. Fort Washington: NCCN; 2016. Disponível em: www.nccn.org/professionals/physician_gls/f_guidelines.asp. Acessado em: 7/9/2016.

2. Breasted JH. The Edwin Smith Surgical papyrus (facsimile and hieroglyphic transliteration with translation and commentary, in two volumes) Chicago: The University of Chicago Press, 1930.

3. Jatoi I, Kaufmann M, Petit JY. Historical overview of breast surgery. In: Jatoi I, Kaufmann M, Petit JY (eds.). Atlas of breast surgery. Berlin: Springer-Verlag, 2006.

4. Virchow R. Cellular pathology: as based upon physiological and pathological histology. New York: Dover, 1863.

5. Halsted WS. The results of operations for the cure of cancer of the breast performed at the Johns Hopkins Hospital from June, 1889, to January, 1894. Ann Surg 1894; 20(5):497-555.

6. Patey DH, Dyson WH. The prognosis of carcinoma of the breast in relation to the type of operation performed. Br J Cancer 1948; 2(3):7-13.

7. Fisher B, Anderson S, Bryant J, Margolese RG, Deutsch M, Fisher ER et al. Twenty-year follow-up of a randomized trial comparing total mastectomy, lumpectomy, and lumpectomy plus irradiation for the treatment of invasive breast cancer. N Engl J Med 2002; 347(16):1233-41.

8. Veronesi U, Cascinelli N, Mariani L, Greco M, Saccozzi R, Luini A et al. Twenty-year follow-up of a randomized study comparing breast-conserving surgery with radical mastectomy for early breast cancer. N Engl J Med 2002; 347(16):1227-32.

9. Rao R, Euhus D, Mayo HG, Balch C. Axillary node interventions in breast cancer: a systematic review. JAMA 2013; 310(13):1385-94.

10. Kuehn T, Bauerfeind I, Fehm T, Fleige B, Hausschild M, Helms G et al. Sentinel-lymph-node biopsy in patients with breast cancer before and after neoadjuvant chemotherapy (SENTINA): a prospective, multicentre cohort study. Lancet Oncol 2013; 14(7):609-18.

11. Giuliano AE, Ballman K, McCall L, Beitsch P, Whitworth PW, Blumencranz P et al. Locoregional recurrence after sentinel lymph node dissection with or without axillary dissection in patients with sentinel lymph node metastases: long-term follow-up from the American College of Surgeons Oncology Group (Alliance) ACOSOG Z0011 Randomized Trial. Ann Surg 2016; 264(3):413-20.

12. Jatoi I, Kaufmann M, Petit JY. Surgery for breast carcinoma. In: Jatoi I, Kaufmann M, Petit JY (eds.). Atlas of breast surgery. Berlin: Springer-Verlag, 2006.

13. Dai H, Connor C, Cui W, Gatewood J, Fan F. Bilateral diffuse tumorous pseudoangiomatous stromal hyperplasia: a case of bilateral mastectomy in a 29-year-old woman. Case Rep Pathol 2014; 2014:250608.

14. Petit JY, Veronesi U, Orecchia R, Luini A, Rey P, Intra M et al. Nipple-sparing mastectomy in association with intra operative radiotherapy (ELIOT): a new type of mastectomy for breast cancer treatment. Breast Cancer Res Treat 2006; 96(1):47-51.

15. De La Cruz L, Moody AM, Tappy EE, Blankenship SA, Hecht EM. Overall survival, disease-free survival, local recurrence, and nipple-areolar recurrence in the setting of nipple-sparing mastectomy: a meta-analysis and systematic review. Ann Surg Oncol 2015; 22(10):3241-9.

16. Kim MK, Kim T, Moon HG, Jin US, Kim K, Kim J et al. Effect of cosmetic outcome on quality of life after breast cancer surgery. Eur J Surg Oncol 2015; 41(3):426-32.

17. Paulinelli RR, de Oliveira VM, Bagnoli F, Chade MC, Alves KL, Freitas-Junior R. Oncoplastic mammaplasty with geometric compensation--a technique for breast conservation. J Surg Oncol 2014; 110(8):912-8.

18. Losken A, Dugal CS, Styblo TM, Carlson GW. A meta-analysis comparing breast conservation therapy alone to the oncoplastic technique. Ann Plast Surg 2014; 72:145-49.

19. Yu P. Breast reconstruction at the MD Anderson Cancer Center. Gland Surg 2016; 5(4):416-21.

20. Freitas-Júnior R, Oliveira EL, Pereira RJ, Silva MA, Esperidião MD, Zampronha RA et al. Modified radical mastectomy sparing one or both pectoral muscles in the treatment of breast cancer: intra and postoperative complications. Sao Paulo Med J 2006; 124(3):130-4.

21. Freitas-Silva R, Conde DM, de Freitas-Júnior R, Martinez EZ. Comparison of quality of life, satisfaction with surgery and shoulder-arm morbidity in breast cancer survivors submitted to breast-conserving therapy or mastectomy followed by immediate breast reconstruction. Clinics (Sao Paulo) 2010; 65(8):781-7.

22. Mastrella AS, Freitas-Junior R, Paulinelli RR, Soares LR. Escápula alada pós-linfadenectomia no tratamento do câncer de mama. Rev Bras Cancerol 2009; 55(4):397-404.

23. Valinote SP, de Freitas-Junior R, Martins KA, Pereira AC, Pereira CE, Martins E. Alterações venosas e linfáticas em mulheres com linfedema após linfadenectomia axilar no tratamento do câncer de mama. Rev Bras Ginecol Obstet 2013; 35(4):171-7.

BIBLIOGRAFIA

1. Cheng H, Clymer JW, Ferko NC, Patel L, Soleas IM, Cameron CG et al. A systematic review and meta-analysis of Harmonic technology compared with conventional techniques in mastectomy and breast-conserving surgery with lymphadenectomy for breast cancer. Breast Cancer (Dove Med Press) 2016; 8:125-40.
2. Thomson DR, Sadideen H, Furniss D. Wound drainage after axillary dissection for carcinoma of the breast. Cochrane Database Syst Rev 2013; (10):CD006823.

Tratamento clínico no câncer de mama

Cid Ricardo Abreu Buarque de Gusmão

INTRODUÇÃO

O câncer de mama é a neoplasia mais diagnosticada no mundo e a mais frequente nas mulheres, excluindo o câncer de pele não melanoma.[1] No Brasil, representa 25% dos casos novos de câncer a cada ano.[2]

De forma sistemática, o tratamento clínico do câncer de mama não metastático pode ser dividido em dois cenários: tratamento do tumor de mama localizado e tratamento do tumor de mama localmente avançado.

TRATAMENTO SISTÊMICO DO CÂNCER DE MAMA LOCALIZADO

Na doença localizada, na qual não foi evidenciada doença metastática após os exames de estadiamento realizados, existem duas estratégias de abordagem: o tratamento clínico realizado após a cirurgia, chamado tratamento adjuvante, ou o tratamento clínico realizado antes da cirurgia definitiva, chamado tratamento neoadjuvante.

Para a tomada de decisão, as pacientes são estratificadas de acordo com a extensão de sua doença. Pacientes com estágio clínico I, IIA ou IIB são classificadas como portadoras de mama estágio inicial. As pacientes com estadiamento clínico IIIA a IIIC são classificadas como portadoras de câncer de mama localmente avançado. Um subgrupo de pacientes como tumores T3N0 (um subgrupo do estágio clínico IIB) também são classificadas nessa categoria de tumores localmente avançados.[3]

Tratamento adjuvante

No tratamento sistêmico adjuvante do câncer de mama, é utilizada a hormonoterapia, a quimioterapia e a terapia biológica. Esses tratamentos podem ser utilizados de forma isolada ou em combinação, de acordo com as características biológicas da neoplasia e do risco de recidiva da doença.

Os dados epidemiológicos mundiais mostram redução da mortalidade do câncer de mama e credita-se essa redução ao maior número de diagnósticos precoces, conseguido por meio da expansão do rastreamento por mamografia e também pelos avanços conseguidos no tratamento sistêmico adjuvante.

A indicação do tratamento adjuvante como complemento ao tratamento local pela cirurgia é baseada na avaliação do risco de recidiva da doença, no percentual de impacto da terapia proposta ou benefício e na toxicidade do tratamento em conjunto com a avaliação do quadro clínico geral da paciente e comorbidades presentes.

Características biológicas do tumor, da apresentação clínica do tumor e do paciente são utilizadas como fatores prognósticos para calcular o risco potencial de recidiva da doença e, dessa forma, auxiliar a definição do tratamento adjuvante a se empregar. Os principais fatores de risco são: idade da paciente,[4] tamanho do tumor,[5] grau histológico,[6] número de linfonodos axilares comprometidos,[5] expressão dos receptores hormonais de estrogênio e progesterona[7] e expressão do HER-2.[8] Hoje existem algoritmos computacionais que auxiliam na estimativa do cálculo da sobrevida e risco de recidiva, auxiliando tanto ao médico quanto ao paciente na definição da decisão clínica a ser tomada. O mais utilizado desses mecanismos, no momento, é o Adjuvant on Line.[9]

O desenvolvimento das técnicas de estudo do DNA por meio da genômica e da transcrição do RNA pela proteômica permitiu a identificação de perfis moleculares no câncer de mama. Esses perfis já foram validados em estudos clínicos e são hoje utilizados como fatores prognósticos e também como preditivos na escolha do tratamento adjuvante. Foram identificados, até o momento, 5 subtipos associados a diferentes prognósticos: luminal A, luminal B, rico em HER-2 (*HER-2-enriched*), subtipo basal e subtipo similar ao tecido mamário normal.[10] Os dois métodos mais utilizados para determinar o perfil molecular do tumor de mama, e já validados, são o OncotypeDx[11,12] e o Mammaprint.[13]

Hormonoterapia adjuvante

A hormonoterapia continua sendo um dos pilares do tratamento do câncer de mama, seja localizado, seja metastático. O impacto positivo da hormonoterapia deve-se ao seu benefício relativo, que, em geral, é maior do que o da quimioterapia, e ao número proporcionalmente maior de pacientes que possuem tumores receptores hormonais positivos. Assim, todos os pacientes (mulheres e homens) portadores de câncer de mama receptores hormonais positivos, devem ser considerados primariamente candidatos a hormonoterapia.

As drogas utilizadas na hormonoterapia são os moduladores do receptor do estrogênio, como o tamoxifeno, e os inibidores da aromatase, que bloqueiam perifericamente a conversão de androgênios a estrogênios.

A escolha da droga a ser utilizada depende primeiramente da definição do *status* menstrual. São consideradas como definição da menopausa as mulheres a partir dos 60 anos, mulheres com menos de 60 anos que tenham realizado ooforectomia bilateral, que não menstruem há mais de 12 meses e apresentem nível sérico de estradiol nos níveis de menopausa, ou mulheres em uso ou que tenham feito uso de drogas que possam induzir amenorreia e possuam níveis séricos de FSH e estradiol em níveis de menopausa.[14]

Importante critério utilizado na escolha da terapia é a definição do risco de recidiva do tumor. Apesar de critérios formais não estarem definidos, são aceitos para a definição de alto risco: presença de linfonodos comprometidos, extensão do tamanho do tumor, grau histológico alto, presença de invasão vascular e linfática, risco alto de recidiva de acordo com resultado de teste genômico e idade jovem (inferior a 35 anos).

O benefício clínico na redução da mortalidade com a hormonoterapia está fortemente evidenciado em diversos estudos, incluindo estudos de metanálise.[15]

A duração do tratamento com terapia endocrinológica deve ser, no mínimo, de 5 anos. Estudos mostraram, entretanto, o benefício do tratamento por um período maior. Pacientes na pré-menopausa inicialmente tratadas com 5 anos de tamoxifeno devem ter o período estendido para mais 5 anos[16,17] ou modificado para um inibidor da aromatase por mais 5 anos.[18]

A terapia hormonal adjuvante deve ser iniciada 4 a 6 semanas após a cirurgia. Nas pacientes em quimioterapia adjuvante, a hormonoterapia deve ser iniciada preferencialmente após o término da quimioterapia. Nas pacientes em radioterapia, diversos estudos não mostram impacto na sobrevida quando a terapia hormonal adjuvante é iniciada durante ou após o término da radioterapia,[19] e estudos mais recentes também não mostraram aumento de complicações secundárias à radioterapia com o uso concomitante da hormonoterapia.[20] Nas pacientes HER-2 positivas em uso de trastuzumabe adjuvante, a hormonoterapia deve ser iniciada após o término da quimioterapia, concomitante ao uso de trastuzumabe de manutenção.

Pacientes em idade fértil devem ser aconselhadas a utilizar métodos anticonceptivos em vista do risco potencial e relativamente frequente de anormalidades congênitas induzidas no feto.[21]

Quimioterapia adjuvante

O objetivo do tratamento adjuvante é reduzir o risco de recidiva e, por conseguinte, aumentar as taxas de cura. A decisão deve levar em conta a magnitude do benefício do tratamento na redução do risco diante da toxicidade do mesmo tratamento. Da mesma forma, pacientes idosas ou com comorbidades importantes podem não apresentar benefício do tratamento, em termos de ganho de sobrevida.

A decisão da utilização da quimioterapia adjuvante leva em consideração diversos fatores do tumor, sua apresentação, características biológicas, assim como características da paciente, como idade e comorbidades. A princípio, a quimioterapia adjuvante é recomendada a pacientes com linfonodos comprometidos e tumores maiores que 1 cm. Também devem ser considerados fatores como expressão dos receptores hormonais, presença de superexpressão do HER-2, idade jovem, presença de invasão angiolinfática, grau histológico e perfil genômico.

O benefício da quimioterapia adjuvante frente ao não tratamento, assim como a utilização de antraciclinas e taxanos, foi demonstrado nos estudos de metanálise do Early Breast Cancer Trialists Collaborative Group (EBCTCG).[22]

Apesar de não existir um padrão único de quimioterapia no tratamento do câncer de mama, a maioria dos pacientes recebe um regime que associa adriblastina e ciclofosfamida (AC) seguido por paclitaxel semanal.[22] A utilização de regimes que não contêm antraciclina deve ser considerada em pacientes com doença de baixo risco, como pacientes linfonodo-negativo e com tumores menores do que 1 cm, pacientes com história de doença cardíaca, em razão da potencial toxicidade cardiológica da antraciclina, ou pacientes com idade avançada.

A duração do tratamento varia de acordo com o regime de tratamento escolhido. O início do tratamento é indicado na 4ª a 6ª semana após a cirurgia, sendo que estudos mostram que o início do tratamento após 12 semanas da cirurgia pode ser prejudicial à paciente.[23]

Dessa forma, a radioterapia adjuvante deve ser iniciada apenas após o término da quimioterapia. O uso concomitante da quimioterapia e radioterapia adjuvantes no câncer de mama deve ser evitado, pelo potencial aumento de toxicidade resultante.

TRATAMENTO SISTÊMICO DO CÂNCER DE MAMA LOCALMENTE AVANÇADO

Este grupo é composto por um grupo heterogêneo de pacientes e nele se incluem os estágios IIIA (T3 N1-2), IIIB (T4 N0-2), IIIC (T1-4 N3), que apresentam um ou mais dos fatores: tumores > 5 cm ou considerados irressecáveis pele cirurgião, comprometimento linfonodal extenso (N2-3), comprometimento da parede torácica ou da pele (T4a-b) ou ambos (T4c), e carcinoma inflamatório (T4D).

O tratamento neoadjuvante é considerado hoje o tratamento padrão no câncer de mama estágio III e no câncer de mama localmente avançado. O tratamento neoadjuvante tem por objetivo proporcionar uma redução do tumor, permitindo uma cirurgia menos extensa, que atinja um melhor resultado cosmético e permita uma redução nas complicações pós-operatórias, como o linfedema de braço.[24] A neoadjuvância permite ainda uma avaliação da sensibilidade do tumor à quimioterapia empregada e fornece informação prognóstica. A presença ou a ausência de neoplasia residual após o tratamento neoadjuvante é um importante fator prognóstico para recidiva, já demonstrado em estudos clínicos.[25]

Os regimes de tratamento utilizados na neoadjuvância são os mesmos empregados na adjuvância, privilegiando regimes com a combinação de antraciclinas e taxanos e nas pacientes HER-2 positivas com a associação de trastuzumabe.[26]

Pacientes na pós-menopausa, com tumores receptores hormonais positivos, são candidatas a hormonoterapia neoadjuvante. Os dados existentes na literatura mostram que a hormonoterapia adjuvante, especialmente com o uso de inibidores da aromatase, consegue taxas de resposta e taxas de cirurgia conservadora semelhantes à quimioterapia neoadjuvante e com menor perfil de toxicidade, sendo esta estratégia particularmente interessante nas pacientes idosas ou com comorbidades.[27]

REFERÊNCIAS BIBLIOGRÁFICAS

1. International Agency for Research on Cancer (IARC). Globocan 2012 – Estimated cancer incidence, mortality and prevalence worldwide in 2012. Disponível em: http://globocan.iarc.fr.
2. Instituto Nacional de Câncer (Inca). Disponível em: www.inca.gov.br.
3. American Joint Committee on Cancer (AJCC). Cancer staging manual. 7.ed. Springer, 2010.
4. Adami HO, Malker B, Holmberg L, Persson I, Stone B. The relation between survival and age at diagnosis in breast cancer. N Engl J Med 1986; 315(9):559-63.
5. Carter CL1, Allen C, Henson DE. Relation of tumor size, lymph node status, and survival in 24,740 breast cancer cases. Cancer 1989; 63(1):181-7.
6. Elston CW, Ellis IO. Pathological prognostic factors in breast cancer. I. The value of histological grade in breast cancer: experience from a large study with long-term follow-up. Histopathology 1991;19(5):403-10.
7. Pertschuk LP, Kim DS, Nayer K, Feldman JG, Eisenberg KB, Carter AC et al. Immunocytochemical estrogen and progestin receptor assays in breast cancer with monoclonal antibodies. Histopathologic, demographic, and biochemical correlations and relationship to endocrine response and survival. Cancer 1990;66(8):1663
8. Tandon AK1, Clark GM, Chamness GC, Ullrich A, McGuire WL. HER-2/neu oncogene protein and prognosis in breast cancer. J Clin Oncol 1989; 7(8):1120-8.
9. Adjuvant!Online. www.adjuvantonline.com
10. Sørlie T, Perou CM, Tibshirani R, Aas T, Geisler S, Johnsen H et al. Gene expression patterns of breast carcinomas distinguish tumor subclasses with clinical implications. Proc Natl Acad Sci USA 2001; 98(19):10869-74.
11. Paik S, Shak S, Tang G, Kim C, Baker J, Cronin M et al. A multigene assay to predict recurrence of tamoxifen-treated, node-negative breast cancer. N Engl J Med 2004; 351(27):2817-26.
12. Paik S, Tang G, Shak S, Kim C, Baker J, Kim W et al. Gene expression and benefit of chemotherapy in women with node-negative, estrogen receptor-positive breast cancer. J Clin Oncol 2006; 24(23):3726-34.
13. van de Vijver MJ, He YD, van't Veer LJ, Dai H, Hart AAM, Voskuil DW et al. A Gene-Expression Signature as a Predictor of Survival in Breast Cancer. N Engl J Med 2002; 347:1999-2009.
14. National Comprehensive Cancer Network (NCCN) Clinical practice guidelines in oncology. Disponível em: www.nccn.org.

Tratamento clínico no câncer de mama **95**

15. Early Breast Cancer Trialists' Collaborative Group (EBCTCG). Effects of chemotherapy and hormonal therapy for early breast cancer on recurrence and 15-year survival: an overview of the randomised trials. Lancet 2005; 365(9472):1687-717.

16. Gray RG, Rea D, Handley K, Bowden SJ, Perry P, Earl HM et al. aTTom: Long-term effects of continuing adjuvant tamoxifen to 10 years versus stopping at 5 years in 6,953 women with early breast cancer. J Clin Oncol 2013; 31sl:abst 5.

17. Davies C, Pan H, Godwin J, Gray R, Arriagada R, Raina V et al. Long-term effects of continuing adjuvant tamoxifen to 10 years versus stopping at 5 years after diagnosis of oestrogen receptor-positive breast cancer: ATLAS, a randomised trial. Lancet 2013; 381:805-16.

18. Jin H, Tu D, Zhao N, Shepherd LE, Goss PE. Longer-term outcomes of letrozole versus placebo after 5 years of tamoxifen in the NCIC CTG MA.17 trial: analyses adjusting for treatment crossover. J Clin Oncol 2012; 30(7):718-221.

19. Harris EE, Christensen VJ, Hwang WT, Fox K, Solin LJ. Impact of concurrent versus sequential tamoxifen with radiation therapy in early-stage breast cancer patients undergoing breast conservation treatment. J Clin Oncol 2005; 23(1):11-6.

20. Pierce LJ, Hutchins LF, Green SR, Lew DL, Gralow JR, Livingston RB et al. Sequencing of tamoxifen and radiotherapy after breast-conserving surgery in early-stage breast cancer.J Clin Oncol 2005;23(1):24-9.

21. Braems G, Denys H, De Wever O, Cocquyt V, Van den Broecke R. Use of tamoxifen before and during pregnancy. Oncologist 2011; 16(11):1547-51.

22. Early Breast Cancer Trialists' Collaborative Group (EBCTCG), Peto R, Davies C, Godwin J, Gray R, Pan HC et al. Comparisons between different polychemotherapy regimens for early breast cancer: meta-analyses of long-term outcome among 100,000 women in 123 randomised trials. Lancet 2012; 379(9814):432-44.

23. Lohrisch C, Paltiel C, Gelmon K, Speers C, Taylor S, Barnett J et al. Impact on survival of time from definitive surgery to initiation of adjuvant chemotherapy for early-stage breast cancer. J Clin Oncol 2006; 24(30):4888-94.

24. Gralow JR, Burstein HJ, Wood W, Hortobagyi GN, Gianni L, von Minckwitz G et al. Preoperative therapy in invasive breast cancer: pathologic assessment and systemic therapy issues in operable disease. J Clin Oncol 2008; 26(5):814-9.

25. Guarneri V, Broglio K, Kau SW, Cristofanilli M, Buzdar AU, Valero V et al. Prognostic value of pathologic complete response after primary chemotherapy in relation to hormone receptor status and other factors. J Clin Oncol 2006; 24(7):1037-44.

26. Gianni L, Eiermann W, Semiglazov V, Manikhas A, Lluch A, Tjulandin S et al. Neoadjuvant chemotherapy with trastuzumab followed by adjuvant trastuzumab versus neoadjuvant chemotherapy alone, in patients with HER2-positive locally advanced breast cancer (the NOAH trial): a randomised controlled superiority trial with a parallel HER2-negative cohort. Lancet 2010; 375(9712):377-84.

27. Spring LM, Gupta A, Reynolds KL, Gadd MA, Ellisen LW, Isakoff SJ et al. Neoadjuvant endocrine therapy for estrogen receptor-positive breast cancer: a systematic review and meta-analysis. JAMA Oncol 2016; 2(11):1477-86.

7

Radioterapia em câncer de mama

Roger Guilherme Rodrigues Guimarães
Icaro Thiago de Carvalho
Heloisa de Andrade Carvalho

INTRODUÇÃO

A radioterapia consiste no uso da radiação ionizante para realização de tratamentos médicos. Trata-se do uso clínico da radiação. Atualmente, em conjunto com a cirurgia e a quimioterapia, tem papel fundamental no tratamento multidisciplinar das neoplasias. Estima-se que pelo menos 2/3 dos pacientes oncológicos recebam algum curso de radiação ao longo de suas vidas.[1] Se forem considerados os avanços tecnológicos e farmacológicos ao longo dos anos, propiciando uma maior sobrevida dos pacientes com câncer, esse percentual deve ser ainda maior. No caso específico do câncer de mama, a radioterapia tem um papel preponderante, pois permite a realização de uma estratégia terapêutica menos invasiva, com a preservação da mama. Apesar de não se dispor de um número preciso sobre os pacientes com câncer de mama, que necessitam de ao menos um curso de radiação ao longo da vida, a quase totalidade dos pacientes pode vir a utilizar, pelo menos, uma das diferentes modalidades de radioterapia para o tratamento do câncer, seja nas fases iniciais, seja nas apresentações avançadas.

O objetivo deste capítulo é transmitir alguns conceitos básicos sobre a radioterapia para os profissionais fisioterapeutas, explicando suas modalidades, possibilidades e limitações, contribuindo para o melhor manejo terapêutico do paciente oncológico em um ambiente interdisciplinar e multiprofissional.

PRINCÍPIOS BIOFÍSICOS

A absorção da energia da radiação em materiais biológicos pode ser denominada excitação ou ionização. A passagem de um elétron no átomo para um nível de energia maior, sem que o elétron seja ejetado daquele átomo, é chamada de excitação. Quando a energia da radiação é suficiente para ejetar um ou mais elétrons do átomo ou molécula, o processo se denomina ionização e envolve grandes quantidades de energia. A característica mais importante das radiações ionizantes é a liberação localizada dessas grandes quantidades de energia, capazes de quebrar ligações químicas bem fortes. É essa energia que é utilizada em radioterapia e provoca determinados efeitos biológicos nos tecidos irradiados.

As radiações ionizantes podem ser divididas em eletromagnéticas e corpusculares. As radiações eletromagnéticas são ondas eletromagnéticas que podem ser naturais ou produzidas artificialmente. Os raios X e os raios gama são exemplos dessas radiações. A diferença básica entre os raios X e os raios gama é apenas a forma pela qual são produzidos, e não os seus efeitos. Os raios X se originam fora do núcleo do átomo, enquanto os raios gama são produzidos no núcleo. Na prática, isso significa que a produção de raios X depende de um equipamento elétrico capaz de acelerar elétrons até altas energias que, ao pararem abruptamente em um determinado alvo, têm parte de sua energia cinética convertida em raios X. Por outro lado, os raios gama são emitidos por isótopos radioativos e representam um excesso de energia que é liberado com a quebra do núcleo quando ocorre o decaimento do átomo na tentativa de atingir uma forma estável. Tudo o que se refere aos efeitos dessas radiações se aplica igualmente para os raios X e os raios gama. Outra forma de radiação são as radiações corpusculares. Estas, apesar da propriedade de ionização, têm um comportamento um pouco diferente, pois possuem massa, e a interação desta com a matéria irradiada as faz penetrarem menos profundamente no tecido. São exemplos dessas radiações, com uso clínico, elétrons e prótons.[2]

DOSE

A radiação tem como unidade de medida o Gray (Gy). Trata-se da unidade de dose absorvida e correlaciona energia por quilo de matéria irradiada, sendo padronizada no Sistema Internacional (SI) como 1 Gy = 1 joule/kg.

Em radioterapia, doses diárias de 2 Gy costumam ser administradas podendo chegar a doses totais de 50 a 70 Gy ou mais. Para uma correlação mais concreta, uma radiografia simples de tórax, por exemplo, pode dar uma dose de cerca de 0,02 mSv, o equivalente a 0,02 mGy (2×10^{-5} Gy). Portanto, as doses empregadas em radioterapia são muito maiores que aquelas usadas em diagnóstico e têm a finalidade de tratar a doença presente e a doença subclínica, em determinado sítio.

PRINCÍPIOS DE RADIOBIOLOGIA

Primeiramente, é importante ressaltar que a radiação ionizante pode provocar alguns sintomas sistêmicos decorrentes do processo inflamatório relacionado à irradiação, mas quase todos os seus efeitos terapêuticos e adversos são localizados, limitando-se a ocorrer quase que exclusivamente na topografia irradiada. Esses efeitos resultantes da interação entre tecidos celulares sadios e/ou neoplásicos com a radiação são objetos de estudo da radiobiologia. Pode-se afirmar que a radiobiologia alicerça a prática da radioterapia, da mesma forma que a farmacologia é a ciência que estuda como as substâncias químicas interagem nos sistemas biológicos e, assim, fundamenta as ações clínicas medicamentosas. Dessa forma, pode-se afirmar que as condutas, em radioterapia, são baseadas nos estudos da radiobiologia.

O objetivo básico da utilização terapêutica das radiações ionizantes é a morte celular. Em radiobiologia, define-se o conceito de morte celular como a perda da clonogenicidade das células, isto é, a perda de sua capacidade de gerar descendentes viáveis. Dessa forma, a radioterapia irá proporcionar, tanto no tratamento de afecções benignas quanto malignas, o controle local da proliferação celular.[2,3]

A morte celular ocasionada pelo dano actínico ao DNA pode decorrer das seguintes situações:

- morte imediata (entre 3 e 5 horas após a irradiação) por apoptose;
- morte durante a divisão celular;
- produção de clones aberrantes, geneticamente inviáveis, por alterações cromossômicas resultantes da divisão celular;
- perda da clonogenicidade, sem perda das demais funções fisiológicas;
- produção de linhagens viáveis após uma ou mais divisões celulares, até o surgimento de clones inviáveis ou estéreis.

Da mesma forma que a ação das radiações ionizantes sobre o DNA pode levar à morte celular, as alterações cromossômicas consequentes à lesão actínica podem ser responsáveis pela carcinogênese, induzindo o aparecimento de neoplasias anos após o tratamento radioterápico, quando houver ativação de um proto-oncogene por meio de diferentes mecanismos de alteração do material genético, por exemplo, mutações, amplificação gênica ou translocação cromossômica. Esse evento é extremamente raro, e menos que 3% dos pacientes podem apresentá-lo.[4] Da mesma forma que o possível efeito carcinogênico de determinados quimioterápicos e/ou os danos potenciais causados pela anestesia ou pelo ato operatório em si, os eventuais efeitos da radiação devem ser explicados ao paciente. Diante de baixo risco, como o apresentado hoje em dia pelas técnicas modernas de irradiação, deve-se considerar o uso da radiação sempre que o benefício oferecido por ela supere os riscos possíveis.

A morte celular, em termos radiobiológicos, é um evento aleatório. Quando a radiação ionizante atravessa um meio biológico, essa ionização pode levar a alterações bioquímicas que podem ou não levar à morte celular. Essas alterações são consequência de efeitos físico-químicos produzidos pela radiação que vão causar uma lesão direta (sobre o DNA) ou indireta (em outras moléculas, em especial a água) nos átomos e moléculas do ambiente celular. A ocorrência de morte celular está relacionada ao tipo e à gravidade da lesão conforme o que se segue:

- dano letal, produzido em geral por uma lesão direta sobre o DNA;
- dano subletal, alterações moleculares reparáveis, que dependem de um acúmulo de lesões para levar à morte celular;
- dano potencialmente letal, que se manifesta e leva à morte celular de acordo com as condições ambientais da célula no momento da lesão (temperatura, pH, entre outras).

Esse efeito da radiação sobre as células é totalmente inespecífico e pode ocorrer tanto nos tumores quanto nos tecidos normais atingidos. Por esse motivo, deve haver um equilíbrio entre as doses prescritas para tratamento e as doses de tolerância dos órgãos e tecidos normais adjacentes. É a chamada taxa terapêutica (Figura 1). Quanto mais o comportamento do tumor e dos tecidos se assemelha em relação à morte celular e à dose de radiação, mais difícil é atingir um controle tumoral. Caso as curvas da Figura 1 tenham suas posições invertidas, fica praticamente impossível de se atingir doses terapêuticas sem se-

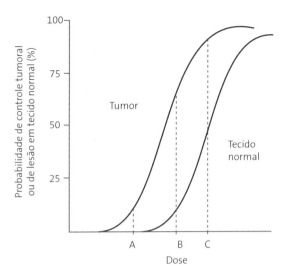

Figura 1 Esquema gráfico de um caso hipotético no qual a taxa terapêutica é favorável. Com uma dose baixa de radiação (A), o tecido normal nada sofre, porém, a probabilidade de controle tumoral é muito baixa. A dose que produziria alta probabilidade de controle tumoral (C) pode ficar limitada pela alta probabilidade de lesão no tecido normal. Doses acima de C trazem poucos benefícios ao tratamento. Uma dose intermediária (B), portanto, torna-se a ideal para essa situação em especial, pois a probabilidade de controle tumoral em relação ao grau de lesão do tecido normal é mais favorável. Neste esquema, as curvas são paralelas, entretanto, podem ter sua inclinação variável de acordo com o tecido que representam. Na prática, a probabilidade de lesão no tecido normal e sua importância e repercussão clínica devem ser avaliados para definição adequada da dose de tratamento.

quelas graves para o tecido normal em questão. A tecnologia usada atualmente em radioterapia oferece algumas estratégias clínicas e técnicas para otimizar a taxa terapêutica.[5]

EFEITOS DA RADIOTERAPIA SOBRE OS ÓRGÃOS

A resposta dos órgãos à irradiação está unicamente relacionada à resposta dos tecidos que os compõem, sendo que a sensibilidade relativa das células desses tecidos e a sua velocidade de reposição celular é que determinam como será a resposta de determinado órgão àquele curso de radioterapia. Os tecidos epiteliais, de modo geral, e o tecido hematopoiético têm proliferação rápida, pela contínua necessidade de reposição das células funcionais. Entretanto, a sua estrutura funcional e de nutrição, pelo contrário, apresenta um período de reposição mais lento. Baixas doses de radiação podem provocar lesões no parênquima e, apesar de ocorrer morte celular, essas células serão rapidamente repostas pelas não lesadas ou reparadas. Se ocorrer alteração da função do órgão, esta será rapidamente restaurada; trata-se, portanto, do dano ou toxicidade precoce da radioterapia e pode ocorrer desde o início até 6 meses após o curso de radiação. Tardiamente, outra forma de lesão pela radiação pode se manifestar. Uma vez que também morreram células de proliferação lenta que não serão facilmente respostas, pode-se também alterar a função do órgão em um segundo momento. A falta de reposição de células com a consequente repercussão funcional e os danos de origem vascular, que podem ocasionar alterações funcionais do órgão por conta da hipóxia, contribuem para o dano e/ou a toxicidade tardia, que ocorre após 6 meses ou mais do curso de radiação.[5] Mama, coração e tecidos neurais são exemplos de órgãos em que pode se observar mais frequentemente o dano tardio causado pela radioterapia para tratamento do câncer. Pele e mucosa do esôfago normalmente têm consequências clínicas relativas ao dano precoce da radiação.

O conceito de taxa terapêutica apresentado na Figura 1 envolve a interação prática de todos os efeitos descritos anteriormente, ressaltando que eles ocorrem tanto no tumor quanto nos tecidos normais. O grande desafio da radioterapia é, portanto, erradicar a doença sem lesar ou produzindo o mínimo de lesão nos órgãos e tecidos normais adjacentes. Assim, em conjunto com a dose de radiação, devem ser consideradas características individuais de cada paciente e do tumor, como o tipo de tecido de origem, volume a ser irradiado, o percentual de células clonogênicas e a relação desse tumor com os tecidos normais. Junto com os fatores biológicos envolvidos, as possibilidades técnicas disponíveis também devem ser consideradas a fim de se prever o sucesso de um tratamento. A melhor maneira de minimizar o dano da radiação e garantir a maior eficácia do tratamento é a associação do conhecimento técnico aplicado por um profissional capacitado e o uso de equipamentos e técnicas adequadas.

Além da resposta tecidual intrínseca de cada tecido ou órgão à irradiação, os efeitos clínicos podem depender da topografia do local do organismo que está sendo tratado, em virtude das relações anatômicas entre tecido sadio e área-alvo. No entanto, esses efeitos relacionam-se também com a dose por fração e a dose total realizada, além da periodicidade do fracionamento empregado. Isso significa que o fracionamento da dose é determinante da eficiência da irradiação.

Os fenômenos que ocorrem após uma dose de radiação ou entre duas ou mais doses compreendem os 4 Rs da radioterapia: reparo, repopulação, reoxigenação e redistribuição. O comportamento desses fenômenos em cada indivíduo ou tecido define a sua radiossensibilidade ("5º R") específica e é a base do fracionamento da dose em radioterapia.

A divisão da dose de radioterapia em frações protege os tecidos normais que circundam o volume-alvo, permitindo que os danos subletais que eventualmente tenham sofrido em uma determinada aplicação sejam corrigidos antes da próxima fração. Portanto, existe um reparo tecidual que é menor nos sistemas menos organizados como os tumores. Da mesma maneira, o intervalo de tempo entre duas frações deve ser tal que favoreça a regeneração dos tecidos sadios, possibilitando a proliferação de células normais que substituam aquelas mortas durante a irradiação. Contudo, esse intervalo não pode ser demasiadamente grande, para evitar a repopulação do volume-alvo.[2-5]

O nível de oxigenação do tecido pode potencializar o efeito da radiação. O oxigênio tem ação sensibilizadora importante na radioterapia, podendo aumentar em até 3 vezes a sensibilidade do tecido à irradiação, enquanto situações de hipóxia tornam as células irradiadas mais radiorresistentes.[5] Dessa forma, após a aplicação de uma dose de radiação, as células bem oxigenadas apresentam menor sobrevivência do que aquelas em condições de hipóxia e de anóxia. Estas últimas, por sua relativa radiorresistência, passarão a ser limitantes do tratamento. O espaçamento entre as frações em radioterapia permite também a reoxigenação dessas células, tornando-as mais radiossensíveis nas frações subsequentes, aumentando, consequentemente, a chance de que todas sejam eliminadas ao término do tratamento.

Finalmente, observa-se que subpopulações celulares exibem diferenças em sua radiossensibilidade, que podem existir como características histológicas intrínsecas, ou podem se dever à fase do ciclo celular em que tais células se encontram. No final de G1 e M, mostram-se mais suscetíveis ao dano actínico do que células na fase final da síntese do DNA (S) e em G0. Portanto, a maior proporção de células sobreviventes logo após uma dose de radiação estará nas fases mais resistentes do ciclo celular. O fracionamento propicia a redistribuição dessas células nas etapas do ciclo, de modo que, na aplicação seguinte, um grupo delas já tenha atingido aquelas etapas mais sensíveis, e assim sucessivamente.

INDICAÇÕES DA RADIOTERAPIA E ASSOCIAÇÕES TERAPÊUTICAS

A finalidade principal da radioterapia é a diminuição da recidiva locorregional, sendo uma estratégia terapêutica complementar ao ato operatório. As principais limitações da radioterapia ocorrem pelos órgãos em risco peritumorais. As diferentes associações terapêuticas de cirurgia, radioterapia e quimioterapia tendem a ser mais tóxicas por si só e, desse modo, vários recursos técnicos da radioterapia auxiliam na minimização desses efeitos.

Em vista da abordagem multidisciplinar e de diversas associações possíveis entre as diferentes armas terapêuticas, é necessário definir algumas terminologias empregadas no tratamento oncológico. A radioterapia pode ser o tratamento principal, como no caso de câncer de colo uterino, e, nesse caso, as demais modalidades de tratamento são denominadas de forma a relacionar o momento do seu emprego em relação à radioterapia. Assim, a quimioterapia pode ser realizada de forma adjuvante, ou seja, posterior ao curso de radioterapia; neoadjuvante, antes da irradiação proposta; ou junto com a radioterapia, quando se denomina radioquimioterapia concomitante. A radioterapia pode, ainda, ser empregada como única modalidade de tratamento; nesse caso, tem-se a radioterapia exclusiva. Em determinadas situações, a radioterapia tem um papel secundário no tratamento. Nesses casos, os termos adjuvante e neoadjuvante são empregados ao momento da radioterapia em relação ao tratamento principal, o cirúrgico. Habitualmente, no câncer de reto, por exemplo, a literatura preconiza que se realize a radioterapia de forma neoadjuvante, e no câncer de mama, a radioterapia tem papel bem definido como terapêutica adjuvante

Pode-se ainda definir a finalidade do tratamento como radical ou paliativa. Nessa primeira, a proposta do tratamento é tratar o tumor, com a intenção de curar a doença. Muitas doenças se enquadram nessa categoria, por exemplo, câncer de próstata, câncer de pulmão, câncer de colo uterino e o próprio câncer de mama. Portanto, realiza-se a radioterapia com finalidade radical ou curativa nos pacientes com tumores primários, ainda que avançados localmente, mas sem metástases a distância. Na radioterapia paliativa, oferece-se um curso de radiação destinado a melhorar determinado sintoma, como dispneia, dor ou sangramento, em pacientes em que o estádio do tumor não permite mais a cura. Assim, a radioterapia destina-se a melhorar a condição clínica do paciente e oferecer uma paliação de determinado sintoma que esteja impactando a qualidade de vida daquele paciente, sem que se consiga a cura.

VARIAÇÕES DE TIPOS DE FRACIONAMENTO

Hiperfracionamento

É o uso de múltiplas doses de radiação 2 ou mais vezes/dia, cada dose de aproximadamente 1 a 1,2 Gy. Isso permite um aumento na dose total de radiação, mas mantém o tempo total de tratamento relativamente constante em comparação aos esquemas-padrão de fracionamento. Como o tamanho da fração é pequeno, essa estratégia diminui a perspectiva de efeitos tardios. Assim, se os efeitos tardios são dose-limitantes, esse tipo de fracionamento pode ser efetivo. Entretanto, o tumor deve ser responsivo a frações relativamente baixas de radiação e deve-se contar com uma infraestrutura apropriada para que se consiga realizar essa irradiação mais do que 1 vez/dia. Carcinomas espinocelulares de cabeça e pescoço são um exemplo de histologia que tem vantagem nesse esquema de fracionamento. Nos casos de câncer de mama, não há vantagem observada na literatura médica que justifique o uso desse tipo de esquema de radioterapia.[6]

Fracionamento acelerado para irradiação parcial da mama

Utiliza-se uma determinada modalidade de radiação – braquiterapia[7] ou teleterapia, de forma intraoperatória ou adjuvante à cirurgia conservadora da mama, com maiores doses por fração e menor duração total do tratamento de 1 a 5 dias. Esse esquema baseia-se no princípio de que a maior parte das recidivas ocorre na loja tumoral ou a uma determinada distância dela, quando não há linfonodos envolvidos. Tem utilização bastante limitada a estádios bem iniciais e pode ser vantajoso em situações nas quais seja necessário fazer o tratamento em intervalos curtos.

Split course

Neste modelo, têm-se uma pausa prevista de pelo menos alguns dias durante o curso de tratamento. Não são tratamentos utilizados muito frequentemente em nenhuma forma de câncer, pois, apesar de ser mais bem tolerado, tem um resultado significativamente mais limitado em termos de cura, em virtude da repopulação tumoral.

Fracionamento convencional

Trata-se do fracionamento mais frequente empregado na prática clínica, podendo ser usado em praticamente todo tipo de tumor. Ainda que a dose total varie para cada sítio e/ou histologia, a dose por fração é de 1,8 a 2 Gy, sendo realizada 1 vez/dia, em 5 frações/semana. Trata-se do fracionamento de maior emprego no tratamento radioterápico do câncer de mama atualmente.

Hipofracionamento

Consiste na administração de doses diárias elevadas, com abreviação do tempo total de tratamento. Como os efeitos sobre os tecidos de proliferação lenta são mais intensos com doses/fração maiores, a possibilidade de complicações tardias com esse tipo de fracionamento aumenta. Diversos estudos, no entanto, vêm demonstrando que esse fracionamento, com o uso de técnicas mais modernas, é seguro e eficaz e deve ser cada vez mais utilizado na prática clínica. Atualmente, pode ser empregado em determinadas apresentações de câncer de mama, abreviando o período de tratamento de 25 a 30 dias para 15 a 20 dias úteis,[6] além de apresentações de doença metastática em encéfalo ou ossos, estabelecendo-se como uma forma segura, rápida e de melhor custo-efetividade, sendo bastante frequente na prática clínica atual.[6]

Vale salientar que grande número de pacientes não consegue realizar o tratamento radioterápico por razões socioeconômicas. Medidas de políticas públicas reduziram esse número, nos Estados Unidos, de forma importante, desde a década de 1990. Entretanto, ainda há dados que revelam que até cerca de 20% dos pacientes daquele país não realizaram tratamento com radioterapia, apesar da sua indicação clínica. No Brasil, pelo número reduzido de equipamentos de radioterapia, em relação à população total, mesmo sem índices precisos, estima-se que esse percentual de pacientes não tratados seja ainda maior. Nesse contexto, a radioterapia em esquemas hipofracionados mostra-se como uma ferramenta bastante útil, pois consegue tratar maior número de pacientes, uma vez que é uma opção de tratamento mais curta, ao mesmo tempo em que garante tratamento clinicamente adequado.

No câncer primário da mama, existem restrições ao uso da radioterapia hipofracionada. Em geral, ela pode ser oferecida de modo adjuvante à cirurgia em determinadas apresentações de câncer de mama. A Sociedade Americana de

Radio-Oncologia apresenta os seguintes critérios para o emprego da radioterapia hipofracionada:

- idade ≥ 50 anos;
- cirurgia conservadora da mama;
- câncer de mama pT1-2 pN0 (mesmo se apenas pelo linfonodo sentinela);
- doença com receptores de estrogênio (RE) presentes;
- ausência de tratamento neoadjuvante com quimioterapia.

Ainda que mulheres que tenham esses critérios completamente satisfeitos representem uma crescente parcela dos casos atuais de câncer de mama, a grande maioria, em muitos centros, é de cânceres mais avançados. Provavelmente, a dificuldade de rastreio tem como consequência um grande número de apresentações localmente avançadas no câncer de mama. Nesses casos, o tratamento do câncer primário, quando de intenção curativa, utiliza, habitualmente, o fracionamento convencional com dose por fração de 1,8 a 2 Gy, sendo realizado 1 vez/dia e em esquema de 5 frações/semana, até dose total de 50 Gy.

Nas doenças iniciais, diante de uma cirurgia conservadora, caso não se tenha envolvimento linfonodal e naquelas que não receberam quimioterapia neoadjuvante, a radioterapia deve ser administrada de forma pós-operatória. A irradiação é restrita a toda a mama acometida, com dose de 50 Gy. Pacientes com menos de 60 anos ou com margem cirúrgica focalmente positiva ou exígua, que não possam ser submetidas a nova ressecção, recebem um reforço de dose (*boost*) de radioterapia no leito cirúrgico. Esta área recebe mais 10 Gy, totalizando a dose de 60 Gy, mantendo o fracionamento descrito de 2 Gy/dia.

Tumores avançados localmente, classificados como pT3, mesmo quando submetidos a mastectomia, necessitam da radioterapia do leito operatório. Tumores classificados como pT4 têm vantagem na irradiação da mama remanescente ou do leito da mastectomia e no tratamento das cadeias linfonodais, mesmo quando o esvaziamento axilar foi bem realizado e não encontrou linfonodos comprometidos entre aqueles dissecados. As doses aqui praticadas são de 50 Gy em leito operatório ou na mama, no caso de cirurgia conservadora da mama. Doses de reforço na loja cirúrgica podem ser consideradas de acordo com os mesmos critérios listados anteriormente e as doses realizadas são também as mesmas.[8]

A presença de linfonodo macroscopicamente envolvido previamente à quimioterapia neoadjuvante ou positivo no exame anatomopatológico implica tratamento das cadeias linfonodais locorregionais. Pacientes com 1 a 3 linfonodos positivos têm indicação de radioterapia das cadeias linfonodais de maneira individualizada. Esse tratamento leva em conta determinados fatores relacionados à paciente, à doença e à cirurgia para caracterizar quais cadeias devem ser tratadas. Quando não foi realizada uma ampla dissecação linfonodal e a paciente não será submetida à nova intervenção cirúrgica, a radioterapia pode oferecer ganho de sobrevida livre de doença, diminuição de recorrência local e menor número de metástases a distância. Situações consideradas como de mau prognóstico, como pacientes jovens, com menos que 50 anos, presença de histologia de alto grau, RE negativos e/ou invasão linfovascular, são os principais norteadores na definição de conduta desses casos. A presença de dois desses fatores determinantes sugere como vantajoso o uso da radioterapia na área de drenagem linfática. Estudos recentes, como o MA.20 e o EORTC 22922, evidenciam a vantagem da realização de radioterapia adjuvante, quando há história de linfonodo acometido. A utilização dessa estratégia terapêutica é responsável por diminuir a recidiva local, obter ganhos de sobrevida global e também implica menor número de metástases, apesar da maior chance de complicação relacionada à radioterapia da drenagem linfonodal.[9,10]

As áreas frequentemente irradiadas são aquelas não abordáveis na cirurgia, linfonodos supra e infraclaviculares e níveis II e III axilar ipsilaterais. Na presença de extravasamento extracapsular, ou diante de dissecção linfonodal considerada insuficiente, e na presença de mais que 20% dos linfonodos com acometimento neoplásico, deve-se também irradiar o nível I axilar. A irradiação de cadeia mamária interna é objeto de controvérsias, mas pacientes com comprometimento da cadeia mamária interna (histológico ou por imagem) ou envolvimento linfonodal axilar maciço no exame clínico ou no anatomopatológico, bem como pacientes com tumores de grande volume em quadrantes centrais e/ou mediais, são aquelas que devem ser consideradas como de maior chance de recorrência local. Por essa razão, essas apresentações são as que podem ter maiores benefícios com o uso da radioterapia de cadeia mamária interna ipsilateral.

Apresentações não operáveis, com doença exclusivamente locorregional, podem ser tratadas de forma exclusiva com radioterapia, no sítio primário e nas drenagens. A dose realizada e o caráter do tratamento, se paliativo ou de intenção curativa, deve levar em consideração vários fatores, com a avaliação global da paciente, caracterizando-a quanto à possibilidade de utilização de outros recursos terapêuticos associados, como quimioterapia ou hormonoterapia, bem como a avaliação de escalas de desempenho e prognósticas. O uso combinado dessas informações determina a estratégia a ser adotada e, portanto, a dose a ser utilizada nesses casos.

Nas pacientes metastáticas, também pode haver benefícios no uso da irradiação. Novamente, a avaliação da qualidade de vida é fundamental para a decisão de conduta. Para esse fim, deve-se considerar o uso conjunto das diversas escalas de desempenho clínico e aquelas de finalidade prognósticas para uma tomada de decisão acertada. São exemplos a escala ECOG, do Eastern Cooperative Oncology Group, ou a escala de Karnofsky; e do segundo grupo, o índice prognóstico paliativo (PPI) ou escore prognóstico paliativo (PaP). Recomenda-se a discussão de caso em reunião interdisciplinar e multiprofissional, para que se tenha o emprego racional e consensual sobre a melhor terapêutica para cada paciente. Pacientes com doença metastática devem ser consideradas como passíveis de radiação sempre que houver risco de morte relacionada a metástase, como nas metástases cerebrais, ou em um quadro álgico e/ou perda funcional, seja esta já instalada ou iminente, por exemplo, metástases ósseas sintomáticas ou localizadas em área de carga, com risco de fratura e/ou perda funcional associadas. Os tratamentos oferecidos aqui são habitualmente de ordem paliativa e com cursos hipofracionados, existindo diversos esquemas terapêuticos que podem ser empregados, desde dose única até alguns mais protraídos, em até 20 frações.

Doença oligometastática[11] pode ser conceituada como apresentações tumorais com metástases sistêmicas limitadas. Por exemplo, aquelas com até 3 metástases, normalmente em mesmo tipo de órgão ou tecidos, que sejam passíveis de curabilidade com um tratamento local ablativo nesses sítios. Em virtude do ganho de sobrevida oferecido atualmente a esses pacientes, a radioterapia deve ser aplicada tanto no sítio primário, quanto nas áreas metastáticas. Nesses casos, em que se tem uma grande perspectiva de sobrevida, ambos os tratamentos devem ser considerados de finalidade radical. Devem-se seguir os critérios para irradiação da mama/leito e drenagens como os da apresentação não metastática e utilizar recursos sofisticados como radiocirurgia craniana[12] ou radioterapia corpórea de localização estereotática[13] para que se consiga um efeito ablativo e duradouro diante de oligometástases.

MODALIDADES DE RADIOTERAPIA

Existem duas modalidades de radioterapia utilizadas no tratamento do câncer: braquiterapia e teleterapia. Braquiterapia é o tratamento em que a distância entre a fonte de radiação e o alvo tumoral é de até 20 cm; teleterapia ou radioterapia externa é quando essa distância é maior.[8] A divisão entre elas é feita de modo arbitrário, mas é consagrada pela literatura médica, havendo vantagens clínicas e anatômicas relacionadas ao emprego de cada técnica diante dos diferentes tipos de alvo a serem irradiados. Grosso modo, a teleterapia deve ser utilizada quando é preciso irradiar grandes extensões com dose homogênea, por exemplo, quando se precisa tratar um volume tumoral extenso e também com potencial acometimento linfonodal daquele determinado sítio anatômico ou por características relacionadas à histologia do tumor. Por outro lado, a braquiterapia pode ser usada quando o objeto do tratamento restringe-se a uma pequena extensão que pode ser, habitualmente, o tumor primário ou uma pequena área potencialmente envolvida por tumor. A braquiterapia pode ser utilizada de forma isolada ou como modalidade de reforço após a realização de uma fase de teleterapia.[13]

Na teleterapia, o feixe de radiação é geralmente gerado por aparelhos chamados aceleradores lineares. Há ainda as unidades de telecobaltoterapia, que possuem uma fonte de cobalto-60 (radioativa) que gera a radiação de maneira natural pelo seu decaimento. A braquiterapia faz uso de material radioativo, que é colocado em contato ou dentro da lesão a ser tratada. O tipo mais frequente em uso no Brasil é a braquiterapia de alta taxa de dose[7] (HDR – *high dose-rate*), que usa uma fonte selada de irídio-196.

O tratamento radioterápico é realizado por vários processos. A avaliação documental do paciente e da confirmação histológica da doença, bem como a definição de um diagnóstico oncológico que será ou não merecedor de radioterapia, serão feitas em uma consulta médica com o médico radioterapeuta, também chamado de rádio-oncologista. Essa consulta pode ser agendada por demanda espontânea, partindo do próprio paciente, ou por referência a esse profissional, por outro profissional assistente do paciente. Indicada a radioterapia pelo médico radioterapeuta, seguem-se outros processos: simulação de tratamento, planejamento terapêutico e, finalmente, o início do tratamento. Assim, deve-se prever um intervalo de tempo natural entre a avaliação inicial realizada pelo rádio-oncologista e o início real da radioterapia. Durante o tratamento, que é diário e pode durar em geral de 4 a 8 semanas, são feitas avaliações médicas periódicas. No seguimento, o médico avalia as repercussões do seu tratamento e pode utilizar estratégicas físicas ou medicamentosas para tratar algum grau de toxicidade presente, bem como realiza exames de reestadiamento que possibilitam verificar os resultados obtidos pela radioterapia.

A escolha da modalidade terapêutica inicia-se na consulta ao rádio-oncologista, que escuta a história da paciente, realiza o exame físico e analisa os exames laboratoriais, de imagem e anatomopatológicos. Se necessário, o rádio-oncologista requisita outros exames que considere pertinentes. Em posse de todas as informações, ele decide se está indicada a radioterapia ou não, a fim de oferecer o melhor benefício à paciente. Quando indicada a radioterapia, após escolha do esquema e da técnica do tratamento a serem utilizados, ele dá as orientações gerais e explicita quais são os potenciais efeitos colaterais. O paciente passa por um processo chamado simulação, no qual se definem o posicionamento para o tratamento e a aquisição de imagens para o planejamento. Em posse dessas imagens, o médico e uma equipe multiprofissional, composta por vários especialistas, destacando-se os físicos-médicos, os dosimetristas e os técnicos/tecnólogos, realizam o planejamento. Trata-se da fase técnica na qual são definidos os alvos e os órgãos em risco, com a definição dos feixes de radiação, análise de distribuição de doses e controle de qualidade. Somente após essa fase, que pode levar alguns dias, é que se inicia o tratamento propriamente dito.

SIMULAÇÃO DE TRATAMENTO

Por meio do uso de métodos de imagem na simulação do tratamento, define-se a melhor posição para o paciente, para que se tenha a melhor exposição das áreas-alvo da radioterapia, bem como para a menor exposição dos órgãos em risco peritumorais. A reprodutibilidade daquele posicionamento é a base de todo tratamento radioterápico. Dessa forma, procura-se uma posição que seja suficientemente confortável para o paciente, com o melhor arranjo entre exposição de áreas-alvo e a proteção de áreas circunvizinhas. Para tanto, define-se quais acessórios imobilizadores poderão ser utilizados para aquele paciente específico (Figura 2).

Para o tratamento da mama ou leito cirúrgico, a paciente deve ficar com o braço ipsilateral abduzido a pelo menos 90° ou ambos os braços elevados acima da cabeça (Figura 2). Para tal, tanto a mobilidade do braço quanto o seu posicionamento sem dor são desejáveis. No pós-operatório imediato e tardio, o papel da reabilitação é, portanto, fundamental para o posterior posicionamento ideal na radioterapia, com orientações sobre a mobilização progressiva do braço e minimização do risco de linfedema.

Nos casos de tratamento do tumor primário e da drenagem linfática no câncer de mama, habitualmente, a tomografia computadorizada (TC) é suficiente.

Em outros casos, eventualmente há vantagem na associação da TC a outros métodos de imagem ou funcionais, como PET-CT, angiografias ou ressonância magnética (RM), para se oferecer um melhor planejamento terapêutico do caso. Eventualmente, pode-se prescindir de recursos mais elaborados e realizar o que se denomina simulação simples. Assim, utiliza-se equipamento de raio X, simulador convencional ou o próprio equipamento de tratamento do paciente, realizando-se uma imagem radiográfica de incidência única, não contrastada. Nessa situação, a determinação da área a ser tratada é feita apenas por referências anatômicas ósseas e de superfície.

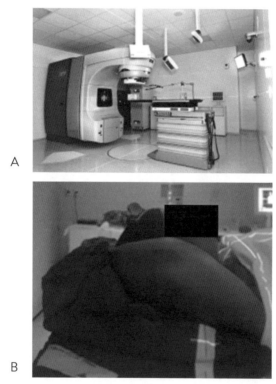

Figura 2 A. Acelerador linear: aparelho de teleterapia do Hospital Vitória – Santos/SP. B. Paciente com câncer de mama realizando simulação de tratamento para posterior realização de radioterapia conformacional de finalidade curativa, utilizando colchão de vácuo, imobilizando tórax e membros superiores.

PLANEJAMENTO E DEFINIÇÃO DE VOLUMES-ALVO E ÁREAS DE INTERESSE

O planejamento da radioterapia envolve a definição dos locais e volumes de tratamento, a melhor maneira de se administrar a dose prescrita e o seu cálculo. O volume de doença visível é definido pelo exame físico associado a recursos de imagem e denomina-se volume alvo macroscópico, conhecido pela sigla, em inglês, GTV (*gross target volume*). O tecido próximo daquele alvo que potencialmente pode estar acometido pelo câncer denomina-se volume alvo clínico, conhecido pela sigla, em inglês, CTV (*clinical target volume*) e também é incluído no tratamento. O CTV pode variar de acordo com o comportamento de cada histologia e com o estadiamento do tumor primário. Esses volumes, assim como os dos tecidos normais adjacentes, são definidos pelo radioterapeuta por meio do delineamento de cada estrutura nos cortes de TC em sistemas informatizados, ou seja, os sistemas de planejamento (Figura 3). A definição desses volumes foi um dos principais avanços da radioterapia moderna, com a reconstrução tridimensional individualizada da anatomia de cada paciente, permitindo cobertura adequada dos volumes de tratamento e quantificação da dose de radiação em determinados órgãos e tecidos normais, garantindo sua melhor proteção.[7]

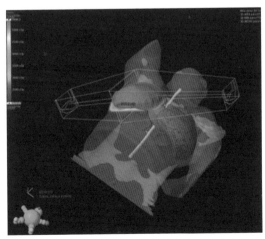

Figura 3 Exemplo de reconstituição tridimensional de paciente com planejamento tridimensional. Campos de radioterapia são representados e áreas-alvo e órgãos em risco são desenhados para caracterizar a dose recebida em cada estrutura.

Para garantir a irradiação adequada do volume planejado sem falhas relacionadas a erros de posicionamento, movimentação dos órgãos e/ou no delineamento do volume alvo, utiliza-se uma margem adicional que se denomina PTV, da sigla em inglês para volume alvo planejado (*planned target volume*). Nos cânceres de mama, a ressecção tumoral é usualmente realizada de modo que se têm delineados apenas o uso rotineiro das estruturas CTV e PTV.

TÉCNICAS DE RADIOTERAPIA

A radioterapia não é um tratamento padrão, havendo diversas técnicas e modalidades que podem ser empregadas no tratamento de câncer de mama. Deve-se sempre buscar um profissional rádio-oncologista capacitado, que trate seus pacientes em um local que disponha de boa tecnologia e de outros bons profissionais. Assim como os cirurgiões, os rádio-oncologistas oferecem um tratamento local, e diferenças na definição das áreas a serem tratadas, das áreas a serem protegidas e na análise dos planos de tratamento podem levar a diferentes resultados, tanto no controle da doença como na toxicidade exibida pelo paciente. As técnicas mais utilizadas no tratamento do câncer de mama estão descritas a seguir.

Braquiterapia

Utilizada em câncer de mama, usa implantes intersticiais temporários, que são sistemas de pós-carga que armazenam as fontes de radiação e as direcionam para cateteres colocados no leito tumoral. É um recurso pouco utilizado no Brasil, apesar de haver um grande número de equipamentos disponíveis. Pode ser utilizada como tratamento adjuvante exclusivo à cirurgia ou como meio para conseguir o reforço de dose no leito operatório. Recentemente, a incorporação de imagens de RM e/ou TC a cada fração de braquiterapia permite fazer uma reconstrução tridimensional do tumor e dos órgãos em risco. A utilização desses recursos com avançados sistemas de planejamento tridimensional é uma técnica promissora, pois consegue oferecer um tratamento individualizado a cada paciente, considerando as peculiaridades de cada fração. Denomina-se braquiterapia tridimensional guiada por imagem (IGBT), sendo atualmente disponível em poucos centros no Brasil.

Radioterapia convencional ou bidimensional (RT2D) em mama ou parede torácica

A radioterapia 2D é uma técnica mais antiga, na qual o planejamento do tratamento é realizado por meio de imagens biplanares, como radiografias ou portais. Nesta técnica, não é possível estimar com acurácia a distribuição de dose nos tecidos, nem saber o quanto de radiação os tecidos normais estão absorvendo. Apesar de ser um recurso amplamente disponível no país, é uma técnica que deve ser utilizada apenas quando as outras não estiverem disponíveis, dada sua limitação e imprecisão, aumentando os riscos de complicação e podendo impactar de forma negativa no controle da doença.

Radioterapia formatada (ou conformacional) tridimensional (RT3D) em mama ou parede torácica

Nesta técnica, é realizada uma TC especial da paciente, havendo reconstrução tridimensional em um sistema de planejamento computadorizado. A partir desse recurso computacional, o médico rádio-oncologista define as regiões a serem tratadas e as regiões a serem protegidas no corpo da paciente, e, após a definição dos feixes de radiação, pode avaliar de maneira adequada como está distribuída a dose de radiação.

Radioterapia por modulação do feixe (IMRT) com planejamento anterógrado (*forward planning*) em mama ou parede torácica

Consiste em um aperfeiçoamento da técnica tridimensional, na qual diversos feixes de radiação são utilizados, muitos repetindo a mesma incidência que outros, porém com aberturas diferentes, de modo a modular a dose de radiação que é administrada à paciente, alcançando maior homogeneidade de dose, evitando sobredosagens que possam levar a pior resultado estético. É a técnica considerada de melhor escolha para a maioria dos casos a serem tratados.

Radioterapia por modulação do feixe (IMRT) com planejamento inverso (*inverse planning*) em mama ou parede torácica

Consiste também em um aperfeiçoamento da técnica tridimensional, na qual cada feixe de radiação é dividido em subcampos menores, e cada um deles é modulado de uma maneira diferente, deixando passar mais ou menos radiação, por meio de cálculos realizados pelo computador. Indicado principalmente para os casos nos quais não se consegue uma distribuição de dose satisfatória utilizando outra técnica, uma vez que permite diminuir sobremaneira as doses mais altas de radiação nos tecidos sadios.

Radioterapia guiada por imagem (IGRT) em mama ou parede torácica

Diferentemente da RT3D e da IMRT, que são maneiras de se distribuir a dose de radiação, a IGRT é uma maneira de assegurar que o posicionamento da paciente é o mesmo da TC de simulação. A vantagem desta técnica é permitir maior certeza de que a dose de radiação planejada está sendo administrada no local planejado. Dessa maneira, o médico rádio-oncologista pode diminuir as margens de segurança ao redor do alvo, levando a menor irradiação de tecidos sadios, o que pode se traduzir em menor chance de toxicidades decorrentes do tratamento. Para esse fim, podem ser utilizados métodos de imagem realizados no aparelho de radioterapia, como radiografias ortogonais ou semiortogonais, TC (*cone-beam CT*) ou sistemas que mapeiam a superfície da paciente enquanto ela está no aparelho.

Radioterapia com controle de fase respiratória (*gating, active breathing control*) em mama ou parede torácica

O controle respiratório pode ser realizado de maneira a tratar a paciente apenas em uma determinada fase da respiração, por exemplo, na inspiração. Nesta fase, há maior distanciamento da mama/parede torácica do músculo cardíaco e, assim, pode-se realizar o tratamento das pacientes administrando-se menor dose de radiação ao coração e seus vasos, diminuindo a chance de complicações futuras, como infarto agudo do miocárdio. Antes do advento dessa técnica, fazia-se o tratamento das pacientes com a colocação de uma proteção nos feixes de radiação na região do coração, porém esse recurso levava a uma subdosagem da mama/parede torácica, o que poderia ocasionar menor controle da doença. Esta técnica pode ser aplicada especialmente para pacientes com tumores de mama esquerda, nas quais as doses médias de radiação ao coração podem ser elevadas.

Há outras tecnologias de alta complexidade que não são empregadas na mama, mas podem ser utilizadas nas metástases:

- radiocirurgia (SRS): técnica de teleterapia em que se utilizam vários feixes de radiação precisamente direcionados, por meio de sistema de localização estereotática – um conjunto de coordenadas especialmente concebido, capaz de precisar com exatidão o tratamento do alvo delineado no sistema nervoso central (SNC), conseguindo proporcionar resultados muito bons com altas doses de radiação para a área-alvo e exposição mínima do tecido saudável que a rodeia;
- radioterapia corpórea de localização estereotática ou radioterapia estereotática extracraniana (SBRT): também denominada radiocirurgia extracraniana. Trata-se de um procedimento semelhante à radiocirurgia estereotática de SNC, utilizando o mesmo tipo de localização estereotática para tumores em outras localizações que não o SNC. Da mesma maneira, há uma combinação de campos que proporciona alta dose em determinada região, de forma bastante precisa, e o mínimo de dose no tecido sadio peritumoral. Hoje em dia, o seu uso pode ser validado pela literatura para lesões hepáticas, pulmonares e algumas manifestações ósseas. A SBRT envolve a entrega de uma única fração ou um número limitado de frações de irradiação, habitualmente, até 5. Por causa da alta dose envolvida, é necessário o uso conjunto de técnica de IGRT, descrita previamente;[7]

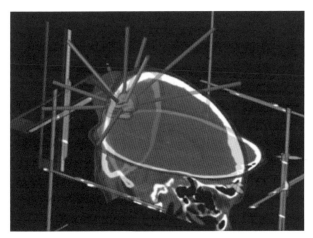

Figura 4 Radiocirurgia craniana: múltiplos campos de irradiação convergem para o foco de tratamento, e sua intersecção permite que a dose maior seja concentrada no alvo, ao mesmo tempo em que há preservação dos tecidos normais adjacentes.

- radioterapia intraoperatória (IORT): nessa modalidade de tratamento, a irradiação é feita durante o ato cirúrgico, com o afastamento dos tecidos normais da região a ser irradiada. Pode ser realizada com equipamentos de teleterapia ou com braquiterapia (Figura 5). As principais indicações de IORT são para tumores abdominais, envoltos por alças intestinais, mas também pode ser utilizada para estádios iniciais de cânceres de mama, no momento da cirurgia conservadora. Eventualmente, esse tratamento pode ser complementado com teleterapia alguns dias após a cirurgia.

Toda essa complexidade tecnológica descrita exige uma ampla variedade de testes de verificação da qualidade do tratamento, que podem ser desde a dupla conferência, na qual profissionais médicos e/ou físicos-médicos aprovam o delineamento e o planejamento proposto para aquele caso, até testes físicos, mecânicos e eletrônicos complexos que certificam e constatam a adequação dos aparelhos para a realização daquele planejamento.

Sabendo que todos esses ganhos de tecnologia objetivam, em última análise, o maior benefício do paciente, seja nos resultados obtidos pelo tratamento, seja na melhoria da sua qualidade de vida, a disseminação do conhecimento dos processos existentes reforça a necessidade de desenvolvimento de um cuidado colaborativo na assistência do paciente oncológico, em um ambiente cada vez mais interdisciplinar e multiprofissional.

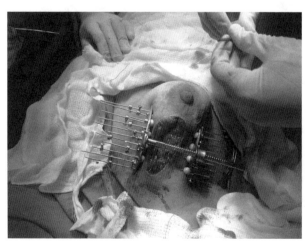

Figura 5 Exemplo de cateteres transitórios intersticiais para braquiterapia, colocados no ato operatório, que serão retirados após sua utilização.

REFERÊNCIAS BIBLIOGRÁFICAS

1. Merkle K. A review. Current problems of experimental and clinical radiotherapy. Arch Geschwulstforsch 1987; 57(1):69-79.
2. Hall EJ, Giaccia AJ. Radiobiology for the radiologist. 7.ed. :Lippincott Williams & Wilkins, 2011.
3. Suntharalingam N, Podgorsakeb EB, Hendry JH. Basic radiobiology, 2006. Disponível em: www.naweb.iaea.org/nahu/dmrp/documents/chapter14.pdf.
4. Boice JD, Harvey EB, Blettner M, Stovall M, Flannery JT Cancer in the contralateral breast after radiotherapy for breast cancer. N Engl J Med 1992; 326(12):781-5.
5. Halperin EC, Brady LW, Perez, CA, Wazer DE. Perez & Brady's principles and practice of radiation oncology. 6.ed. :Lippincott Williams & Wilkins, 2013.
6. Kim KS, Shin KH, Choi N, Lee S-W. Hypofractionated whole breast irradiation: new standard in early breast cancer after breast-conserving surgery. Radiation Oncology Journal 2016; 34 (2):81-7.
7. Silva RMV, Pinezi JCD, Macedo LEA, Souza DN. Current situation of high-dose-rate brachytherapy for cervical cancer in Brazil. Radiol Bras. 2014 Mai/ Jun;47 (3):159–164. www.rb.org.br/detalhe_artigo.asp?id=2531&idioma=Portugues
8. Hansen E,Roach III M. Handbook of evidence-based radiation oncology. 2.ed. : Springer, 2010.
9. Whelan TJ, Olivotto IA, Parulekar WR, Ackerman I, Chua BH, Nabid A et al. Regional nodal irradiation in early-stage breast cancer. N Engl J Med 2015; 373(4):307-16.
10. Donker M, van Tienhoven G, Straver ME, Meijnen P, van de Velde CJ, Mansel RE et al. Radiotherapy or surgery of the axilla after a positive sentinel node in breast cancer (EORTC 10981-22023 AMAROS): a randomised, multicentre, open-label, phase 3 non-inferiority trial. Lancet Oncol 2014; 15(12):1303-10.
11. Kaneda H, Saito Y. Oligometastases: defined by prognosis and evaluated by cure. Cancer Treatment Communications 2015; 3:1-6.
12. Balagamwala EH, Chao ST, Suh JH. Principles of radiobiology of stereotactic radiosurgery and clinical applications in the central nervous system. Technol Cancer Res Treat 2012; 11(1):3-13.
13. Timmerman RD, Bizekis CS, Pass HI, Fong Y, Dupuy DE, Dawson LA et al. Local surgical, ablative and radiation treatment of metastases. CA Cancer J Clin 2009; 59(3):145-70.

BIBLIOGRAFIA

1. Kacprowska A, Jassem J. Partial breast irradiation techniques in early breast cancer. Rep Pract Oncol Radiother 2011; 16(6):213-20.

8

Oncoplástica

Roberto Vieira
Juan Sebastián Sánchez Tobar

INTRODUÇÃO

A oncoplástica é uma associação de técnicas de cirurgia plástica ao tratamento de patologias mamárias e do câncer. Não é uma nova especialidade, tampouco uma subespecialidade na mastologia, e sim a evolução do tratamento cirúrgico do câncer de mama.

Segundo o Instituto Nacional do Câncer (Inca), para o ano 2016 foram esperados aproximadamente 58 mil novos casos de câncer de mama.[1] Apesar disso, segundo a Rede Goiana de Pesquisa em Mastologia, apenas 29,2% das pacientes brasileiras submetidas à mastectomia pelo Sistema Único de Saúde (SUS) tiveram acesso à reconstrução em 2014. Isso significa que aproximadamente 40 mil mulheres ficaram sem reconstrução.[2]

RECONSTRUÇÕES IMEDIATAS E TARDIAS

Uma reconstrução pode ser feita tanto no momento de uma mastectomia como no momento de uma segmentectomia ou depois do tratamento adjuvante. O tipo de reconstrução imediata ou tardia depende dos fatores oncológicos (estádio, imuno-histoquímica, metástase, etc.) e dos fatores de risco próprios do paciente (idade, tabagismo, diabetes, obesidade, hipertensão, etc.).

Em geral, a grande maioria das pacientes é candidata a uma reconstrução imediata, o que tem mais benefícios que uma cirurgia tardia. A cirurgia imediata após uma mastectomia tem melhores resultados estéticos, já que se pode preservar a forma da mama e da loja; também é tecnicamente mais fácil de realizar e as cicatrizes tendem a ser menores e com menos complicações. Além disso, a reconstrução imediata tem importantes efeitos psicológicos, diminuindo a ansiedade e melhorando a autoimagem.[3] Não obstante, a cirurgia imediata tem complicações quando está associada a tratamentos oncológicos, mas são complicações menores quando comparadas com as complicações que ocorrem em reconstruções tardias.

A reconstrução com implantes tem rápida recuperação pós-operatória, porém pode se complicar com contraturas capsulares. Para evitar esse tipo de complicações, podem-se utilizar expansores prévios ao tratamento radioterápico. Os retalhos miocutâneos têm resultados mais estéticos, porém são cirurgias muito invasivas, com períodos de recuperação longos e com complicações maiores.[4]

Na hora de escolher o tipo de cirurgia, é preciso avaliar todos esses fatores e decidir qual o tipo de tratamento será mais benéfico para as mulheres com câncer de mama.

INDICAÇÕES E CONTRAINDICAÇÕES

A indicação ou não de uma cirurgia conservadora de mama (CCM) depende principalmente de três fatores: preferência da paciente, características do tumor e recomendações do cirurgião.[5]

Características tumorais, como microcalcificações difusas, multicentricidade, habilidade do cirurgião em obter margens livres, tamanho tumoral maior que a mama, contraindicação de radioterapia, etc., podem ou não favorecer a indicação de uma cirurgia conservadora.

A escolha do paciente geralmente vem influenciada por experiências anteriores de amigas ou familiares, a percepção de qual é o melhor tratamento, a facilidade ou não de aceder à quimioterapia ou à radioterapia, a autoimagem e o medo de apresentar uma recorrência local ou uma nova lesão tumoral.

O volume da prática cirúrgica tem sido correlacionada com o uso de técnicas para conservação da mama, sugerindo que a experiência pode influenciar nas diferentes opções e técnicas cirúrgicas.[6] O médico deve estar sempre atualizado, procurando educação continuada em cursos e programas para benefício das pacientes.

Para uma correta indicação de reconstrução mamária, sempre deve ser incluída a história clínica, o exame físico, o diagnóstico de imagem e o diagnóstico histopatológico. Com esse tipo de abordagem, as pacientes podem ser divididas em grupos, para serem candidatas à cirurgia conservadora da mama. Morrow et al. reportaram em um estudo de 800 mulheres candidatas à cirurgia conservadora, no qual 88% tiveram um resultado positivo para esse tipo de procedimento, e 12% das cirurgias conservadoras foram convertidas para mastectomia, demostrando sucesso quando é realizada uma anamnese adequada.[7]

A CCM geralmente é reservada para tumores menores de 5 cm, sempre lembrando que a decisão depende mais da relação mama-tumor do que somente do tamanho tumoral. Em pacientes com tumores invasivos com relação mama-tumor desfavorável, a quimioterapia pré-operatória ou endocrinoterapia pré-operatória podem ser utilizadas para diminuir a carga tumoral e para tornar a relação mama-tumor favorável para cirurgia conservadora de mama, obtendo-se grandes resultados.[8,9]

TABELA 1 Considerações especiais para cirurgia conservadora de mama que precisam de radioterapia[10]

Contraindicações absolutas	Contraindicações relativas
Pacientes grávidas que precisam de radioterapia durante a gestação	Antecedente de radioterapia na parede torácica ou de mama; o conhecimento de doses e volumes prescritos é essencial
Microcalcificações difusas ou de aspecto maligno	Doença do tecido conectivo que compromete a pele (especialmente esclerodermia e lúpus)
Doença localmente avançada cujos resultados oncológicos e estéticos não são favoráveis	Tumores > 5 cm
Margem patológica difusamente comprometida	Margem patológica comprometida

Mulheres com suspeita ou conhecimento de predisposição genética ao câncer de mama. Mastectomia redutora de risco ipsilateral ou bilateral deve ser considerada.
Fonte: modificada de NCCN, 2016.[10]

TIPOS DE RECONSTRUÇÃO RETALHO MUSCULOCUTÂNEO E IMPLANTES

Em pacientes que não têm tecido suficiente para reconstrução com retalhos dermoglandulares (mamoplastia, mastopexia), pode-se optar por reconstrução com retalhos autólogos (retalho miocutâneo do músculo reto abdominal [TRAM] e grande dorsal [GD]) ou implantes de silicone (definitivos, expansores).

Losken et al. desenvolveram um algoritmo para pacientes que são prováveis candidatas para uma cirurgia de reconstrução.[11] O tamanho da mama em relação ao tamanho da lesão tumoral é o primeiro critério. Depois, as pacientes são divididas entre aquelas que precisam de remodelamento de volume e aquelas que precisam de retalhos musculocutâneos para suprir um volume maior. Há muitos fatores oncológicos envolvidos para uma CCM, mas o objetivo final é a sobrevida livre de doença.

Dentre esses procedimentos, retalhos cutaneoglandulares, retalhos locais, retalho musculocutâneos de grande dorsal, mastopexia-mamoplastia de redução e colocação de implantes são os procedimentos mais utilizados.[12]

Independentemente de ainda não existir nenhum consenso sobre qual é o melhor tipo de abordagem, os critérios decisivos são determinados pela experiência do cirurgião e o tamanho do defeito em relação ao tecido mamário remanescente.[13]

Os principais objetivos de um cirurgião na hora de realizar uma cirurgia incluem pouca interferência com o resultado oncológico, reprodutibilidade e resultados duradouros. Provavelmente nem todos esses objetivos serão atingidos por uma única técnica, por isso, cada uma tem suas vantagens e limitações.[14]

As necessidades individuais de cada paciente devem ser consideradas antes de escolher um retalho miocutâneo. O estilo de vida da pessoa deve ser analisado e levado em consideração, pois o retalho do músculo grande dorsal ou do reto abdominal pode interferir na qualidade de vida. Para uma grande maioria de pacientes submetidas a esse tipo de procedimento, a morbidade da área doadora é determinante na hora de escolher um dos dois tipos de retalhos, por exemplo, a debilidade da parede abdominal ou a formação de uma possível hérnia em contraste com a debilidade da musculatura do ombro ou seroma das costas. Em geral, a maioria das pacientes prefere o método com menor incidência de complicações.[15]

Também existem outras considerações na hora de selecionar o retalho ideal, que incluem a quantidade e a qualidade do tecido doador, sobretudo o conteúdo de gordura e a superfície de pele, que podem providenciar grandes volumes quando o defeito após uma mastectomia ou quadrantectomia é extenso.

A maioria das reconstruções com implantes de silicone deve-se ao desejo da paciente de aumentar o tamanho das mamas. É um grande desafio porque a maior parte das pacientes precisa de uma simetrização da mama contralateral que, ao mesmo tempo, pode ser acompanhada de mastopexia para obter o melhor resultado estético possível. Como se trata de pacientes submetidas a cirurgias de câncer de mama, algumas delas são tolerantes ao apresentar um pequeno grau de ptose, porque as cicatrizes são menores quando comparadas com as cicatrizes da mamoplastia. Outros pontos importantes a serem determinados são elasticidade da pele, reposicionamento do complexo areolopapilar (CAP) e remodelamento da mama. Em termos gerais, se o CAP encontra-se abaixo do sulco inframamário, uma mastopexia será necessária. A elasticidade da pele determina uma variedade de opções cirúrgicas, desde uma simples cicatriz periareolar até a cicatriz circunvertical ou a cicatriz em T, para atingir resultados aceitáveis. Nas pacientes que estão no limite de precisar uma mastopexia, o reposicionamento do sulco inframamário pode ser suficiente para restaurar a harmonia entre o CAP e o resto da mama e evitar as cicatrizes maiores da mastopexia.[16-18]

No caso de expansores de tecidos, o procedimento é relativamente simples quando comparado com retalhos autólogos (TRAM, GD), porém sempre é necessária uma segunda cirurgia, numerosas visitas ao consultório e pode demorar cerca de 3 a 6 meses entre uma cirurgia e outra.[19]

Quando se realiza uma reconstrução ou simetrização bilateral, a vantagem é que as pacientes podem aumentar ou diminuir o tamanho do expansor, dando uma sensação de controle sobre seu corpo e melhorando sua autoimagem.[20]

Quando a área doadora dos retalhos autólogos é insuficiente para corrigir os defeitos de uma mastectomia, a associação de um expansor pode suprir o ganho de tecido, e o tempo pós-operatório e as complicações são menores. O expansor é preenchido de 2 a 4 semanas logo após a sua colocação e continua com expansões semanais ou quinzenais até atingir o volume desejado. Em média, entre 1 e 2 meses após o volume final, há a substituição por uma prótese permanente.[21]

COMPLICAÇÕES DAS RECONSTRUÇÕES

Seromas e hematomas

A acumulação de sangue, seromas ou coágulos no período pós-operatório não é comum, ocorrendo em aproximadamente 1,3 a 5% dos casos, dependendo da literatura.[22,23] Esse tipo de complicação é evitável quando se utiliza uma correta técnica cirúrgica, ao realizar vigorosa hemostasia e evitar o uso excessivo da coagulação no bisturi elétrico. A utilização de sutiã ou faixa elástica para suporte das mamas e uma redução do movimento dos membros superiores também ajudam a diminuir esse tipo de complicação. Um seguimento expectante ou um tratamento minimante invasivo depende da severidade e do tamanho desse tipo de complicação. Seromas e hematomas de pequeno tamanho podem ter autorresolução, enquanto os de maior tamanho precisam de punções para drenar o excesso, e os de maior magnitude ou persistentes precisam de revisão cirúrgica. No caso de mamoplastias de aumento com colocação de implantes de silicone complicadas com hematomas, há o risco de a paciente desenvolver contraturas capsulares e infecções.[24]

Infecções

As infecções ocorrem aproximadamente entre 1 e 4% dos casos, dependendo da literatura.[25,26] Os sintomas se manifestam na 1ª semana pós-operatória, como exsudato excessivo, dor, eritema, calor e, em algumas ocasiões, secreção purulenta. Os linfonodos axilares podem estar presentes à palpação e aumentados de tamanho, além de manifestações sistêmicas como febre e leucocitoses. Uma vez que a infecção foi diagnosticada, o tratamento com antibiótico deve se iniciar rapidamente; caso o processo seja localizado e superficial como um abscesso, deve ser drenado e lavado. A grande maioria das infecções se produz por microrganismos Gram-positivos (*Staphylococcus aureus*, *Staphylococcus epidermidis*), e o tratamento com antibióticos orais é suficiente.[27]

Necrose gordurosa

É uma complicação frequente em mamoplastias redutoras com grandes áreas de resseção, sobretudo quando os tumores se localizam nos quadrantes internos, e em retalhos musculocutâneos abdominais como o TRAM.[28] Microcalcificações gordurosas podem mimetizar microcalcificações tumorais na mamografia, sendo de difícil interpretação para o profissional não treinado. Dessa forma, o seguimento deve ser minucioso.[29]

CONSIDERAÇÕES FINAIS

Ao escolher um tipo de técnica cirúrgica, é preciso ter sempre em mente que ela deve ser oncologicamente eficaz e, ao mesmo tempo, bem tolerada pela paciente, evitando um tratamento excessivo ou muito conservador.

REFERÊNCIAS BIBLIOGRÁFICAS

1. Instituto Nacional de Câncer (Inca). Estimativa de câncer no Brasil. Rio de Janeiro: Inca, 2016. Disponível em: www.inca.gov.br/dncc.
2. Sistema Único de Saúde (SUS). Sociedade Brasileira de Mastologia celebra Outubro Rosa chamando a atenção para o direito da reconstrução mamária imediata às mulheres que passam pela mastectomia. Revista Brasileira de Mastologia, 2015.
3. Paredes CG, Pessoa SG, Peixoto D, Amorim D, Araújo JS, Barreto PR. Impacto da reconstrução mamária na qualidade de vida de pacientes mastectomizadas atendidas no Serviço de Cirurgia Plástica do Hospital Universitário Walter Cantídio. Rev Bras Cir Plást 2013; 28(1):100-4.
4. Slavin SA, Schnitt SJ, Duda RB, Houlihan MJ, Koufman CN, Morris DJ et al. Skin-sparing mastectomy and immediate reconstruction: oncologic risks and aesthetic results in patients with early-stage breast cancer. Plast Reconstr Surg 1998; 102(1):49-62.
5. Spear SL, Willey SC, Robb GL, Hammond DC. Breast conservation. In: Surgery of the breast: principles and art. Vol. 2. Lippincott Williams & Wilkins, 2011.
6. McKee MD, Cropp MD, Hyland A, Watroba N, McKinley B, Edge SB. Provider case volume and outcome in the evaluation and treatment of patients with mammogram-detected breast carcinoma. Cancer 2002; 95(4):704-12.
7. Morrow M, Jagsi R, Alderman AK, Griggs JJ, Hawley ST, Hamilton AS et al. Surgeon recommendations and receipt of mastectomy for treatment of breast cancer. JAMA 2009; 302(14):1551-56.
8. Scholl SM, Fourquet A, Asselain B, Pierga JY, Vilcoq JR, Durand JC et al. Neoadjuvant versus adjuvant chemotherapy in premenopausal patients with tumours considered too large for breast conserving surgery: preliminary results of a randomised trial: S6. European Journal of Cancer 1994; 30(5):645-52.
9. Rouzier R, Mathieu MC, Sideris L, Youmsi E, Rajan R, Garbay JR et al. Breast-conserving surgery after neoadjuvant anthracycline-based chemotherapy for large breast tumors. Cancer 2004; 101(5):918-25.
10. National Comprehensive Cancer Network (NCCN). Clinical practice guideline in oncology – Breast cancer 1. NCCN, 2016
11. Losken A, Styblo TM, Carlson GW, Jones GE, Amerson BJ. Management algorithm and outcome evaluation of partial mastectomy defects treated using reduction or mastopexy techniques. Annals of Plastic Surgery 2007; 59(3):235-42.

12. Clough K, Kroll S, Audretsch W. An approach to the repair of partial mastectomy defects. Plast Reconstr Surg 1999; 104(2):409-20.

13. Munhoz AM, Montag E, Arruda E, Pellarin L, Filassi JR, Piato JR et al. Assessment of immediate conservative breast surgery reconstruction: a classification system of defects revisited and an algorithm for selecting the appropriate technique. Plast Reconstr Surg 2008; 121:716-27.

14. Asgeirsson KS, Rasheed T, McCulley SJ, Macmillan RD. Oncological and cosmetic outcomes of oncoplastic breast conserving surgery. Eur J Surg Oncol 2005; 31:817-27.

15. Kroll SS, Schusterman MA, Reece GP, Miller MJ, Robb G, Evans G. Abdominal wall strength, bulging, and hernia after TRAM flap breast reconstruction. Plast Reconstr Surg 1995; 96:616.

16. Handel N, Wellisch D, Silverstein MJ, Jensen JA, Waisman E. Knowledge, concern, and satisfaction among augmentation mammaplasty patients. Ann Plast Surg 1993; 30:13-20.

17. Cholnoky T. Augmentation mammaplasty: survey of complications in 10,941 patients by 265 surgeons. Plast Reconstr Surg 1970; 45(6):573-77.

18. Bondurant S, Ernster V, Herdman R (eds.). Safety of silicone breast implants. Washington, DC: National Academy Press, 1999. p.28-32.

19. Gui GP, Tan SM, Faliakou EC, Choy C, A'Hern R, Ward A. Immediate breast reconstruction using biodimensional anatomical permanent expander implants: a prospective analysis of outcome and patient satisfaction. Plast Reconstr Surg 2003; 111:125-38.

20. Spear SL, Pelletiere CV. Immediate breast reconstruction in two stages using textured, integrated-valve tissue expanders and breast implants. Plast Reconstr Surg 2003; 113(7):2098-103.

21. Spear SL, Spittler CJ. Breast reconstruction with implants and expanders. Plast Reconstr Surg 2001; 107(1):177-87.

22. Lejour M. Vertical mammaplasty: early complications after 250 personal consecutive cases. Plast Reconstr Surg 1999; 104(3):764-70.

23. Dabbah A, Lehman JA Jr, Parker MG, Tantri D, Wagner DS.Reduction mammaplasty: an outcome analysis. Ann Plast Surg 1995; 35(4):337-41.

24. Williams C, Aston S, Rees TD. The effect of hematoma on the thickness of pseudosheath around silicone implants. Plast Reconstr Surg 1975; 56:194-98.

25. Courtiss EH, Goldwyn RM, Anastasi GW. The fate of breast implants with infections around them. Plast Reconstr Surg 1979; 63:812-16.

26. Freedman A, Jackson I. Infections in breast implants. Infect Dis Clin North Am 1989; 3:275-87.

27. Brand KG. Infection of mammary prostheses: a survey and the question of prevention. Ann Plast Surg 1993; 30:289-95.

28. Stefanik DF, Brereton HD, Lee TC, et al. Fat necrosis following breast irradiation for carcinoma: clinical presentation and diagnosis. Breast 1982; 8:4.

29. Boyages J, Bilous M, Barraclough B, Langlands AO. Fat necrosis of the breast following lumpectomy and radiation therapy for early breast cancer. Radiother Oncol 1988; 13(1):69-74.

BIBLIOGRAFIA

1. Spear SL, Willey SC, Robb GL, Hammond DC. Surgery of the breast: principles and art. Lippincott Williams & Wilkins, 2011.

2. Harris JR, Lippman ME, Osborne CK, Morrow M. Diseases of the breast. Lippincott Williams & Wilkins, 2014.

9

Câncer de mama no homem

Angela Gonçalves Marx
Patrícia Vieira Guedes Figueira

INTRODUÇÃO

O câncer de mama em homens é uma doença pouco conhecida e existem poucos ensaios clínicos e publicações que o abordam. Muito do que se sabe sobre o câncer de mama masculino vem do que se sabe sobre o diagnóstico e o tratamento do câncer de mama feminino.[1] O câncer de mama em homens corresponde a 1% de todas as neoplasias da mama e, enquanto alguns fatores ligados ao câncer de mama feminino têm feito decrescer a incidência, o câncer de mama masculino continua tendendo a crescer e a se apresentar em estágios mais avançados.[2] Não há diferenças significativas em termos de prognóstico entre homens e mulheres.[3]

FATORES DE RISCO

Os principais fatores de risco são: idade, história familiar, ascendência judaica, obesidade, hiperestrogenismo, ginecomastia, síndrome de Klinefelter e doenças que possam levar a alterações dos níveis do estrogênio, como a cirrose hepática.[4]

Em relação à idade, o pico de incidência encontra-se por volta dos 60 anos, em média 10 anos a mais do que no câncer de mama feminino.

A história familiar apresenta um risco maior de cerca de 5 a 30%, principalmente se forem relatados câncer de mama maternal ou paternal. O *BRCA 1* e o *BRCA 2* também são marcadores genéticos moleculares importantes e considerados como fatores de risco.

A etnia judaica Ashkenasi parece ser outro fator de risco, mas não se estabeleceu o motivo de ser maior nessa comunidade.

A obesidade está associada a aumento dos níveis de estrogênio e, portanto, também pode ser considerada como fator de risco.

A ginecomastia é um termo usado tanto para representar a histologia quanto um achado clínico. É considerado um fator de risco, pois é um sinal de feminização associado ao excesso de estrogênio e à diminuição dos níveis de testosterona, histologicamente caracterizado pela hiperplasia ductal e com características clínicas de glândula mamária mais desenvolvida, com presença de tecido mole na região retroareolar. A ginecomastia pode indicar alterações fisiológicas, desequilíbrios hormonais (como na síndrome de Klinefelter e no hipogonadismo) e efeitos de drogas (uso de hormônios exógenos, maconha, omeprazol, antidepressivos, esteroides anabólicos, dentre outros).

CARACTERÍSTICAS CLÍNICAS E PATOLÓGICAS

A maioria dos pacientes não apresenta dor, mas mostra uma tumefação dura. Na fase intermediária, pode aparecer dor à palpação, retração do mamilo e ginecomastia. Em fases mais avançadas da doença, a dor é espontânea, pode haver secreção sanguinolenta pelo mamilo, ulceração da pele e doença de Paget. A massa tumoral normalmente localiza-se na região central em cerca de 70 a 90% dos casos e com diâmetro variável entre 2 e 3,5 cm. Pode haver também fixação da pele ao músculo, e a doença tem predileção pela mama esquerda.

Em relação à patologia, o tumor mais frequente é o carcinoma ductal invasivo em cerca de 90% dos tumores. Os resultados dos exames de imuno-histoquímica mostram que cerca de 80% dos casos apresentavam receptores de estrogênio positivos, 80 a 90% apresentavam receptores de progesterona positivos e aproximadamente 30% mostravam hiperexpressão do receptor do fator de crescimento epidermal (HER-2). Alguns trabalhos demonstram que o câncer de mama no homem tem receptores de estrogênio e de progesterona mais elevados e a expressão positiva do HER-2 menor do que em mulheres pré, peri ou pós-menopausa.[5-7]

DIAGNÓSTICO

A mamografia, assim como na mulher, é um dos exames mais utilizados. Na mamografia, o câncer é caracterizado como uma massa bem definida, mas excêntrica ao mamilo, com margens espiculadas e com distorção arquitetural. Normalmente as microcalcificações são raras e, quando presentes, são grandes, arredondadas e não agrupadas. Por outro lado, a ginecomastia é descrita na mamografia como uma massa triangular ou arredondada, com densidade aumentada e de características bilaterais e simétricas.

A ultrassonografia não é útil na maioria dos casos. Por outro lado, as biópsias, tanto por agulha fina quanto a *core biopsy*, parecem ter melhor indicação. No entanto, métodos diagnósticos mais acurados e que apresentem o melhor custo/benefício ainda não foram totalmente estabelecidos.

TRATAMENTO

O tratamento é extrapolado dos estudos sobre câncer de mama feminino: cirurgia, endocrinoterapia, quimioterapia e radioterapia são usados seguindo as diretrizes femininas.

Alguns estudos específicos mostram semelhanças no diagnóstico e no tratamento no câncer de mama no homem em comparação ao de mulheres pós--menopausa. Observando de uma perspectiva fisiológica, o câncer de mama masculino e o câncer de mama feminino em mulheres pós-menopausa mostram alta expressão de receptor de estrogênio no tumor e baixa expressão do estrogênio corporal.

Os fatores prognósticos incluem tamanho tumoral, grau histológico e comprometimento linfonodal. O câncer de mama é similar em homens e mulheres; todavia, os casos masculinos apresentam particularidades imuno-histoquímicas, mas não existem estudos suficientes para avaliar o impacto dessas características no prognóstico e no tratamento dessa neoplasia.[8]

Tratamento cirúrgico

A maioria dos homens com câncer de mama é submetida à mastectomia, seja radical ou modificada (Figura 1). As cirurgias conservadoras representam cerca de 20% e são seguidas pela radioterapia, acompanhando o que é protoco-

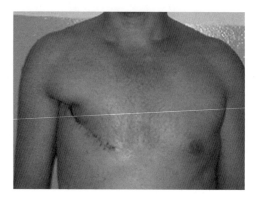

Figura 1 Mastectomia no câncer de mama masculino.

lo nos tumores mamários femininos. O impacto do tratamento cirúrgico nos homens com câncer de mama ainda não está claro, como nas mulheres.[9,10]

Tratamento não cirúrgico

A quimioterapia é indicada se houver linfonodos positivos e tumores > 1 cm, e a maioria segue os seguintes regimes quimioterápicos: adriamicina e ciclofosfamida seguidos de docetaxel ou fluorouracil, adriamicina e ciclofosfamida.

A endocrinoterapia, quando há positividade para receptores hormonais, é indicada após abordagem cirúrgica. Não há dados sobre a eficácia do trastuzumabe para homens HER-2-positivo, embora a maioria dos estudos siga as abordagens usadas em mulheres. Vários estudos retrospectivos sugerem benefício com a terapia endócrina com o uso adjuvante do tamoxifeno, 20 mg, via oral, diariamente por 5 anos.[11]

A radioterapia ainda não tem protocolos definidos para o câncer de mama masculino, e também poucos estudos mostram sua eficácia definitiva quanto ao controle local da doença. A indicação da radioterapia é indicada após a mastectomia em casos de (Figura 2):

- tumores > 5 cm;
- margem de ressecção positiva;
- envolvimento linfático e sanguíneo;
- envolvimento linfonodal significativo (4 ou mais linfonodos positivos).

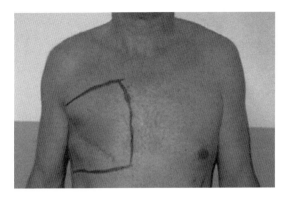

Figura 2 Radioterapia no câncer de mama masculino.

COMPLICAÇÕES DA DOENÇA E DO TRATAMENTO

As complicações da doença e do tratamento são semelhantes às observadas no câncer de mama feminino:

1. Cirurgia: as mastectomias que envolvam a linfonodectomia axilar podem levar a complicações como restrição do movimento do ombro, dor, retrações, aderências e linfedema. Sua abordagem pela fisioterapia, pela falta de estudos específicos no câncer de mama masculino, segue os mesmos procedimentos que para os tumores mamários femininos.
2. Metástases: de forma semelhante ao câncer de mama feminino, as mais comuns são ósseas e pulmonares.
3. As complicações de radioterapia, endocrinoterapia e quimioterapia também são semelhantes às observadas no câncer de mama feminino, inclusive quanto aos sintomas de privação de estrogênio, como osteoporose, calores, perda de libido e disfunção sexual.[11]

REFERÊNCIAS BIBLIOGRÁFICAS

1. Ferzoco RM, Ruddy KJ. The epidemiology of male breast cancer. Curr Oncol Rep 2016; 18(1):1.
2. Silva LLM, Toscani NV, Graudenz MS. Câncer de mama masculino: uma doença diferente. Rev Bras Mastologia 2008; 18(4):166-70.

3. Bender PFM, Oliveira LL, Costa CR, Aguiar SS, Bergmann A, Thuler LCS. Men and women show similar survival rates after breast cancer. J Cancer Res Clin Oncol 2016.

4. Meguerditchian AN, Falardeau M, Martin G. Male breast carcinoma. Can J Surg 2002; 45(4):296-302.

5. Yu XF, Yang HJ, Yu Y, Zou DH, Miao LL. A prognostic analysis of male breast cancer (MBC) compared with post-menopausal female breast cancer (FBC). PLoS One 2015; 10(8):e0136670.

6. Greif JM, Pezzi CM, Klimberg VS, Bailey L, Zuraek M. Gender differences in breast cancer: analysis of 13,000 breast cancers in men from the national cancer data base. Ann Surg Oncol 2012; 19:3199-204

7. Hill TD, Khamis HJ, Tyczynki JE, Berkel HJ. Comparison of male and female breast cancer incidence trends, tumor characteristics, and survival. Ann Epidemiol 2005; 15:773-80.

8. Hong JH, Ha KS, Jung YH, Won HS, An HJ, Lee GJ et al. Clinical features of male breast cancer: experiences from seven institutions over 20 years. Cancer Res Treat 2016; 48(4):1389-98.

9. Czene K, Bergqvist J, Hall P, Bergh J. How to treat male breast cancer. Breast 2007; 16 Suppl 2:S147-54. Review. Erratum in: Breast 2008; 17(3):319.

10. Madden NA, Macdonald OK, Call JA, Schomas DA, Lee CM, Patel S. Radiotherapy and male breast cancer: a population-based registry analysis. Am J Clin Oncol 2016; 39(5):458-62.

11. Ruddy KJ, Winer EP. Male breast cancer: risk factors, biology, diagnosis, treatment, and survivorship. Ann Oncol 2013; 24(6):1434-43.

Parte 2

Fisioterapia no câncer de mama

10

Fisioterapia no pré-operatório, no pós-operatório precoce e no pós-operatório tardio

Angela Gonçalves Marx
Patrícia Vieira Guedes Figueira

NO DIAGNÓSTICO DE CÂNCER

Para que se tenha melhor recuperação da paciente, o ideal é que a consulta fisioterapêutica seja realizada ao diagnóstico do câncer, pois o tempo entre o diagnóstico e o início do tratamento, em alguns casos, pode demorar meses em razão das condições do sistema de saúde do Brasil. No entanto, isso ainda é uma utopia na maioria dos serviços, sejam públicos ou privados, em nosso país. No momento do diagnóstico, a fisioterapia já realiza a avaliação funcional muscular, respiratória, neurológica, vascular, articular e cutânea que, se já apresentarem alterações, poderão influenciar no restabelecimento da paciente submetida ao tratamento oncológico. Essa abordagem tem como objetivos principais identificar e tratar eventuais alterações funcionais que possam alterar a recuperação após o tratamento, como: pacientes com doença pulmonar obstrutiva crônica (DPOC), disfunções de ombro, déficits musculares, etc. Dentre as alterações preexistentes, devem-se identificar as tratáveis e curáveis, as que podem ser restabelecidas e as intratáveis. O objetivo é intervir nessas disfunções ou alterações funcionais antes de qualquer abordagem médica e diminuir as possibilidades de complicações futuras.

NO PRÉ-OPERATÓRIO

Independentemente de qual tratamento será realizado pela paciente, seja somente a cirurgia, tratamento neoadjuvante ou adjuvante como radioterapia, quimioterapia e hormonoterapia, ela deve preferencialmente ser avaliada por um fisioterapeuta especialista em oncologia antes de iniciar o tratamento.

Na avaliação, devem-se coletar dados pessoais, dados antropométricos (peso, altura, bioimpedância), conhecer doenças prévias e suas possíveis sequelas e as medicações em uso. O peso corporal é um parâmetro que merece atenção. As pacientes com sobrepeso e obesidade devem ser orientadas a procurar ajuda de profissional da nutrição e sobre os malefícios da obesidade no câncer em todas as fases do tratamento.

O fisioterapeuta faz a consulta fisioterapêutica tendo como objetivo orientar sobre os procedimentos cirúrgicos a ser realizados e as possíveis dificuldades que a paciente terá no pós-operatório imediato. Essas dificuldades referem-se principalmente aos movimentos do membro superior, à dor e aos cuidados que deverão ser tomados após a cirurgia. Cabe ao fisioterapeuta avaliar o membro superior quanto a:

- amplitude de movimentos;
- força muscular;
- alterações articulares;
- presença de edema/linfedema;
- alterações circulatórias;
- queixas de dor;
- alteração da sensibilidade;
- alterações posturais.

Além disso, é importante conhecer hábitos de vida e de trabalho, como:

- práticas de atividades físicas, para se saber o condicionamento físico prévio;
- uso de tabaco, drogas e álcool – pacientes tabagistas podem apresentar dificuldade na cicatrização, sendo mais propensas a apresentar deiscências ou perda de retalho. Recomenda-se que suspenda o uso de cigarro no período pré-operatório para melhorar a qualidade das bordas cirúrgicas e do resultado estético;
- hábitos laborais também são relevantes para saber o quanto de esforço a tarefa exige e as posturas utilizadas na maior parte do tempo; considerar também essas informações para pacientes que realizam tarefas domésticas.

A orientação de como e quando será iniciada a fisioterapia também deve ser dada. Os exercícios e cuidados pós-operatórios podem e devem já ser mencionados para que a paciente tenha a segurança quando iniciar seu tratamento com a fisioterapia.[1] Deve-se levar em consideração que essa paciente poderá estar emocionalmente fragilizada pelo recente diagnóstico e que não absorverá muita informação nesse momento. Pode-se utilizar uma cartilha ou manual para as orientações importantes, principalmente se esse contato com a paciente ocorrer já no hospital, um dia antes ou no mesmo dia da cirurgia. Muitas das orientações serão dadas pelo médico e por outros profissionais da equipe multidisciplinar. É importante o uso de uma linguagem uníssona em relação às informações para garantir uniformidade das informações para a paciente.

Para quantificar e qualificar a função do membro superior antes e após o tratamento, existem instrumentos como o DASH (*Disability of the Arm, Shoulder and Hand*) e o SPOFIA (*Subjective Perception of Post-Operative Functional Impairment of the Arm*), que são pouco utilizados na prática clínica, mas que são muito utilizados na pesquisa científica.[1,2]

A orientação quanto ao uso de meia elástica medicinal antitrombo deve ser dada tanto no pré-cirúrgico quanto no pós-cirúrgico no período hospitalar, enquanto a paciente estiver acamada. Não há indicação do uso de meias antitrombo para pacientes que estejam deambulando.[3]

Em caso de quimioterapia neoadjuvante, orientar a equipe para evitar acesso periférico ou central ipsilateral à mama que será abordada. Essa conduta reduz o risco de desenvolver linfedema no pós-operatório tardio.[4]

NO PÓS-OPERATÓRIO

O pós-operatório é dividido em dois momentos:

- precoce: até a retirada de pontos e drenos;
- tardio: após a retirada de pontos e drenos.

A abordagem fisioterapêutica inicia-se logo no primeiro dia após a cirurgia, independentemente do tipo de cirurgia realizada.[5] A intervenção da fisioterapia nas cirúrgicas reconstrutoras será abordada no Capítulo 12 – Fisioterapia nas cirurgias oncoplásticas e reconstrutivas da mama. No pós-operatório precoce, a fisioterapia tem por objetivos orientar o posicionamento no leito, estimular a retomada das atividades da vida diária o mais próximo do normal e o mais rápido possível, para todas as atitudes e gestos, como utilizar o banheiro, vestir-se, alimentar-se, dentre outros. Para isso, é necessário que se faça não somente a orientação do que deve ser feito e o que deve ser evitado nesse momento, mas também deve-se educar a paciente sobre todas as fases de seu tratamento.

Logo após o término da cirurgia de mama, é necessário que haja compressão da região operada para prevenir a formação de edema e seroma e para que haja melhor posicionamento das mamas, principalmente em casos de cirurgias de reconstrução imediatas. Essa terapia compressiva é realizada de duas formas: pelo uso de sutiã compressivo sem prótese externa ou com prótese externa para casos de mastectomia; e por meio de bandagens compressivas (Figura 1). As ataduras de crepe utilizadas para enfaixar o local da cirurgia são pouco efetivas, pois perdem o poder de compressão em poucos minutos. As bandagens ideais são as coesivas (autoaderentes) ou as adesivas de curta extensibilidade, com densidades variáveis que devem ser colocadas com técnica apurada, de forma precoce no pós-operatório, para que auxiliem na redução de edema e na formação de seroma.[6]

De modo geral, a paciente terá uma sutura no plastrão cirúrgico da mama e na região da axila em caso de abordagem axilar, seja com a BLS ou a linfonodectomia (Figura 2). Alguns cirurgiões optam pela aproximação dos tecidos sem uso de fio para sutura. De qualquer forma, logo após a cirurgia, a paciente se encontrará com um curativo sobre a ferida cirúrgica e deve ser orientada pela equipe de enfermagem sobre a troca deste. Os pontos, quando presentes,

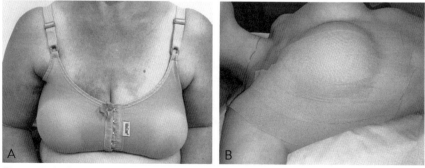

Figura 1 A. Sutiã compressivo. B. Ataduras para evitar formação de seroma e edema.

Fisioterapia no pré-operatório, no pós-operatório precoce e no pós-operatório tardio 143

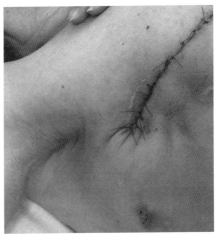

Figura 2 Sutura no plastrão cirúrgico de mama após mastectomia.

são normalmente retirados dentro de 7 a 15 dias, conforme a avaliação da ferida operatória. A cicatrização é um dos principais limitadores para a liberação da amplitude de movimento e merece cuidados especiais na mobilização de tecidos adjacentes, que serão abordados no Capítulo 17 – Fibroses e aderências.

O dreno está presente na maioria das pacientes após a cirurgia de mama e de axila (Figura 3). É uma das principais reclamações das pacientes, principalmente pela presença de dor e desconforto, mas também por causar limitação nas trocas posturais, nas atividades de vida diária, além de exigir cuidados específicos para mensuração do débito diário e limpeza. Baseando-se na quantidade drenada nos dias seguintes à cirurgia, o dreno pode ser retirado em média entre 5 e 15 dias. O mau posicionamento do dreno pode causar dor intensa em queimação que não se resolve com nenhuma abordagem fisioterapêutica, sendo normalmente necessária a sua retirada.

O posicionamento no leito após a cirurgia deve ser orientado pela equipe multidisciplinar. Posicionar-se em decúbito ventral ou em decúbito lateral sobre o lado operado deve ser evitado, bem como utilizar o membro superior nessa fase inicial como apoio para levantar-se. O ideal é que a paciente permaneça em decúbito dorsal ou em decúbito contralateral à cirurgia. Em ambos os casos, o membro superior deve ser posicionado confortavelmente sobre um travesseiro, para que não repouse sobre a mama operada. Não há restrições para a posição sentada ou em pé. As recomendações diferem quando são realizadas reconstruções mamárias e serão abordadas em capítulo próprio. Da mesma for-

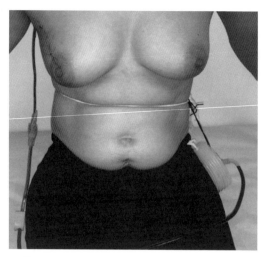

Figura 3 Dreno axilar.

ma, as recomendações para cirurgias bilaterais incluem deitar somente em decúbito dorsal e auxílio para assumir a postura sentada.

Pós-operatório precoce

As abordagens cirúrgicas hoje em dia estão mais conservadoras e, cada vez mais, as terapias neoadjuvantes e adjuvantes estão sendo utilizadas para complementar o tratamento. O fato de se realizar mais biópsia de linfonodo sentinela e menos a linfonodectomia axilar reduziu, de alguma forma, o número de complicações, mas não as eliminou, pois muitas complicações são multifatoriais, e o procedimento cirúrgico não é a única causa do problema.

A redução da função do membro superior é uma das principais complicações do pós-operatório precoce de pacientes submetidas ao tratamento cirúrgico do câncer de mama, seja pelo posicionamento durante a cirurgia com excesso de amplitudes de abdução e flexão de ombro; pelo medo de movimentar o membro superior; por lesão nervosa; pela ferida operatória; pela presença de drenos; pela presença da síndrome da rede axilar; e principalmente pela dor.[7]

Experimentar qualquer sintoma no pós-operatório, seja dor, edema, diminuição da amplitude de movimentos do ombro, alteração de sensibilidade ou redução de força muscular, leva a paciente a ter uma piora da sua qualidade de vida, pois causa maior dependência nas atividades de vida diária.

Fisioterapia no pré-operatório, no pós-operatório precoce e no pós-operatório tardio

O período hospitalar é bastante curto; na maioria das vezes, a paciente é operada em um dia e recebe alta no dia seguinte; dessa forma, é necessário um acompanhamento posterior com um programa de exercícios e cuidados que a paciente possa seguir após a alta hospitalar. Deve ser um programa baseado na prevenção da perda momentânea e funcional do membro superior, na prevenção de linfedema, na gestão de autocuidados e que envolva paciente, cuidadores e familiares.

Uma paciente orientada e educada é parte fundamental para o sucesso do tratamento. O principal objetivo da atuação do fisioterapeuta no pós-operatório precoce é prevenir complicações e proporcionar o breve retorno às atividades funcionais da paciente, seja na vida diária, laboral ou no lazer.

Os exercícios devem ser iniciados logo no 1º dia de pós-operatório. A paciente deve ser capaz de fazer exercícios de rotação e inclinação lateral com a cabeça, exercícios rotacionais com o ombro para a frente e para trás, além de movimentar sem restrições articulações da mão, punho e cotovelo (Figura 4). Em relação à articulação do ombro, deve-se ter uma atenção diferenciada.

Pelas características de suas estruturas, o ombro é a articulação que mais permite movimento em amplitudes diversas de todo o corpo. Movimentá-lo significa mover simultaneamente diversos músculos, tendões, pele e tecido subcutâneo adjacentes. Dessa forma, questiona-se se seria seguro liberar a amplitude de movimento do ombro sem qualquer restrição de angulação no pós-operatório precoce.

Há muitas controvérsias sobre esse tema. Alguns serviços liberam a amplitude completa do ombro logo no 1º dia de pós-operatório; em outros, há restrição até a retirada de drenos e pontos, o que equivale a mais ou menos 15 dias; e ainda há orientações para restrição de movimentos após 30 dias e até mesmo 60 dias de pós-operatório.[8-10]

Em serviços públicos, pela grande demanda de pacientes e profissionais com formações diversas, estipular um limite na amplitude de movimento de ombro uniformiza o atendimento e as pesquisas científicas, por exemplo, limitar a amplitude de ombro de flexão e abdução a 90° ou liberar a amplitude total no pós-operatório para todas as pacientes.

O ideal é que cada caso seja avaliado individualmente e não usar uma regra ou um protocolo igual para todas as pacientes. Para decidir sobre a liberação de amplitude de ombro e em que momento, há de se levar em consideração:

- idade;
- biotipo e peso corporal;

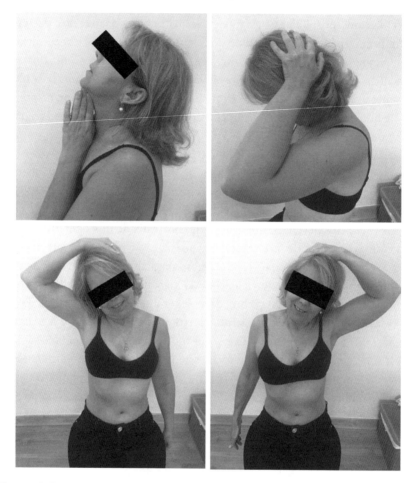

Figura 4 Exemplos de exercícios para coluna cervical.

- condições e funções prévias do ombro (avaliadas no pré-operatório);
- tipo e extensão da cirurgia de mama e axila;
- presença de dor;
- limitação imposta pela presença de síndrome da rede axilar;
- presença de seroma ou linfocele;
- período de cicatrização.

A ferida operatória necessita de tempo hábil para sua recuperação e cicatrização. O movimento em amplitude acima de 90° de flexão e abdução de ombro

Fisioterapia no pré-operatório, no pós-operatório precoce e no pós-operatório tardio **147**

pode até não abrir pontos e afastar as bordas da cicatriz, causando as deiscências, mas certamente a cicatrização pode não ocorrer de forma adequada em razão das forças mecânicas tensionais aplicadas de forma precoce.[11]

Portanto, recomenda-se que a amplitude de movimentos de ombro, principalmente na abdução e flexão, sejam restritas, de forma geral, a 90° e que se considerem as características clínicas e cirúrgicas da paciente para progressivamente liberar mais a amplitude desses movimentos.

Os Capítulos 15 e 16 abordam, respectivamente, Seroma e linfocele e Síndrome da rede axilar.

Exercícios para amplitude de movimentos

Outra grande controvérsia que existe em relação a orientações e intervenções é o fato de pegar peso ou realizar exercícios com carga. Essa dúvida ocasiona orientações desencontradas entre os profissionais da equipe de saúde e gera muitos questionamentos e inseguranças às pacientes. É claro que, no pós--operatório precoce, o peso deve ser controlado e até mesmo evitado, mas isso não significa que a paciente não possa realizar suas tarefas de vida diária de forma independente e que não possa pegar nada em suas mãos com medo do peso. Muitas pacientes questionam até o fato de levantar uma xícara ou segurar um litro de leite, pois foram orientadas a não fazer qualquer esforço ou pegar peso. Primeiramente, deve-se considerar que as pacientes possuem condições físicas prévias decorrentes de suas atividades laborais, físicas e/ou esportivas realizadas e que há diferença entre o peso que cada uma está acostumada a carregar.

Portanto, a paciente deve ser assegurada de que voltará às suas atividades como antes da cirurgia, mas que isso será feito de forma gradual e progressiva, de acordo com sua evolução e a evolução do tratamento.

Com o afastamento das atividades cotidianas da paciente no período de tratamento, o membro superior realiza menos trabalho e, com isso, acontece simultaneamente uma perda de força, resistência e trofismo muscular; por esse motivo, voltar a carregar o mesmo peso que carregava antes da cirurgia pode ocasionar lesões. Um programa de fortalecimento muscular será incluído no pós-operatório tardio para que as pacientes recuperem sua força e sua função de modo que possam realizar todas as suas tarefas como realizavam antes. No Capítulo 23 – Linfedema, será visto que não há correlação entre o seu aparecimento e pegar peso; pelo contrário, músculos mais fortes previnem o seu aparecimento.

A automassagem em regiões de grupos linfonodais axilares e inguinais foi, por vários anos, indicada às pacientes com abordagem axilar para tratamento de câncer de mama, com o objetivo de prevenir o linfedema. Estudos relacionados com a drenagem linfática são muito difíceis de serem realizados, pois é um procedimento com uma variedade de técnicas, além de ser operador-dependente, e o próprio operador pode não realizar a drenagem da mesma forma em dias diferentes. O tempo e a frequência da sua realização também são difíceis de serem mensurados, assim como a pressão a ser exercida com as mãos. Sabe-se que a drenagem linfática realizada em grupamentos de linfonodos aumenta o fluxo linfático corporal, fato comprovado pela linfocintilografia de membros superiores; por outro lado, não se pode dizer que a massagem, mesmo com aumento do fluxo linfático, previna o linfedema, até porque a sua etiologia é multifatorial.[12]

Orientações para cuidados com membro superior

Muitas das informações fornecidas na fase logo após a cirurgia para evitar o linfedema não são baseadas em evidências científicas sólidas, mas consideradas de senso comum. O mais importante é que as orientações sejam passadas com o objetivo de proteger o membro superior de possíveis lesões e infecções, como as erisipelas e as celulites. Dessa forma, lembretes sobre evitar retirar a cutícula, evitar métodos depilatórios que agridam e irritem a pele, suspender o uso de cremes, loções ou desodorantes em caso de qualquer irritação ou alergia, usar luvas para tarefas com objetos cortantes ou jardinagem e manter a pele sempre hidratada são itens que podem manter o membro superior com menos risco de ser lesionado.

Outras informações, como evitar acessos venosos, injeções e mensurar pressão arterial no membro superior ipsilateral e viagens aéreas prolongadas, não contribuíram para aumentar o volume do membro superior em estudo apresentado por Ferguson, embora sejam orientações comumente dadas às pacientes.[13]

Atividades em grupo, manuais e cartilhas

Não basta orientar as pacientes; elas devem ser educadas, ou seja, aprender e assimilar o que foi dito para aplicarem em seu dia a dia. Muitas vezes, pelo momento que as pacientes estão enfrentando, por medo, desatenção e toda a sintomatologia do pós-operatório, incluindo a dor, e pela baixa escolaridade, principalmente de pacientes atendidas em serviços públicos em nosso país, não há a assimilação e as orientações não são aprendidas.

Portanto, todas as orientações devem ser dadas com calma e não todas de uma vez. As atividades e orientações em grupo, bem como o uso de manuais e cartilhas, são benéficos e interessantes para auxiliar na assimilação das informações e para que as pacientes tirem suas dúvidas sobre esse momento. Esses

Fisioterapia no pré-operatório, no pós-operatório precoce e no pós-operatório tardio

manuais também serão utilizados no pós-operatório tardio, como um manual de referência, principalmente para as pacientes que não possuem acesso constante aos serviços de fisioterapia.

Pós-operatório tardio

Em geral, após as 2 primeiras semanas da cirurgia de câncer de mama, a paciente não estará mais utilizando o dreno e provavelmente já terá retirado os pontos. Além disso, o processo de cicatrização da ferida operatória estará mais avançado, e o movimento de ombro liberado para que a paciente alcance progressivamente a amplitude total.

A teoria seria exatamente esta, mas sabe-se que, na prática, as pacientes ainda podem apresentar dor, limitação de amplitude de movimentos do ombro, entre outras complicações que serão abordadas nos capítulos seguintes (15 – Seroma e linfocele, 16 – Síndrome da rede axilar, 17 – Fibroses e aderências).

Todos os momentos são importantes, mas este é fundamental para que a paciente tenha consciência do seu papel como integrante no sucesso da sua recuperação, retorne o mais rápido possível às suas atividades, aprenda a prevenir algumas complicações e a identificá-las aos primeiros sintomas.

Infelizmente, nem todas as pacientes têm acesso ao serviço de fisioterapia, pois não são encaminhadas pelos médicos ou outros profissionais de saúde, não são informadas sobre a importância de um fisioterapeuta especialista na área e ainda recebem informações desencontradas da equipe de saúde ou simplesmente não são orientadas, permanecendo sem mover o braço, sem identificar um edema, com dor e sem retomar às suas atividades cotidianas, de trabalho ou lazer.

Nessa fase, uma reavaliação é realizada para se conhecer os possíveis sinais e sintomas que as pacientes apresentam e novamente orientá-las sobre os cuidados com o membro superior, no que diz respeito a prevenção de linfedema, exercícios para ganho de amplitude de movimentos e exercícios com peso.

Conhecer as atividades realizadas pela paciente em casa e no trabalho ajuda na orientação do que pode ou não realizar e em que momento a tarefa será liberada, bem como a carga a ser utilizada.

A realização de exercícios nessa fase tem seis grandes objetivos:

- diminuir o edema pós-operatório;
- diminuir a dor;

- ganhar amplitude de movimentos do membro superior;
- ganhar força muscular pós-recuperação de amplitude de movimento;
- diminuir o estresse e a ansiedade;
- retomar a capacidade de realizar tarefas cotidianas e laborais.

Com a intervenção precoce da fisioterapia, a recuperação da amplitude de movimentos e da força muscular acontecem, em média, entre a 3ª e a 6ª semanas do pós-operatório.

A paciente deve ser orientada que, ao realizar os exercícios recomendados, há sensação de dor e de repuxar; ela deve ser assegurada de que essas sensações são normais e que não haverá problema algum quanto a possíveis deiscências. Para que isso não ocorra, é necessária uma cuidadosa avaliação da cicatriz e possíveis aderências ao redor.

As atividades diárias devem estar incluídas como exercícios para que a paciente se adapte mais facilmente a esse momento.

Não há consenso sobre o tipo, a quantidade e a periodicidade dos exercícios; sugere-se, de forma geral, a realização de 5 a 10 repetições de cada exercício orientado, realizados de 2 a 3 vezes/dia. Nesse momento, a paciente deve ser avaliada e tratada de 1 a 2 vezes/semana para que se possam observar as reações individuais e as evoluções naturais pós-cirúrgicas. A orientação de exercícios frente ao espelho tem a vantagem de incentivar a percepção da nova postura. No entanto, deve-se sempre perguntar antes à paciente se ela se sente confortável para ver a sua imagem refletida em um espelho.

Os trabalhos publicados mostram grandes discrepâncias quanto às descrições dos exercícios no que se refere a tipo, intensidade e frequência, o que dificulta a comparação entre eles. No entanto, todos afirmam que qualquer programa de fisioterapia é melhor do que não fazer nada.[14,15]

Tomando-se por base vários estudos publicados e em nossa experiência clínica, a recomendação é iniciar exercícios que tenham tipo, intensidade, duração e frequência determinados não só no momento do pós-operatório, mas levando-se em consideração principalmente as características individuais de cada paciente. No entanto, deve-se frisar que a indicação é de exercícios ativos e isotônicos até a obtenção da função normal dos movimentos do ombro. Os exercícios isométricos devem ser evitados. Somente após a obtenção da amplitude normal de movimentos, iniciam-se exercícios com resistência ou carga que serão paulatinamente ajustadas de acordo com a evolução de cada paciente.

A seguir, descreve-se uma série de exercícios como sugestão inicial para obtenção da amplitude de movimento e diminuição da dor. São exercícios que contemplam não só o ganho de amplitude de movimento, mas também a mobilização de estruturas moles manipuladas durante a cirurgia.

Em média, 6 semanas após a cirurgia, a paciente tem a ADM do membro superior recuperada. Uma nova avaliação deve ser realizada observando-se se há presença de retrações e aderências, pois o músculo peitoral maior pode apresentar restrições ao movimento e, portanto, necessitar de intervenção fisioterapêutica, como mobilização tecidual com várias técnicas para a obtenção de ganho de movimento e alívio de dor.

A avaliação e o tratamento de cicatriz, fibroses e aderências serão mais bem abordados no Capítulo 17.

Em uma recuperação normal, sem intercorrências, a ênfase a ser dada é na orientação e na realização de exercícios. Os exercícios devem ser realizados de forma lenta, gradual, sem produzir cansaço, buscando a maior amplitude possível; devem ser feitos sem grandes compensações. As alterações posturais provocadas pelo tratamento serão abordadas no Capítulo 22. A intervenção da fisioterapia nas cirurgias reconstrutoras será abordada no Capítulo 12.

No que tange ao tipo específico de cirurgia, seja radical ou conservadora, a diferença de orientação ocorre principalmente se a axila foi ou não manipulada cirurgicamente. A retirada ou manipulação de fáscias é, regra geral, o que mais produz limitação de movimento e dor.

Em estudos realizados com pacientes com mais de 5 anos de cirurgia e que tenham realizado fisioterapia no pós-operatório, ainda se encontram limitações funcionais do membro superior e distúrbios que afetam sua qualidade de vida. Questiona-se se o que está sendo feito é o mais indicado ou se isso revela uma sequela do tratamento.[16]

As pacientes que nunca tiveram nenhuma orientação de fisioterapia quanto aos sinais e sintomas de restrição funcional, linfedema, dor, entre outros, também podem ser enquadradas como pacientes que se encontram em um pós-operatório tardio, pois necessitam de todas as informações básicas sobre o seu tratamento e as intervenções diante de suas complicações.

A seguir, descrevem-se alguns exemplos de exercícios que podem ser utilizados nessa fase do tratamento. Alguns podem ser realizados em decúbito dorsal, na posição sentada ou em pé, e deve-se orientar a paciente a não fazer movimentos compensatórios, para evitar lesões e alterações posturais que possam provocar dor.

152 Fisioterapia no câncer de mama

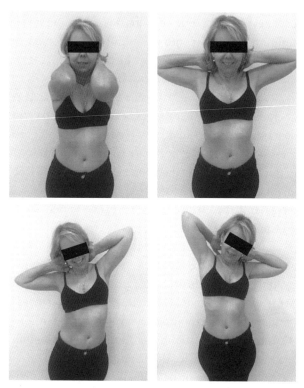

Figura 5 Exercícios de abdução e adução horizontal com inclinação de tórax.

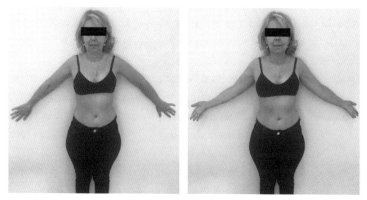

Figura 6 Exercícios de abdução de ombro, extensão de cotovelo e rotação interna e externa de ombro.

Fisioterapia no pré-operatório, no pós-operatório precoce e no pós-operatório tardio 153

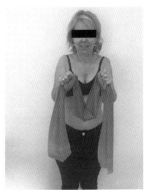 

Figura 7 Uso de faixa elástica de fraca intensidade apenas como estimulador da abdução dos braços com extensão de cotovelos.

Figura 8 Uso de faixa elástica para movimentos na diagonal em membro superior em extensão de cotovelo.

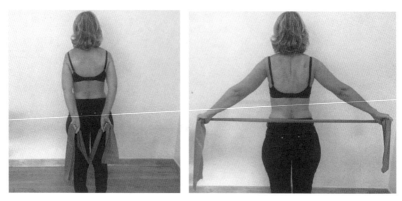

Figura 9 Uso de faixa elástica para movimento de abdução e extensão de ombro.

Figura 10 Uso de faixa elástica para movimento de extensão de cotovelo com flexão do ombro.

REFERÊNCIAS BIBLIOGRÁFICAS

1. Sato F, Arinaga Y, Sato N, Ishida T, Ohuchi N. The Perioperative Educational Program for improving upper arm dysfunction in patients with breast cancer at 1-year follow-up: a prospective, controlled trial. Tohoku J Exp Med 2016; 238(3):229-36.
2. Harrington S, Michener LA, Kendig T, Miale S, George SZ. Patient-reported upper extremity outcome measures used in breast cancer survivors: a systematic review. Arch Phys Med Rehabil 2014; 95(1):153-62.
3. Huang A, Barber N, Northeast A. Deep vein thrombosis prophylaxis protocol--needs active enforcement. Ann R Coll Surg Engl 2000; 82(1):69-70.
4. Bevilacqua JL, Kattan MW, Changhong Y, Koifman S, Mattos IE, Koifman RJ et al. Nomograms for predicting the risk if arm lymphedema after axillary dissection in breast cancer. Ann Surg Oncol 2012; 19(8):2580-9.
5. Scaffidi M, Vulpiani MC, Vetrano M, Conforti F, Marchetti MR, Bonifacino A et al. Early rehabilitation reduces the onset of complications in the upper limb following breast cancer surgery. Eur J Phys Rehabil Med 2012; 48(4):601-11.
6. Turner EJ, Benson JR, Winters ZE. Techniques in the prevention and management of seromas after breast surgery. Future Oncol 2014; 10(6):1049-63.
7. Beurskens CH, van Uden CJ, Strobbe LJ, Oostendorp RA, Wobbes T. The efficacy of physiotherapy upon shoulder function following axillary dissection in breast cancer, a randomized controlled study. BMC Cancer 2007; 7:166.
8. Shamley DR, Barker K, Simonite V, Beardshaw A. Delayed versus immediate exercises following surgery for breast cancer: a systematic review. Breast Cancer Res Treat 2005.
9. Box R. Restriction of the range of arm elevation exercises for one week after surgery for breast cancer can reduce the incidence of lymphoedema. Aust J Physiother 2009; 55(1):64.
10. Rezende LF, Beletti PO, Franco RL, Moraes SS, Gurgel MSC. Exercícios livres versus direcionados nas complicações pós-operatórias de câncer de mama. Rev Assoc Med Bras [online] 2006; 52(1):37-42.
11. Duscher D, Maan ZN, Wong VW, Rennert RC, Januszyk M, Rodrigues M et al. Mechanotransduction and fibrosis. J Biomech 2014; 47:1997-2005.
12. Ferrandez JC, Theys S, Bouchet JY. Drainage manuel: recommandations pour une pratique basée sur les faits. Kinésithérapie, la revue 2011; 11(115-116):41-47.
13. Ferguson CM, Swaroop MN, Horick N, Skolny MN, Miller CL, Jammallo LS et al. Impact of ipsilateral blood draws, injections, blood pressure measurements, and air travel on the risk of lymphedema for patients treated for breast cancer. J Clin Oncol 2016; 34(7):691-8.

14. Kilbreath SL, Refshauge KM, Beith JM, Ward LC, Lee M, Simpson JM, Hansen R et al. Upper limb progressive resistance training and stretching exercises following surgery for early breast cancer: a randomized controlled trial. Breast Cancer Res Treat 2012; 133(2):667-76.

15. Hladiuk M, Huchcroft S, Temple W, Schnurr BE. Arm function after axillary dissection for breast cancer: a pilot study to provide parameter estimates. J Surg Oncol 1992; 50(1):47-52.

16. Assis MR, Marx AG, Magna LA, Ferrigno IS. Late morbidity in upper limb function and quality of life in women after breast cancer surgery. Braz J Phys Ther 2013; 17(3):236-43.

Exercícios e o câncer de mama

Angela Gonçalves Marx
Patrícia Vieira Guedes Figueira

INTRODUÇÃO

Não há dúvidas de que o exercício e a atividade física são de extrema importância na vida de qualquer ser humano. A atividade física pode ser definida como o movimento corporal que aumenta o gasto energético em relação ao repouso. Qualquer atividade que produza isso é considerada atividade física, independentemente de ser uma atividade esportiva ou não. As atividades de vida diária, as atividades profissionais, as atividades de lazer, etc. são todas atividades físicas. Tudo pode variar na atividade física de acordo com a intensidade, a duração, o tipo, a frequência e a maneira como é praticada.[1]

EFEITOS DA ATIVIDADE FÍSICA

Os principais benefícios da atividade física são percebidos no condicionamento cardiorrespiratório, na resistência e na força musculares, na flexibilidade, nos biomarcadores cardiometabólicos e no aspecto psicológico das pacientes.[2]

Condicionamento cardiorrespiratório é a habilidade do sistema circulatório e respiratório em distribuir oxigênio para ativar metabolicamente os músculos esqueléticos durante a atividade física. Geralmente está expresso em METs (equivalente metabólico) ou VO_2 máx (consumo máximo de O_2), sendo uma medida confiável do nível de atividade física; melhora a sensibilidade à insulina, o perfil lipídico no sangue, a inflamação e a pressão arterial. O tratamento para o câncer de mama pode prejudicar o condicionamento cardiorrespiratório, e essa condição pode ser melhorada com o treinamento aeróbio associado a exercícios de força. Deve-se estimular que as pacientes em tratamento do câncer de mama, sobretudo no seguimento, mudem seu comportamento e hábitos de vida em busca de uma vida mais saudável, o que levará a benefícios principalmente na redução de recidivas.[3-5]

Durante o tratamento para o câncer, há uma redução da atividade física geral e do desempenho muscular. Os trabalhos realizados com fortalecimento em pacientes com câncer estão relacionados principalmente a melhora da densidade óssea, prevenção ou tratamento do linfedema e melhora dos níveis de fadiga. Os exercícios de fortalecimento e resistência muscular não têm efeitos adversos e são benéficos para melhora da condição física, mas são necessários mais estudos para relacionar essa prática com a redução de recorrência e mortalidade.[2-5]

A flexibilidade é um item importante após o câncer de mama e seu tratamento, em razão das grandes diminuições na amplitude de movimento de ombro e tronco, principalmente após cirurgia, os danos teciduais e da cicatrização. Essa flexibilidade pode ser buscada com exercícios de alongamento, mobilização tecidual e liberação miofascial, além de métodos alternativos como ioga e tai chi chuan.[6]

Alguns marcadores biológicos, como citocinas, produção de hormônios sexuais, resistência à insulina e níveis de insulina no sangue, e marcadores inflamatórios, como a proteína C reativa, são modificados com o aumento da atividade física. Há evidências de que o estilo de vida, que inclui peso corporal, alimentação e atividade física regular, pode modificar os índices metabólicos e alterar o estado da saúde de um indivíduo, até na prevenção de câncer. Jovens com mutação de *BRCA* podem ter redução no risco de desenvolver câncer se a prática da atividade física e do controle do peso corpóreo forem realizados na adolescência.[2-6]

Sempre se fala na melhora da qualidade de vida com a prática de atividade física para pacientes com câncer de mama, durante ou após o tratamento, pois há evidências que suportam que há melhora nas funções físicas e psicológicas. Escalas de qualidade de vida aplicadas geralmente incluem as funções emocional, física, funcional e mental, sempre com resultados positivos após a prática de atividade física em pacientes com câncer.[7]

ATIVIDADE FÍSICA E ONCOLOGIA

Por muitos anos, a orientação aos pacientes com câncer de mama, principalmente após a cirurgia, era: mantenha-se em repouso; não carregue peso, você poderá ter linfedema caso o faça; não faça exercícios repetitivos; não faça tarefas domésticas. Felizmente, com a evolução dos anos e mais estudos realizados, as orientações mudaram e a atividade física foi incorporada à rotina das pacientes, mas ainda não é uma realidade em todos os serviços e entre todos os profissionais da saúde deste país.

Nas pacientes com câncer de mama, eventualmente e de acordo com cada momento do tratamento, a atividade física pode ser adaptada quando se considera o que cada tratamento pode causar, indo desde o estado físico em si, até as condições psicológicas e sociais. As pacientes são orientadas a fazer suas atividades de vida diária, de lazer, esportivas ou mesmo laborais de outras maneiras, observando as características individuais de cada uma, sejam provocadas pelo tratamento ou já previamente existentes. Suas limitações e necessidades específicas devem ser respeitadas, assim como se deve considerar também os níveis de dor e segurança para sua realização.

No câncer, há inúmeros estudos mostrando os benefícios da prática da atividade física em qualquer momento do tratamento. No entanto, no Brasil, o encaminhamento da paciente com câncer de mama para essa atividade carece não só de conhecimento e informação, mas também de uma melhor relação profissional/paciente, seja esse médico ou qualquer outro profissional de saúde. A falta de conhecimento do que a atividade física pode representar para a melhora da qualidade de vida da paciente com câncer de mama esbarra inicialmente na própria paciente, que pode ter atitudes defensivas e mesmo falsas ideias e crenças sobre essa prática. Outro problema que se pode enfrentar é a falta de acesso a um serviço que tenha fisioterapeuta especialista em oncologia e, quando se tem o profissional, não há o encaminhamento da equipe multidisciplinar, ou mesmo não há disponibilidade de espaço físico planejado para isso. Ao considerar outras possibilidades, não se pode esquecer a importância da realização de atividades físicas e exercícios em locais públicos, como parques, praças e centros comunitários, pois, para muitos pacientes, esses são os únicos locais disponíveis. No entanto, é necessária a intervenção do fisioterapeuta na programação, elaboração e mesmo no acompanhamento para a prática dessas atividades. Uma forma interessante, considerando-se todas as dificuldades existentes no

Brasil e as distâncias entre os centros promotores de saúde e as cidades do interior, é a educação das próprias pacientes para que sejam agentes promotoras dessas informações em locais em que não haja fisioterapeutas disponíveis.

Há que se considerar que é necessária a iniciativa para a criação primeiro de um canal de comunicação entre os profissionais de saúde que trabalham com câncer de mama; segundo, que os profissionais tenham formação para a prescrição de técnicas adequadas para a paciente com câncer de mama e, finalmente, que haja a disponibilidade de acesso a orientação, educação e realização da atividade física mais indicada a cada caso. Devem-se sensibilizar todos os profissionais de saúde da especialidade sobre a importância da realização da atividade física adaptada a cada caso e também indicada a cada momento do tratamento. Deve-se também disponibilizar aos profissionais a possibilidade de abordar essas questões com as pacientes. No entanto, sabe-se que a equipe tem que manter um nível de comunicação uniforme quanto à semântica, para que não haja discrepâncias em relação às informações prestadas. Assim, deve ser de responsabilidade do fisioterapeuta, amparado pela equipe, a prescrição, a orientação, a realização e a integração da atividade física na rotina das pacientes com câncer de mama.

A avaliação fisioterapêutica deve ser realizada em vários momentos, desde o diagnóstico até o final dos tratamentos no que se refere a modo, frequência, intensidade e outros parâmetros relacionados ao exercício.

ATIVIDADE FÍSICA COMO PREVENÇÃO DO CÂNCER

A prática regular da atividade física mostra uma diminuição da mortalidade geral de 16%. Vários estudos mostram a diminuição do risco do desenvolvimento de câncer de mama com a prática regular da atividade física, seja antes ou após a menopausa. A diminuição do fator de risco é mais evidente após a menopausa e é limitado antes da menopausa. Além disso, a prática regular de exercícios reduz o fator de crescimento do estrogênio em tumores receptores hormonais positivos, que são os mais frequentes em cerca de 70% dos casos de câncer de mama.[8,9]

ATIVIDADE FÍSICA NA DIMINUIÇÃO E NA MELHORA DOS SINTOMAS

Muitos são os sintomas associados apresentados, seja durante ou imediatamente após a realização de tratamentos locorregionais ou sistêmicos, como cirurgia, radioterapia, hormonoterapia, terapia-alvo e quimioterapia, pois cada um provoca alterações que podem se apresentar como mostrado na Tabela 1.

A prescrição da prática da atividade física regular e moderada por pelo menos 150 a 180 minutos distribuídos em 1 semana é o que mostra melhores níveis de evidência na literatura, de forma geral, mas, especificamente para cada caso, devem-se analisar todas as características individuais. De modo geral, a participação das pacientes na realização da atividade física é maior e melhor quando há dores articulares ou musculares, pois há a percepção clara de melhora dos sintomas. Já quando se prescreve a atividade física com a presença da fadiga, essa participação diminui drasticamente, pois a paciente associa erroneamente maior cansaço com a realização do exercício.[10]

TABELA 1 Sintomas apresentados durante o tratamento oncológico

	Cirurgia	Radioterapia	Quimioterapia	Terapia-alvo	Hormonoterapia
Fadiga	✔	✔	✔	✔	✔
Diminuição da capacidade cardiorrespiratória		✔	✔		✔
Distúrbios psicológicos – depressão, angústia, ansiedade, irritabilidade	✔	✔	✔	✔	✔
Diminuição da força muscular – local e generalizada	✔	✔			✔
Diminuição da qualidade de vida – social, laboral, familiar	✔	✔	✔	✔	✔
Artralgias		✔	✔		✔
Dor	✔	✔	✔	✔	✔
Alterações posturais	✔	✔			
Aumento do peso corporal			✔		✔

ATIVIDADE FÍSICA NA PREVENÇÃO DE RECIDIVAS E COMPLICAÇÕES, E NA SOBREVIDA

Vários estudos comprovam, com diferentes níveis de evidência, que a realização de atividade física regular pode limitar o crescimento tumoral nas pacientes com tumores estrogênio-positivos; diminui a recidiva do câncer de mama em cerca de 24%, a mortalidade geral em 41% e a mortalidade ligada ao câncer de mama em 33%. Outras consequências da prática da atividade física regular incluem a diminuição dos marcadores inflamatórios, principalmente nas pacientes com IMC > 25; a diminuição dos IGF-1 e a diminuição da resistência à insulina, pois se deve lembrar que a insulina é um fator antiapoptótico que estimula a proliferação celular e sua redução é importante.[11,12]

A realização de atividade física nas complicações advindas do tratamento oncológico tem por objetivos evitar ou minimizar:

- peso corporal;
- dores articulares e musculares;
- fadiga;
- estresse;
- alterações psicológicas.

A prática de exercícios diminui o tecido gorduroso, contribui para a diminuição e a manutenção do peso corporal e, por isso, reduz a probabilidade de recidiva do câncer.

As dores osteomusculares e articulares presentes em todos os tratamentos oncológicos podem ser provocadas não só pela cirurgia, mas por outros tratamentos regionais e sistêmicos. Também nesses casos pode-se prescrever a atividade física para sua redução e mesmo para a sua prevenção.

Na fadiga, a importância da atividade física é absoluta, pois é praticamente o único tratamento que mantém ou aumenta a condição física, independentemente dos resultados dos exames laboratoriais.

O estresse provoca alterações químicas importantes, como a elevação do cortisol, dentre outros, e a prática de exercícios regulares contribui de forma eficaz para sua redução. Além disso, não se pode esquecer que, desde o diagnóstico do câncer, a paciente pode enfrentar sintomas de ansiedade, depressão, alterações na qualidade do sono e que pode ser auxiliada também com a prática de exercícios regulares.[12]

Existem limitações para a execução de qualquer atividade física, seja pela família da paciente, pelos cuidadores, pelos profissionais de saúde ou mesmo pela paciente em si. Tudo pode se tornar um motivo para não se iniciar a atividade física. Mudar de hábito de vida, em qualquer momento da vida, é difícil, ainda mais diante do diagnóstico e do tratamento do câncer de mama.

ALGUMAS LIMITAÇÕES LIGADAS A FAMILIARES E CUIDADORES

As falsas crenças:

- pacientes doentes devem repousar;
- medo;
- superproteção;
- isolamento.

Já a paciente pode apresentar limitações relacionadas a:

1. Fatores de ordem prática:
   - falta de informação;
   - falta de local apropriado;
   - acessibilidade;
   - custo;
   - outros.
2. Medo:
   - dos movimentos;
   - dos exercícios;
   - de romper a incisão cirúrgica por rompimento de pontos.
3. Estado clínico geral:
   - limitações de movimento;
   - dor;
   - artralgias;
   - linfedema.
4. Estado geral de saúde:
   - fadiga;
   - desânimo.
5. Estado psicológico:
   - tristeza;

- depressão;
- ansiedade;
- medo;
- imagem corporal.
6. Cultura local:
   - falta de vontade;
   - a prática da atividade em si.

Limitações quanto ao profissional da saúde

O profissional de saúde também pode ter falsas crenças e não prescrever a atividade física, por acreditar que:

- paciente doente deve repousar;
- não há benefício com a prática da atividade física;
- pode haver risco de complicações físicas regionais e locorregionais;
- há fragilidade do estado clínico, dor, más condições da pele e das articulações.

ATIVIDADE FÍSICA – O QUE PODE SER CONSIDERADO

A atividade física muitas vezes pode estar associada a condições socioeconômicas e culturais. Muitas pessoas correlacionam essa prática a ir a academias, ginásios ou fazer atividades esportivas e ignoram outras atividades que realizam no dia a dia. A grande maioria das mulheres em nosso país realiza jornadas duplas ou triplas de trabalho. Além de ter um trabalho externo, as mulheres cuidam da limpeza e organização de suas casas e cuidam de seus filhos. Regra geral, as mulheres mais atendidas em serviços públicos são as que realizam um trabalho braçal, como faxineiras, trabalhadoras da construção civil, costureiras e cozinheiras, dentre outras atividades com menor remuneração, que realizam um esforço físico maior nas suas atividades laborais e locomovem-se a pé ou com transporte público para seus serviços. Nos serviços privados, a maioria das mulheres atendidas realiza tarefas em seus escritórios ou consultórios, permanecendo a maior parte do tempo sentadas e tendo como meio de transporte principal seus carros particulares ou táxis, realizando pouco esforço físico. Comparando esses dois perfis, não se pode considerar como igual a condição física basal dessas pacientes. Dessa forma, a execução das atividades físicas adaptadas à mulher em tratamento para câncer de mama deve considerar essas informações. É preciso compreender se, com todas as atividades realizadas no dia a dia por uma trabalhadora braçal, essa mulher ainda pode ser considerada sedentária.

Existe uma classificação baseada em MET (equivalentes metabólicos), em que cada atividade, seja de vida diária, laboral ou de lazer, recebe uma quantidade de MET. Uma pessoa sem comorbidades em repouso tem um gasto energético de 1 MET/hora. São consideradas atividades físicas as atividades maiores que 2 MET/hora. O gasto energético varia em função da intensidade da atividade física. Em situações normais, uma atividade é considerada leve se há um gasto energético menor que 3 MET, considerada moderada de 3 a 6 MET e pesada quando maior que 6 MET (Tabela 2).[12]

$$1 \text{ MET} = 3,5 \text{ mL } O_2/\text{kg/min}, \text{ o que equivale a } 1 \text{ kcal/kg/h}$$

Os gastos de energia são ajustados de acordo com o nível inicial de atividade da pessoa, o peso e a composição corporal. Por exemplo, uma atividade física moderada corresponde a 3 a 6 MET para um indivíduo com condição física moderada.

AVALIAÇÃO PARA A PRÁTICA DA ATIVIDADE FÍSICA NA PACIENTE DE CÂNCER DE MAMA

A atividade física pode ser iniciada desde o primeiro dia pós-operatório, obviamente com restrições para que não haja nenhuma interferência com a recupe-

TABELA 2 Classificação das atividades físicas por gasto energético aproximado[12]

≤ 3 MET	> 3 a ≤ 5 MET	> 5 a ≤ 7 MET	> 7 a ≤ 9 MET	> 9 MET
Banhar-se	Passar aspirador	Tênis de dupla	Tênis simples	Competições esportivas
Cozinhar	Varrer lentamente	Subir escadas carregando peso de 7 a 10 kg	Subir escadas carregando peso de 11 a 22 kg	Subir escadas carregando peso de 22 a 33 kg
Caminhar a 4 km/h	Caminhar a 6 km/h	Caminhar rápido a 7 km/h	Correr a 8 km/h	Correr a 11 km/h
Alongamento	Andar, correr com crianças	Dançar em ritmo rápido	Futebol, natação	Judô
Conduzir automóvel	Pescar com linha	Bicicleta estática	Vôlei de praia, handebol, basquete	Squash

ração da cirurgia e cicatriz. Esse momento pós-cirúrgico tem por objetivo a retomada das atividades de vida diária da paciente, como vestir-se, banhar-se, alimentar-se e outras atividades leves com as restrições aos movimentos de acordo com o momento do pós-operatório (ver Capítulo 10 – Fisioterapia no pré-operatório, no pós-operatório precoce e no pós-operatório tardio). O objetivo é que a paciente retome sua vida o mais próximo do normal, o mais precoce possível.

Em cada momento ou fase do tratamento, haverá algum tipo de exercício e atividade física recomendada. Como, quanto e quando isso poderá ser realizado dependerá de uma avaliação de resultados de exames laboratoriais, exames de imagem, condições físicas e emocionais de cada paciente. A avaliação fisioterapêutica deve ser realizada antes de qualquer abordagem terapêutica médica, preferencialmente ao diagnóstico.

Avaliação geral

A avaliação fisioterapêutica geral, independentemente da fase do tratamento, deve avaliar globalmente a paciente e enfatizar a cintura escapular, o tórax e o membro superior.[12]

1. Avaliação geral: pressão arterial e frequência cardíaca de repouso, índice de massa corpórea (IMC), comorbidades, hábitos de vida, medicação usual.
2. Avaliação do trofismo: pele, localização e características da cicatriz, brida cirúrgica.
3. Avaliação postural: retração e protrusão de ombros, postura protetora, protrusão de cabeça, postura antálgica com membro superior retraído e próximo ao tronco como se estivesse em tipoia, escoliose compensatória, cifose compensatória, dentre outros.
4. Avaliação musculoarticular: membro superior e região cervical limitações de movimento do ombro e cintura escapular, avaliação de tensões e contraturas musculares, força e resistência muscular, amplitude de movimentos.
5. Avaliação da dor: escala visual analógica, presença de síndromes dolorosas.
6. Avaliação vascular: presença de neovascularização, edema, linfedema de membro superior, mama, tórax anterior e posterior.
7. Avaliação neurológica: alterações de motricidade e sensibilidade.

Além disso, há a necessidade de complementação da avaliação com a análise de todos os exames de imagem, anatomia patológica, imuno-histoquímica e laboratoriais para que se possa prescrever quais as atividades físicas mais indicadas a cada paciente.

O tipo de cirurgia, o local da radioterapia, as diferentes drogas quimioterápicas, além de outros tratamentos, também são importantes para complementar a avaliação e a prescrição dos exercícios.

PRESCRIÇÃO DE EXERCÍCIOS

A prescrição de exercícios e atividade física nas pacientes de câncer de mama tem indicações importantes, visto que as pacientes sobreviventes têm risco aumentado para doença crônica, recidivas e morbidades como fadiga, osteoporose e artralgias. Os exercícios podem auxiliar as mulheres a recuperar a função do membro superior, fortalecer a musculatura, melhorar a qualidade óssea, o equilíbrio, o bem-estar geral e a autoestima, diminuir o risco de recidiva e doenças crônicas e, finalmente, melhorar a qualidade de vida. As diretrizes antigas sugeriam evitar exercícios repetitivos, extenuantes e fortes com o membro superior, pelo medo de aumentar o risco de linfedema ou aumentar seu volume quando ele já estivesse instalado. Por outro lado, a experiência clínica levou a diretrizes que mostram que não há evidências fortes que confirmem essas afirmações. Assim, hoje a conduta indicada é iniciar os exercícios logo ao diagnóstico, desde que seja prescrito por um fisioterapeuta experiente e com formação em oncologia.[6,8,12,13]

O monitoramento da paciente durante a realização da atividade física ou exercício deve ser constante pelo fisioterapeuta para que possa intervir ao mínimo sinal de desconforto, dor, mal-estar e exaustão. Os parâmetros para a realização dos exercícios são definidos não somente pela avaliação individual prévia, mas também antes de iniciar cada terapia e durante a sua realização.

Principais indicações para os exercícios

- Qualidade de vida;
- composição corporal;
- depressão;
- condicionamento;
- fortalecimento;
- imagem corporal;
- flexibilidade;

- recuperação da função física;
- linfedema.

Contraindicações gerais para os exercícios

- Dor óssea de origem recente;
- infecções agudas e presença de febre;
- fadiga extrema não normal;
- fraqueza muscular não normal;
- plaquetas < 5.000 mm³;
- glóbulos brancos < 500/mm³;
- hemoglobina < 8 g/dL;
- hematócrito < 25%.

Contraindicações relativas e precauções

- Declínio das funções cognitiva e neurológica;
- risco aumentado de infecções durante radioterapia e quimioterapia;
- condições ósseas e risco de fraturas nas metástases ósseas, em cintura pélvica, coluna dorsal ou membros inferiores;
- condições de cardiotoxicidade;
- alterações pulmonares graves, como dispneia grave;
- atenção no período da quimioterapia;
- atenção a má nutrição e desidratação;
- presença de náusea, vômito, diarreia e sangramento nasal.

Deve-se lembrar também que as pacientes que apresentam metástases devem ser cuidadosamente avaliadas quanto à prescrição de exercícios, considerando-se como fatores importantes: o local das metástases (metástases ósseas e pulmonares) e o estado dessas estruturas e órgãos.[14,15]

ORIENTAÇÕES ATUAIS PARA A ATIVIDADE FÍSICA E EXERCÍCIOS NAS PACIENTES COM CÂNCER DE MAMA

Partindo-se do princípio de que as pacientes estejam fisicamente descondicionadas e sejam sedentárias, deve-se iniciar com 150 a 180 minutos/semana por um período de 1 mês, indo desde exercícios de flexibilidade e resistência até de ganho de força, sempre de forma lenta e com lenta progressão. O programa de exercícios e seu acompanhamento sempre devem ser feitos por um fisioterapeuta.[6,10]

As variáveis, como número de vezes/semana, número de repetições de cada exercício e tipo de exercício, devem ser cuidadosamente prescritas de acordo com as características individuais de cada paciente.

O objetivo inicial da prescrição de exercícios, levando-se em consideração o momento da intervenção, por exemplo, o pós-operatório, é a recuperação da amplitude de movimentos e o retorno da função. Vários são os estudos que mostram que a intervenção precoce recupera mais rapidamente os movimentos. No entanto, não há consenso sobre intensidade, qualidade e frequência dos exercícios. Isso é compreensível, visto que cada paciente apresenta diversidade de características.[16,17]

Os exercícios e a atividade física podem ser realizados de forma individual ou em grupo. As atividades em grupo são bem interessantes, pois incluem os aspectos de socialização e compartilhamento de vivências. Nada melhor do que ter como orientador de exercício a própria paciente que ensina aos seus pares.[18]

A indicação atual para o linfedema é que o exercício, de modo geral, é benéfico e não aumenta o seu volume, assim como exercícios de fortalecimento com cargas variáveis são indicados com bons níveis de evidência. As orientações específicas de exercícios em cada momento ou morbidade, inclusive o linfedema, serão detalhadas nos capítulos seguintes.[19]

REFERÊNCIAS BIBLIOGRÁFICAS

1. Brown JC, Winters-Stone K, Lee A, Schmitz KH. Cancer, physical activity, and exercise. Comprehensive Physiology 2012; 2(4):2775-809.

2. Garcia DO, Thomson CA. Physical activity and cancer survivorship. Nutr Clin Pract 2014; 29(6):768-79.

3. Jetté M, Sidney K, Blümchen G. Metabolic equivalents (METS) in exercise testing, exercise prescription, and evaluation of functional capacity. Clin Cardiol 1990; 13(8):555-65.

4. Schmidt T, Weisser B, Dürkop J, Jonat W, Van Mackelenbergh M, Röcken C et al. Comparing endurance and resistance training with standard care during chemotherapy for patients with primary breast cancer. Anticancer Res 2015; 35(10):5623-9.

5. Jones LW, Alfano CM. Exercise-oncology research: past, present, and future. Acta Oncol 2013; 52(2):195-215.

6. Samuel SR, Veluswamy SK, Maiya AG, Fernandes DJ, McNeely ML. Exercise-based interventions for cancer survivors in India: a systematic review. SpringerPlus 2015; 4:655.

7. Sancho A, Carrera S, Arietaleanizbeascoa M, Arce V, Gallastegui NM, Giné March A et al. Supervised physical exercise to improve the quality of life of cancer patients: the EFICANCER randomised controlled trial. BMC Cancer 2015; 15:40.

8. Schmitz KH. Exercise for secondary prevention of breast cancer: moving from evidence to changing clinical practice. Cancer Prev Res (Phila) 2011; 4(4):476-80.

9. Tomás MT, Fernandes MB. Exercício físico e câncer de mama: uma revisão. Saúde e Tecnologia. 2012; (1):60-4.

10. Meneses-Echávez JF, González-Jiménez E, Ramírez-Vélez R. Effects of supervised multimodal exercise interventions on cancer-related fatigue: systematic review and meta-analysis of randomized controlled trials. Biomed Res Int 2015; 2015:328636.

11. Warburton DER, Nicol CW, Bredin SSD. Health benefits of physical activity: the evidence. CMAJ : Canadian Medical Association Journal 2006; 174(6):801-09.

12. Meunier A, Calmels P. Activité physique adaptée, reeducation et cancer du sein. AFSOS: 2013. Disponível em: www.afsos.org.

13. McNeely ML, Campbell KL, Rowe BH, Klassen TP, Mackey JR, Courneya KS. Effects of exercise on breast cancer patients and survivors: a systematic review and meta-analysis. CMAJ : Canadian Medical Association Journal 2006; 175(1):34-41.

14. Rief H, Peterson LC, Omlor G, Akbar M, Bruckner T, Rieken S et al. The effect of resistance training during radiotherapy on spinal bone metastasis in cancer patients - a randomized trial. Radiother Oncol 2014; 112(1):133-9.

15. Cheville AL, Girardi J, Clark MM, Rummans TA, Pittelkow T, Brown P et al. Therapeutic exercise during outpatient radiation therapy for advanced cancer. Am J Phys Med Rehabil 2010; 89(8):611-9.

16. Hladiuk M, Huchcroft S, Temple W, Schnurr BE. Arm function after axillary dissection for breast cancer: a pilot study to provide parameter estimates. J Surg Oncol 1992; 50(1):47-52.

17. Kilbreath SL, Refshauge KM, Beith JM, Ward LC, Lee M, Simpson JM et al. Upper limb progressive resistance trainng and stretchinhg exercises following surgery for early breast cancer: a randomized controlled trial. Breast Cancer Res Treat 2012; 133(2):667-76.

18. Kalter J, Buffart LM, Korstjens I, van Weert E, Brug J, Verdonck-de Leeuw IM et al. Moderators of the effects of group-based physical exercise on cancer survivors' quality of life. Support Care Cancer 2015; 23(9):2623-31.

19. Schmitz KH, Ahmed RL, Troxel AB, Cheville A, Lewis-Grant L, Smith R et al. Weight lifting for women at risk for breast cancer-related lymphedema: a randomized trial. JAMA 2010; 304(24):2699-705.

12

Fisioterapia nas cirurgias oncoplásticas e reconstrutivas da mama

Angela Gonçalves Marx
Patrícia Vieira Guedes Figueira

INTRODUÇÃO

A reconstrução mamária é um processo multifacetado e requer uma abordagem multidisciplinar no cuidado com a paciente. Raramente é um processo único e normalmente é realizada em mais de um tempo cirúrgico. Dentro da equipe multidisciplinar, a fisioterapia vem desempenhando papel de relevância cada vez maior na prevenção de complicações e na recuperação da função de pacientes submetidas às reconstruções mamárias, mas ainda são raros os serviços médicos, no Brasil, que têm por rotina encaminhar essas pacientes aos cuidados fisioterapêuticos. Normalmente o encaminhamento é feito tardiamente ou quando já se instalou alguma morbidade funcional cuja competência do tratamento seja do fisioterapeuta.

A fisioterapia nas reconstruções mamárias ainda requer maiores evidências e normalmente está baseada na rotina da prática diária de alguns serviços e de alguns profissionais. A falta de protocolos padrão quanto à abordagem fisioterapêutica dificulta a análise, não só quanto à evolução da paciente, mas também quanto à comprovação do real valor da fisioterapia em prevenir e tratar as complicações e sequelas advindas dessas cirurgias. Dessa forma, as técnicas e as abordagens que serão mencionadas neste capítulo são fruto de:

- diretrizes de serviços de fisioterapia brasileiros e internacionais;
- estudos publicados;[1]
- experiência pessoal e baseadas em prática clínica dos últimos 25 anos.

Quanto ao momento das reconstruções, podem ser imediatas ou tardias. A reconstrução imediata evita alterações posturais; no entanto, também pode acentuar as alterações posturais já instaladas e seguramente melhora a autoestima. A reconstrução tardia melhora a autoestima, porém as alterações já estão instaladas e há a necessidade de tratamento mais complexo.

A morbidade pós-operatória das reconstruções mamárias pode chegar a 30%.[2] Felizmente, a maioria dessas complicações pode ser abordada de forma apropriada, obtendo-se a prevenção e a recuperação.[3]

Seja qual for o tipo de cirurgia ou o momento, se imediata ou tardia, os benefícios da reconstrução para a paciente são enormes, não só no aspecto físico, mas principalmente emocional, pois a retirada da mama causa impacto na imagem corporal e na vida sexual, quando a mulher se sente menos atrativa para si e para o parceiro e, com isso, deteriora sua qualidade de vida.

Dentre os tipos mais comuns de reconstrução mamária, destacam-se:

1. Com implante e expansor.
2. Com retalho do músculo grande dorsal (ou serrátil) e implante.
3. Com retalho do músculo reto abdominal (TRAM) pediculado, livre e DIEP (*deep inferior epigastric artery perforator*).
4. Reconstrução parcial. Mulheres portadoras de assimetria mamária e gigantomastia são melhores candidatas à cirurgia oncoplástica mamária.[3]

A cirurgia oncoplástica pode incluir também outras abordagens, descritas a seguir.

RECONSTRUÇÃO DO COMPLEXO AREOLOPAPILAR

Sugere-se que o melhor momento para realização da reconstrução do complexo areolopapilar (CAP) seja de 3 a 6 meses após a reconstrução mamária, não havendo consenso quanto à melhor técnica a ser utilizada.[3]

LIPOFILLING

O enxerto de gordura é considerado pelo painel de especialistas oncologicamente seguro após cirurgias conservadoras e mastectomias.[3]

As indicações e contraindicações quanto ao momento e ao tipo de cirurgia a ser realizado depende de uma série de fatores individuais já citados no Capítulo 8 – Oncoplástica. No entanto, independentemente do tipo ou do momento da cirurgia, morbidades podem ser evitadas e tratadas, e muitas sequelas e complicações funcionais podem ser abordadas pela fisioterapia.

Quanto às cirurgias oncoplásticas e reconstrutivas, um guia prático de recomendações baseadas nas melhores evidências disponíveis na literatura foi descrito pela Sociedade Brasileira de Mastologia em 2015 para a realização das reconstruções mamárias.[4] As mais importantes no consenso foram:

1. O comprometimento das margens em cirurgia oncoplástica pode ser resolvido com ampliação de margens na maioria dos casos.
2. Tumores multifocais não são contraindicação para cirurgia oncoplástica.
3. Idade > 70 anos não representa contraindicação para uso de técnicas oncoplásticas.
4. Reconstrução imediata pode ser indicada com segurança para a maioria das candidatas à mastectomia.
5. Pacientes com indicação de radioterapia pós-mastectomia podem ser submetidas à reconstrução imediata, devendo ter ciência dos riscos maiores para mau resultado estético; mastectomia com preservação do CAP é segura nos casos de câncer.
6. Radioterapia após a mastectomia com preservação do CAP não está indicada fora dos critérios clássicos de irradiação do plastrão.
7. Tela abdominal reduz chances de hérnia no caso de reconstrução com TRAM.

A existência de fatores de risco ligados ao aparecimento de morbidades pela reconstrução deve ser considerada, e tais fatores incluem:[5]

1. Fumo: pode aumentar as complicações pós-operatórias, mas também altera a cicatrização da ferida, especialmente quando a cirurgia de reconstrução é realizada junto com o procedimento cirúrgico para retirada do câncer.
2. Hipertensão arterial: sugere-se que a hipertensão seja um fator contribuinte para o aparecimento do seroma (ou linfocele) em coleções e no linfedema.
3. Idade avançada: mulheres mais velhas que se submetem à cirurgia de câncer de mama têm risco aumentado para complicações da ferida operatória; a educação pré-operatória no sentido de manter uma nutrição saudável e o conhecimento do risco aumentado são pontos importantes para discutir com familiares e cuidadores.

4. Diabetes e obesidade: diabetes e índice de massa corpórea (IMC) elevado são fatores de risco para complicações da ferida operatória em indivíduos que se submetem a qualquer procedimento cirúrgico.

5. Suplementos herbáceos: algumas ervas e vitaminas, como *ginseng*, *gingko biloba*, alho e vitamina E, aumentam o sangramento e devem ser interrompidas pelo menos de 10 a 15 dias antes da cirurgia.

6. Uso de anti-inflamatórios: é importante que cirurgiões e outros profissionais da saúde enfatizem a interrupção de medicamentos que aumentam o sangramento pelo menos de 10 a 15 dias antes do procedimento.

7. Amplitude excessiva de movimentos: a liberação total da amplitude de movimentos (ADM) no pós-operatório precoce pode ajudar a maximizar o débito da drenagem.

8. Bevacizumabe neoadjuvante: pode causar retardo cicatricial, deiscência, sangramento do local cirúrgico e infecção; por essa razão, a cirurgia deve ser marcada para pelo menos 6 a 8 semanas após a última infusão do quimioterápico na neoadjuvância e 30 dias após a adjuvância.

9. Radioterapia sobre a reconstrução com implante já bem documentado, com várias complicações, seja nos tecidos moles da parede torácica, seja no implante. A decisão para se realizar a cirurgia de reconstrução com implante, se imediata ou tardia, em paciente que tem indicação de radioterapia, deve levar em consideração os fatores oncológicos e os resultados desejados.

O encaminhamento das pacientes com indicação de cirurgias reconstrutoras da mama para a realização da fisioterapia é muito diverso e ainda não consensual entre mastologistas, cirurgiões plásticos e fisioterapeutas especialistas em oncologia.[6]

Tanto o tipo de cirurgia quanto o momento da reconstrução, se imediato ou tardio, podem levar a complicações específicas. A fisioterapia desempenha um papel importante na recuperação funcional da paciente e é imperativo que comece o mais precocemente possível, que seja realizado por fisioterapeuta especialista e familiarizado com as técnicas cirúrgicas e as complicações mais comuns e que tenha experiência na área.

Os componentes essenciais no cuidado das pacientes de reconstrução de mama são reobter a mobilidade e a função total do braço; minimizar simultaneamente a morbidade da região doadora; evitar compensações posturais que possam levar a posteriores complicações e sequelas.[7]

As orientações a seguir quanto à fisioterapia não pretendem ser nem exaustivas ou prescritivas, mas podem servir como base, não somente para a avaliação das pacientes, mas também para o tratamento das morbidades que surgem em curto, médio e longo prazos após a reconstrução mamária.

RECONSTRUÇÃO COM IMPLANTE/EXPANSOR

É a reconstrução mais comum em muitos países e serviços, inclusive no Brasil (Figura 1).

O preenchimento do expansor é feito lentamente, de forma que aconteça a expansão tecidual necessária. Normalmente, esse preenchimento é feito com volume cerca de 30% maior do que o volume do implante que será colocado, para que haja pele suficiente para a mobilidade normal da prótese (Figura 2). Em alguns casos, o cirurgião pode optar pela colocação do expansor usando uma porção do músculo serrátil, que é elevado lateralmente e plicado junto ao músculo peitoral maior.[7]

Em nossa prática clínica, as pacientes que se submeteram a esse tipo de cirurgia com colocação de expansor ou prótese têm maiores dificuldades, como dor e limitação dos movimentos do membro superior, se comparadas às pacientes que fizeram somente a cirurgia para retirada do câncer. Por esse fato, indica-se a intervenção da fisioterapia a partir do 1º dia pós-operatório, com os protocolos tradicionais para pacientes operadas de câncer de mama sem reconstrução. A condição pós-operatória e o diálogo correto entre o cirurgião e o fisioterapeuta devem ser prioridades antes de se iniciar qualquer avaliação ou tratamen-

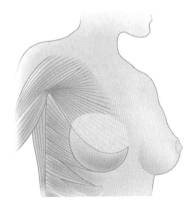

Figura 1 Implante mamário.

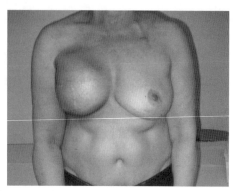

Figura 2 Preenchimento de expansor com maior volume.

to, pois disso depende a prescrição e a realização das condutas fisioterapêuticas a serem adotadas e quais devem eventualmente ser evitadas.[1]

A colocação de expansor ou prótese pode provocar efeitos colaterais, como encapsulamento da prótese, cicatrizes indesejáveis, edema e alteração postural, além de dor (Figura 3).

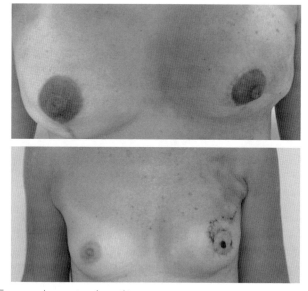

Figura 3 Encapsulamento da prótese.

A fisioterapia atua com a orientação de exercícios e a correção de eventuais alterações posturais. Os exercícios a serem orientados visam ao ganho e à consequente manutenção de ADM e força. Outras técnicas fisioterapêuticas, como massagem, drenagem linfática manual e uso de *taping* neuromuscular, são práticas frequentes, mas que ainda necessitam de protocolos para provar realmente sua eficácia. A mobilização de tecidos não só ao redor da prótese, mas também nas regiões vizinhas, visam à reorganização de fibras, fáscias e, portanto, melhor mobilidade entre os tecidos, o que favorece uma ADM adequada e menos dor.

A manipulação do expansor ou da prótese somente deve ser realizada após diálogo com o cirurgião para que se tenha segurança na terapia. No entanto, uma vez liberada, o que ocorre geralmente após 4 semanas, ela deve ser feita em todos os eixos: superoinferior, laterolateral e circular (Figura 4).

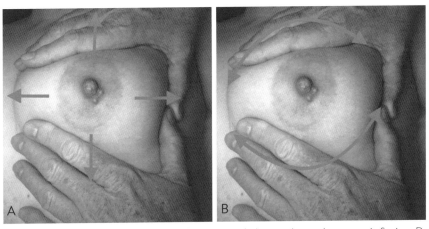

Figura 4 Mobilização da prótese/expansor A. Laterolateral, superoinferior. B. Circular.

COMPLICAÇÕES PELA RADIOTERAPIA – PRÓTESES

A radioterapia pode acarretar várias complicações em médio e longo prazos às pacientes que tenham sido submetidas à reconstrução com prótese (Figura 5).[8]

Dentre as complicações mais comuns da reconstrução após a radioterapia, tem-se:

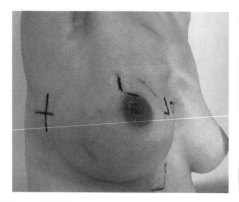 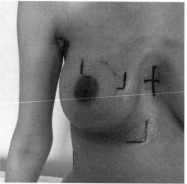

Figura 5 Marcação de radioterapia em paciente com prótese.

- perda total do retalho;
- perda parcial do retalho;
- trombose;
- retardo da cicatrização;
- infecções;
- hematoma;
- seroma;
- necrose gordurosa;
- contratura do implante;
- fibrose.

Embora a maioria dos estudos mostre essas complicações sendo mais comuns, há que se considerar alterações funcionais importantes:

1. Aderência e restrição da mobilidade do peitoral maior com consequente diminuição de sua força e capacidade de estiramento, com diminuição da funcionalidade do membro superior.
2. Contratura e aderência da prótese/implante a planos mais profundos, o que pode levar a alterações de padrão respiratório, mobilidade torácica, restrição da ADM do membro superior e intenso desconforto na região da mama e axila.

A complicação mais difícil a gerir é a reação da cápsula externa (fibrosa), pois se trata de uma reação cicatricial normal, cujo exagero é patológico. Quando acontece uma reação inflamatória importante, a membrana periprotética se espessa, se retrai e diminui o espaço para a prótese.[9]

As complicações das próteses em relação à reação da cápsula externa podem ser classificadas, segundo Baker, em quatro estágios:

1. Palpação e inspeção normais.
2. Contraturas leves e endurecimento.
3. Endurecimento limitante e leve deformação.
4. Grande endurecimento e grande deformação.

RECONSTRUÇÃO COM RETALHO DO MÚSCULO GRANDE DORSAL E SUAS MORBIDADES

A cirurgia de reconstrução da mama com retalho do músculo grande dorsal (Figura 6)[10] tem consequências diretas sobre:

- músculo peitoral maior;
- músculo grande dorsal e suas aponeuroses;
- fáscias do tórax;
- cavidade axilar com seu conteúdo venoso e axilar;
- perda de elasticidade e do deslizamento nos planos aponeuróticos;
- retração do peitoral maior e sua fáscia;
- retração do grande dorsal;
- retração das fáscias do tórax;
- "defeito muscular" na região da retirada do retalho.

O conjunto todo favorece uma posição antálgica com a rotação interna e a adução da articulação escapuloumeral. Soma-se a isso uma cicatriz dorsal, frequentemente retraída e aderente aos planos subjacentes.

Pode haver consequências indiretas também sobre:

- músculos cervicoescapulares;
- músculo esternocleidomastóideo (ECM);
- músculos escalenos;
- músculo trapézio;
- estática da paciente.

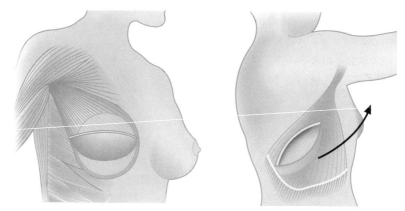

Figura 6 Reconstrução com músculo grande dorsal.

Avaliação das pacientes submetidas à reconstrução com prótese/expansor e com retalho do músculo grande dorsal

Deve-se estabelecer uma avaliação que inclui uma síntese do exame clínico, dos desequilíbrios musculares e das tensões e contraturas musculares, com o objetivo de definir um plano de tratamento preventivo, educativo ou curativo.

Essa avaliação deve compreender vários sistemas e funções. A paciente deve ser avaliada sob vários aspectos:

- avaliação linfática – edema, síndrome da rede axilar;
- avaliação de cicatrizes – aderência, coloração, dor;
- avaliação da mobilidade tissular;
- avaliação da sensibilidade – hipoestesia do retalho e da zona doadora;
- avaliação das tensões musculares cervicais.

Deve-se também colocar em tensão as diferentes cadeias musculares e observar as compensações. As tensões surgem frequentemente no nível escapular e cervical. A posição antálgica provocada por essa cirurgia modifica o equilíbrio postural ou acentua as compensações já existentes. Essa posição é fixada por uma contratura do tipo "miometabólico" permanente e sem mostrar sinais à eletromiografia.

Essas tensões provocam:

- nos escalenos: no tórax, mostram uma postura inspiratória com elevação ao nível subclavicular;

- no trapézio superior: elevação do ombro e abertura da escápula;
- no peitoral menor: báscula e abaixamento do ombro para a frente;
- no ECM: mostra uma rotação da cabeça para o lado oposto junto com uma contração visível do músculo;
- no peitoral maior: traz o ombro para a frente e para dentro (Figura 7);
- no grande dorsal: assinala uma rotação interna e extensão do ombro.

Diretrizes para a fisioterapia após colocação do expansor e prótese[11]

1. Como o implante geralmente é colocado em posição submuscular em uma loja abaixo do peitoral maior, movimentos que envolvem o estiramento do peitoral maior devem ser evitados por 2 a 3 semanas.
2. A partir do 1º dia pós-operatório, deve-se estimular o uso normal do braço afetado até um ângulo de 90°.
3. Evitar a extensão do ombro e o carregamento de pesos.
4. Se a reconstrução for imediata e associada à linfonodectomia axilar, deve-se estimular na 1ª semana:
   — movimentos suaves com os ombros – enrolar, encolher, movimentos de rotação, flexão e abdução;
   — flexão e abdução do braço até 90°;
   — não deitar sobre o lado operado até que receba permissão (em casos normais, cerca de 1 mês).
5. Com a insuflação do expansor (após 2 semanas), retorno gradual às atividades normais.

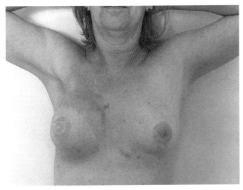
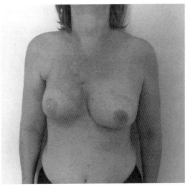

Figura 7 Retração muscular do peitoral maior com postura compensatória de ombro.

6. Aumentar o uso do braço com exercícios progressivos de ADM e evitar quando houver sintomas de muita tensão ou estiramento.

7. A rigidez anterior do tórax secundária à dor em queimação pode levar a uma postura de protrusão protetora do ombro. Nesse caso, o tratamento inclui exercícios para a cintura escapular, orientação postural e alongamentos.

8. Dependendo da atividade profissional da paciente e quando sugerido pelo cirurgião, a paciente já pode dirigir carro após 3 a 4 semanas, desde que haja a recuperação dos movimentos e a confiança no movimento. Por volta da 6ª semana, a maioria das atividades normais pode ser assumida, inclusive o estiramento dos peitorais e a abdução acima de 90°.

Fisioterapia nas reconstruções com retalho do músculo grande dorsal

Diretrizes para a fisioterapia nas reconstruções com retalho do músculo grande dorsal[11]

1. Como o músculo grande dorsal permanece inervado, o movimento ou a atividade que cause contração ou estiramento do músculo grande dorsal ou do músculo peitoral maior deve ser evitado até que a ferida tenha cicatrizado. Deve-se lembrar de que a função do grande dorsal é estender, aduzir e rodar medialmente o úmero e levantar o corpo durante a escalada. Já o músculo peitoral maior faz a adução do braço.

2. Nas primeiras 2 semanas, podem-se orientar exercícios desde o 1º dia pós--operatório, como o de encolher e enrolar os ombros, flexão e abdução até 90°, retrair e protrair a escápula. Esses exercícios devem ser continuados por aproximadamente 2 semanas.

3. Deve-se orientar a evitar a abdução e elevação acima de 90° ou a extensão do ombro. O uso normal do braço é estimulado para atividades leves até a altura do ombro.

4. Após as 2 primeiras semanas, orientar exercícios de ADM incluindo flexão, abdução e rotação lateral, e gradualmente retomar o uso normal do braço acima da altura do ombro e as atividades normais, com quase todas as tarefas sendo reassumidas, entre 6 e 8 semanas, evitando pesos muito pesados em até 12 semanas de pós-operatório (p.ex., serviços pesados de casa). Estimular a abdução com rotação lateral (mãos atrás da nuca), pois esse movimento frequentemente está restrito e é de extrema importância quando houver a indicação da radioterapia.

Fisioterapia nas cirurgias oncoplásticas e reconstrutivas da mama **183**

5. Exercícios de protração/retração escapular para manter a cicatriz da região doadora móvel e evitar a aderência. A protração escapular é feita com flexão horizontal bilateral do ombro combinada com inspiração profunda, o que alonga a cicatriz ao redor do serrátil anterior, e a protração escapular em supino é feita com as pontas dos dedos em direção ao teto.
6. Após 4 semanas ou após a cicatrização do local doador, quando a abdução total for obtida, estimular o alongamento com abdução combinada com flexão lateral do tronco para longe do lado reconstruído, para alongar o local doador sobre a parede lateral do tórax. Dirigir é permitido após 4 semanas, desde que haja recuperação da ADM e confiança nos movimentos. A mobilização da pele sobre o local doador e na parede lateral do tórax é estimulada para evitar a aderência da cicatriz, após a 4ª semana.
7. Uma sensação de rigidez, algumas vezes com dor/parestesia ao longo da área doadora, pode permanecer por meses após a cirurgia e sempre deve ser enfatizada a importância da continuidade da massagem, dos exercícios escapulares, dos exercícios de expansibilidade torácica e de ADM total.
8. O retardo da cicatrização do local doador pode causar aderência e restringir a mobilidade escapular e a ADM do ombro, e o tratamento deve incluir tudo o que já foi previamente relatado, além de mobilizações escapulares, técnicas de liberação tecidual, alongamentos torácico e lombar e orientação postural.
9. O tempo de 1 a 2 semanas é um guia, mas o momento da progressão dos exercícios varia para cada indivíduo, principalmente se a paciente for muito protetiva com o braço afetado, se demonstra acentuada rigidez do ombro ou se irá iniciar a radioterapia; também varia de cirurgião para cirurgião, conforme o que foi realizado na cirurgia.

RECONSTRUÇÃO COM RETALHO DO MÚSCULO RETO ABDOMINAL E SUAS MORBIDADES

A cirurgia de reconstrução com retalho do músculo reto abdominal (TRAM) ainda é um procedimento comum de reconstrução autóloga com o uso de tecidos moles do abdome na forma de um pedículo de pele, gordura e músculo – reto abdominal (Figura 8). O resultado é uma mama flexível, suave e com formato similar à mama saudável. No entanto, o uso de 1 ou 2 retos abdominais enfraquece a parede abdominal e pode influenciar a postura estática correta. A reconstrução com retalho livre com a perfurante da artéria epigástrica inferior profunda (DIEP) parece ter morbidade menor em relação à postura.[12]

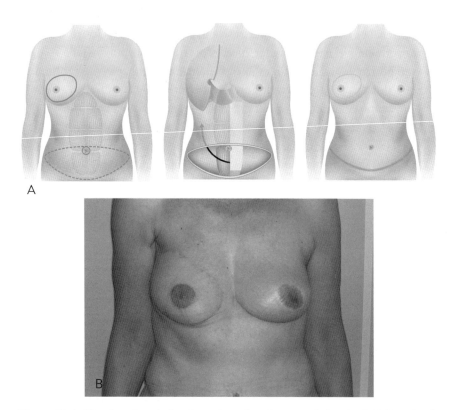

Figura 8 A. Técnica de retalho livre do músculo reto abdominal. B. Resultado do TRAM com formato similar ao da mama saudável.

Dentre as morbidades que terão a intervenção da fisioterapia, incluem-se: fraqueza da parede abdominal, herniação da parede abdominal, perda da amplitude da extensão do tronco, presença da lombalgia ou sua piora, dor em mama reconstruída, região abdominal, axila e pescoço, além de alterações posturais importantes.

Vários estudos investigaram as complicações pós-operatórias, mas nenhum fez uma avaliação pré-operatória da força da parede abdominal ou da influência do fortalecimento da parede abdominal na prevenção e no controle da dor lombar, na manutenção da função e nos resultados estéticos.

Seria ideal avaliar as pacientes que se submeterão à cirurgia por TRAM no período pré-operatório e instruí-las em um programa específico de exercícios de fortalecimento dos abdominais. Infelizmente, pesquisas sobre os efeitos desse fortalecimento no pós-operatório de TRAM ainda não estão disponíveis, para se ter certeza sobre a eficácia desse procedimento.[13]

Fisioterapia nas reconstruções por TRAM

Seja na reconstrução por TRAM livre, pediculado ou DIEP, as orientações e as condutas da fisioterapia são semelhantes.

A paciente deve ser orientada sobre a postura a ser mantida no leito nos primeiros dias após a cirurgia e manter a elevação da cabeceira da cama com joelhos fletidos para evitar o tracionamento dos retalhos e da ferida operatória.

Diretrizes para a fisioterapia nas reconstruções com retalho do músculo reto abdominal[11]

1. Nas primeiras 6 semanas: iniciar no 1º dia pós-operatório com exercícios respiratórios padrão e rotação e elevação do ombro.
2. Evitar abdução e flexão acima de 90° nas primeiras semanas para evitar estirar o pedículo vascular em que houve a anastomose vascular. A movimentação do ombro somente deve ser indicada e realizada após o cirurgião ser consultado, principalmente se houver dúvidas quanto à viabilidade do retalho.
3. A seguir, exemplos de alguns exercícios para essa fase:
   - exercícios de inclinação pélvica podem ser iniciados em 2 a 3 dias, na posição sentada e deitada em flexão, e podem ser continuados por pelo menos 6 semanas após a cirurgia, para diminuir ou prevenir a lombalgia, estimular a mobilidade da coluna lombar e a contração submáxima do músculo reto abdominal;
   - giro de pernas para os lados com os joelhos juntos, na posição de flexão deitada nos primeiros dias para melhorar mobilidade e transferências;
   - contração abdominal em decúbito dorsal e flexão, assim que a paciente for capaz;
   - exercícios para ganho gradual da ADM do membro superior após 7 dias, se o retalho estiver estável.
4. Entre 4 e 6 semanas, uma vez obtido o controle dos movimentos na contração, estimular a contração da depressão abdominal durante as atividades funcionais.

186 Fisioterapia no câncer de mama

5. Exercícios de flexão abdominal como encaracolar (cabeça-peito) e também com os músculos oblíquos podem ser iniciados em 6 a 8 semanas, assim que se consiga manter uma boa contração da concavidade abdominal.
6. A progressão dos exercícios abdominais deve considerar as características individuais.
7. O estiramento suave da parede abdominal pode ser iniciado assim que a cicatriz e as mobilizações teciduais locais estejam estabilizadas, com o objetivo de evitar aderências e fibroses.

O tipo e a velocidade da progressão dos exercícios abdominais, bem como a retomada das atividades de vida diária e a função total após a cirurgia, dependem de qual tipo de cirurgia foi realizado (TRAM livre, pediculado ou com DIEP), da quantidade retirada do músculo reto abdominal e quanto da fáscia do reto anterior foi sacrificada.

A Tabela 1 resume os efeitos físicos e funcionais associados à reconstrução mamária.

TABELA 1 Efeitos físicos e funcionais associados à reconstrução mamária

Método de reconstrução	Descrição	Complicações em potencial
Reconstrução com implantes	Colocação do implante atrás do músculo peitoral maior Implantes podem conter solução salina, gel de silicone ou combinação dos dois	Diminuição da extensibilidade e força do peitoral maior
TRAM pediculado	Transferência de gordura e pele abdominal de um ou dois músculos retos abdominais através de um túnel sob o diafragma	Fraqueza da parede abdominal com ou sem herniação Perda da amplitude da extensão do tronco Dor lombar/aumento da dor lombar
TRAM com retalho livre	Pele, gordura e uma pequena porção do músculo reto abdominal inferior são removidos; a microcirurgia vascular é realizada para transplantar o retalho para o local da mastectomia	Dor em mama reconstruída, região abdominal, axila, pescoço e região lombar
TRAM com retalho DIEP	Preserva a fáscia do músculo reto anterior e a integridade do músculo abdominal Remove somente pele e gordura abdominal inferior junto com os vasos epigástricos profundos inferiores, uma artéria e uma veia na base do músculo reto abdominal	Fraqueza abdominal menor do que o TRAM com retalho pediculado ou livre

(continua)

Fisioterapia nas cirurgias oncoplásticas e reconstrutivas da mama **187**

TABELA 1 *(continuação)* Efeitos físicos e funcionais associados à reconstrução mamária

Método de reconstrução	Descrição	Complicações em potencial
Reconstrução com o retalho do grande dorsal	Frequentemente associado a um expansor tecidual ou implante O retalho do músculo grande dorsal, com ou sem pele, é dissecado e trazido para a frente da parede torácica; os principais vasos toracodorsais permanecem fixados ao corpo para assegurar um adequado suprimento sanguíneo	Dor no ombro Incapacidade na flexão do ombro Diminuição da função e força do ombro Dificuldade em realizar tarefas funcionais (movimentos acima da cabeça) e atividades esportivas

TRAM: transposição do músculo reto abdominal; DIEP: perfurante da artéria epigástrica inferior profunda.

REFERÊNCIAS BIBLIOGRÁFICAS

1. Teixeira LFN, Sandrin F. The role of the physiotherapy in the plastic surgery patients after oncological breast surgery. Gland Surgery 2014; 3(1):43-7.
2. Vitug AF, Newman LA. Complications in breast surgery. Surg Clin North Am 2007; 87:431-51.
3. Tuohy S, Savodnik A. Postsurgical rehabilitation in cancer. In: Stubblefield M, O'Dell M (eds.). Cancer rehabilitation: principles and practice. Nova York Demos Medical, 2009. p.813-24.
4. Urban C, Freitas-Junior R, Zucca-Matthes G, Biazús JV, Brenelli FP, Pires DM et al. Cirurgia oncoplástica e reconstrutiva da mama: Reunião de Consenso da Sociedade Brasileira de Mastologia. Rev Bras Mastologia 2015; 25(4):118-24.
5. McNeely ML, Binkley JM, Pusic AL, Campbell KL, Gabram S, Soballe PW. A prospective model of care for breast cancer rehabilitation: postoperative and postreconstructive issues. Cancer 2012; 118(8 Suppl):2226-36.
6. Zyznawska J, Smolag D, Golec J. Physiotherapy after breast reconstruction following a radical mastectomy. Journal of Public Health Nurse and Medical Rescue 2015; 3:33-6.
7. Hu E, Alderman AK. Breast reconstruction. Surg Clin N Am 2007; 87:453-67.
8. Kelley BP, Ahmed R, Kidwell KM, Kozlow JH, Chung KC, Momoh AO. A systematic review of morbidity associated with autologous breast reconstruction before and after exposure to radiotherapy: are current practices ideal? Ann Surg Oncol 2014; 21(5):1732-38.
9. Varaud N, Ferrandez JC. Kinésithérapie de la cicatrice et de la paroi thoracique de la mastectomïsée pré- et post-reconstruction mammaire. Cah Kinésithér 1998; 190(2):1-9.

10. Thareau L. Kinésithérapie après reconstruction mammaire par lambeau du grand dorsal: intégration de la méthode Mézières – KS 2005 n° 453: 37-44. Disponível em: www.ifgm.es/sites/default/files/L_Thareau_reconstruction_mammaire_MM.pdf.

11. Rainsbury D, Willett A. Guidelines for best practice. Appendix D Physiotherapy guidance. Disponível em: www.associationofbreastsurgery.org.uk/media/23851/final_oncoplastic_guidelines_for_use.pdf. Acessado em: 11/2016.

12. Cieśla S, Bąk M. The effect of breast reconstruction on maintaining a proper body posture in patients after mastectomy. In: Breast reconstruction Current techniques. Downloaded from: www.intechopen.com/books/breast-reconstruction-currenttechniques.

13. Monteiro ML. Physical therapy implications following the TRAM procedure. Phys Ther 1997; 77(7):765-70.

13

Fisioterapia nas metástases de câncer de mama

Patrícia Vieira Guedes Figueira
Angela Gonçalves Marx
Emília Cardoso Martinez

INTRODUÇÃO

O processo para ocorrer uma metástase a distância compreende várias etapas, e é necessária uma combinação de eventos para que a célula cancerígena do tumor primário atinja outros órgãos.[1]

Após uma célula neoplásica ganhar a circulação, ela deve se ligar a células do sangue, por exemplo, as plaquetas, e, com o auxílio de glicoproteínas de adesão, formar um êmbolo estável que não consegue ser reconhecido por células de defesa. A ligação desse êmbolo a outros órgãos acontece por dois mecanismos principais: por impacto físico na microcirculação ou por determinado órgão ter predomínio pela célula em razão de fatores moleculares de adesão. Pela defesa do organismo, muitos êmbolos tumorais são reconhecidos e destruídos e uma pequena parcela consegue atingir o alvo e produzir as metástases (Figura 1).[2]

A combinação da célula tumoral-sanguínea, por indução de continuidade na parede do vaso e infiltração local ou por ultrapassar o bloqueio da camada endotelial e a membrana basal, é retida no órgão-alvo. Uma vez atingido, o órgão pode destruir a célula, pode ficar dormente por longos períodos ou – a pior situação – começar a se reproduzir de forma descontrolada.[2]

O risco de metástases no câncer de mama está associado com o estádio da doença e características biológicas do tumor, o que inclui tamanho do tumor, envolvimento de linfonodos, presença de invasão linfovascular e perineural, grau histológico, subtipos moleculares (presença de receptores hormonais de progesterona e estrogênio; e Her-2).

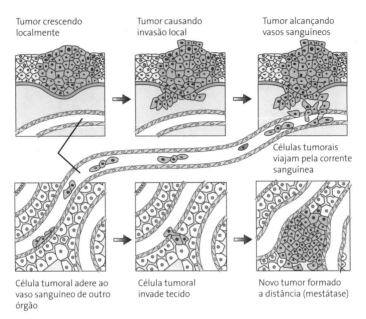

Figura 1 Esquema da metástase sistêmica.

No câncer de mama, quando as células se proliferam além dos linfonodos da axila para locais distantes, diz-se que o câncer de mama é metastático ou avançado. Os órgãos de predileção para desenvolvimento das metástases a distância são: ossos, pleura e pulmões, fígado e, com menor aparecimento, cérebro e ovários (Figura 2).[1-3]

Os sintomas mais comuns associados ao câncer de mama metastático são observados na Tabela 1.[4]

TABELA 1 Sintomas associados ao câncer de mama metastático

Local da metástase	Sintomas associados
Geral	Fadiga, depressão, dificuldade para dormir
Osso	Dor, hipercalcemia, fratura patológica e perda de mobilidade
Sistema nervoso central	Cefaleia, confusão, fraqueza, dor, crises epiléticas, paralisia de nervos cranianos, alteração da fala
Pele	Dor, infecção e sangramento
Trato gastrointestinal	Dor, náusea, vômito, diarreia, perda de apetite, dispneia (pela ascite), icterícia, sangramento
Pulmão	Dor, dispneia, hemoptise e tosse
Linfonodos	Dor, plexopatia braquial

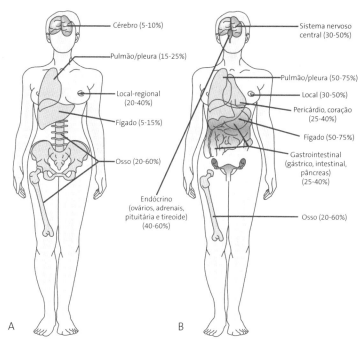

Figura 2 Locais mais frequentes de metástases no câncer de mama. A. Como primeiro local de recorrência. B. Na autópsia.

Os locais e órgãos mais afetados pela metástase de câncer de mama que terão benefícios com a intervenção da fisioterapia serão abordados neste capítulo, quais sejam as metástases ósseas e pulmonares.

METÁSTASE ÓSSEA

O osso é o primeiro local de metástase em 47% das mulheres com câncer de mama avançado, e o único local em 20%. Os tratamentos mais avançados e recentes têm prolongado o período entre o diagnóstico e o final da vida e, por isso, é preciso se importar com a qualidade de vida e independência funcional dessas pacientes.[5,6]

A metástase óssea é uma condição devastadora que pode ter impacto negativo nas vidas das pacientes com doença avançada de diversas maneiras. Podem surgir grandes limitações nas atividades de vida diária com consequente diminuição da qualidade de vida, aumento substancial nas despesas médicas e risco eminente de óbito.[7]

Os principais locais de lesão óssea, por ordem de frequência, são: coluna vertebral, fêmur, pelve, costelas, esterno, úmero e crânio.

A seguir, são apresentados os principais sinais e sintomas da metástase óssea:[6]

- dor óssea: geralmente o primeiro sintoma da metástase óssea. Inicialmente é esporádica e melhora com o movimento. Com a evolução, vai se tornando constante e piora com o movimento;
- fraturas podem acontecer por queda ou lesão; causam dor súbita e severa. As mais comuns são as de ossos longos, como o fêmur e o úmero, e ossos da coluna vertebral;
- a compressão da medula espinal ou raiz nervosa ocorre pelo crescimento do tumor nos ossos da coluna vertebral. Pode levar a sintomas como dormência, plegias ou paresias, além de dificuldade para controle de bexiga, caso esses nervos sejam também comprimidos;
- hipercalcemia (altos níveis de cálcio no sangue) ocorre pela presença de tumor nos ossos, onde o cálcio é liberado para a corrente sanguínea. Pode causar problemas como constipação, náuseas, vômitos, fraqueza, confusão, perda de apetite, sonolência e sede excessiva;
- anemia;
- fadiga;
- redução do *performance status* e piora da qualidade de vida.

Avaliação óssea por imagem

O uso da radiografia convencional e da cintilografia óssea ajudam a confirmar a presença de metástase óssea e também a extensão da doença, pois classificam as lesões em osteoblásticas, osteolíticas ou mistas e estratificam aquelas lesões que são risco para fratura ou compressão medular. A ressonância magnética (RM), a tomografia computadorizada (TC) e a tomografia por emissão de prótons (PET) também auxiliam no diagnóstico.[8]

Radiografia simples

Usada como investigação preliminar para metástases ósseas, para lesões maiores que 1 cm de diâmetro, geralmente é o primeiro exame indicado para o paciente com câncer com dor óssea ou outros sintomas relacionados. Em torno de 30 a 50% da densidade mineral óssea (DMO) deve estar perdida para a lesão aparecer na radiografia. Além disso, define a anatomia dos ossos e indica o resultado do reparo e reabsorção óssea mostrando lesões osteoblásticas, osteolíticas e mistas. Ademais, mostra as fraturas em ossos enfraquecidos pelas metástases.

Há dois tipos de lesões ósseas: as osteoblásticas e as osteolíticas. As osteoblásticas fazem uma área do osso parecer mais densa ou esclerótica. Na radiografia, aparecem como pontos que são mais brancos do que o osso em torno. As lesões osteolíticas fazem o osso parecer menos denso pela destruição óssea causada pelo câncer; na radiografia, aparecem como um buraco escuro branco-acinzentado no osso. Frequentemente, as metástases ósseas apresentam lesões mistas, com presença de lesões blásticas e líticas.

Cintilografia óssea

Método mais sensível que radiografia e preferido para avaliação de todo esqueleto para a presença de lesões múltiplas sintomáticas ou assintomáticas (Figura 3). Reflete a reação metabólica ao radioisótopo empregado em locais de formação óssea ativa. São identificadas lesões mais precoces do que nas radiografias. Pode demonstrar resultados falso-positivos em virtude de traumas anteriores.

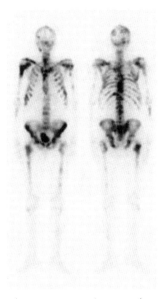

Figura 3 Múltiplos focos de comprometimento ósseo observados pela cintilografia óssea.

Embora a cintilografia óssea não seja um exame padrão-ouro para se identificar metástases ósseas, serve como parâmetro para se ter uma noção da localização das metástases e comprometimento ósseo, fator importante para a realização da fisioterapia.

Tomografia computadorizada

Excelente método para avaliação de tecidos moles e ósseo. São mais sensíveis que as radiografias e mais específicas que as cintilografias. A sua imagem envolve a extensão e a relação anatômica com estruturas normais. Mais apropriada para diagnosticar metástases espinais em locais de difícil acesso, por exemplo, pelve e sacro. Podem predizer fraturas por meio de tumores ósseos metastáticos. Assim como a radiografia, diferencia lesões osteoblásticas e osteolíticas (Figura 4).

Ressonância magnética

Mais sensível que a TC, especialmente para lesões que envolvam a coluna, pois proporciona imagens multiplanas e identifica compressões nervosas e es-

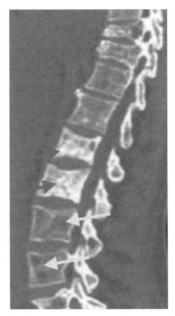

Figura 4 Lesões osteoblásticas (setas pretas) e osteolíticas (setas brancas) visualizadas na tomografia computadorizada.

pinais. Proporciona informação anatômica tridimensional e é excelente para definir tecidos moles e delinear o tecido envolvido pelo tumor.

Pet scan

São mais caros em comparação a outros exames e não há consenso sobre seu uso para avaliação de metástases ósseas, por serem menos sensíveis a focos de lesão osteoblástica.

Avaliação da saúde óssea

O padrão-ouro para avaliação de saúde óssea e osteoporose em geral é a DMO via densitometria óssea. Não necessariamente é o padrão-ouro para avaliar metástase óssea, mas utiliza-se para determinar o risco de fratura. Quanto menor a DMO, maiores a fragilidade óssea e o risco de fratura. A DMO normalmente é avaliada em quadril e coluna vertebral, locais que estão mais relacionados com maior morbidade e mortalidade.

A remodelação óssea evidenciada por biomarcadores de formação (telopeptídeo de colágeno tipo I) e a reabsorção óssea podem predizer o risco de fratura independente da DMO e podem avaliar a integridade óssea microarquitetural. Pacientes com baixo índice de DMO e altos níveis de biomarcadores de remodelação óssea podem ser considerados de alto risco para fratura, quando comparados com os que têm apenas uma dessas condições.

Tratamento médico

A metástase óssea de câncer de mama geralmente não pode ser curada, mas o objetivo principal é controlar a progressão da disseminação e melhorar a dor. O tratamento da dor óssea para metástases consiste em uma combinação de modalidades locais e sistêmicas com o uso de analgésicos, agentes antitumorais, hormônios, quimioterapia, uso de esteroides, cirurgia, anestesia e aplicação de radioterapia (Tabela 2). A atividade osteoclástica pode ser inibida pelo uso de bifosfonatos, que, além de reduzir a dor óssea, pode diminuir a hipercalcemia e o subsequente risco de fraturas.

A terapia sistêmica por radioisótopos é utilizada para melhora da dor, além de diminuir o uso de opioides, radiação e quimioterapia; melhora a qualidade de vida e a sobrevida das pacientes. Os radiofármacos mais utilizados são: cloreto de estrôncio (89Sr), fosfato de sódio (32P) ou samário (153Sm) lexidronam.[9,10]

Fisioterapia no câncer de mama

TABELA 2 Intervenções médicas que podem ser realizadas

Medicações para reparar e construir novos ossos: uso de bisfosfonatos
Quimioterapia oral ou intravenosa
Radioterapia externa e interna
Hormonoterapia
Cirurgia para fixar fratura ou estabilizar ossos com risco de fratura
Crioablação/ablação por radiofrequência
Mudanças de comportamentos e de estilo de vida: adequados níveis de cálcio e vitamina D, manejo medicamentoso para mulheres com osteoporose
Manejo da dor

Na última década, houve melhora acentuada nas técnicas de tratamento cirúrgico para se obter fixação estável das fraturas patológicas. O objetivo principal do tratamento é proporcionar estabilidade imediata e alívio da dor, mesmo quando existe grande destruição óssea.[11]

Coluna vertebral

Para metástases na coluna vertebral, a radioterapia ou a imunoterapia são opções preferenciais de tratamento, antes da indicação de procedimentos cirúrgicos. As cirurgias mais frequentemente realizadas são a descompressão por laminectomia e fixação espinhal, realizadas por via posterior, que são eleitas de acordo com o local e o tamanho das lesões. Espondilectomia em bloco (ressecção completa do corpo vertebral) (Figura 5) pode ser indicada quando a lesão é única e o paciente tem um prognóstico favorável, por se tratar de um procedimento com grau de complexidade e tempo de reabilitação maior.[12]

A vertebroplastia percutânea pode aliviar a dor associada ao movimento ou aliviar a dor neuropática quando a cirurgia não é indicada, ou até mesmo no caso de pacientes resistentes à radioterapia. O procedimento consiste na injeção de polimetilmetacrilato dentro do corpo vertebral acometido (Figura 6). O procedimento em si não age diretamente sobre a metástase, mas, sim, sobre a diminuição da sintomatologia causada pelas fraturas e abaulamentos que ocorrem no corpo vertebral. O alívio da dor ocorre dentro de 1 a 3 dias.[13]

A imobilização com *braces* ou coletes pode ser indicada para uma abordagem conservadora. O uso de *braces* apresenta bons resultados na melhora da dor para a coluna torácica e lombar quando não existem sintomas de comprometimento neurológico.[7]

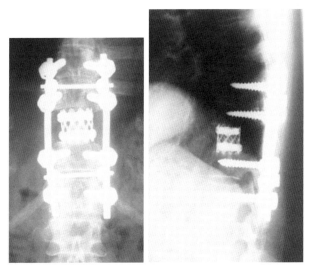

Figura 5 Espondilectomia em bloco de T10 demonstrando o resultado pós--operatório com a substituição total do corpo vertebral por enxerto ósseo.[12]

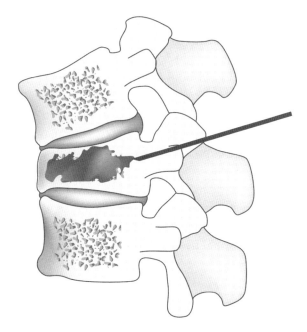

Figura 6 Ilustração demonstrando esquematicamente a infiltração de polimetilmetacrilato no corpo vertebral.

Ossos longos

Ao contrário das lesões encontradas na coluna vertebral, as metástases de ossos longos podem ter indicação cirúrgica como primeira opção de tratamento. O cirurgião pode intervir de maneira profilática, impedindo que uma fratura ocorra. A cirurgia pode ser usada para reparar falhas ósseas, aliviar a dor e melhorar a função do membro doente, aumentando, consequentemente, a qualidade de vida da paciente. O objetivo funcional primário da intervenção cirúrgica é permitir o suporte de peso imediato para independência funcional máxima das pacientes.[7]

As cirurgias profiláticas realizadas em ossos com grandes falhas, mas ainda sem evidência de fraturas, apresentam melhores resultados do que as cirurgias realizadas em fraturas patológicas já estabelecidas. Com essa estratégia, consegue-se menor tempo de internação e menores taxas de complicações pós-operatórias, bem como um processo de reabilitação com menores intercorrências.[14,15]

Já é consagrado na literatura que o comprometimento das corticais ósseas representa um risco eminente de fratura. Em uma tentativa de quantificar e classificar essas lesões, Mirels descreve um sistema de pontuação no qual a soma de critérios preestabelecidos prediz o risco de fratura. Para simplificar essa predição, Linden afirmou que se o comprometimento axial da cortical óssea for maior que 30 mm ou o envolvimento da cortical circunferencial for maior que 50%, tem-se com segurança a predição de fraturas. Quando existir um risco de fratura eminente, a descarga de peso é retirada e o paciente é instruído a realizar somente marcha com muletas ou andador.[16-19]

Os métodos operatórios são divididos basicamente em fixação interna e substituição protética. A fixação interna combinada com o uso de polimetilmetacrilato (cimento ósseo) proporciona estabilidade imediata e consequente alívio da dor, mesmo quando existe grande destruição óssea. Quando for possível, a fixação de toda a extensão do osso é fundamental, pois previne novas fraturas no caso de novas lesões (Figura 7). A confecção de endopróteses não convencionais tem grande vantagem sobre a fixação interna, pois todo o osso doente é substituído. Normalmente é realizada em fraturas proximais do fêmur (Figura 8).

Fisioterapia nas metástases ósseas

As pacientes com metástase óssea devem modificar seu estilo de vida e se adaptar às mudanças que acompanham a doença óssea, relacionadas especial-

Fisioterapia nas metástases de câncer de mama 199

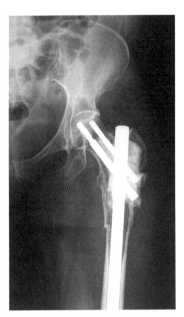

Figura 7 Exemplo de utilização de fixação interna em conjunto com cimento ósseo.[20]

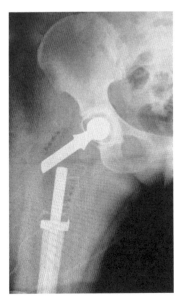

Figura 8 Endoprótese não convencional utilizada para o tratamento de fratura patológica em fêmur proximal.

mente com menor desempenho diário e diminuição funcional. Além de cuidados com a alimentação e o psicossocial, o tratamento da dor, orientações para prevenção de fraturas e exercícios físicos adaptados integram o programa de reabilitação. A idade, o condicionamento físico prévio e o estado da doença influenciam no resultado da intervenção fisioterapêutica.[21,22]

O atendimento envolve toda a equipe multidisciplinar, formada por médicos, fisioterapeutas, nutricionistas, psicólogos, entre outros profissionais de saúde. O papel do fisioterapeuta é avaliar a capacidade funcional, a força e a resistência muscular, a sensibilidade e a dor. A avaliação inclui conhecer o ambiente em que esta paciente vive para melhor adaptá-lo e torná-lo mais seguro, principalmente para evitar quedas e consequentes fraturas. As intervenções buscam melhorar a condição física geral, aliviar a dor ou outros sintomas provenientes da doença óssea e dar mais independência e qualidade de vida. Atividades em grupo podem ser favoráveis, pois estimulam a integração social e proporcionam benefícios psicológicos.[21,22]

Os exercícios devem ser prescritos levando-se em conta o risco de fraturas. Quanto mais precocemente iniciados, melhores são os benefícios para as pacientes. Atividades com baixo impacto são as mais recomendadas. Dessa forma, os exercícios aquáticos podem ser uma boa opção terapêutica. Atividades livres e fortalecimento muscular são recomendados, e a prescrição da intensidade, tipo e frequência depende da condição física prévia da paciente e do estado da doença. O uso de peso excessivo em estruturas ósseas mais enfraquecidas pela presença de tumores pode predispor a fraturas. A palavra de ordem ao se realizar exercícios é segurança.

As órteses podem ser indicadas para proteger estruturas ósseas de fraturas, causadas por movimentos excessivos ou pelo impacto. Ademais, as órteses são indicadas para reduzir a dor óssea. As principais órteses utilizadas são cintas abdominais, tipoias e colar cervical; eventualmente, palmilhas e calçados adequados são utilizados para reduzir o impacto em membros inferiores e coluna vertebral.

Quando for necessária a restrição total ou parcial de carga nos membros inferiores, o uso de muletas ou andadores é indicado. A prescrição é realizada de acordo com a demanda necessária e a capacidade funcional da paciente. Vale salientar que, especialmente nas pacientes com câncer de mama, a utilização das muletas axilares não é recomendada, salvo raras exceções, devendo-se preferir o uso de muletas canadenses com apoio no antebraço ou, nos casos de capacidade funcional reduzida, os andadores.

A intensidade da dor óssea varia em cada paciente; alguns sentem dor ao repouso e outros, durante os movimentos. O objetivo principal da fisioterapia em conjunto com os tratamentos médicos é o alívio da dor e melhora da qualidade de vida. Uso de termoterapia, crioterapia e estimulação elétrica transcutânea (TENS) são alguns recursos que podem ajudar a minimizar os sintomas por curtos períodos. Exercícios de equilíbrio e posturais têm um papel importante na redução da dor e ajudam na estabilização pélvica e da coluna vertebral para evitar as lesões.[21,22]

Orientar e educar a paciente quanto ao seu ambiente domiciliar e laboral é fundamental para se evitar quedas, consequentemente, as fraturas. Essas orientações incluem a retirada de tapetes ou objetos que possam provocar quedas, uso de dispositivos auxiliares de marcha ou para auxiliar nas trocas posturais, uso de calçados confortáveis e seguros, dentre outras.

METÁSTASE PULMONAR

A metástase pulmonar é a 2ª mais frequente em pacientes com câncer de mama. As artérias pulmonares são as vias mais comuns para metástases, mas outras vias são possíveis, como pelas artérias brônquicas, pela via linfática e pleural. A sintomatologia difere conforme a via acometida.[23,24]

No início, a paciente está assintomática, mas, com a evolução da doença, os primeiros sintomas começam a surgir:

- tosse;
- dispneia;
- hipoxemia;
- fraqueza geral;
- dor no peito;
- perda de peso;
- presença de derrame pleural;
- hemoptise (escarro sanguinolento).

Hipoxemia e dispneia são os mais observados em pacientes com disseminação linfática, enquanto a tosse e a hemoptise estão associadas às metástases endobrônquicas.

O derrame pleural é maligno quando se destaca a presença de células neoplásicas malignas na pleura parietal ou no líquido pleural. A ocorrência do derrame pleural caracteriza uma doença disseminada e reduz a expectativa de vida, mas, nas mestástases de câncer de mama, essas sobrevidas são mais longas do que nos derrames pleurais causados pelo câncer primário de pulmão. Os derrames pleurais mais comuns são de metástase de câncer de mama nas mulheres e câncer de pulmão nos homens e são responsáveis por 60 a 65% de todos os derrames pleurais malignos.

Cerca de 25% das pacientes são assintomáticas, e o derrame pleural é diagnosticado com radiografia ou ao exame clínico. Os derrames pleurais neoplásicos de câncer de mama ocorrem via vasos linfáticos da parede torácica ou via metástases hepáticas.

A conduta a ser escolhida para o tratamento do derrame pleural maligno depende de alguns fatores, como: a resposta à terapia sistêmica, a sintomatologia, o *performance status* da paciente e a reexpansão pulmonar após o esvaziamento da cavidade pleural.[25]

A pleurodese é feita por meio da toracoscopia, pois esta permite combinar o diagnóstico ao tratamento nos casos de derrame pleural maligno.

Sintomas menos frequentes:

- náuseas e vômitos;
- tontura;
- edema/linfedema de tórax e membros superiores;
- edema de face e pescoço;
- fadiga.

Avaliação

A paciente deve ser questionada sobre seu histórico médico e sua sintomatologia atual. Exames de imagem, laboratoriais e anatomopatológicos são solicitados para auxiliar no diagnóstico. São eles: radiografia, TC de tórax, *PET-scan*, broncoscopia, estudos citológicos, biópsia pulmonar e imuno-histoquímica.

Radiograficamente, manifestam-se como nódulos discretos de aparência arredondada, infiltrados intersticiais ou lesões endobrônquicas, que podem estar associados a atelectasias e pneumonites obstrutivas.

Tratamento médico

O tratamento de metástases pulmonares tem diversas finalidades. Pode-se objetivar a cura, a redução ou a eliminação da carga do tumor, ou paliação.

A cirurgia para metástase pulmonar nem sempre é realizada, apenas quando se consegue limitar a área comprometida do câncer. A quimioterapia é geralmente usada para tratar metástases pulmonares. Radioterapia, laserterapia e colocação de *stents* nas vias aéreas são terapias utilizadas com pouca frequência.[23,24]

Fisioterapia nas metástases pulmonares

A fisioterapia nos casos de metástases pulmonares têm por objetivo a higiene e a expansão pulmonar, a melhora do conforto, da capacidade física e da funcionalidade e a atuação nos efeitos da quimioterapia, como náuseas, vômitos e fadiga.

LINFEDEMA NEOPLÁSICO

O linfedema neoplásico será tratado no Capítulo 23 – Linfedema.

REFERÊNCIAS BIBLIOGRÁFICAS

1. Scully OJ, Bay BH, Yip G, Yu Y. Breast cancer metastasis. Cancer Genomics Proteomics 2012; 9(5):311-20.
2. Buzaid AC, Barros ACSD. Tratamento multidisciplinar do câncer de mama. São Paulo: Andreoli, 2008.
3. Lewis S, Yee J, Kilbreath S, Willis K. A qualitative study of women's experiences of healthcare, treatment and support for metastatic breast cancer. Breast 2015; 24(3):242-7.
4. Irvin W Jr., Muss HB, Mayer DK. Symptom management in metastatic breast cancer. Oncologist 2011; 16(9):1203-14.
5. Ghislain I, Zikos E, Coens C, Quinten C, Balta V, Tryfonidis K et al. Health-related quality of life in locally advanced and metastatic breast cancer: methodological and clinical issues in randomised controlled trials. Lancet Oncol 2016; 17(7):e294-304.
6. Mundy GR. Mechanisms of bone metastasis. Cancer 1997; 80(8 Suppl):1546-56.
7. Shibata H, Kato S, Sekine I, Abe K, Araki N, Iguchi H et al. Diagnosis and treatment of bone metastasis: comprehensive guideline of the Japanese Society of Medical Oncology, Japanese Orthopedic Association, Japanese Urological Association, and Japanese Society for Radiation Oncology. ESMO Open 2016; 1(2):e000037.
8. Blum RH, Shasha D, Fleishman S. The multidisciplinary approach to bone metastases. Oncology. Disponível em: www.cancernetwork.com. Acessado em: 8/2016.

9. Serafini AN. Therapy of metastatic bone pain. J Nucl Med 2001; 42(6):895-906.

10. Paes FM, Serafini AN. Systemic metabolic radiopharmaceutical therapy in the treatment of metastatic bone pain. Semin Nucl Med 2010; 40(2):89-10.

11. Malawer MM, Sugarbaker PH. Musculoskeletal cancer surgery: treatment of sarcomas and allied diseases. Springer Science & Business Media, 2001.

12. Tomita K, Kawahara N, Kobayashi T, Yoshida A, Murakami H, Akamaru T. Surgical strategy for spinal metastases. Spine 2001; 26:298-306.

13. Mendel E, Bourekas E, Gerszten P, Golan JD. Percutaneous techniques in the treatment of spine tumors: what are the diagnostic and therapeutic indications and outcomes? Spine (Phila Pa 1976) 2009; 34(22 Suppl):S93-100.

14. Ward WG, Holsenbeck S, Dorey FJ, Spang J, Howe D. Metastatic disease of the femur: surgical treatment. Clin Orthop Relat Res 2003; (415 Suppl):S230-44.

15. Johnson SK, Knobf MT. Surgical interventions for cancer patients with impending or actual pathologic fractures. Orthop Nurs 2008; 27:160-71.

16. Damron TA, Morgan H, Prakash D, Grant W, Aronowitz J, Heiner J. Critical evaluation of Mirels' rating system for impending pathologic fractures. Clin Orthop Relat Res 2003; (415 Suppl):S201-7.

17. Evans AR, Bottros J, Grant W, Chen BY, Damron TA. Mirels' rating for humerus lesions is both reproducible and valid. Clin Orthop Relat Res 2008; 466:1279-84.

18. Jawad MU, Scully SP. In brief: classifications in brief: Mirels' classification: metastatic disease in long bones and impending pathologic fracture. Clin Orthop Relat Res 2010; 468:2825-7.

19. Van der Linden YM, Dijkstra PD, Kroon HM, Lok JJ, Noordijk EM, Leer JW et al. Comparative analysis of risk factors for pathological fracture with femoral metastases. J Bone Joint Surg Br 2004; 86:566-73.

20. Temple HT, Virkus W. Pathologic fratures. American Academy of Orthopaedic Surgeons. Indiana, 2008.

21. Beaton R, Pagdin-Friesen W, Robertson C, Vigar C, Watson H, Harris SR. Effects of exercise intervention on persons with metastatic cancer: a systematic review. Physiother Can 2009; 61(3):141-53.

22. Bunting RW, Shea B. Bone metastasis and rehabilitation. Cancer 2001; 92(4 Suppl):1020-8.

23. Fujii T, Yajima R, Yamaki E, Kohsaka T, Yamaguchi S, Tsutsumi S et al. Pulmonary metastasis from breast cancer with an 18-year disease-free interval: implication of the role of surgery. Int Surg 2012; 97(4):281-4.

24. Temel JS, Greer JA, Goldberg S, Vogel PD, Sullivan M, Pirl WF et al. A structured exercise program for patients with advanced non-small cell lung cancer. J Thorac Oncol 2009; 4(5):595-601.
25. Tedde ML. Tratamento do derrame pleural neoplásico. Disponível em: www.itarget.com.br. Acessado em: 12/2016.

14

Termografia e sua aplicação no paciente de câncer de mama

André Luciano Pinto
Marcos Leal Brioschi
Angela Gonçalves Marx
Patrícia Vieira Guedes Figueira

INTRODUÇÃO

A termografia tem sido empregada há várias décadas para diversos fins na área médica. A Food and Drug Administration (FDA) dos EUA aprovou seu uso em 1980 e, desde então, ela faz parte da classificação internacional de procedimentos médicos pela Organização Mundial da Saúde (OMS).[1]

Segundo a Associação Brasileira de Termografia (Abraterm), a termografia é um exame de imagem que pode ser utilizado em diversas áreas de saúde, inclusive pelo fisioterapeuta dentro de seu campo de atuação.[2] Nesse universo de aplicações motoras, metabólicas e vasculares, o exame permite documentar assimetrias térmicas relacionadas a movimento e posturas incorretas, bem como a avaliação vascular e linfática.[3]

A caracterização de áreas de risco pelo mapeamento térmico do corpo inteiro possibilita identificar, alertar e prevenir lesões e/ou disfunções musculares, articulares, ligamentares e de demais tecidos. Em suma, a termografia permite ao fisioterapeuta realizar a prevenção, a orientação, o diagnóstico cinesiofuncional e o acompanhamento terapêutico do sistema musculoesquelético, do edema, da limitação da amplitude de movimentos e do linfedema, pelo registro e estudo da distribuição térmica do corpo humano.[4]

A termografia pelo imageamento infravermelho é um método de fácil utilização, realizada por meio de um rápido escaneamento de todo o corpo, e há várias aplicabilidades. É um método totalmente seguro, sem radiação, indolor e sem contraste, que determina a temperatura superficial da pele sem contato, registrando, assim, a atividade vasomotora e microcirculatória cutânea por meio de uma imagem digital qualitativa e quantitativa.[4]

As imagens da temperatura corporal da superfície cutânea são obtidas com um equipamento que consiste em uma câmera com um detector ultrassensível aos raios infravermelhos, que realiza um escaneamento eletro-óptico e ajustes dessa imagem por meio de controles eletrônicos. Esses termogramas são analisados por um programa computacional dedicado e podem ser interpretados por um profissional da saúde, de preferência habilitado e treinado.[2]

TERMOGRAFIA NA FISIOTERAPIA ONCOLÓGICA

Dentre as aplicações na área de oncologia para o fisioterapeuta, a termografia pode ser utilizada para:

1. Avaliação de corpo total, durante consulta ambulatorial, a fim de que o fisioterapeuta possa detectar áreas de assimetrias térmicas e direcionar a aplicação de métodos e técnicas mais específicas por região ao paciente oncológico. Por exemplo, nas pacientes com câncer de mama avançado ou mastectomizadas, a termografia permite a identificação de pontos-gatilho da cintura escapular, tronco anterior e posterior, e de linfedemas (Figura 1).[3]
2. Quantificação da evolução termocinesiológica dos pacientes em tratamento, tanto de segmentos corporais como de todo comportamento cinesiopatológico, com imagens de corpo inteiro, estáticas ou em movimento.
3. Adequação das condutas fisioterapêuticas dos indivíduos em tratamento ou com dor oncológica.
4. Detecção de alterações térmicas cutâneas provocadas por metástases e tumores, e sua relação com incapacidade, dor ou disfunções do movimento.

Após cirurgia e tratamento clínico de câncer de mama, as pacientes podem desenvolver pontos-gatilho como consequência de uma postura protetora e antálgica e, por isso, desenvolver encurtamentos e sobrecargas em músculos importantes, alterar o posicionamento da escápula e gerar fadiga e desequilíbrios.[5] A identificação desses pontos pela termografia tem sido uma ferramenta bastante utilizada, seja para avaliar a eficácia do tratamento, sua resolução e também nas reavaliações.[4]

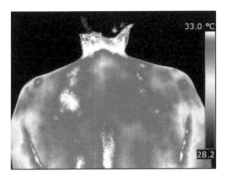

Figura 1 Paciente pós-mastectomia esquerda com dor cervicoescapular. Presença de *hot spot* (área oval branca) em projeção de romboides e levantador da escápula esquerda (ponto-gatilho miofascial).

Apesar da eficácia do procedimento cirúrgico no tratamento do câncer de mama, várias complicações têm sido relatadas. Dentre elas, destacam-se: linfedema, infecção da ferida operatória e dor crônica pós-cirúrgica. A dor crônica secundária ao procedimento cirúrgico pode ser nociceptiva, decorrente de lesão de músculos e ligamentos, ou neuropática, resultante de lesão e disfunção de nervos, conhecida como síndrome dolorosa pós-mastectomia. A termografia é útil na caracterização e no apoio diagnóstico dessas complicações (Figura 2).[6]

LINFEDEMA

Cerca de 2 a 38% das mulheres que se submetem a cirurgia para câncer de mama desenvolvem, mais tarde, uma forma secundária de linfedema, assim como 1% das pacientes após tratamento de carcinoma uterino ou ovariano. O linfedema primário às vezes pode ser encontrado em mulheres jovens e pode ser difícil diferenciar de lipedema. Nestes casos e em pacientes com apenas pouco inchaço, a cintilografia é um método valioso para imaginologia da perda de função dos vasos linfáticos. Como a cintilografia é invasiva, a termografia infravermelha é uma alternativa à técnica médica nuclear proposta na literatura.[7-14] As imagens térmicas podem identificar o linfedema dos membros e também pode ter valor para o tratamento, monitorando essa condição.

O uso da termografia na prevenção e no acompanhamento do linfedema de membro superior pós-mastectomia já é feito no Brasil em alguns centros e

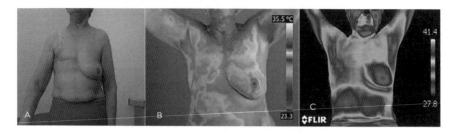

Figura 2 A. Mastectomia radical direita em paciente com linfedema de membro superior direito. B. Termografia correspondente à paciente da figura A, no modo *blending* e original (C). A termografia mostra a assimetria entre as regiões axilares e os ombros com resfriamento e hiporradiação direita.

vem despertando interesse, como um instrumento auxiliar no diagnóstico precoce e no tratamento do linfedema.

A linfocintilografia permite delimitar melhor a área dérmica que encontra a maior pressão em virtude da estase linfática e suas implicações, como o refluxo dérmico da linfa. Apesar de ser o método de referência padrão, a linfocintilografia não pode ser repetida regularmente por conta de seu alto custo e da exposição à ionização. No entanto, a diminuição da estase linfática na derme é um bom indicador para sinalizar a eficiência do tratamento descongestivo. Assim, é valioso manter um dispositivo de medição – mesmo que seja indireto – para verificar o estado da derme e, neste ponto, a termografia é valiosa.

A termografia é um método semiotécnico complementar à avaliação clínica do linfedema. Permite o estudo dessa disfunção não somente pela identificação de sua extensão e seus limites pelo gradiente térmico que forma, mas também agregando maior número de informações quantitativas à avaliação clínica, detalhando a dinâmica da evolução do linfedema pelas alterações térmicas. Ademais, o diagnóstico precoce pelo método termográfico possibilita um tratamento mais rápido e efetivo da paciente.[15]

Na termografia para estudo do linfedema, ou linfotermografia, a diminuição de temperatura local pela hiporradiação infravermelha cutânea reflete o refluxo dérmico da insuficiência linfática e o edema propriamente dito. Portanto, a imagem fria "em luva", por exemplo, nas pacientes de câncer de mama, sem correspondência com o membro oposto (assimetria térmica) é um sinal patognomônico de linfedema. Valores acima de 0,3°C de diferença térmica entre um membro e outro são considerados anormalidades. O mais importante, portanto, é o seu reconhecimento antes da impressão clínica visual e seu aumento de volume, uma vez que o método é muito mais sensível e permite identificar alterações térmicas de apenas 0,03°C.

Esse refluxo que provoca a imagem assimétrica e hiporradiante "em luva" na termografia é causado pela incapacidade dos coletores linfáticos e linfonodos axilares em drenar adequadamente a linfa do membro acometido das pacientes de câncer de mama que realizaram abordagem axilar. Essa linfa reflui até os linfáticos iniciais da pele aumentando a pressão coloide e hidrostática local, o que pode ocorrer somente em uma região do membro superior ou se estender até os quadrantes proximais. Isso pode ser facilmente delimitado pela termografia.

Essa área de refluxo dérmico que não apresenta drenagem suficiente mostra primeiramente aumento da pressão, depois se torna mais volumoso e, em seguida, aumenta a pressão nos tecidos locais, inclusive nos capilares arteriovenosos. O linfedema progride com diminuição da temperatura e assimetria com o membro oposto (Figura 3).

Clinicamente, na primeira fase do linfedema, a pele apresenta-se pálida e fria. Contudo, essa área fria e hiporradiante pode ser identificada muito mais precocemente e mensurada precisamente com a termografia infravermelha já apontando as regiões mais afetadas com o refluxo dérmico. Dessa forma, o fisioterapeuta pode direcionar sua conduta terapêutica às demandas específicas de cada paciente.[16]

Estudo realizado em 12 pacientes com linfedema secundário unilateral, grau 2, de membros superiores comparou a termografia com a linfocintilografia. Uma diminuição de -1,3±0,07°C no membro acometido foi registrada. Após 6 sessões de tratamento com fisioterapia complexa, houve normalização da temperatura comparada ao lado oposto. Os resultados tiveram concordância com a linfocintilografia. As imagens infravermelhas ajudam a identificar as áreas de refluxo dérmico, a fim de monitorar o tratamento descongestivo proposto à paciente e complementam, dessa forma, o arsenal de meios de imagem não invasivos que ajudam no acompanhamento do linfedema.[9]

Em outro estudo, 40 pacientes com linfedema foram avaliados e verificou-se um resfriamento do membro acometido de forma mais acentuada e perceptível no linfedema secundário do que no primário. Recomenda-se, então, que seja realizado o registro da temperatura máxima como medida mais significativa do que a média no acompanhamento do tratamento.[8]

A termografia cutânea por infravermelho oferece informações nos casos de linfedema de extremidade, em virtude da diminuição da temperatura da super-

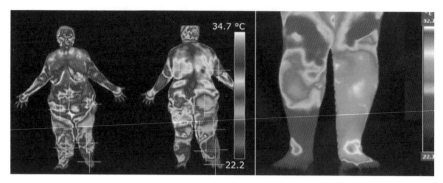

Figura 3 Termografia de linfedema em membros inferiores, imagem de corpo total e pernas. A área azul indica a região "em bota" assimétrica com aumento de volume, acometida pelo linfedema (marcações em +).

fície total do edema, permitindo, assim, seu diagnóstico mais precoce, direcionamento e acompanhamento qualitativo e quantitativo da conduta terapêutica. É um instrumento útil de apoio à avaliação clínica e aos estudos relacionados aos linfedemas.[9]

REFERÊNCIAS BIBLIOGRÁFICAS

1. www.who.int/thermography.
2. Lucas RWC. Limites éticos do fisioterapeuta na prática da termografia: considerações da ABRATERM/Comitê de Fisioterapia. Disponível em www.abraterm.com.br/institucional/pareceres/001-2016/. Acessado em: 2/2017.
3. Lucas RWC, Brioschi ML. Termografia aplicada à fisioterapia. Florianópolis: Rocha, 2016.
4. Lima RPS, Brioschi ML, Teixeira MJ, Neves EB. Análise termográfica de corpo inteiro: indicações para investigação de dores crônicas e diagnóstico complementar de disfunções secundárias. Pan Am J Med Thermol 2015; 2(2):70-7.
5. Pancioni GC, Broek KNVD, Mendes BC, Tachibana VM, Urias GS, Pereira RS et al. Efeito da terapia manual em pacientes mastectomizadas com dor nos músculos da cintura scapular e cervical. Terapia Manual 2010; 8(38):305–13.
6. Brioschi M, Teixeira ML, Silva MT, Colman FM. Medical thermography textbook: principles and applications. São Paulo: Andreoli, 2010.

7. Danilevskiĭ NF, Koval' NI, Zavernaia AM. Liquid-crystal thermography in the diagnosis and assessment of treatment efficacy in patients with chronic lymphedema of the lips. Stomatologiia (Mosk) 1990; 69(1):33-4.

8. Ammer K. Thermography in lymphedema. In: Mabuchi K, Mizushina S, Harrison B (eds.). Advanced techniques and clinical application in biomedical thermologie. Chur/Schweiz: Harwood Academic Publishers, 1994. p.213-20.

9. Belgrado JP, Bourgeois P, Alignier J, Bracale P, Guiochon M, Hardis M et al. Deep infrared thermography and secondary breast cancer lymphoedema. Hemodyn International Vascular Conference, 2011.

10. Chant AD. Hypothesis: why venous oedema causes ulcers and lymphoedema does not. Eur J Vasc Surg 1992; 6(4):427-9.

11. Lindemayr W, Lofferer O, Mostbeck A, Partsch H. New aspects in the diagnosis of venous and lymphatic diseases of the legs. Z Hautkr 1984; 59(15):1013-23.

12. Dexter LI, Kondrat'ev VB. Thermography in differential diagnosis of lymphostasis in the lower limbs. Vestn Khir Im I I Grek 1976; 116(6):60-4.

13. Gros CM, Bourjat P, Gauthierie M, Vrousos C. New trends in thermography. Presse Med 1969; 77(18):675-8.

14. Skversky NJ, Herring AB, Baron RC. Thermography in peripheral vascular diseases. Ann N Y Acad Sci 1964; 121:118-34.

15. Jerônimo AFA, Moura ARM, Marinho WLVA, Silva RRBS et al. Diagnóstico auxiliar por termograma de linfedema pós-radioterapia adjuvante. Fisioterapia Brasil 2013; 14(4).

16. Belgrado JP, Bracale P, Bates J, Röh N, Rosiello R, Cangiano A et al. Lymphoedema: what can be measured and how... overview. European Journal of Lymphology and Related Problems 2010; 21(61):3-9.

BIBLIOGRAFIA

1. Rockson SG. Detection of tissue edema in breast cancer-associated lymphedema. Lymphat Res Biol 2015; 13(1):1.

Parte 3

Fisioterapia nas complicações

Seroma e linfocele

Angela Gonçalves Marx
Patrícia Vieira Guedes Figueira

SEROMA

O seroma é uma coleção de fluidos que pode se desenvolver no espaço entre a parede torácica, a axila e os retalhos de pele após abordagem cirúrgica da mama, seja conservadora, radical ou nas reconstruções, e que envolva a retirada de linfonodos axilares (Figura 1).[1,2] Se essa complicação não for tratada, pode levar a retardo da cicatrização, dor, necrose da pele e infecção, além de atrasar os tratamentos complementares.

A formação do seroma é uma das morbidades mais comuns após a abordagem de linfonodos axilares e parece estar ligada à quantidade de linfonodos re-

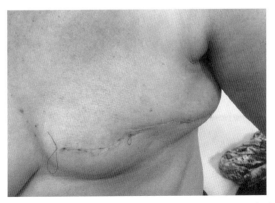

Figura 1 Seroma localizado em todo o plastrão cirúrgico até a linha média axilar.

tirados, dentre outras causas. No entanto, mesmo quando é realizada somente a biópsia do linfonodo sentinela, há relatos do aparecimento do seroma.[1,2]

Constituição

A constituição do seroma parece variar, inclusive em função do tempo, indo de um conteúdo sanguinolento com debris cirúrgicos nos dias imediatos à cirurgia até um conteúdo inflamatório e, por último, pode se apresentar basicamente como linfa.[2] Níveis baixos de fibrinogênio nos seromas comparados com aqueles do plasma durante o período pós-operatório suportam a hipótese de que o seroma deve realmente se originar da linfa.[3] Em um recente trabalho, a citologia do seroma foi analisada, e o que chamou atenção foi a presença de células malignas em cerca de 6% dos pacientes analisados, sendo que a maioria tinha axila negativa.[4] Isso poderia eventualmente explicar o aparecimento de linfedema com características neoplásicas ou mesmo a disseminação da doença por via linfática.

Causas e fatores de risco

Com a retirada de linfonodos axilares, os coletores linfáticos aferentes e eferentes ficam drenando no espaço intersticial até que ocorra sua cicatrização, que parece acontecer tardiamente em relação ao sistema sanguíneo. Por apresentarem uma estrutura muito delicada e fina, os vasos linfáticos por vezes nem são visualizados e não recebem cauterização, tampouco suturas. A dissecção nesse momento cria um grande espaço morto entre os retalhos da pele em várias camadas e lesa vasos linfáticos e venosos. Esse espaço morto então é preenchido pelo líquido que extravasa dos vasos linfáticos e venosos lesionados. Os retalhos da pele, que já apresentam dificuldades em aderir aos tecidos adjacentes irregulares, ficam com ainda mais dificuldade pelo acúmulo de líquidos locais e criam possibilidades de atraso na cicatrização da ferida cirúrgica.[5]

Algumas características da paciente e/ou da cirurgia podem colaborar para o aparecimento do seroma, dentre elas o peso corporal, a qualidade da técnica cirúrgica, o uso de bisturi elétrico, a extensão dos retalhos de pele e a quantidade de linfonodos retirados. Em uma revisão sistemática, observou-se em dois estudos associação positiva entre o peso corporal e a formação do seroma. A hipertensão arterial associada com aumento na formação de seroma foi descrita em um estudo da mesma revisão. Por outro lado, o estado do receptor hormonal, o estadiamento ou a positividade dos linfonodos não mostraram qualquer correlação. De forma similar, nenhum estudo mostrou associação significativa com outros fatores, como presença de anemia, diabetes melito, fumo, tamanho da mama, grau e tipo histológico, tamanho do tumor, lado, tamanho e peso do material retirado e localização do tumor.[6,7]

As mastectomias apresentam incidência em média 2,5 vezes maior de apresentar seroma do que as cirurgias conservadoras. Sua incidência é muito variável, indo de 3 a 85%.[6] Chega a ser tão comum que, por vezes, se considera como efeito colateral, e não uma complicação. As cirurgias reconstrutoras da mama, principalmente as com retalho do músculo grande dorsal, apresentam normalmente incidência maior de seroma se comparadas às outras cirurgias, mas não se sabe exatamente o porquê dessa diferença. Sugere-se que possa acontecer pela interrupção de uma das vias derivativas de drenagem linfática do membro superior por meio da abordagem do músculo grande dorsal – a via subescapular posterior.

A literatura ainda não encontrou uma única maneira de evitar a formação do seroma, mas há vários métodos comprovados que podem reduzir significativamente sua formação. A prevenção médica do seroma inclui uso de cola de fibrina, agentes esclerosantes, somatoestatina e cuidados com a utilização de instrumentos cirúrgicos específicos, mas não há consenso sobre seu uso e as evidências ainda são fracas.[7]

Imediatamente após a retirada de linfonodos, observa-se a linforreia presente no interstício. Como os linfonodos axilares respondem pela drenagem linfática fisiológica não somente da mama, mas também da linfa proveniente do hemitóráx homolateral e do membro superior, outros distúrbios linfáticos, além do seroma, podem ocorrer com sua retirada. Caso os linfonodos axilares retirados também sejam responsáveis pela drenagem linfática fisiológica do membro superior, há risco maior para o aparecimento do linfedema de membro superior. Nesse caso, seria aconselhável também verificar o primeiro linfonodo a receber a drenagem linfática do membro superior. Isso atualmente é feito com o mapeamento reverso. Esse exame do mapeamento reverso axilar, feito com as imagens fluorescentes, foi desenvolvido para preservar a drenagem linfática durante a dissecção linfonodal axilar ou mesmo na biópsia do linfonodo sentinela e minimizar o linfedema do membro superior.[8] No entanto, vários problemas ainda têm que ser resolvidos na aplicação prática dessa técnica, como local de aplicação, volume da substância injetada e análise dos resultados.

Atualmente, discute-se muito sobre drenos e sua relação com a formação de seroma. Alguns estudos relatam que não existe relação aparente entre o tipo de dreno utilizado, se fechado e com pressão negativa sobre a formação do seroma, mas outros correlacionam o mau posicionamento do dreno, o seu entupimento ou sua retirada precoce a maior incidência.[3,9] A discussão também ocorre quanto à necessidade de colocação do dreno, dado que as cirurgias estão mais conservadoras e, na maior parte das vezes, se realiza somente a retirada dos linfonodos sentinela, mas não há trabalhos com evidências fortes. As infecções podem ser causa ou consequência da formação do seroma, e, por isso, a intervenção precoce com o uso de antibióticos auxilia breve resolução.[10]

Características clínicas

Clinicamente, o seroma pode se apresentar como uma região que mostra uma flutuação à palpação, como edema ou mesmo estar distribuído em várias lojas, sendo de difícil diagnóstico (Figura 2). Sua extensão e localização também são variáveis, indo desde a face anterior do tórax, linha axilar média e média anterior, axila e, no caso de reconstrução com retalho do músculo grande dorsal, estar no flanco dorsolombar correspondente. Em casos excepcionais, pode aparecer em terço superior do membro superior. Dependendo da quantidade, pode causar, pela pressão exercida, a ruptura dos pontos e favorecer uma deiscência. Ademais, o seroma pode evoluir causando dor e limitação dos movimentos do ombro e favorecer infecções e, consequentemente, atrasar o início dos tratamentos clínicos complementares.

Embora o seroma normalmente desapareça em algumas semanas, há relatos de que persistiram por meses.

Por meio de exames de imagem, por exemplo, ultrassonografia (US), tomografia computadorizada (TC) e ressonância magnética (RM), o diagnóstico também pode ser feito e são bons métodos para se acompanhar a evolução.

Complicações

As complicações relacionadas ao seroma referem-se à cicatrização da ferida. Pelo acúmulo de fluidos no local da cirurgia, a circulação sanguínea encontra-se deficitária, impedindo que as células brancas do sangue e outras substâncias reparadoras cheguem ao local da lesão. Em casos de grandes seromas, pode impedir a aproximação das suturas, levando a deiscência e visceração (abertu-

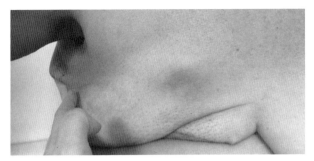

Figura 2 Presença de seroma em linha axilar média posterior e junto ao sulco inframamário.

ra da ferida). Dessa forma, o retardo na cicatrização da ferida atrai a proliferação de bactérias e leva à infecção (Figura 3).

Prevenção

Se a paciente apresentar fatores de risco individuais, o cirurgião já deve considerar alguns cuidados durante a cirurgia e na colocação do dreno. A colocação de um curativo compressivo local parece auxiliar positivamente como prevenção. Já a utilização de ataduras de crepe, procedimento ainda comum em vários centros cirúrgicos do país, não mostra nenhuma eficácia mesmo quando se enfaixa a paciente ainda anestesiada, pois o tipo de atadura, de algodão e com características muito finas, perde rapidamente a pressão exercida e, portanto, seu objetivo principal. Além disso, o enfaixamento em volta do tórax é muito desconfortável, pode alterar o padrão respiratório da paciente e se desloca rapidamente, não mostrando efeito algum.

Outro importante fator a ser considerado é a realização de movimentação do membro superior. No que se refere à formação do seroma, alguns trabalhos mostram que o início precoce da movimentação do membro superior poderia influenciar negativamente para sua formação; outros mostram que a movimentação deveria estar limitada a 90°; e outros ainda mostram não haver nenhuma relação da movimentação do membro superior com o aparecimento do seroma.[11-15]

Em relação ao débito diário dos drenos, ele é mais intenso nos primeiros dias e diminui nos dias seguintes. A retirada do dreno é feita quando o débito em 24 horas fica na média entre 20 e 50 mL. Nas pacientes que não apresentam

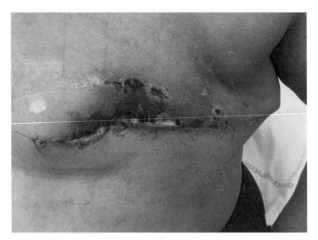

Figura 3 Infecção, deiscência e seroma.

diminuição do débito com o passar dos dias, há a preocupação tanto com a retirada do dreno como com sua permanência, pela possibilidade de um ou outro provocar infecções. Alguns médicos têm por princípio a retirada precoce do dreno nas pacientes que fazem somente a retirada do linfonodo sentinela, mas dados da literatura mostram que esse procedimento também pode favorecer o aparecimento do seroma.

Tratamento

O tratamento médico inclui a aspiração ou a punção do seroma, que pode ser realizada várias vezes, porém esse procedimento também tem o risco de provocar infecções e nem sempre as lojas em que esse exsudato está acumulado são de fácil localização. Nas pacientes que fizeram a reconstrução com prótese, ainda há o risco de sua ruptura pela possibilidade de perfuração; por isso, a aspiração deve ser feita sob imagem de US. Ademais, quanto mais exsudato permanecer no espaço morto, maior a probabilidade de complicações. Outra abordagem médica quando se diagnostica o seroma é deixar que sua resolução aconteça espontaneamente. A persistência do seroma retarda o tratamento clínico e pode evoluir com o encapsulamento, isto é, a linfocele. Segundo estudos recentes, é um fator de risco a mais para o aparecimento do linfedema.[16]

Fisioterapia

A fisioterapia intervém não só como tratamento, mas também como prevenção na formação do seroma.

Dentre vários trabalhos, alguns mostram que a mobilização precoce do membro superior desde o primeiro dia pós-operatório aumenta a formação do seroma; outros imobilizaram o membro superior com ataduras ou tipoia e não observaram nenhuma alteração; um terceiro grupo de trabalhos mobiliza o membro superior desde o primeiro dia pós-operatório e também não observa nenhuma alteração quanto à formação do seroma; em outro grupo de trabalhos, os exercícios ativos com o ombro provocam diminuição na formação do seroma desde que iniciados após o 7º dia de pós-operatório.[11-15]

No entanto, a grande questão a ser levantada é que nenhum trabalho define qual tipo de exercício, número de repetições e, principalmente, se a amplitude de movimentos deve ser livre ou limitada, e não se estabelece conexão entre o tipo de exercício com o tipo de cirurgia.

Na prática clínica das autoras, não se observou relação entre o início precoce dos exercícios com o membro superior desde o 1º dia pós-operatório e o aumento na formação do seroma. Os exercícios orientados e realizados enquanto a paciente estiver utilizando drenos devem ser limitados à amplitude de 90°, principalmente nos movimentos de abdução e flexão do membro superior. Alguns estudos realizados no Brasil também não mostraram aumento na formação do seroma quando há a liberação da amplitude de movimentos no pós-operatório precoce, dentro dos limites de dor e capacidade de cada paciente.[17] A questão que se levanta quanto à liberação da amplitude de movimentos é em relação à cicatrização, pois sabe-se que o tracionamento excessivo, não só das bordas cirúrgicas, mas das estruturas subjacentes, pode alterar a cicatrização normal.

O uso, na prática clínica, de terapia compressiva feita pela equipe médica e atualmente por fisioterapeutas, logo após o término da cirurgia com ataduras adesivas de curta extensibilidade e boa densidade, associado à utilização de um sutiã também compressivo e à limitação dos movimentos a 90° de flexão e abdução de ombro, tem se mostrado eficaz na prevenção da formação do seroma (Figura 4). Além disso, em cirurgias muito extensas, pode-se associar a colocação de *paddings* às ataduras e ao uso do sutiã.

Na presença do seroma, independentemente do momento pós-cirúrgico, os movimentos do membro superior devem novamente ser limitados a 90°. Os movimentos com amplitude total do membro superior provocam maior deslizamen-

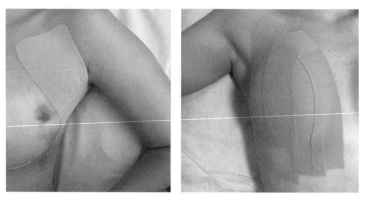

Figura 4 Terapia compressiva realizada como prevenção de seroma.

to entre as estruturas que devem aderir e aumentam a linforreia no espaço morto, pois a contração muscular é o principal fator estimulante da circulação linfática.

Inicialmente prescrita como um dos componentes do tratamento, a drenagem linfática manual é contraindicada, pois mesmo realizada distante da região afetada, estimula o fluxo linfático em todo corpo e favorece a linforreia na região do seroma.

Na prática clínica das autoras, ataduras adesivas, de curta extensibilidade e boa densidade, utilizadas após a punção realizada pela equipe médica, parecem diminuir não somente o volume aspirado, mas também reduz o número de aspirações, aumentando o intervalo entre as aspirações e, assim, contribuindo para a rápida resolução do seroma. Mesmo quando o seroma está localizado na região axilar, por ser uma área bastante irregular e com muito movimento possível, o uso de terapia compressiva associada à limitação temporária de amplitude de movimento do membro superior mostra-se efetivo no tratamento do seroma após a punção (Figura 5).

Quando o volume do seroma exercer pressão demasiada nos tecidos, pode acontecer seu extravasamento onde a pele tiver menor resistência à pressão, por exemplo, nas cicatrizes e no orifício do dreno.

O fisioterapeuta pode, por meio de uma palpação minuciosa, localizar as lojas desse seroma e, por meio de manobras e posicionando o membro superior em vários ângulos, estimular maior saída desse fluido (Figura 6). Após esse procedimento, associar a terapia compressiva.

Os vários tipos de ataduras, o local de colocação e a forma de colocação devem ser cuidadosamente analisados pelo fisioterapeuta, baseando-se na avalia-

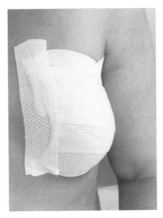

Figura 5 Terapia compressiva após punção do seroma.

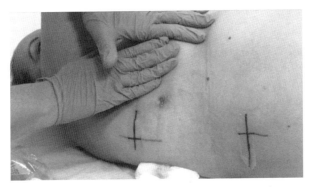

Figura 6 Manobras para estimular maior extravasamento do seroma.

ção minuciosa da localização e das características do seroma, além das características físicas e clínicas da paciente. Pacientes mais obesas eventualmente podem necessitar de compressão mais extensa, enquanto pacientes magras requerem compressões mais pontuais.

Após a resolução completa do seroma, com a cicatrização e o fechamento do espaço morto e amplitudes de movimentos livres de membro superior, a região pode se apresentar mais endurecida, com presença de fibrose e aderência. Com objetivo de melhorar a mobilidade dos tecidos adjacentes, as técnicas de mobilização e manipulação tecidual podem ser utilizadas (ver Capítulo 17 – Fibroses e aderências).

A Tabela 1 resume a atuação da fisioterapia no tratamento do seroma.

TABELA 1 Atuação da fisioterapia no seroma

Na prevenção	No tratamento	Contraindicações
Terapia compressiva: ataduras adesivas e de curta extensibilidade	Curativo compressivo adesivo: ataduras de curta extensibilidade após punção	Drenagem linfática manual
Sutiã compressivo	Sutiã compressivo	Movimentação com amplitude livre de movimentos
Limitações de movimentos de abdução e flexão a 90°	Limitações de movimentos de abdução e flexão a 90°	
Associação de *paddings* em cirurgias extensas	Associação de *paddings* em cirurgias extensas	
	Na presença de deiscências: intercomunicação com enfermagem e equipe médica	

LINFOCELE

As linfoceles frequentemente ocorrem como resultado de uma complicação após a cirurgia, principalmente quando envolve a retirada de linfonodos, mas também quando envolve grandes áreas com muito tecido linfático envolvido (Figura 7). Em geral, diante de lesões durante a cirurgia, o organismo reabsorve o vazamento da linfa e o sistema cura o dano causado, mas quando o vazamento de linfa excede a capacidade de drenagem do corpo, a linfa se acumula de forma anormal e dá origem a linfocele. Dessa forma, as linfoceles podem ser definidas como uma coleção de linfa em uma neocavidade sem membrana celular e normalmente tem conexão com o aparecimento secundário do linfedema crônico.[2]

A incidência varia de 5 a 35% e, na prevenção, acredita-se que a redução do espaço morto com terapia compressiva é a única solução para diminuir a incidência da linfocele.

A avaliação física é feita com a paciente sentada ou em pé para que se possa verificar o edema localizado, pois muitas vezes este pode passar despercebido. Para detectar uma linfocele pequena, a US é útil, mesmo logo após a cirurgia. A RM e a TC também podem ser utilizadas, mas são métodos mais caros e nem sempre disponíveis. Alguns estudos mostram uma correlação entre a incidência da linfocele e a quantidade drenada do fluido, da duração do uso do dreno, do número de linfonodos dissecados, da idade da paciente, da obesidade, do volume da mama e da hipertensão arterial, mas poucos são os estudos e mais evidências são necessárias.[1,9]

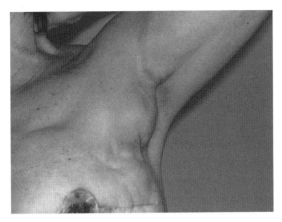

Figura 7 Linfocele.

Muitas linfoceles são assintomáticas, especialmente as que são bem pequenas. As maiores podem gerar compressão em estruturas adjacentes, principalmente estruturas nervosas ou vasos, o que pode causar dor e edemas; além disso, dependendo da localização, como na axila e linha média de axila, podem atrapalhar a movimentação do membro superior.

Nenhum tratamento é normalmente recomendado quando a linfocele não evolui e tem menos de 2 cm. Para as linfoceles maiores, pode ser feita a aspiração percutânea ou a drenagem com dreno aberto ou cateter. As regressões espontâneas acontecem em cerca de 15% e podem demorar meses. Diante de linfoceles de repetição, que não resolvem com as aspirações, a cirurgia é necessária para a retirada da estrutura e a redução do espaço morto.[18,19]

Em vários casos, observa-se clinicamente uma relação entre o aparecimento das linfoceles e o seroma, sendo o seroma aparentemente o precursor da linfocele, seja após a retirada dos drenos ou mesmo tardiamente. Outro ponto muito interessante a se levantar é a associação da linfocele com a presença da síndrome da rede axilar, o que vem corroborar com a hipótese de alteração da fisiologia circulatória e da cicatrização dos vasos linfáticos (Figura 8). Esses três fatores associados podem influenciar negativamente para o aparecimento do linfedema, seja de membro superior ou de tórax e mama.

As linfoceles não tratadas podem:

- atrasar a cicatrização do local operado, pois seu volume pressiona os vasos sanguíneos da área operada;

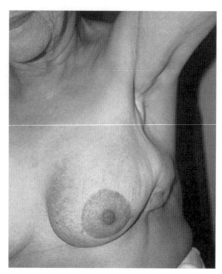

Figura 8 Presença de linfocele e síndrome da rede axilar em axila e tórax.

- impedir a aproximação das bordas cirúrgicas;
- ser porta de entrada para crescimento de bactérias e início de infecções;
- atrasar também o início de tratamentos adjuvantes.

Assim como no seroma, a fisioterapia atua com o uso de terapia compressiva, principalmente após a punção realizada pelo médico, e a indicação de sutiã também compressivo, para reduzir o espaço morto e para que os vasos linfáticos cicatrizem, impedindo ou diminuindo a linforreia. Os movimentos, de forma semelhante à indicação no tratamento do seroma, também têm sua amplitude limitada a 90° na abdução e na flexão de membro superior. A drenagem linfática e a movimentação livre do membro superior também são contraindicadas, pois aumentam o fluxo linfático na área que já está sobrecarregada com linfa.

REFERÊNCIAS BIBLIOGRÁFICAS

1. Hashemi E, Kaviani A, Najafi M, Ebrahimi M, Hooshmand H, Montazeri A. Seroma formation after surgery for breast cancer. World J Surg Oncol 2004; 2:44.
2. Kuroi K, Shimozuma K, Taguchi T, Imai H, Yamashiro H, Ohsumi S et al. Pathophysiology of seroma in breast cancer. Breast Cancer 2005; 12(4):288-93.

3. Abai B, Zickler RW, Pappas PJ, Lal BK, Padberg FT Jr. Lymphorrhea responds to negative pressure wound therapy. J Vasc Surg 2007; 45(3):610-3.

4. Aytac HO, Nursal TZ, Çolakoğlu T, Bolat FA, Moray G. Seroma cytology in breast cancer: an underappreciated issue. Clin Breast Cancer 2016; 16(6):e187-e191.

5. Olszewski WL. Axillary dissection for breast cancer. Lymphology 2002; 35(1):41-2.

6. Kuroi K, Shimozuma K, Taguchi T, Imai H, Yamashiro H, Ohsumi S et al. Evidence-based risk factors for seroma formation in breast surgery. Jpn J Clin Oncol 2006; 36(4):197-206.

7. van Bemmel AJM, van de Velde CJH, Schmitz RF, Liefers GJ. Prevention of seroma formation after axillary dissection in breast cancer: a systematic review. European Journal of Surgical Oncology 2011; 37:10.

8. Sakurai T, Endo M, Shimizu K, Yoshimizu N, Nakajima K, Nosaka K et al. Axillary reverse mapping using fluorescence imaging is useful for identifying the risk group of postoperative lymphedema in breast cancer patients undergoing sentinel node biopsies. J Surg Oncol 2014; 109(6):612-5.

9. Srivastava V, Basu S, Shukla VK. Seroma formation after breast cancer surgery: what we have learned in the last two decades. J Breast Cancer 2012; 15(4):373-80.

10. Turner EJ, Benson JR, Winters ZE. Techniques in the prevention and management of seromas after breast surgery. Future Oncol 2014; 10(6):1049-63.

11. Petito EL, Esteves MT, Elias S, Facina G, Nazário AC, Gutiérrez MG. The influence of the initiation of an exercise programme on seroma formation and dehiscence following breast cancer surgery. J Clin Nurs 2014; 23(21-22):3087-94.

12. Schultz I, Barholm M, Gröndal S. Delayed shoulder exercises in reducing seroma frequency after modified radical mastectomy: a prospective randomized study. Ann Surg Oncol 1997; 4(4):293-7.

13. Shamley DR, Barker K, Simonite V, Beardshaw A. Delayed versus immediate exercises following surgery for breast cancer: a systematic review. Breast Cancer Res Treat 2005; 90(3):263-71.

14. Rodier JF, Gadonneix P, Dauplat J, Issert B, Giraud B. Influence of the timing of physiotherapy upon the lymphatic complications of axillary dissection for breast cancer. Int Surg 1987; 72(3):166-9.

15. Dawson I, Stam L, Heslinga JM, Kalsbeek HL. Effect of shoulder immobilization on wound seroma and shoulder dysfunction following modified radical mastectomy: a randomized prospective clinical trial. Br J Surg 1989; 76(3):311-2.

16. McNeely ML, Binkley JM, Pusic AL, Campbell KL, Gabram S, Soballe PW. A prospective model of care for breast cancer rehabilitation: postoperative and postreconstructive issues. Cancer 2012; 118(8 Suppl):2226-36.

17. Rezende LF, Beletti PO, Franco RL, Moraes SS, Gurgel MS. Random clinical comparative trial between free and directed exercise in post-operative complications of breast cancer. Rev Assoc Med Bras (1992) 2006; 52(1):37-42.

18. Douay N, Akerman G, Clément D, Malartic C, Morel O, Barranger E. Seroma after axillary lymph node dissection in breast cancer. Gynecol Obstet Fertil 2008; 36(2):130-5.

19. Torre-Lacomba M, Cerezo-Tellez E. A case of lymphorrhea following axillary surgery. Physical therapy intervention. Cuest Fisioter 2010; 39(3):199-204.

16

Síndrome da rede axilar

Patrícia Vieira Guedes Figueira
Angela Gonçalves Marx

INTRODUÇÃO

A síndrome da rede axilar, também nomeada como trombose linfática superficial ou fibrose do coletor linfático, dentre outros termos, é definida como uma rede de cordões tensos e não eritematosos, palpáveis ou visíveis sob a pele, com presença de dor à palpação e durante o movimento do ombro, que se apresenta limitado sobretudo em abdução e flexão.[1-4] As pacientes relatam uma sensação de repuxar ou tensionar o braço e a região da axila, principalmente ao realizar a abdução de ombro. Essa sensação também pode ser sentida em todo o membro superior e no tronco anterior, na linha de anastomose axiloinguinal.

É uma das principais e mais frequentes complicações da cirurgia do câncer de mama com abordagem axilar, especialmente durante as primeiras semanas de pós-operatório.

A incidência da síndrome da rede axilar na literatura é bastante variada, tanto para biópsia de linfonodo sentinela quanto para a linfonodectomia axilar, variando de 0,9 a 20% e 5,2 a 90,1%, respectivamente.[1,5-10]

CARACTERÍSTICAS CLÍNICAS

Os cordões são descritos geralmente em número de 1 a 5, iniciam-se na axila, percorrem a face medial do braço, até a fossa antecubital, podendo atingir a base do polegar.[1] Em alguns casos, são descritos cordões na região anterior do tronco, abaixo do sulco inferior da mama.[5] O início dos sinais e sintomas varia de alguns dias até alguns meses após os procedimentos cirúrgicos axilares, sendo mais comum o surgimento nas primeiras 2 semanas após a cirurgia da axila.[1,5] Na região de braço, antebraço e tronco anterior, regra geral, os cordões aparecem em baixo relevo, como sulcos, e na região de axila e prega antecubital aparecem em alto relevo, ou seja, acima da pele.

Em conversa pessoal com a fisioterapeuta australiana Robyn Box, baseada em sua prática e somadas às nossas observações clínicas, dividiu-se os cordões em basicamente três tipos de acordo com suas características:

1. Síndrome da rede axilar (*axillary web syndrome*) (Figura 1): cordões em forma de teia/rede; mais finos à palpação e em maior número. Em geral, têm resolução mais fácil, pois cedem mais rápido com as manobras realizadas na fisioterapia. Localizados mais comumente na axila, no braço e na prega antecubital, até a base do polegar e o tórax anterior.
2. Faixa fibrosa (*fibrous band*) (Figura 2): cordão presente na axila e que termina no terço proximal do braço; geralmente é bem calibroso, tende a ser unitário, facilmente visível, causa bastante dor e limitação de amplitude de movimentos de ombro e tem resolução mais difícil.
3. Cordão único (*cording*) (Figura 3): cordão menor, geralmente na axila, mas pode estar presente em todo o membro e em tórax anterior, logo abaixo da mama; apresenta-se em número unitário, não podendo, portanto, ser considerado uma rede.

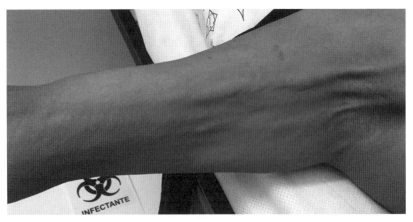

Figura 1 Síndrome da rede axilar.

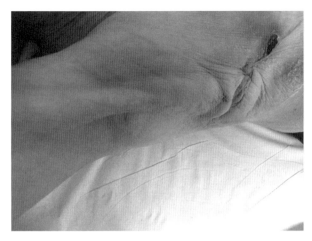

Figura 2 Faixa fibrosa.

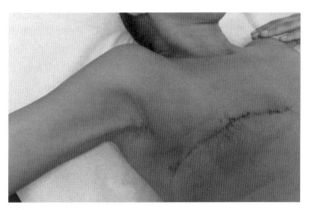

Figura 3 Cordão único.

Apesar dessa classificação por características clínicas, todos os cordões serão tratados como síndrome da rede axilar neste capítulo. Essa classificação visa não só à avaliação clínica, mas também a obter o conhecimento quanto ao que se espera da evolução do tratamento.

DIAGNÓSTICO DIFERENCIAL

Como diagnóstico diferencial dos cordões, há os vasos que sofrem tromboflebites e esclerosam após a quimioterapia neoadjuvante ou adjuvante, que é realizada de forma periférica no membro ipsilateral ao câncer de mama. Geralmente, esses vasos aparecem em baixo relevo, como um sulco, e mais endurecidos no antebraço, enquanto, no cotovelo, aparecem em alto relevo acima da pele, muito semelhantes aos cordões descritos. Não melhoram com a fisioterapia e as pacientes costumam relatar que surgiram durante ou após a quimioterapia.

Outro diagnóstico diferencial possível é a doença de Mondor, apresentando-se normalmente como cordões que cruzam a mama, causados pela esclerose das veias superficiais da parede torácica; também não apresentam resultado com a mobilização.[11]

FISIOPATOLOGIA

A fisiopatologia da síndrome da rede axilar é pouco conhecida e controversa. Há estudos em que os cordões são descritos como vasos linfáticos que sofreram fibrose, depósito de tecido gorduroso e de granulação; em outros estudos, os cordões são descritos como provenientes de vasos sanguíneos ou ainda vasos mistos.[1,6,9,12] Talvez essa discrepância esteja relacionada a essas diferentes apresentações de cordões descritas anteriormente. Em um estudo próprio em andamento, marcadores de endotélio linfático (D2-40) e venoso (CD31, CD34), bem como a análise anatomopatológica da peça, estão sendo verificados e deverão ajudar na definição da fisiopatologia (Figura 4).[13]

Cordões que não aparecem de forma precoce, mas tardiamente, anos após a cirurgia, não têm causas definidas e não se sabe se esse aparecimento pode ser um possível sinal de metástase em circulação linfática local.

AVALIAÇÃO

A forma de avaliar os cordões é muito importante para a detecção precoce e a rápida intervenção. A paciente com presença de cordão tem a sua amplitude de movimentos do ombro limitada, dificuldade de realizar as suas atividades diárias e piora na qualidade de vida. Na literatura, não são descritas as formas de avaliar os cordões ou são descritas de forma bem simplificada, o que justifica a grande variação de incidência dos trabalhos.

Para avaliação, as pacientes são posicionadas em decúbito dorsal, com o membro superior colocado em abdução e rotação externa do ombro, extensão e supinação de cotovelo e extensão de punho e dedos e, dessa forma, detectam-se os cordões visíveis (Figura 5).[5] Na presença de cordões, a paciente relata,

Síndrome da rede axilar 235

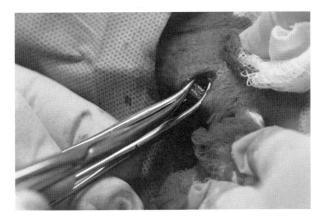

Figura 4 Realização de biópsia de cordão em axila.

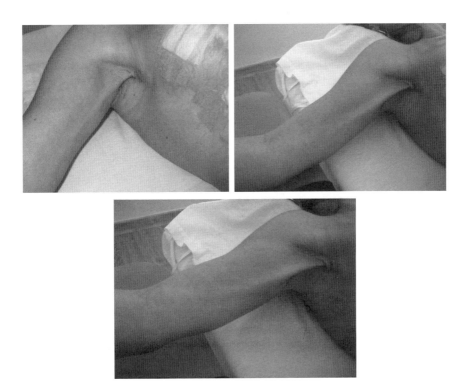

Figura 5 Posicionamento para avaliação de cordão.

além de dor ao movimento, uma sensação de repuxar, como se fosse uma corda. No entanto, apenas esse posicionamento não é suficiente, pois, muitas vezes, os cordões não estão visíveis. Então, além do posicionamento, é necessário um tracionamento da pele de forma longitudinal e uma palpação do local para detectar todos os cordões, não somente os visíveis, mas principalmente os cordões que são apenas palpáveis, que são a maioria e geralmente subdiagnosticados (Figura 6).[5]

FATORES DE RISCO

Alguns estudos correlacionam fatores de risco e fatores prognósticos do câncer de mama com a presença de cordões. Os principais fatores citados são: extensão da cirurgia, índice de massa corpórea, idade, comprometimento de linfonodos regionais e algumas complicações, como o linfedema.[14-17] Sem sombra

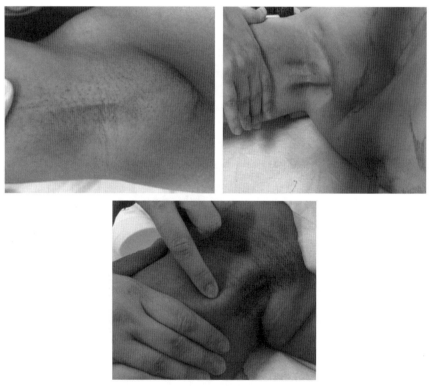

Figura 6 Tracionamento da pele e palpação para melhor detecção de cordões.

de dúvidas, a linfonodectomia axilar é o principal fator de risco para desenvolver a síndrome da rede axilar. Quanto maior o número de linfonodos retirados, maior a chance de desenvolver a síndrome, no entanto, a manipulação cirúrgica para biópsia de linfonodo sentinela também pode ocasionar os cordões, sendo esta uma das principais hipóteses que corroboram com a ideia de os cordões serem coletores linfáticos.

Alguns estudos sugerem o baixo índice de massa corpórea e a idade como fatores de risco para presença de cordões, porque, em mulheres com sobrepeso e obesidade, a quantidade aumentada de tecido adiposo na região de axila e braço pode dificultar a avaliação de cordões, visíveis e/ou palpáveis, necessitando, dessa forma, de uma busca mais criteriosa e profunda para localização dos cordões e posicionamento adequado do membro superior.[5]

A relação do linfedema com os cordões é citada por alguns estudos, mas, pela descrição metodológica das formas de avaliação, os resultados devem ser questionados para se correlacionar ou não este fato. O que se sabe é que a realização da linfonodectomia é o principal fator de risco para a ocorrência de ambos.

Em dois estudos, foi mostrada uma correlação da hipertensão arterial e do aumento do fluxo arterial em pacientes com síndrome de rede axilar.[5,18] A hipertensão arterial sistêmica pode causar um aumento no risco de desenvolver cordões ou a medicação administrada para o seu controle pode influenciar no fluxo linfovenoso e, de alguma forma, aumentar a incidência dos cordões, mas são necessários mais estudos para essa associação. Um estudo realizado mostrou que o diabetes melito é um fator que diminui o risco de desenvolver cordões.[5] Sabe-se que o diabetes altera o processo de cicatrização no pós-operatório, portanto, pode-se pensar que a fisiopatologia da síndrome de rede axilar, que inclui um processo de cicatrização e fibrose, pode estar diminuída em pacientes acometidas por essa doença.[19]

FISIOTERAPIA

As intervenções fisioterapêuticas para melhora dos sinais e sintomas têm baixa evidência científica. Vários tratamentos fisioterapêuticos com as mais diversificadas técnicas são propostos, como também são descritas em estudos as remissões espontâneas.[20,21]

Com base na experiência das autoras, o tratamento da síndrome de rede axilar é realizado de forma a mostrar eficácia, com a tentativa de posicionamento adequado do membro superior, na mesma posição da avaliação, e realizar um tracionamento da pele de forma suave, longitudinal ao cordão e a distância, procurando ganhar amplitude simultaneamente. Mesmo suave, a manobra realizada causa desconforto e dor para a paciente, que relata a sensação de estar "rasgando a pele", pelo tensionamento do cordão; assim, as manobras devem ser feitas respeitando o limiar de dor da paciente (Figura 7).

Com a mobilização de pele junto com o posicionamento citado e com a percepção não só palpável, mas também visível, de que esses cordões não ocorrem mais, sugere-se que, de alguma forma, eles tenham sofrido modificação na estrutura ou mesmo alguma ruptura. Em alguns casos, durante a mobilização, ouvem-se estalidos, o que faz supor que os cordões tenham se rompido. No entanto, isso ainda carece de confirmação.

Com essas intervenções, o ganho de amplitude de movimento em flexão e abdução de ombro e a melhora da dor são imediatos. Ganham-se em torno de 20 a 60° de amplitude após a manobra, e o relato é de alívio, maior liberdade de movimento, melhora da funcionalidade e independência.

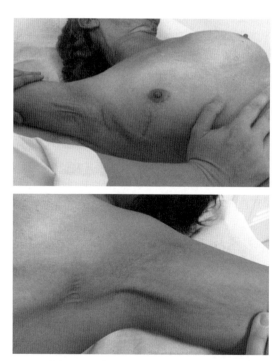

Figura 7 Tratamento fisioterapêutico da síndrome de rede axilar.

A resolução não está relacionada ao desaparecimento do cordão, mas, sim, ao ganho de amplitude de movimentos de abdução e flexão de ombro e à melhora do quadro álgico.

Caso a mobilização a distância não seja eficaz, as manobras podem ser realizadas na proximidade do cordão ou mesmo sobre ele, respeitando os limites de tolerância de dor da paciente.

Após o tratamento fisioterápico, os cordões podem apresentar uma resolução parcial ou completa (Figura 8). Mesmo após a resolução completa, podem ocorrer recidivas em semanas, meses e até anos, sem que se tenha conhecimento de sua etiologia.

A ação apenas de exercícios para ganho de flexão e abdução de membros superiores também podem gerar resolução espontânea, sem qualquer outra intervenção da fisioterapia, o que sugere que a própria movimentação, por si só, já permita a mobilização dos cordões e a consequente evolução. Alguns estudos mostram a resolução de forma espontânea após 3 meses do seu aparecimento, em média.[20,21] O objetivo da fisioterapia é uma intervenção precoce para pre-

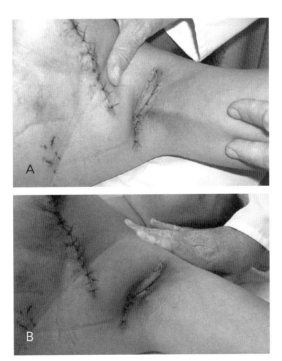

Figura 8 A. Mobilização do cordão. B. Resolução completa em uma sessão.

venir outras complicações, mas principalmente para que haja melhora do quadro álgico, ganho de amplitude de movimentos, maior independência e rápido retorno às atividades de vida diária e laborais.

REFERÊNCIAS BIBLIOGRÁFICAS

1. Moskovitz AH, Anderson BO, Yeung RS, Byrd DR, Lawton TJ, Moe RE. Axillary web syndrome after axillary dissection. Am J Surg 2001; 181(5):434-9.
2. Ferrandez JC, Serin D. Rééducation et cancer du sein. Paris: Elsevier-Masson, 1996.
3. Camargo MC, Marx AG. Reabilitação física no câncer de mama. São Paulo: Roca, 2000.
4. Marx AG. Estudo sobre a intervenção fisioterapêutica precoce e tardia na morbidade de membro superior pós-tratamento de câncer de mama (dissertação). São Paulo: Faculdade de Medicina da Universidade de São Paulo, 2006.
5. Figueira PVG. Síndrome da rede axilar no câncer de mama – epidemiologia, fatores de risco e características clínicas (dissertação). São Paulo: Universidade Federal de São Paulo, 2016.
6. Leidenius M, Leppänen E, Krogerus L, von Smitten K. Motion restriction and axillary web syndrome after sentinel node biopsy and axillary clearance in breast cancer. Am J Surg 2003; 185(2):127-30.
7. Bergmann A, Mendes VV, de Almeida Dias R, do Amaral E Silva B, da Costa Leite Ferreira MG, Fabro EA. Incidence and risk factors for axillary web syndrome after breast cancer surgery. Breast Cancer Res Treat 2012; 131(3):987-92.
8. Bergmann A, Mattos IE, Koifman RJ, Ribeiro MJ, Nogueira EA, Ribeiro EP et al. Axillary we syndrome after lymph node dissection: results of 1004 breast cancer patients. Lymphology 2007; 40(Suppl):198-203.
9. Wernicke AG, Shamis M, Sidhu KK, Turner BC, Goltser Y, Khan I et al. Complication rates in patients with negative axillary nodes 10 years after local breast radiotherapy after either sentinel lymph node dissection or axillary clearance. Am J Clin Oncol 2013; 36(1):12-9.
10. Johansson K, Ingvar C, Albertsson M, Ekdahl C. Arm lymphedema, shoulder mobility and muscle strength after breast cancer treatment – a prospective 2-year study. Adv Physiother 2001; (3):55-66.
11. Faucz RA, Hidalgo RT, Faucz RS. Doença de Mondor: achados mamográficos e ultra-sonográficos. Radiol Bras 2005; 38(2):153-55.
12. Josenhans E. Physiotherapeutic treatment for axillary cord formation following breast cancer surgery. Pt_zeitschrift fur Physiotherapeuten 2007; 59(9):868-78.

13. Rashtak S, Gamble GL, Gibson LE, Pittelkow MR. From furuncle to axillary web syndrome: shedding light on histopathology and pathogenesis. Dermatology 2012; 224(2):110-4.

14. Torres Lacomba M, Sanchez MJY, Goñi AZ, Merino DP, Moral OM, Tellez EC et al. Effectiveness of early physiotherapy to prevent lymphedema after surgery for breast cancer: randomized, single blinded, clinical trial. BMJ 2010; (340):b5396.

15. Koehler L. Axillary web syndrome ongoing medical evaluation (dissertation). University of Minessota, 2013. Disponível em: http://conservancy.umn.edu/bitstream/144876/1/Koehler_umn_0130E_13456.pdf.

16. Bergmann A, Bourrus NS, Carvalho CM, Dias RA, Fabro EAN, Sales NS et al. Arm symptons and overall survival in brazilian patients with advanced breast cancer. Asian Pacific Journal of Cancer Prevention 2011; 12:2939-42.

17. Fukushima KFP, Carmo LA, Borinelli AC, Ferreira CWS. Frequency and associated factors of axillary web syndrome in women who had undergone breast cancer surgery: a transversal and retrospective study. SpringerPlus 2015; 4:112.

18. Furlan C. Associação da síndrome da rede axilar com os parâmetros circulatórios do membro superior após abordagem cirúrgica axilar para o tratamento do câncer de mama (dissertação). Campinas: Universidade Estadual de Campinas, 2016.

19. Brem H, Tomic-Canic M. Cellular and molecular basis of wound healing in diabetes. J Clin Invest 2007; 117(5):1219-22.

20. Wyrick SL, Waltke LJ, Ng AV. Physical therapy may promote resolution of lymphatic cording in breast cancer survivors. Rehabil Oncol 2006; 24:29-34.

21. Lauridssen MC, Christiansen P, Hessov IB. The effect of physiotherapy on shoulder function in patients surgically treated for breast cancer: a randomized study. Acta Oncol 2005; (44):449-57.

17

Fibroses e aderências

Mariane Altomare
Angela Gonçalves Marx
Patrícia Vieira Guedes Figueira

A cirurgia é a principal causa do aparecimento de tecido cicatricial, fibroses e aderências, mas a radioterapia também representa importante fator. Por esses motivos, muitas pacientes apresentam diminuição da função, aumento da tensão tecidual e perda da amplitude de movimentos.

A fibrose é caracterizada pela deposição excessiva de componentes da matriz extracelular, principalmente colágeno. Ela altera a mobilidade e a flexibilidade do tecido conjuntivo gerando rigidez, o que prejudica o metabolismo normal, podendo resultar em uma série de déficits funcionais, aspecto estético desagradável e alterações nociceptivas.

Nos últimos anos, muito tem se falado sobre o ambiente mecanobiológico dos tecidos na formação das fibroses. Sabe-se que as forças mecânicas influenciam a organização e o metabolismo do tecido e desempenham um papel importante em todas as fases do processo de reparo tecidual.

A radioterapia pode induzir uma fibrose que tem como característica ser causada por produção anormal de colágeno e pouca presença celular. O tecido perde a sua arquitetura normal e diminui a sua capacidade de cicatrização. É uma alteração crônica e progressiva não somente na pele, mas também no tecido subcutâneo.

As aderências são caracterizadas pela falta de mobilidade entre os tecidos, com ou sem presença de fibrose.

Os mecanismos de cura de feridas estão entre os processos mais complexos que ocorrem em organismos multicelulares. Nos mamíferos, a resposta típica após a lesão é a formação de cicatriz fibrótica, que restabelece a integridade dos tecidos.[1] A cura de feridas em humanos adultos traz algum grau de formação de cicatrizes que podem comprometer a função e a aparência. Estima-se que são realizados 230 milhões de grandes procedimentos cirúrgicos em todo o mundo a cada ano.[2,3] Após lesão da pele, as condições mecanofisiológicas são drasticamente alteradas pela cicatrização de feridas e influenciam consideravelmente o grau de formação dos tecidos cicatriciais.[4] O resultado do processo pode ser uma cicatriz fina, quase imperceptível, ou uma fibrose exuberante que, por sua vez, pode ser disfuncional e desfigurante.[5]

O acúmulo dos componentes da matriz extracelular (MEC) e o aumento da rigidez do tecido são características comuns de fibrose. Esse acúmulo altera as propriedades mecânicas do tecido, que, por sua vez, pode ter impacto na função celular.[6] As respostas incluem: crescimento celular,[7] migração celular[8] e diferenciação.[9,10] A rigidez da MEC também afeta outros parâmetros, como a deposição e a organização da própria MEC.[11] É muito claro que a rigidez do tecido pode preceder a fibrose ou até contribuir para o seu desenvolvimento.

Dentre as lesões crônicas provocadas pela radioterapia, a fibrose é a que acarreta as maiores disfunções. Mais de 10% das pacientes apresentam fibrose em graus mais elevados no seguimento tardio. A fibrose induzida pela radioterapia tem características diferentes da fibrose induzida pelo trauma cirúrgico; é uma alteração crônica e progressiva observada na pele irradiada, no tecido subcutâneo, além de poder também ser observada em outros tecidos. Clinicamente, as pacientes manifestam pele fibrótica, espessa e aderente no local de irradiação e apresentam também restrição de movimentos.[12-14]

Quando se comparam as fases normais de uma cicatrização com as consequências tardias da radioterapia, observam-se diferenças principalmente em relação aos seus componentes. Na cicatrização normal por um processo cirúrgico, as citocinas são produzidas pelas plaquetas e macrófagos que penetram no leito da ferida na fase inflamatória. Por outro lado, a radiação causa edema, estase e oclusão das paredes dos vasos, e, assim, impede a entrada de plaquetas. A angiogênese se reduz e, por conta disso, há também uma redução no recrutamento de fibroblastos. A radioterapia também causa lesão direta aos fibroblastos pela produção reduzida, desorganizada e alterada de colágeno, o que causa perda da força tensional da região. Pesquisas recentes mostram que a fisiopatologia da fibrose induzida pela radioterapia leva à produção desregulada de miofibroblastos anormais.[12]

As lesões provocadas pela irradiação interrompem uma sequência organizada de eventos que resultam em respostas inflamatórias repetitivas, diferentes dos processos sequenciais de uma cicatrização normal de uma ferida operatória. O depósito de colágeno, na fase proliferativa da cicatrização normal, é induzido pelo óxido nítrico (NO); já na radioterapia, há redução dos níveis de NO, o que pode explicar a diminuição de força nas estruturas irradiadas. Na fase de remodelação, alguns fatores de inibição tecidual também são diminuídos pela radioterapia, o que pode contribuir para uma reconstituição inadequada de tecidos moles.[15]

É comum ouvir que, uma vez que a fibrose começou, não pode ser revertida; no entanto, estudos recentes demonstraram que é possível revertê-la.[16] Esses estudos sugerem que a alteração nas propriedades biomecânicas da MEC pode ser um alvo terapêutico importante, capaz de modular a diferenciação de miofibroblastos e a formação de fibrose.[11] Identificar métodos para modular as propriedades mecânicas do microambiente tecidual pode ser uma das mais eficazes propostas terapêuticas hoje disponíveis (Figura 1).[11]

Um estudo com ultrassonografia revelou que a espessura e a ecogenicidade alterada do tecido conjuntivo toracolombar estão associadas à dor lombar crônica, sugerindo a presença de inflamação ou fibrose.[17] Estudos com animais mostraram que a inflamação de outros tipos de tecidos conjuntivos pode estar envolvida na persistência da dor.[18]

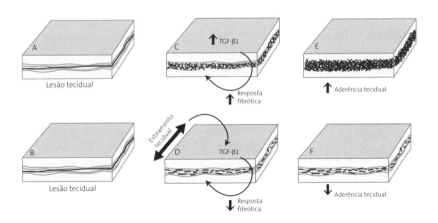

Figura 1 Esquema mostrando os efeitos do breve estiramento mecânico: diminuição dos níveis de TGF-beta 1 (fator de crescimento tecidual-beta 1) e diminuição da fibrose.

Além de provocar dor crônica, o tecido conjuntivo tem como característica importante, as capacidade de responder a estímulos mecânicos e, portanto, o uso da terapia manual pode provocar um arranjo melhor da MEC, diminuir a rigidez e ser uma proposta terapêutica em dor crônica.[19] Evidências recentes sugerem que alongamento de baixa amplitude (não cíclicos) pode ter efeitos benéficos antifibróticos[20] e anti-inflamatórios.[21]

Os efeitos de forças mecânicas sobre as células e os tecidos têm recebido maior atenção, e modelos experimentais têm sido desenvolvidos para analisar sistematicamente esses efeitos. As pesquisas no campo da mecanobiologia dos tecidos conjuntivos elucidaram aspectos importantes de como as forças mecânicas podem regular a organização e o comportamento celular.[4,5,8]

Estudos estão sendo realizados em cicatrizes hipertróficas para observação dos efeitos da ação das forças mecânicas na MEC, especificamente na relação entre as forças intrínsecas e extrínsecas das cicatrizes. Sabe-se que o aumento da fibrose adjacente cria uma elevada carga mecânica (aumento na tensão extrínseca) em incisões que normalmente curam com uma cicatriz mínima. Estudam-se ainda os efeitos de forças mecânicas e reações dos tecidos durante a cicatrização de feridas e se essas forças podem desempenhar um importante alvo terapêutico para prevenir a fibrose e melhorar a qualidade dos tecidos cicatriciais. Alguns resultados da pesquisa experimental realizada em cicatrizes hipertróficas, por uma das autoras deste capítulo, sobre a aplicação de mobilização tecidual no subcutâneo, mostram um aumento na apoptose, menor quantidade de células inflamatórias e totais, aumento do colágeno tipo I e diminuição do colágeno tipo II, todos indicando um momento mais tardio do processo de reparo (Figura 2).

Durante a cicatrização de feridas ou condições patológicas crônicas, como fibrose, a rigidez tecidual pode aumentar ao longo de dias ou semanas, pela ação de forças mecânicas e atividade contrátil dos miofibroblastos.[22] Nos seres humanos, a formação de cicatrizes cutâneas varia consideravelmente com base no mecanismo de lesão, grau de dano, local anatômico, idade do paciente e predisposição genética.[23]

Embora quantidades apropriadas de tensão intrínseca sejam necessárias para o fechamento de feridas, um fator importante para o grau de formação de cicatrizes após o ferimento é a força mecânica extrínseca. O equilíbrio dessas forças desempenha um papel fundamental na formação das cicatrizes.[2] Cicatrizes sob tensão apresentaram maior celularidade, vascularização e presença de maior número de miofibroblastos, o que poderia ser evitado simplesmente descarregan-

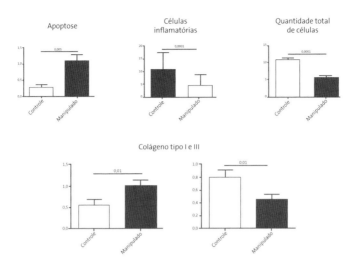

Figura 2 Aumento na apoptose, menor quantidade de células inflamatórias e totais, aumento do colágeno tipo I e diminuição do colágeno tipo II, demonstrados em pesquisa experimental.

do a tensão adjacente/extrínseca. Esses estudos pré-clínicos sugerem que o ambiente mecanobiológico é crucial para a qualidade da cicatriz (Figura 3).[1]

A tensão intrínseca/carga mecânica dos tecidos influencia a resposta a uma lesão.[5] No campo clínico, a formação de cicatrizes é aumentada em lesões submetidas a forças mecânicas elevadas (alta força extrínseca), por exemplo, nas feridas em região de grande movimentação, como nas articulações.[24,25] Por outro lado, controlar esse excesso de forças pode reduzir significativamente a cicatrização patológica,[26] como mostra a Figura 4. Esses resultados clínicos indicam que o tecido conjuntivo é extremamente sensível e responsivo aos estímulos mecânicos.

Diversos modelos animais foram desenvolvidos para estudar a formação de cicatrizes. A pele do porco é semelhante à pele humana em vários aspectos. Estudos utilizando modelos de suínos demonstraram que o estresse mecânico pode regular a espessura de fibrilas de colágeno, o fluxo de sangue e a liberação de neuropeptídios pró-inflamatórios (Figura 5).[26]

Estudos anteriores sugeriram que a remodelação induzida por estiramento da MEC é um importante mecanismo natural que pode limitar cicatrizes excessivas e fibroses formadas após lesões.[20] É evidente que as forças mecânicas são extremamente importantes no desenvolvimento, na homeostase e na reparação da pele humana. Em cirurgias plásticas – especialmente as estéticas – exige-se qualidade na formação de tecido cicatricial após a intervenção cirúrgica. Abordagens terapêuticas eficazes para prevenir e tratar cicatrizes excessivas são fundamentais (Figura 6). Nas reconstruções de mama, seja com retalho do músculo reto abdominal ou do músculo grande dorsal ou em outras cirurgias reconstrutoras, a qualidade da cicatriz é igualmente importante, não só do ponto de vista estético, mas principalmente para a manutenção adequada da vascularização do retalho e da amplitude de movimentos dos seguimentos e articulações envolvidos. A cicatriz da reconstrução com retalho reto abdominal é semelhante à aparência de uma abdominoplastia; no entanto, a preocupação não só com a cicatriz, mas com a saúde do retalho, requer abordagens manuais diferentes de uma abdominoplastia.

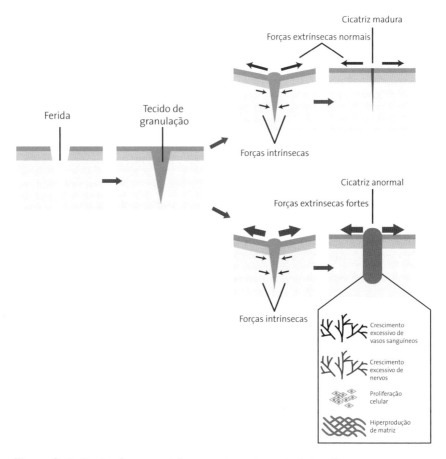

Figura 3 Ação das forças extrínsecas durante a cicatrização.

Fibroses e aderências 249

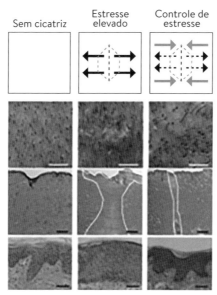

Figura 4 Controle de estresse como método de prevenção de cicatrização hipertrófica.

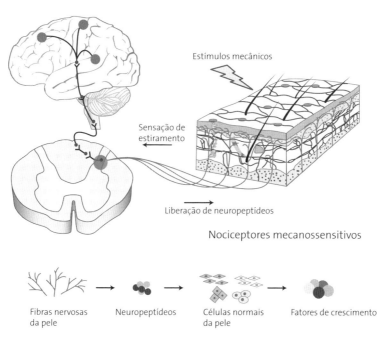

Figura 5 Mecanorreceptores na pele atuam como fibras condutoras de estímulos mecânicos, e os sinais transmitidos levam à liberação de neurotransmissores.[27]

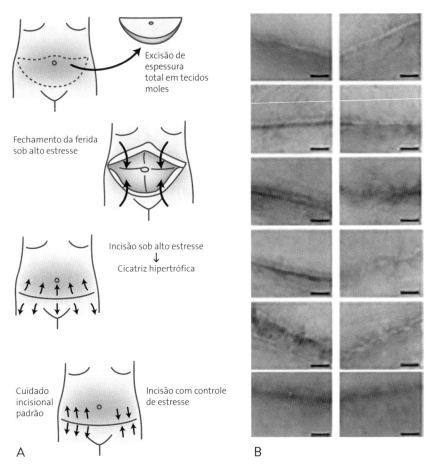

Figura 6 Técnica de "controle de estresse" e seus resultados.[26]

Outro problema importante causado pela fibrose tecidual é o retardo no transporte linfático e sua associação com a arquitetura linfática anormal. Vários mecanismos potenciais podem ser responsáveis pelo retardo na regeneração linfática, quando na presença de fibroses no tecido conjuntivo. Por exemplo, o acúmulo de componentes da MEC ou alterações na quantidade de proteínas, como ocorre quando há fibroses e cicatrizes, pode inibir diretamente a proliferação de células endoteliais linfáticas.[28] Com esses dados, pode-se afirmar que é crucial escolher a abordagem terapêutica apropriada, uma vez que é importante prevenir a fibrose por meio de controle do ambiente mecanobiológico tecidual. Para que haja absorção do edema, é preciso que a MEC esteja em equilíbrio; quando a matriz está densa ou com fibrose, o trânsito de líquidos fica prejudicado, o que favorece o acúmulo de substâncias no local e dificulta a reabsorção de edema (Figura 7).

Alguns trabalhos mostram que técnicas especiais de mobilização tecidual e massagem diminuem o eritema, a dor, o prurido e o endurecimento da pele em pacientes submetidas a radioterapia. Além disso, esses trabalhos também mostraram maior mobilidade da pele e melhora da sensação de endurecimento. Essas abordagens têm impacto positivo importante no tratamento das sequelas provocadas pela radioterapia.[29]

Prevenir e tratar tecidos da cicatriz/fibrose e formação de aderências utilizando mobilização (terapia manual) é uma opção simples para um problema muito comum tanto em cirurgia plástica estética como reconstrutora e é especialmente importante para lesões dos tecidos que envolvam fáscias e grandes dissecções, o que pode provocar disfunção importante, desfiguração e até dor crônica. Quando se observa uma imagem com presença de aderências e fibroses nos tecidos subcutâneos, pode-se facilmente perceber a limitação causada por esse tipo de alteração (Figura 8).

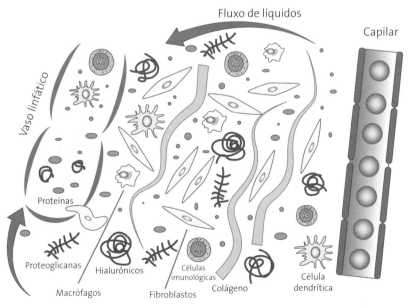

Figura 7 Visão esquemática do interstício e vasos.

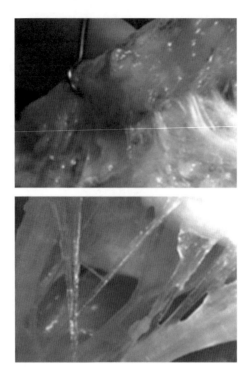

Figura 8 Presença de fibrose e aderência no subcutâneo.[30]

Não existem protocolos para avaliar fibroses; cada caso é único e merece uma boa avaliação de mobilidade dos tecidos, presença de restrições articulares e musculares, dor e da qualidade da cicatriz. A avaliação é feita com várias formas de palpação, desde tecidos mais superficiais até a musculatura, em que se procura diferenciar restrições teciduais nesses níveis e de forma comparativa. A prática, a sensibilidade e a experiência do fisioterapeuta em realizar esse tipo de avaliação é essencial.

Para tratamento, deve-se criar um equilíbrio entre a força empregada pelo fisioterapeuta, o próprio estresse fisiológico da pele e o quanto a ferida/cicatriz suporta de carga. Um desequilíbrio nessa relação ocasiona estímulos que aumentam a quantidade de processo cicatricial e atrasam a regeneração tecidual.

Embora o campo de mecanobiologia dos tecidos cicatriciais ainda seja jovem, os estudos sugerem que controlar o ambiente biomecânico por meio de terapia manual é a abordagem terapêutica mais eficaz. Fisioterapeutas podem facilmente usar esse conceito para prevenir e reduzir a fibrose cutânea e subcutânea de maneira rápida e eficaz.

Com base no trabalho experimental e no sucesso da aplicação desse conceito na prática clínica, acredita-se que a terapia manual seja a maneira mais segura de prevenir e tratar a lesão tecidual após cirurgias de mama reconstrutoras e cirurgias plásticas. A aplicabilidade de técnicas de terapia manual para liberação de tecidos submetidos à radioterapia mostra resultados positivos na prática clínica, mas ainda necessita de maiores evidências quanto a tempo, intensidade e direção de forças extrínsecas geradas pelo fisioterapeuta.

A utilização de mobilizações teciduais que exerçam forças mecânicas adequadas pode melhorar a qualidade dos tecidos cicatriciais e submetidos à radioterapia, constituindo, assim, uma estratégia terapêutica elegível para a prevenção e o tratamento de fibroses, aderências e cicatrizes excessivas.

REFERÊNCIAS BIBLIOGRÁFICAS

1. Duscher D, Maan ZN, Wong VW, Rennert RC, Januszyk M, Rodrigues M et al. Mechanotransduction and fibrosis. J Biomech 2014; 47:1997-2005.
2. Gurtner GC, Werner S, Barrandon Y, Longaker MT. Wound repair and regeneration. Nature 2008; 453:314-21.
3. Weiser TG, Regenbogen SE, Thompson KD, Haynes AB, Lipsitz SR, Berry WR et al. An estimation of the global volume of surgery: a modelling strategy based on available data. Lancet 2008; 372:139-44.
4. Silver FH, Siperko LM, Seehra GP. Mechanobiology of force transduction in dermal tissue. Skin Res Technol 2003; 9:3-23.
5. Wong VW, Longaker MT, Gurtner GC. Soft tissue mechanotransduction in wound healing and fibrosis. Semin Cell Dev Biol 2012; 23:981-6.
6. Hinz B. Formation and function of the myofibroblast during tissue repair. J Invest Dermatol 2007; 127:526-37.
7. Wang HB, Dembo M, Wang YL. Substrate flexibility regulates growth and apoptosis of normal but not transformed cells. Am J Physiol Cell Physiol 2000; 279:C1345-50.
8. Sheetz MP, Felsenfeld DP, Galbraith CG. Cell migration: regulation of force on extracellular-matrix-integrin complexes. Trends Cell Biol 1998; 8:51-4.
9. Engler AJ, Griffin MA, Sen S, Bonnemann CG, Sweeney HL, Discher DE. Myotubes differentiate optimally on substrates with tissue-like stiffness: pathological implications for soft or stiff microenvironments. J Cell Biol 2004; 166:877-87.

10. Engler AJ, Rehfeldt F, Sen S, Discher DE. Microtissue elasticity: measurements by atomic force microscopy and its influence on cell differentiation. Methods Cell Biol 2007; 83:521-45.

11. Carver W, Goldsmith EC. Regulation of tissue fibrosis by the biomechanical environment. Biomed Res Int 2013; 2013:101979.

12. Iyer S, Balasubramanian D. Management of radiation wounds. Indian J Plast Surg 2012; 45(2):325-31.

13. Jothy Basu KS, Bahl A, Subramani V, Sharma DN, Rath GK, Julka PK. Normal tissue complication probability of fibrosis in radiotherapy of breast cancer: accelerated partial breast irradiation vs conventional external-beam radiotherapy. J Cancer Res Ther 2008; 4(3):126-30.

14. Hille-Betz U, Vaske B, Bremer M, Soergel P, Kundu S, Klapdor R et al. Late radiation side effects, cosmetic outcomes and pain in breast cancer patients after breast-conserving surgery and three-dimensional conformal radiotherapy: risk-modifying factors. Strahlenther Onkol 2016; 192(1):8-16.

15. Haubner F, Ohmann E, Pohl F, Strutz J, Gassner HG. Wound healing after radiation therapy: review of the literature. Radiation Oncology 2012, 7:162.

16. Garrison G, Huang SK, Okunishi K, Scott JP, Kumar Penke LR, Scruggs AM et al. Reversal of myofibroblast differentiation by prostaglandin E(2). Am J Respir Cell Mol Biol 2013; 48:550-8.

17. Langevin HM, Stevens-Tuttle D, Fox JR, Badger GJ, Bouffard NA, Krag MH et al. Ultrasound evidence of altered lumbar connective tissue structure in human subjects with chronic low back pain. BMC Musculoskelet Disord 2009; 10:151.

18. Allen KD, Adams SB Jr., Mata BA, Shamji MF, Gouze E, Jing L et al. Gait and behavior in an IL1beta-mediated model of rat knee arthritis and effects of an IL1 antagonist. J Orthop Res 2011; 29:694-703.

19. Chan MW, Hinz B, McCulloch CA. Mechanical induction of gene expression in connective tissue cells. Methods Cell Biol 2010; 98:178-205.

20. Bouffard NA, Cutroneo KR, Badger GJ, White SL, Buttolph TR, Ehrlich HP et al. Tissue stretch decreases soluble TGF-beta1 and type-1 procollagen in mouse subcutaneous connective tissue: evidence from ex vivo and in vivo models. J Cell Physiol 2008; 214:389-95.

21. Eagan TS, Meltzer KR, Standley PR. Importance of strain direction in regulating human fibroblast proliferation and cytokine secretion: a useful in vitro model for soft tissue injury and manual medicine treatments. J Manipulative Physiol Ther 2007; 30:584-92.

22. Hinz B. Myofibroblasts. Exp Eye Res 2016; 142:56-70.

23. Aarabi S, Longaker MT, Gurtner GC. Hypertrophic scar formation following burns and trauma: new approaches to treatment. PLoS Medicine 2007; 4:e 234.
24. Wray RC. Force required for wound closure and scar appearance. Plastic and Reconstructive Surgery 1983; 72:380-2.
25. Meyer M, McGrouther DA. A study relating wound tension to scar morphology in the pre-sternal scar using Langers technique. British Journal of Plastic Surgery 1991; 44:291-4.
26. Gurtner GC, Dauskardt RH, Wong VW, Bhatt KA, Wu K, Vial IN et al. Improving cutaneous scar formation by controlling the mechanical environment: large animal and phase I studies. Ann Surg 2011; 254:217-25.
27. Ogawa R. Mechanobiology of scarring. Wound Rep Reg 2011; 19:S2-S9.
28. Avraham T, Clavin NW, Daluvoy SV, Fernandez J, Soares MA, Cordeiro AP et al Fibrosis is a key inhibitor of lymphatic regeneration. Plast Reconstr Surg 2009; 124(2):438-50.
29. Bourgeois JF, Gourgou S, Kramar A, Lagarde JM, Guillot B. A randomized, prospective study using the LPG technique in treating radiation-induced skin fibrosis: clinical and profilometric analysis. Skin Res Technol 2008; 14(1):71-6.
30. Wong R, Geyer S, Weninger W, Guimberteau JC, Wong JK. The dynamic anatomy and patterning of skin. Exp Dermatol 2016; 25(2):92-8.

18

Lesões nervosas periféricas

Patrícia Vieira Guedes Figueira
Angela Gonçalves Marx

INTRODUÇÃO

As lesões nervosas decorrentes do tratamento do câncer de mama impedem o retorno precoce ou tardio das pacientes às suas atividades e têm um impacto significativo nas suas atividades de vida diária e sociolaborais. Podem ocorrer tanto pelo procedimento cirúrgico como pela radioterapia ou pela quimioterapia, de forma imediata ou tardia, após meses ou anos do tratamento.[1-3] Ademais, é preciso ter em mente que uma lesão nervosa pode ser causada por doença ativa, por aumento dos linfonodos regionais na região supraclavicular e axilar ou por compressão nervosa pelo próprio crescimento tumoral.

Outras possíveis causas associadas ao tratamento do câncer além dessas são as deficiências nutricionais, os distúrbios metabólicos, as infecções e as síndromes paraneoplásicas.

Um nervo, quando lesado, pode apresentar alterações de sensibilidade, como parestesia, disestesia, hipoestesia e hiperestesia; pode apresentar alterações motoras, como paresias e plegias; alterações de reflexos, além de dor neuropática. Várias são as lesões nervosas resultantes do tratamento do câncer de mama, mas, com diagnóstico e intervenção adequados, elas podem sofrer interferência ou ser eliminadas, devolvendo à mulher sua independência e qualidade de vida.

AVALIAÇÃO FISIOTERAPÊUTICA NEUROLÓGICA E GERAL
Anamnese

Qualquer avaliação sempre deve ser iniciada por uma boa anamnese. Conhecer as características prévias da paciente, a história da patologia, o tratamento realizado para o câncer de mama e o surgimento dos sintomas ajuda a direcionar a avaliação e tentar definir a possível etiologia e fatores de risco para que ocorra a lesão nervosa, que, no caso de câncer de mama, pode ser pela radioterapia, pela administração de alguns quimioterápicos e pela própria cirurgia. Diferenciar esses momentos e causas ajuda a traçar a melhor intervenção.[4,5]

Inspeção e palpação

Desde a entrada do paciente na sala, o fisioterapeuta deve observar cuidadosamente sua marcha, atitudes e movimentos. As alterações posturais e ósseas devem ser minuciosamente observadas; inspecionar a pele, a presença, a localização e a extensão de cicatrizes, fibroses e aderências; palpar grupos de linfonodos, principalmente em região axilar e supraclavicular; e verificar alteração de tônus e trofismo muscular.

Como as lesões podem ser de raízes nervosas, de vários nervos ou mesmo de um nervo isolado, é imperativo que se avalie a força muscular, a sensibilidade e os reflexos, pois isso ajuda a topografar a lesão e a direcionar o tratamento fisioterápico.

Força muscular

A força muscular pode ser avaliada contra a resistência, sempre de forma comparativa e bilateralmente. Devem-se verificar os sinais e sintomas de fraqueza e reconhecer paresia, plegia e fadiga.

A ação muscular pode ser classificada quanto ao local, à ação e à intensidade (Tabela 1).

Sensibilidade de membros superiores

A sensibilidade do membro superior deve ser avaliada por meio do teste dos nervos periféricos principais e do teste de cada nível neurológico (dermátomos). A lesão nervosa pode ser por acometimento da raiz, do plexo ou do nervo sensitivo (Figura 1).[2,3]

Lesões nervosas periféricas **259**

TABELA 1 Classificação da ação muscular

Local	Proximal ou distal, monoparesia (plegia), diparesia (plegia), paraparesia (plegia), hemiparesia (plegia)
Ação muscular	Extensão, flexão, adução, abdução e rotações
Intensidade (segundo Medical Research Council – MRC)	Classificada em 0 a 5 graus, sendo: 5: força normal; 4: resiste parcialmente ao examinar; 3: vence a gravidade, mas não resiste ao examinador; 2: não vence a gravidade, mas há deslocamento; 1: pequena contração muscular, mas sem deslocamento; 0: sem qualquer movimento ou contração muscular

TABELA 2 Mapeamento muscular de membros superiores

Ação	Grupamento muscular [agonista(s) principal(is)]	Raiz nervosa	Nervo
Elevação do ombro	Trapézio	Raiz espinhal do acessório, C3/C4	Supraescapular + acessório
Empurrar superfície plana, estática, com as duas mãos fletidas	Serrátil anterior	C5/C7	Torácico longo
Abdução do braço 0 a 15°	Supraespinhoso	C5/C6	Supraescapular
Abdução do braço 15 a 90°	Deltoide	C5/C6	Axilar
Adução do braço	Peitoral maior	C6/C8	Peitoral lateral e medial
Flexão do antebraço	Bíceps braquial	C5/C6	Musculocutâneo
Extensão do antebraço	Tríceps braquial	C6/C8	Radial
Aperto de mão	Vários	C5/T1	Ulnar, mediano, radial

Reflexos de membros superiores

Avaliar e classificar os reflexos de membros superiores, principalmente do bicipital, tricipital, braquirradial e de flexor de dedos. Os reflexos devem ser avaliados quanto à intensidade de resposta: arreflexia, hiporreflexia, normal ou hiper-reflexia (Tabela 3).

TABELA 3 Reflexos dos membros superiores

Reflexo	Raiz	Nervo
Bicipital	C5/C6	Musculocutâneo
Tricipital	C6/C7/C8	Radial
Braquirradial	C5/C6	Radial
Flexor de dedos	C8	Ulnar

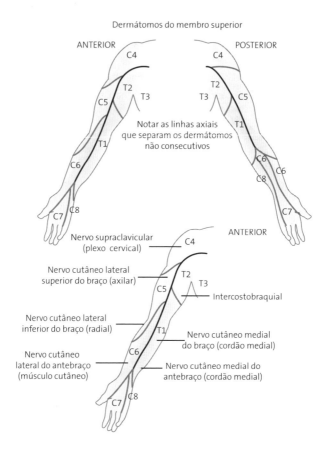
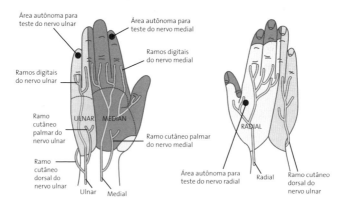

Figura 1 Distribuição sensitiva do plexo braquial.

Sensibilidade de membros inferiores

A sensibilidade do membro inferior deve ser avaliada por meio do teste dos nervos periféricos principais e do teste de cada nível neurológico (dermátomos). A lesão nervosa pode ser por acometimento da raiz, do plexo ou do nervo sensitivo (Figura 2).[4,5]

Reflexos de membros inferiores

Avaliar e classificar os reflexos de membros inferiores. Os reflexos devem ser avaliados quanto à intensidade de resposta: arreflexia, hiporreflexia, normal ou hiper-reflexia.

TABELA 4 Reflexos de membros inferiores

Reflexo	Raiz	Nervo
Patelar	L4-L5	Femoral
Tibial cranial	L6-S1	Fibular
Gastrocnêmio	L5-S3	Ciático e tibial
Ciático	L5-S2	Ciático
Flexor pélvico	L5-S3	Ciático

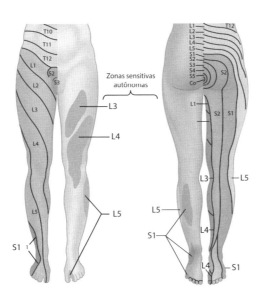

Figura 2 Distribuição sensitiva do plexo lombossacral.

LESÃO NERVOSA PELA RADIOTERAPIA

As regiões que podem receber radiação para tratamento de câncer de mama são: mama (nas cirurgias conservadoras); parede torácica (nas mastectomias radicais modificadas); fossa supra e infraclavicular ipsilateral à mama operada; linfonodos axilares ipsilaterais; e linfonodos da região da mamária interna.

Os nervos originados no plexo braquial cruzam o tronco principalmente pela região supraclavicular até alcançar a axila e o membro superior. Assim, quando essas regiões recebem a radiação, podem ocorrer lesões nervosas, sendo a principal delas a plexopatia braquial ou também conhecida por neuropatia do plexo braquial induzida pela radioterapia.[1,6]

A plexopatia braquial induzida pela radiação é uma lesão lenta e progressiva. Como os efeitos da radiação são prolongados, o surgimento dessa lesão pode ocorrer após vários anos do término do tratamento. O risco de desenvolver complicações tardias após a radioterapia convencional fracionada é considerado baixo, menor que 1%. Ainda que não totalmente claro, parece que a dor no membro superior e no ombro, causada pela plexopatia braquial, pode estar mais ligada após hipofracionamento do que pelo tratamento convencional que aplica a fração de 2 Gy/dia.[1]

Os mecanismos da fisiopatologia não são totalmente compreendidos. A compressão nervosa provocada pela extensa fibrose representa um importante papel, além da lesão direta aos nervos por meio da lesão axonal e desmielinização e da lesão aos vasos sanguíneos decorrente da isquemia provocada pela incapacidade da rede capilar.[1]

Há três possíveis tipos de lesão nervosa periférica após a radioterapia:[7]

- altas doses de radiação podem causar dano vascular nos vasos sanguíneos que suprem o segmento de um nervo;
- radiação causa fibrose extensa nos tecidos conectivos e podem danificar um tronco de nervo periférico adjacente a esses tecidos;
- dissecções cirúrgicas prévias deixam os tecidos mais vulneráveis; quando eles recebem a radiação, desenvolvem fibroses extensas que podem lesionar os nervos periféricos.

Os sintomas das lesões nervosas são manifestados desde parestesia ou disestesia subjetivas que podem evoluir para hipoestesia ou anestesia. Os sintomas que também podem estar associados são a dor neuropática e a fraqueza motora. A intensidade é variável, mas progressivamente pode resultar em perda de função e até paralisia do membro superior. Fibrose subcutânea da região axilar e supraclavicular, atrofia muscular e da pele, calcificações subcutâneas e osteonecrose esternoclavicular são outras complicações que podem estar associadas à lesão pela radioterapia. Essas lesões normalmente são tardias e infrequentes. Cerca de 1 em 100 mulheres que realizam radioterapia desenvolverão algum tipo de alteração de sensibilidade, motora ou dor. A apresentação das lesões nervosas provocadas pela radioterapia é muito heterogênea, pois são vários os locais irradiados. Essa plexopatia braquial, se for grave, normalmente é irreversível.[8]

Fisioterapia

As alterações motoras devem ser classificadas de acordo com a intensidade, indo de leve a moderada e acentuada. A atuação da fisioterapia pode ser iniciada na prevenção das neuropatias, sendo que vários estudos mostram os benefícios da realização de exercícios aeróbicos e de resistência durante a radioterapia. Nas neuropatias leves a moderadas, a eficácia da intervenção da fisioterapia também é observada em vários estudos.

Atuação da fisioterapia se baseia em:

- educação e informação às pacientes, o que é de extrema importância;
- realização de hidroterapia para redução da dor neuropática;
- programas de exercícios de fortalecimento e exercícios ativos livres;
- mobilizações miofasciais para redução de fibroses;
- uso de acupuntura para tratamento da dor;
- termoterapia e crioterapia (sem especificações descritas);
- uso de estimulação elétrica nervosa transcutânea (TENS) para alívio de dor;
- dessensibilizações ou estimulações sensoriais para alterações sensitivas;
- massagens.

Nas neuropatias acentuadas com dor intensa e mesmo na paralisia do membro, a fisioterapia deve intervir para a minimização dos sintomas. A indicação de uma tipoia nas paralisias do membro é eficaz na diminuição da dor e para evitar outras lesões, como a subluxação escapuloumeral. Contudo, salienta-se que esse casos são cada vez mais raros na atualidade.

LESÃO NERVOSA PELA QUIMIOTERAPIA

Os agentes quimioterápicos normalmente utilizados no tratamento do câncer de mama têm efeitos neurotóxicos. Incluem-se os taxanos (paclitaxel, docetaxel), os alcaloides da vinca, os análogos de platina e os antimetabólitos (capecitabina) (Tabela 5). A incidência das neuropatias induzidas pelos quimioterápicos é bastante variável, pois depende do tipo, da dose e da duração da droga administrada; por exemplo, em pacientes tratados com paclitaxel (um tipo de taxano), há incidência de 57 a 83% de neuropatias, enquanto pacientes tratados com análogo de platina podem ter incidência de 28 a 100%.[2,9]

TABELA 5 Agentes quimioterápicos

Principais agentes quimioterápicos[10]	Aparecimento	Características clínicas mais frequentes
Taxanos	Imediato	Polineuropatia simétrica distal (sintomas mais sensoriais)
Cisplatinas, carboplatinas	Tardio e pode piorar mais tardiamente	Dano sensorial (ataxia)
Oxiplatinas	Imediato	Parestesias laringofaríngeas (desencadeadas pelo frio)
Alcaloides da vinca (vincristina)	Imediato	Polineuropatia simétrica distal (sintomas mais sensoriais); distúrbios autonômicos (hipotensão, disfunção urinária e constipação)

A neuropatia periférica induzida pela quimioterapia resulta de um dano ou disfunção de nervos periféricos motores, sensoriais ou autonômicos. Os nervos sensitivos são menos mielinizados do que os motores e, por isso, são mais comuns e precocemente afetados. A variabilidade de sintomas depende do tipo de nervo afetado e da gravidade das lesões e pode durar de meses a anos.[2,11]

Os sintomas sensoriais são bastante comuns, como dormência, formigamento, sensibilidade ao frio e síndrome mão-pé (sensação de estar vestindo luvas e meias). O acometimento de nervos distais em mãos e pés é mais frequente, pois as fibras distais possuem maior área de superfície, portanto, sendo mais atingidas pelos agentes quimioterápicos.[2,12] Outro sintoma frequente é a dor que se apresenta de forma constante ou intermitente; muitas vezes, inclui disestesias ou alodínia (toque normal percebido como doloroso) e pode se apresentar como ardente, lancinante ou tipo choque.[2,13] O envolvimento nervoso de natureza autonômica pode resultar em diarreia ou constipação, sintomas ortostáticos e batimentos cardíacos irregulares. Menos comumente, as pacientes podem relatar problemas de ordem motora, incluindo fraqueza nas pernas, propriocepção prejudicada e deficiências funcionais que comprometem a capacidade de caminhar ou transportar itens, que interferem nas atividades da vida diária (AVD) e alteram a qualidade de vida.

TABELA 6 Neuropatia periférica provocada pela quimioterapia

Sintomas sensoriais	Sintomas motores	Sintomas autonômicos
Dormência	Fraqueza muscular	Diarreia
Formigamento	Plegias e paresias	Constipação
Sensibilidade ao frio	Cãibras	Sintomas ortostáticos
Síndrome mão-pé	Alteração de propriocepção	Alteração do batimento cardíaco
Dor (disestesias ou alodínia)	Comprometimento funcional	Incontinência urinária

A síndrome mão-pé, também chamada eritrodisestesia palmoplantar, merece atenção especial. Além da disestesia com ou sem eritema sistêmico, prurido, formigamento e sensação de queimação local dolorosa, também podem estar presentes edema, rachaduras, descamação e formação de placas de queratose, bolhas e úlceras. Esses sinais e sintomas interferem diretamente na funcionalidade da paciente, sobretudo ao segurar objetos e ao caminhar. Muitas vezes, a dose do quimioterápico é reduzida ou até mesmo suspensa até a diminuição dos sintomas.[12,14]

Os pacientes com câncer de mama podem apresentar predisposição a desenvolver neuropatia ou sintomas neuropáticos, caso apresentem distúrbios preexistentes do sistema nervoso periférico, como radiculopatias, plexopatias e mononeuropatias. Pacientes que apresentam diabetes, doenças hepáticas, uso frequente de álcool ou são mais idosos têm risco aumentado de desenvolver neuropatias, independentemente do câncer.[7]

Para esses pacientes com pré-disposição, um tratamento menos neurotóxico pode ser escolhido para reduzir os riscos de desenvolver as neuropatias. Além disso, eles devem ser educados e orientados para detecção e intervenção precoces. O tratamento medicamentoso inclui opioides, antidepressivos, gabapentina, lidocaína, dentre outros, para auxiliar no manejo dos sintomas.[11]

Anamnese, avaliação neurológica e estudos eletrodiagnósticos detalhados podem identificar essas possíveis lesões prévias, e o tratamento adequado pode ser administrado antes do tratamento quimioterápico, por exemplo, o uso de vitamina B12 nos casos de sua deficiência.

Uma boa avaliação inclui história focada nos sintomas do paciente, principalmente dor, alterações de sensibilidade e parestesias; e nas atividades funcionais, como marcha e atividades de vida diária, além da avaliação de força muscular e reflexos.[5]

A primeira conduta em pacientes que receberão quimioterapia é a educação e a orientação para que sejam capazes de reconhecer e comunicar à equipe de saúde logo aos primeiros sinais e sintomas das neuropatias. A educação também inclui manejo dos sintomas para que, desde o início, se evitem outras lesões e quedas.[15]

Orientações gerais[15]

- Reforçar cuidados com a pele, como a hidratação;
- inspecionar possíveis feridas e bolhas em mãos e pés;
- modificar o ambiente doméstico para torná-lo mais seguro;
- sentar-se ou deitar-se a qualquer sinal de tontura;
- movimentar tornozelos antes de levantar ou andar;
- usar sapatos confortáveis e seguros;
- usar luvas para retirar alimentos do freezer ou fornos;
- usar roupas de inverno apropriadas, como luvas e meias;
- realizar mudanças posturais de forma lenta para permitir o ajuste corporal;
- evitar extremos de temperaturas com comidas e bebidas;
- evitar banhos com extremos de temperatura;
- usar a visão para compensar a perda da sensação dos pés e das mãos.

Intervenções gerais da fisioterapia

- Uso de dispositivos externos e órteses para auxiliar na marcha, no banho e no equilíbrio;
- uso de estimuladores sensoriais;
- uso de dispositivo com vibração em mãos e pés para reeducação sensorial;
- uso de estratégias compensatórias de equilíbrio;
- uso de estratégias para minimizar os efeitos da disfunção autonômica;
- treino de marcha;
- exercícios de fortalecimento, principalmente nas extremidades;
- exercícios aeróbicos para manter o condicionamento físico;
- uso de neuroestimulação elétrica transcutânea (TENS) para redução de dor;
- uso de eletroestimulação funcional (FES);

- uso de acupuntura para melhora dos sintomas;
- uso de técnicas integrativas e complementares.

Por apresentarem baixo risco e baixo custo, o uso de TENS e FES é recomendado como um tratamento opcional para as neuropatias periféricas que são refratárias ao tratamento medicamentoso e pode auxiliar na melhora da condição muscular e na melhora da dor, embora existam poucas evidências. No entanto, não há consenso sobre os parâmetros de dosimetria, frequência, intensidade e localização da aplicação.[16] A FES é uma corrente que promove contração muscular sobre o local da aplicação e é indicada para casos de ausência de contração muscular, ausência de propriocepção, para melhora de força e resistência muscular. A TENS é uma corrente sem efeitos eletroquímicos, com ação no bloqueio de impulsos nociceptivos, que estimula neurônios inibitórios e o efeito analgésico, com liberação de opioides.

LESÃO NERVOSA PELO PROCEDIMENTO CIRÚRGICO

Durante a cirurgia de axila para tratamento de câncer de mama, seja linfonodectomia ou biópsia de linfonodo sentinela, podem ocorrer lesões nervosas, principalmente pela grande quantidade de nervos originados no plexo braquial que cruzam a axila e pela proximidade com outras estruturas, como as fáscias, os músculos e os vasos. Os nervos mais comumente lesados são descritos a seguir.

Lesão do nervo intercostobraquial

O nervo intercostobraquial é frequentemente seccionado porque está localizado junto aos linfonodos axilares que são dissecados. Por ser um nervo sensitivo, sua lesão pode causar hipoestesia, anestesia ou disestesia da pele da axila e da face medial do braço, mas, dependendo do local do nervo seccionado, pode evoluir também com dor.[3,17]

A avaliação da sensibilidade tátil de mama, axila e braço pode ser realizada por meio do estesiômetro (6 tubos plásticos com monofilamentos de náilon com diferenças entre espessura e a força) (Figura 3). As cores e os valores de força de cada filamento são: verde (0,05 g), azul (0,2 g), violeta (2 g), vermelho escuro (4 g), laranja (10 g) e magenta (300 g), e pode ser classificada como nenhuma incapacidade de sensibilidade cutânea ou grau 1 de incapacidade, conforme descrito na Tabela 7.[18]

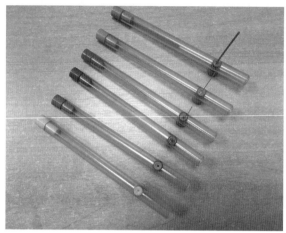

Figura 3 Estesiômetro.

TABELA 7 Classificação da sensibilidade

Monofilamento	Status
Verde, azul e violeta	Nenhuma incapacidade de sensibilidade cutânea
Vermelho, laranja e magenta	Grau 1 de incapacidade

A eletroneuromiografia é uma técnica de avaliação precisa para pesquisar alterações neurológicas, no entanto, não foi desenvolvida técnica eletrofisiológica que detecte a lesão do nervo intercostobraquial.

Muitas vezes, o retorno da sensibilidade ocorre de forma espontânea, dentro de 6 meses, mas a fisioterapia pode atuar nesses casos de lesão sensitiva, por meio de estímulos da região com materiais de diferentes texturas, temperaturas e diferentes pressões, a fim de colaborar com a breve resolução. Quando há secção completa do nervo, não há retorno da sensibilidade naquela região acometida.

Lesão do nervo torácico longo

Quando a fáscia do músculo serrátil anterior é removida, o nervo torácico longo pode ser lesionado e ocasionar como sequela a escápula alada. Essa condição contribui para a perda de força e a limitação do movimento do membro superior, principalmente em flexão e abdução, além de apresentar dor que pode irradiar para o braço e para a escápula ou dor na região dos músculos romboides e elevador da escápula, ocasionada por espasmo secundário à ausência de tônus do músculo serrátil anterior.

A escápula alada acentua-se quando o paciente é solicitado a fletir os braços em frente ao corpo na altura do ombro e fazer o movimento de empurrar a parede – teste de Hoppenfeld (Figura 4). Nessa posição, a borda medial da escápula se levanta, afastando-se da parede do tórax por causa da perda da protração da escápula, realizada pelo músculo serrátil anterior (Figura 5).

A fisioterapia atua nos casos de escápula alada, com a recuperação funcional e a compensação da ausência da ação do músculo serrátil anterior pelas fibras médias do músculo trapézio. Os exercícios com amplitude acima de 90° devem ser evitados, pois não auxiliam na recuperação dos movimentos e podem causar dor e várias compensações ao movimento. Os exercícios em decú-

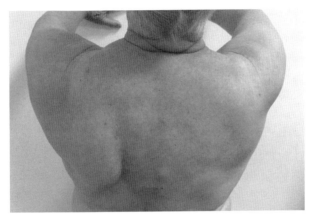

Figura 4 Teste de Hoppenfeld.

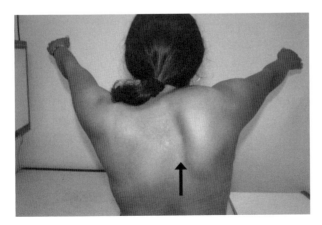

Figura 5 Escápula alada.

bito dorsal comprimem a escápula contra a parede torácica e permitem a amplitude de movimento completa do ombro, sendo uma boa opção para se iniciar a mobilidade do ombro. Órteses podem ser utilizadas para melhorar a posição da escápula e permitir melhor movimentação do ombro, mas têm pouca aderência e atrasam a recuperação do complexo escapular. O *taping* é um recurso que vem sendo usado e pode estimular a contração do músculo e melhorar o posicionamento da escápula. Alongar o músculo denervado pode piorar o tempo e a extensão da recuperação funcional.

Outras lesões de nervos

O nervo toracodorsal pode sofrer lesão se os vasos subescapulares forem danificados e pode haver plegia ou paresia do músculo grande dorsal, com alteração no movimento de adução e rotação medial do ombro.

Os nervos subescapulares superior e inferior danificam-se quando a fáscia do músculo subscapular é retirada e o campo de dissecção é ampliado posteriormente à veia axilar ou sobre o músculo grande dorsal superolateralmente.

O nervo peitoral lateral pode ser lesionado quando há dissecção da fáscia clavipeitoral e o nervo peitoral medial quando o músculo peitoral menor é extraído ou quando ocorre extensa dissecção entre os peitorais. Em ambos os casos, pode ocorrer neuralgia e/ou plegia/paresia do músculo peitoral maior e consequente hipotrofia/atrofia da parede anterior do tórax, que dificultam a reconstrução mamária com a colocação de próteses.[7]

Síndrome dolorosa pós-mastectomia

Ainda dentro das lesões nervosas, não se pode deixar de citar a síndrome dolorosa pós-mastectomia. Definida como dor crônica de origem neuropática que se inicia após mastectomia ou quadrantectomia, esta síndrome está localizada na face anterior do tórax, axila ou metade superior do braço e persiste por período superior a 3 meses após a cirurgia. Essas dores interferem nas atividades de vida diária, laborais e de lazer, prejudicando a qualidade de vida das pacientes.[19,20]

Mulheres mais jovens têm maior incidência, possivelmente pela agressividade da doença e consequente maior abordagem cirúrgica, além de apresentarem maior sensibilidade nervosa. A radioterapia e a quimioterapia adjuvantes também podem ser fatores de risco para o desenvolvimento da síndrome dolorosa.

Além da neuralgia do intercostobraquial e de lesões de outros nervos citados anteriormente, a síndrome da mama fantasma e a dor pela presença de neuroma complementam a síndrome.

A síndrome da mama fantasma é uma experiência sensorial da mama removida como se ela ainda estivesse presente, semelhante aos casos de amputação de membros; pode vir acompanhada de dor. Altera a qualidade de vida, com impacto físico e emocional. Pode surgir e persistir anos após a cirurgia.

A dor pela presença de neuroma inclui a dor na cicatriz cirúrgica, no tórax ou no braço deflagrada pela percussão (sinal de Tinel).

O tratamento fisioterápico da síndrome dolorosa pós-mastectomia deve ser realizado após minuciosa avaliação, devendo-se excluir outras alterações, seja por aderências, síndrome da rede axilar ou distúrbios ortopédicos prévios ao tratamento do câncer. O tratamento indicado é a dessensibilização da pele, a mobilização do tecido cicatricial, o ganho de amplitude de movimentos e estratégias que promovam a regeneração e a cicatrização do nervo.

Neuropatia perioperatória

Durante o ato cirúrgico, a paciente está anestesiada e o membro superior pode ser posicionado de uma forma que normalmente não seria tolerada se a paciente estivesse consciente. Com esse posicionamento inadequado da paciente e por um período prolongado, pode ocorrer uma lesão nervosa que se manifestará no período pós-operatório. O estiramento ou a compressão nervosa leva a isquemia e pode resultar em déficit neurológico permanente. Essa lesão nervosa pode ser prevenida atentando-se ao posicionamento adequado da paciente e do membro superior no momento da cirurgia e à intervenção do fisioterapeuta no momento intraoperatório ou orientação da equipe cirúrgica.

REFERÊNCIAS BIBLIOGRÁFICAS

1. Delanian S, Lefaix JL, Pradat PF. Radiation-induced neuropathy in cancer survivors. Radiother Oncol 2012; 105(3):273-82.
2. Martin LA, Hagen NA. Neuropathic pain in cancer patients: mechanisms, syndromes, and clinical controversies. J Pain Symptom Manage 1997; 14(2):99-117.
3. Zhu JJ, Liu XF, Zhang PL, Yang JZ, Wang J, Qin Y et al. Anatomical information for intercostobrachial nerve preservation in axillary lymph node dissection for breast cancer. Genet Mol Res 2014; 13(4):9315-23.

4. Rooper AH, Samuels MA. Adams & Victor's principles of neurology. 9.ed. Nova York: McGraw-Hill, 2009

5. De Jong. The neurologic examination. 20.ed. Maryland: Haper & Row, 2008.

6. Pugliese GN, Green RF, Antonacci A. Radiation-induced long thoracic nerve palsy. Cancer 1987; 60(6):1247-8.

7. Harris JR, Lippman ME, Morrow M, Osborne CK. Diseases of the breast. 5.ed. USA: Wolters Kluwer Health, 2014.

8. Smith HS, Wu SX. Persistent pain after breast cancer treatment. Ann Palliat Med 2012; 1(3):182-94.

9. Jung BF, Ahrendt GM, Oaklander AL, Dworkin RH. Neuropathic pain following breast cancer surgery: proposed classification and research update. Pain 2003; 104(1-2):1-13.

10. Wójcik MF, Matheus MA. Perspectivas terapêuticas na prevenção da neuropatia periférica induzida por quimioterápicos (NPIQ). Rev Bras Farm 2011; 92(4):262-68.

11. Afonseca SO, Silva MA, Giglio A. Abordagem da neuropatia periférica induzida por quimioterapia. RBM Especial Oncologia 2010; 67:20-5.

12. Lipworth AD, Robert C, Zhu AX. Hand-foot syndrome (hand-foot skin reaction, palmar-plantar erythrodysesthesia): focus on sorafenib and sunitinib. Oncology 2009; 77(5):257-71.

13. Mejdahl MK, Andersen KG, Gärtner R, Kroman N, Kehlet H. Persistent pain and sensory disturbances after treatment for breast cancer: six year nationwide follow-up study. BMJ 2013; 346:f1865.

14. Webster-Gandy JD, How C, Harrold K. Palmar-plantar erythrodysesthesia (PPE): a literature review with commentary on experience in a cancer centre. European Journal of Oncology Nursing 2007; 11:238-46.

15. American Cancer Society. Peripheral neuropathy caused by chemotherapy. Disponível em: www.cancer.org. Acessado em: 9/2016.

16. Rostock M, Jaroslawski K, Guethlin C, Ludtke R, Schröder S, Bartsch HH. Chemotherapy-induced peripheral neuropathy in cancer patients: a four-arm randomized trial on the effectiveness of electroacupuncture. Evid Based Complement Alternat Med 2013; 349653.

17. Torresan RZ, Cabello C, Conde DM, Brenelli HB. Impact of the preservation of the intercostobrachial nerve in axillary lymphadenectomy due to breast cancer. Breast J 2003; 9(5):389-92.

18. Bocatto AM, Haddad CA, Rizzi SK, Sanvido VM, Nazário ACP, Facina G. Avaliação de sensibilidade tátil e função de membro superior no pós-operatório de mastectomia comparado à quadrantectomia. Rev Bras Mastologia 2013; 23(4):117-23.

19. George B, Delfieu D. Les principaux syndromes douloureux lies au cancer. Oncologie 2008; 10:591-97.
20. Couceiro TCM, Menezes TC, Valença MM. Síndrome Dolorosa Pós-mastectomia. A magnitude do problema. Rev Bras Anestesiol 2009; 59(3):358-65.

BIBLIOGRAFIA

1. Martin RM, Fish DE. Scapular winging: anatomical review, diagnosis, and treatments. Curr Rev Musculoskelet Med 2008; 1(1):1-11.
2. Medical Research Council. Aids to the examination of the peripheral nervous system, Memorandum no. 45, Her Majesty's Stationery Office, London, 1981.

19

Fadiga relacionada ao câncer

Patrícia Vieira Guedes Figueira
Angela Gonçalves Marx

INTRODUÇÃO

A fadiga relacionada ao câncer é bastante frequente, apesar de muitas vezes ser subavaliada e ignorada por profissionais da saúde. É definida como um sintoma persistente e desconfortável, que gera cansaço ou exaustão física, emocional e cognitiva subjetivos, desproporcional à atividade recentemente realizada. Está relacionada ao próprio câncer e ao seu tratamento, seja a quimioterapia ou a radioterapia, e pode persistir mesmo após o término do tratamento e a cura da doença. Interfere diretamente nas atividades de vida diária e na qualidade de vida dos pacientes com câncer.[1,2]

O câncer e seu tratamento podem provocar alterações hormonais, musculares, no sistema imune, no sistema nervoso, além de alterações no sono e no ritmo circadiano, o que pode explicar o surgimento da fadiga.

Os mecanismos de fadiga relacionada ao câncer são classificados em componentes periféricos e centrais. A fadiga periférica ocorre nos músculos em virtude da perda de adenosina trifosfato (ATP) e do acúmulo de produtos metabólicos, que resultam na inabilidade do sistema muscular periférico em realizar tarefas em resposta a uma estimulação central. Já a fadiga central ocorre no sistema nervoso central e resulta de insuficiência progressiva para transmitir impulsos nervosos motores, dificultando o início do movimento e as atividades voluntárias.[3,4]

Por ser um sintoma subjetivo, o paciente sempre deve ser questionado e estimulado a fazer autorrelatos em todas as fases de tratamento, persistindo no seguimento. A fadiga dificilmente será um sintoma isolado, mas pode vir acompanhada de distúrbios do sono, dor, anemia e déficits nutricionais. O diagnóstico é feito pela história clínica, exame físico, exames laboratoriais e relatos de cuidadores.

AVALIAÇÃO

Existem instrumentos que podem ser aplicados de forma rápida e que auxiliam na avaliação da fadiga, principalmente para realização de pesquisas científicas, como o inventário breve de fadiga e escala visual analógica (EVA) de fadiga (Figura 1). A EVA mensura o estado físico e mental no momento da avaliação, o que reflete eventualmente o dia do paciente; já o inventário breve de fadiga, mais completo, consegue mensurar a paciente nas suas atividades normais de vida, e não somente no momento.

Inventário breve de fadiga	
Durante nossas vidas, a maioria de nós passa por momentos em que nos sentimos muito cansados ou fatigados. Você se sentiu especialmente cansado ou fatigado durante a última semana? ( ) Sim ( ) Não	
Por favor, pontue sua fadiga (esgotamento, cansaço) circulando o número que melhor descreve sua fadiga exatamente AGORA.	
0 1 2 3 4 5 6 7 8 9 10	
Nenhuma fadiga	Tão ruim quanto você possa imaginar
Por favor, pontue a sua fadiga (esgotamento, cansaço) circulando o número que melhor descreve seu NÍVEL HABITUAL de fadiga nas ÚLTIMAS 24 HORAS.	
0 1 2 3 4 5 6 7 8 9 10	
Nenhuma fadiga	Tão ruim quanto você possa imaginar

Por favor, pontue a sua fadiga (esgotamento, cansaço) circulando o número que melhor descreve seu PIOR nível de fadiga nas ÚLTIMAS 24 HORAS.

0	1	2	3	4	5	6	7	8	9	10
Nenhuma fadiga										Tão ruim quanto você possa imaginar

Circule o número que descreve como, durante as últimas 24 horas, a fadiga tem interferido no seu (na sua):

Atividade geral

0	1	2	3	4	5	6	7	8	9	10
Não tem interferido										Tem interferido completamente

Humor

0	1	2	3	4	5	6	7	8	9	10
Não tem interferido										Tem interferido completamente

Habilidade de caminhar

0	1	2	3	4	5	6	7	8	9	10
Não tem interferido										Tem interferido completamente

Trabalho habitual (inclui tanto o trabalho fora de casa quanto as tarefas cotidianas)

0	1	2	3	4	5	6	7	8	9	10
Não tem interferido										Tem interferido completamente

Relacionamento com outras pessoas

0	1	2	3	4	5	6	7	8	9	10
Não tem interferido										Tem interferido completamente

Aproveitamento da vida

0	1	2	3	4	5	6	7	8	9	10
Não tem interferido										Tem interferido completamente

Figura 1 Métodos de avaliação simples para aplicação nos pacientes de câncer, durante o tratamento ou no seguimento. A. Escala visual analógica. B. Inventário breve de fadiga.

Avaliar a capacidade funcional dos pacientes também é importante para traçar um bom tratamento. Existem escalas de capacidade funcional que auxiliam nesse processo, como as escalas FACIT-F (*Functional Assessment of Chronic Illness Therapy-fatigue*), FACT-F *(Functional Assessment of Cancer Therapy*

– Fatigue), a escala revisada para fadiga de Piper *(the revised - Piper Fatigue Scale)*, a escala ECOG *performance status*, a escala de Karnofsky, dentre outras.[2]

A escala FACIT-F avalia o estado atual do paciente e os sintomas consequentes ao tratamento da doença crônica. Ele consiste em 40 questões sobre bem-estar físico, bem-estar social/familiar, bem-estar emocional, bem-estar funcional e informações adicionais. O FACT-F é mais curto e resumido, com 13 questões, mas também bastante utilizado. Já a escala revisada de Piper é um instrumento de autorrelato multidimensional, que avalia a intensidade de itens como comportamento cognitivo, emocional e sensorial.[5]

TABELA 1

Método de avaliação	Número de itens	Itens avaliados
Inventário breve de fadiga	9	Funcional, social, qualidade de vida
Escala visual analógica para fadiga	18	Fadiga mental e física
FACIT-F/FACT-F	40/13	Bem-estar físico, social/familiar, emocional e funcional
Escala revisada de Piper	12	Sensorial, comportamental, gravidade e afetivo (cognitivo)

A escala ECOG mede o *performance status* do paciente, com pontuação de 0 a 5. Zero corresponde a completamente ativo, sem qualquer restrição; 5 corresponde à morte. De 1 a 4, o paciente perde progressivamente independência, capacidade de autocuidados e de deambulação (Tabela 2). Comparativamente, a escala de Karnofsky mede o *performance status* em porcentagem, de 0 a 100%, sendo 100% correspondente à condição normal, sem qualquer sinal ou sintoma de doença, e 0% correspondente à morte. Nos valores intermediários, ocorre a evolução da sintomatologia e dependência física (Tabela 2).[6,7]

A avaliação da fadiga a partir da experiência de especialistas e de conhecimento disponível na literatura sugere um fluxo de avaliação com três perguntas sequenciais, como mostra a Figura 2.

A fadiga deve ser reavaliada constantemente por qualquer instrumento disponível ou mesmo com as simples perguntas da Figura 2. A Figura 3 a seguir é outra forma simples de mensurar constantemente o estado de fadiga. Além disso, devem-se investigar quais são os fatores que atenuam ou exacerbam o sintoma.

TABELA 2 Comparação da ECOG e escala de Karnofsky

Status de performance ECOG	Status de performance Karnofsky
0 – Totalmente ativo, capaz de realizar todo desempenho sem restrições	100 – Normal, sem reclamar e sem evidência da doença 90 – Capaz de realizar atividades normais, sinais e sintomas da doença
1 – Restrito em atividade física extenuante, mas deambulando e capaz de realizar atividades leves. P.ex., trabalho de casa leve	80 – Atividade normal com esforço, alguns sinais e sintomas da doença 70 – Cuida de si, mas incapaz de realizar atividade normal ou atividade ativa
2 – Deambulando e capaz de autocuidado, mas incapaz de realizar qualquer trabalho ativo. Em pé mais de 50% do tempo acordado	60 – Requer cuidados ocasionalmente, mas é capaz de realizar a maioria das necessidades pessoais 50 – Requer assistência considerável e frequente cuidado médico
3 – Capaz de realizar apenas autocuidado. Confinado à cama ou cadeira mais de 50% do tempo acordado	40 – Incapaz, requer cuidados especiais e assistência 30 – Severamente incapaz, hospitalização é indicada, embora a morte não seja iminente
4 – Completamente incapaz; não consegue realizar autocuidado; totalmente confinado à cama ou cadeira	20 – Muito doente, hospitalizado e necessita assistência ativa de suporte 10 – Moribundo
5 – Morto	0 – Morto

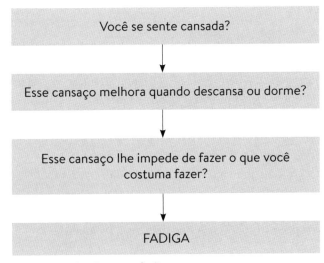

Figura 2 Fluxo de avaliação para fadiga.

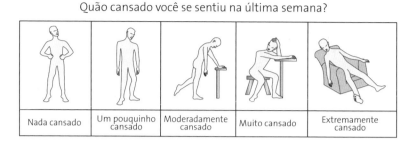

Figura 3 Pictograma de fadiga.[8]

TRATAMENTO

O tratamento da fadiga relacionada ao câncer é individualizado e requer atuação da equipe multidisciplinar, formada por médicos, fisioterapeutas, psicólogos e nutricionistas, dentre outros. Orientar e educar os pacientes sobre os sintomas e as intervenções possíveis auxilia na melhora dos sintomas e no bem-estar geral. Os cuidados podem variar conforme a fase que o paciente se encontra, durante o tratamento, após o tratamento ou em cuidados paliativos.

As intervenções para fadiga podem ser não farmacológicas e/ou farmacológicas, como psicoestimulantes ou corticosteroides de baixa dose e tratamento das causas reversíveis.[9]

No que se refere ao tratamento não farmacológico, além de atividade física e exercícios específicos para cada tipo de fadiga, incluem-se:

- terapia ocupacional;
- arteterapia;

- terapias integrativas: ioga, *tai chi chuan, qigong,* acupuntura, homeopatia, antroposofia;
- terapias comportamentais (higiene do sono);
- nutrição e hidratação adequadas;
- manejo do estresse e terapia cognitiva;
- massagem e toque terapêutico;
- meditação;
- orientação e educação de cuidadores e familiares;
- atividades de lazer.

As causas reversíveis, como anemia, desnutrição, insônia e dor, devem ter tratamento específico e normalmente melhoram os sintomas da fadiga.

Dentre todas as medidas não farmacológicas citadas, sem dúvida os exercícios são exaustivamente relatados na literatura como o principal fator de melhora da fadiga. Inúmeros são os trabalhos que mostram os benefícios trazidos com programas de exercícios específicos para o paciente com câncer, em vários momentos do seu tratamento.[10,11] Há estudos que mostram a atividade física logo após a cirurgia, outros durante a quimioterapia, durante a radioterapia e nos cuidados paliativos. Para cada momento do tratamento e para cada paciente, deve haver um programa individualizado de atividade física. No entanto, alguns parâmetros devem ser observados, pois é a partir deles que se determina um programa inicial de exercícios.[12-17]

Todas as intervenções devem ser discutidas com familiares, cuidadores e o próprio paciente, pois o conhecimento das causas da fadiga da paciente por todos os envolvidos ajuda na sua recuperação. A organização de todas as atividades que a paciente faz durante o dia, como banhar-se, alimentar-se, dormir, fazer tratamento, dentre outras, ajuda no manejo da fadiga pela preservação de energia.[18] A proteção excessiva de familiares e cuidadores, que querem realizar todas as tarefas e poupar o paciente de qualquer atividade, mesmo as de vida diária, não favorece o paciente com fadiga; eles devem ser orientados que é muito benéfico estimular atividades e o exercício físico.

A atividade física neutraliza a percepção de fadiga pela melhora da força muscular, capacidade funcional, condicionamento físico e melhora de fatores psicossociais, como ansiedade, depressão, autoestima e imagem corporal.

Exercícios físicos em pacientes com fadiga têm alto nível de comprovação científica na melhora da sintomatologia, mas poucos são os fisioterapeutas que abordam isso com os pacientes. Realizados de forma regular, os exercícios po-

282 Fisioterapia no câncer de mama

dem aumentar a capacidade funcional, sendo necessário menor esforço para a realização das atividades de vida diária pelo paciente.

Os índices de maior fadiga relatados são durante a quimioterapia e em cuidados paliativos.[19,20] Existe também a fadiga durante a radioterapia, mas com índices normalmente não tão incapacitantes.[21,22] Durante a quimioterapia, como há a alteração dos exames laboratoriais, estes devem ser avaliados de forma criteriosa e associados ao estado clínico da paciente, de modo que se possa prescrever um melhor programa de atividades físicas individualizado. Os principais parâmetros laboratoriais que devem ser considerados para intensidade, carga e repetições dos exercícios são: níveis de hematócrito, hemoglobina e quantidade de plaquetas (Tabela 3).[23]

TABELA 3 Valores de plaquetas, hematócritos e suas correlações com as atividades permitidas[23]

Plaquetas	Atividades
< 20.000 m³	Cautela nos exercícios; recomendam-se apenas atividades de vida diária (AVD) com conservação de energia
> 20.000 e < 30.000 m³	Exercícios realizados de forma fracionada (passivos ou ativos), deambulação e assistência para autoajuda
> 30.000 e < 50.000 m³	Exercícios ativos livres e resistidos com carga leve (até 1 kg) e deambulação
Hematócritos	**Atividades**
< 25%	Exercícios leves, isométricos, AVD assistida, evitar aeróbicos
> 25% e < 35%	Exercícios aeróbicos leves, pesos leves, deambulação e autoajuda tolerados
> 35%	Exercícios resistidos, deambulação e autoajuda, conforme tolerância

AVD: atividades de vida diária.

Dentre os exercícios indicados e supervisionados pelo fisioterapeuta, a maioria dos trabalhos mostra que o treinamento aeróbico é o mais utilizado, assim como o treinamento de resistência e alguns de alongamento.[24] Há que se distinguir entre o exercício terapêutico prescrito pelo fisioterapeuta e a atividade física geral. O desenvolvimento de um programa de exercícios individualizado, com conhecimento de todos os parâmetros clínicos e laboratoriais do paciente, e o conhecimento da patologia "câncer" são essenciais para que se obtenham os melhores resultados.

As intervenções descritas na maior parte dos estudos referem-se a exercício aeróbico e treinamento de resistência, porém a intensidade utilizada pela maioria encontra-se entre 50 e 80% da frequência cardíaca máxima; o intervalo de tempo de realização do programa de exercícios supervisionados tem, em média, 20 semanas, duração média de 40 minutos e frequência de 2 vezes/semana. Esses estudos mostram a melhora, após a intervenção do exercício supervisionado, do bem-estar físico e funcional de forma significativa, mas não foram observados efeitos importantes em relação ao estado emocional.[14] Os efeitos colaterais dos exercícios supervisionados pelo fisioterapeuta em relação ao benefício que trazem são muito pequenos e neles incluem-se dor muscular e dispneia.

Exercícios de moderada a alta intensidade realizados durante a quimioterapia têm benefícios superiores comparados a exercícios de baixa intensidade no que se refere a condicionamento cardiorrespiratório, força muscular e fadiga; efeitos indiretos também são observados, como redução de dor, náusea, vômito e constipação; além disso, há uma brevidade no retorno às atividades laborais.[19,20]

Além dos exercícios aeróbicos e resistidos, exercícios respiratórios, alongamento muscular, técnicas de relaxamento e tratamentos alternativos, como *tai-chi-chuan*, ioga, acupuntura, massagem, dança e atividades em grupo no geral, além do uso de *taping*, podem ser associados e complementam o tratamento, visando não apenas ao bem-estar físico, mas também emocional e social.[25,26]

Paciente acamado em estado crítico sem qualquer tipo de atividade, além de não melhorar o estado de fadiga, resulta em consequências do imobilismo, risco de doenças pulmonares e piora do quadro de fadiga. Orientações de trocas posturais, posicionamento no leito e técnicas de relaxamento devem ser dadas aos pacientes, cuidadores, familiares e outros profissionais da saúde.

Por fim, é necessário continuar os estudos sobre os parâmetros de exercícios supervisionados para pacientes em tratamento para o câncer de mama, bem como seus efeitos colaterais, e também que a equipe interdisciplinar que acompanha o paciente tenha o conhecimento e realize o encaminhamento para os profissionais de saúde mais indicados para cada caso.

REFERÊNCIAS BIBLIOGRÁFICAS

1. Campos MPO, Hassan BJ, Riechelmann R, Giglio A. Fadiga relacionada ao câncer: uma revisão. Rev Assoc Med Bras 2011; 57(2):211-19.
2. NCCN Clinical Practice Guidelines in Oncology (NCCN Guidelines). Cancer-related fatigue. Version 1.2016. Disponível em: NCCN.org. Acessado em: 9/2016.
3. Hofman M, Ryan JL, Figueroa-Moseley CD, Jean-Pierre P, Morrow GR. Cancer-related fatigue: the scale of the problem. Oncologist 2007; 12 Supp l1:4-10.

4. Leak Bryant A, Walton AL, Phillips B. Cancer-related fatigue: scientific progress has been made in 40 years. Clin J Oncol Nurs 2015; 19(2):137-9.

5. Mota DDCF, Pimenta CAM, Piper B. Fatigue in Brazilian cancer patients, caregivers, and nursing students: a psychometric validation study of the Piper Fatigue Scale-Revised. Support Care Cancer 2009; 17(6):645-52.

6. Karnofsky D, Burchenal J. The clinical evaluation of chemotherapeutic agents in cancer. In: MacLeod C (ed.). Evaluation of chemotherapeitic agents. Nova York: Columbia University Press, 1949. p.191-205.

7. Zubrod CG, Schneiderman M, Frei III E, Brindley C, Gold GL, Shnider B. et al. Appraisal of methodos for the study of chemotherapy in man: comparative therapeutic trial of nitrogen mustard and thiophosphoramide. Journal of Chronc Diseases 1960; 11:7-33.

8. Mota DDCF, Pimenta CAM, Fitch MI. Pictogram an option for assessing fatigue severity and impact. Rev Esc Enferm USP 2009; 43(spe):1080-87.

9. Pachman DR, Price KA, Carey EC. Nonpharmacologic approach to fatigue in patients with cancer. Cancer J 2014; 20(5):313-8.

10. Blaney J, Lowe-Strong A, Rankin J, Campbell A, Allen J, Gracey J. The cancer rehabilitation journey: barriers to and facilitators of exercise among patients with cancer-related fatigue. Phys Ther 2010; 90(8):1135-47.

11. Kummer F, Catuogno S, Perseus JM, Bloch W, Baumann FT. Relationship between cancer-related fatigue and physical activity in inpatient cancer rehabilitation. Anticancer Res 2013; 33(8):3415-22.

12. Donnelly CM, Lowe-Strong A, Rankin JP, Campbell A, Allen JM, Gracey JH. Physiotherapy management of cancer-related fatigue: a survey of UK current practice. Support Care Cancer 2010; 18(7):817-25.

13. Tomlinson D, Diorio C, Beyene J, Sung L. Effect of exercise on cancer-related fatigue: a meta-analysis. Am J Phys Med Rehabil 2014; 93(8):675-86.

14. Meneses-Echávez JF, González-Jiménez E, Ramírez-Vélez R. Effects of supervised exercise on cancer-related fatigue in breast cancer survivors: a systematic review and meta-analysis. BMC Cancer 2015; 15:77.

15. Schneider CM, Hsieh CC, Sprod LK, Carter SD, Hayward R. Effects of supervised exercise training on cardiopulmonary function and fatigue in breast cancer survivors during and after treatment. Cancer 2007; (5):313-8.

16. Mock V, Frangakis C, Davidson NE, Ropka ME, Pickett M, Poniatowski B et al. Exercise manages fatigue during breast cancer treatment: a randomized controlled trial. Psychooncology 2005; 14(6):464-77.

17. Samuel SR, Veluswamy SK, Maiya AG, Fernandes DJ, McNeely ML. Exercise-based interventions for cancer survivors in India: a systematic review. SpringerPlus 2015; 4:655.

18. van Vulpen JK, Peeters PH, Velthuis MJ, van der Wall E, May AM. Effects of physical exercise during adjuvant breast cancer treatment on physical and psychosocial dimensions of cancer-related fatigue: a meta-analysis. Maturitas 2016; 85:104-11.

19. van Waart H, Stuiver MM, van Harten WH, Sonke GS, Aaronson NK. Design of the Physical exercise during Adjuvant Chemotherapy Effectiveness Study (PACES): a randomized controlled trial to evaluate effectiveness and cost-effectiveness of physical exercise in improving physical fitness and reducing fatigue. BMC Cancer 2010; 10:673.

20. van Waart H, Stuiver MM, van Harten WH, Geleijn E, Kieffer JM, Buffart LM et al. Effect of low-intensity physical activity and moderate- to high-intensity physical exercise during adjuvant chemotherapy on physical fitness, fatigue, and chemotherapy completion rates: results of the PACES randomized clinical trial. J Clin Oncol 2015; 33(17):1918-27.

21. Aghili M, Farhan F, Rade M. A pilot study of the effects of programmed aerobic exercise on the severity of fatigue in cancer patients during external radiotherapy. Eur J Oncol Nurs 2007; 11(2):179-82.

22. Steindorf K, Schmidt ME, Klassen O, Ulrich CM, Oelmann J, Habermann N et al. Randomized, controlled trial of resistance training in breast cancer patients receiving adjuvant radiotherapy: results on cancer-related fatigue and quality of life. Ann Oncol 2014; 25(11):2237-43.

23. Dias EN (org.). Diretrizes para assistência interdisciplinar em câncer de mama. Rio de Janeiro: Revinter, 2014.

24. Schmidt ME, Wiskemann J, Armbrust P, Schneeweiss A, Ulrich CM, Steindorf K. Effects of resistance exercise on fatigue and quality of life in breast cancer patients undergoing adjuvant chemotherapy: a randomized controlled trial. Int J Cancer 2015; 137(2):471-80.

25. Kalter J, Buffart LM, Korstjens I, van Weert E, Brug J, Verdonck-de Leeuw IM et al. Moderators of the effects of group-based physical exercise on cancer survivors' quality of life. Supportive Care in Cancer 2015; 23(9):2623-31.

26. Banerjee G, Rose A, Briggs M, Johnson MI. Kinesiology taping as an adjunct for the management of symptoms in the continuum of cancer car? Support Care Cancer 2016; 24(8):3283-4.

20

Náuseas e vômitos

Patrícia Vieira Guedes Figueira
Angela Gonçalves Marx

INTRODUÇÃO

As náuseas e os vômitos são efeitos adversos frequentemente relacionados ao tratamento de câncer e podem ocorrer sobretudo durante o tratamento com quimioterapia. As náuseas, definidas como uma sensação desagradável que provoca mal-estar e pode levar ao vômito, são bastante prevalentes, com aproximadamente 80% das pacientes apresentando pelo menos algum episódio, ainda mais quando não há disponibilidade de uso de um antiemético mais eficiente para preveni-la, em razão de seu alto custo. São geralmente acompanhadas por sudorese, palpitações cardíacas e palidez cutânea. Os vômitos, por sua vez, são menos frequentes e caracterizam-se pela saída do conteúdo gástrico após estimulação específica.[1,2]

Os vômitos devem ser tratados rapidamente para se evitar a desidratação aguda, o desequilíbrio eletrolítico, o desequilíbrio metabólico e a anorexia; eles podem até causar deiscência de sutura cirúrgica pelo esforço, piora da qualidade de vida e interrupção do tratamento pela paciente.[1]

Existem duas regiões do sistema nervoso que, quando estimuladas, podem deflagrar o reflexo de vômito: o centro do vômito (localizado na formação reticular da medula) e a zona de deflagração dos quimioterápicos (localizado na face ventral do quarto ventrículo).[3]

Após o contato com substâncias tóxicas orais ou por via endovenosa, o trato gastrointestinal pode sofrer uma irritação, deflagrando o reflexo do vômito induzido principalmente pela estimulação aferente excessiva do nervo vago.

Alterações que envolvem o sistema vestibular ou estímulos sensoriais, como odor e dor, além de medo e ansiedade, podem também estimular o reflexo do vômito. Isso pode explicar a náusea antecipatória, evento que acontece principalmente quando a paciente está se dirigindo ao centro de quimioterapia, em ambiente hospitalar ou médico, e começa a apresentar sintomas de náuseas e episódios de vômitos mesmo antes de iniciar o tratamento, seja porque vivenciou os efeitos emetogênicos ou porque ouviu falar que a quimioterapia causa esses efeitos adversos.

Além dos quimioterápicos, alguns fármacos administrados para tratamento da dor (opioides) e de insuficiência cardíaca e arritmias (glicosídeos cardíacos), alguns agentes anestésicos, alterações metabólicas e a própria radioterapia, por estimular receptores vagais ou a região superior do abdome, podem estar envolvidos na deflagração do reflexo do vômito.

NÁUSEAS E VÔMITOS INDUZIDOS PELA QUIMIOTERAPIA

Os principais agentes quimioterápicos que podem estimular náuseas e/ou vômitos são:

- cisplatina;
- ciclofosfamida;
- carboplatina;
- doxorrubicina;
- metotrexato.

As náuseas podem ser classificadas em:

1. Agudas: primeiras 24 horas após administração do quimioterápico.
2. Tardias: após 24 horas da administração do quimioterápico.
3. Antecipatórias: acontecem geralmente antes da realização de novo ciclo, pois a paciente já vivenciou a êmese no ciclo anterior, ou ainda por medo de sentir os sintomas.
4. De escape: quando não foi dado antiemético de forma profilática.
5. Refratárias: relacionadas à falha no esquema de profilaxia nos ciclos seguintes.

NÁUSEAS E VÔMITOS EM PACIENTES EM CUIDADOS PALIATIVOS

Pacientes com câncer de mama avançado, sem possibilidade de cura, que se encontram em cuidados paliativos, frequentemente são acometidas por episódios de náuseas e/ou vômitos.

Isso acontece não somente pelo uso de quimioterápicos, mas pela presença de outras afecções, distúrbios ou outras medicações administradas, por exemplo:

- distúrbios hidreletrolíticos e metabólicos (hipercalcemia, desidratação, uremia);
- alterações do trato gastrointestinal (obstrução intestinal, úlceras, esofagites);
- medicações para dor: opioides, anti-inflamatórios não hormonais (AINH);
- disfunções autonômicas (redução do peristaltismo).

MODALIDADES DE TRATAMENTO

O tratamento mais frequentemente indicado para os sintomas de náuseas e vômitos são os fármacos; no entanto, a fisioterapia e outros tratamentos alternativos podem ser indicados tanto de forma isolada quanto associados ao tratamento medicamentoso.

Tratamento medicamentoso

Há vários agentes antieméticos que podem ser utilizados para prevenir ou controlar os sintomas de náuseas e os episódios de vômitos. A administração pode ser feita via oral ou intravenosa. O tipo de quimioterápico determina qual a melhor opção terapêutica antiemética que pode ser utilizada de forma isolada ou em adição com outros componentes.

Opções do tratamento medicamentoso

- Corticosteroides (dexametasona);
- benzodiazepínicos;
- fenotiazinas;
- haloperidol;
- antagonistas de 5-HT (ondansetrona, dolasetrona, etc.);
- metoclopramida;
- antagonistas de NK1 (aprepitante).

Tratamento fisioterápico

A acupuntura tem sido utilizada como a principal abordagem não medicamentosa para prevenção e tratamento de náuseas e vômitos. Entre os possíveis mecanismos de ação, estão:

- influência no sistema opioide endógeno e mudança na transmissão de serotonina;
- efeito na atividade mioelétrica gástrica;
- aumento na modulação vagal;
- influência nas atividades vestibulares cerebelares.[4-6]

Estudos apontam a acupuntura reduzindo de forma significativa o número de episódios eméticos quando aplicada em pacientes submetidas a quimioterapia. Em recente revisão sistemática, a acupuntura e outras terapias relacionadas demonstraram favoráveis efeitos terapêuticos na fadiga relacionada ao câncer, nas náuseas e nos vômitos induzidos pela quimioterapia e na leucopenia em pacientes com câncer.[7]

A aplicação pode ser realizada de forma invasiva ou não invasiva, conforme mostra a Tabela 1.[8,9]

TABELA 1 Formas de aplicação de acupuntura

Acupuntura invasiva	Acupuntura não invasiva
Acupuntura manual	Acupressão
Eletroacupuntura	Estimulação elétrica nervosa transcutânea (TENS)
Injeção de pontos	

Algumas pesquisas apontam o uso da TENS no ponto PC6 de acupuntura com melhora nos episódios de náusea e vômito após a sua aplicação. Esse ponto localiza-se sobre o nervo mediano, entre os tendões dos músculos palmar longo e flexor radial do carpo na face anterior do antebraço, geralmente a 3 dedos da prega do punho (Figura 1).[10] A provável ação da TENS no controle desses sintomas é a ação no sistema nervoso autônomo ou em nível medular. O mesmo efeito pode ser sentido se esse ponto for pressionado ou se agulhas forem introduzidas pelo método de acupuntura tradicional e manual.

Há ainda a utilização de outros dois pontos para profilaxia e tratamento de náuseas e vômitos relacionados ao tratamento de câncer, utilizados pela acupuntura tradicional manual: o ponto TE6 e o ST36. O TE6 está localizado na superfície dorsal do antebraço, quase oposto ao PC6; já o ST36 encontra-se lateralmente à borda anterior da tíbia. Ainda são necessários mais estudos para correlacionar esses pontos e a eletroestimulação utilizada pela TENS (Figura 2).

Tratamentos alternativos e complementares

Associadas aos tratamentos medicamentoso e fisioterápico, outras terapias têm se mostrado eficazes no tratamento de náusea e/ou vômito, destacando-se a terapia nutricional, com mudanças de hábitos alimentares e orientações de diversos alimentos que melhoram a sensação de náusea durante ou após a quimioterapia; e atuação psicológica, principalmente em casos de náuseas anteci-

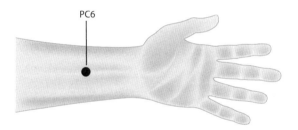

Figura 1 Ponto PC6.

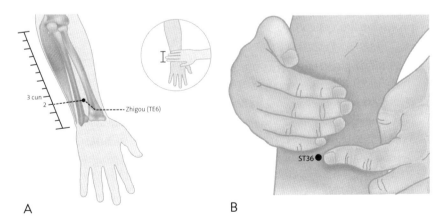

Figura 2 A. Ponto TE6. B. Ponto ST36.

patórias, com a utilização de diversas técnicas de relaxamento, terapias comportamentais, cognitivas e de visualização.[7]

A enfermagem também participa para evitar ou minimizar esses sintomas, identificando o problema, orientando e encaminhando ao profissional médico, nutricionista ou fisioterapeuta.

A massagem também tem sido utilizada, como técnica que objetiva o relaxamento da paciente, antes ou após a quimioterapia.[11]

Essas abordagens, além de auxiliar no tratamento da náusea e/ou do vômito, podem colaborar para melhora de outros efeitos adversos do tratamento do câncer, como dor, fadiga, tensão psicológica e física, o que resulta em melhor qualidade de vida e melhor seguimento e aceitação do tratamento.

RECOMENDAÇÕES E ORIENTAÇÕES QUE AUXILIAM NO CONTROLE DA NÁUSEA E DO VÔMITO

- Comer alimentos leves, saudáveis e de fácil digestão;
- realizar refeições fracionadas e em pequena quantidade;
- não deitar após comer;
- dar preferência a alimentos com temperatura morna ou fria;
- consumir picolés ou sorvetes durante o tratamento;
- evitar sentir o cheiro de alguns alimentos sendo preparados;
- consumir gengibre;[12]
- tentar relaxar antes do tratamento (ouvir músicas, fazer respirações profundas, meditação ou massagem);
- realizar terapia comportamental, cognitiva e técnicas de relaxamento com profissional de psicologia.

REFERÊNCIAS BIBLIOGRÁFICAS

1. Hoff PMG (ed.). Tratado de Oncologia. São Paulo: Atheneu, 2013.
2. NCCN Clinical Practice Guidelines in Oncology (NCCN Guidelines). Antiemesis. Version 2.2016. Disponível em: NCCN.org. Acessado em: 10/2016.
3. Borison HL, Wang SC. Physiology and pharmacology of vomiting. Pharmacol Rev 1953; 193-230.
4. Chen B, Hu SX, Liu BH, Zhao TY, Li B, Liu Y et al. Efficacy and safety of electroacupuncture with different acupoints for chemotherapy-induced nausea and vomiting: study protocol for a randomized controlled trial. Trials 2015; 16:212.

5. Van Waart H, Stuiver MM, van Harten WH, Geleijn E, Kieffer JM, Buffart LM et al. Effect of low-intensity physical activity and moderate- to high-intensity physical exercise during adjuvant chemotherapy on physical fitness, fatigue, and chemotherapy completion rates: results of the PACES randomized clinical trial. J Clin Oncol 2015; 33(17):1918-27.

6. Garcia MK, McQuade J, Haddad R, Patel S, Lee R, Yang P et al. Systematic review of acupuncture in cancer care: a synthesis of the evidence. J Clin Oncol 2013; 31(7):952-60.

7. Wu X, Chung VC, Hui EP, Ziea ET, Ng BF, Ho RS et al. Effectiveness of acupuncture and related therapies for palliative care of cancer: overview of systematic reviews. Scientific Reports 2015; 5:16776.

8. Kilian-Kita A, Puskulluoglu M, Konopka K, Krzemieniecki K. Acupuncture: could it become everyday practice in oncology? Contemp Oncol (Pozn) 2016; 20(2):119-23.

9. Tas D, Uncu D, Sendur MA, Koca N, Zengin N. Acupuncture as a complementary treatment for cancer patients receiving chemotherapy. Asian Pac J Cancer Prev 2014; 15(7):3139-44.

10. Tonezzer T, Tagliaferro J, Cocco M, Marx A. Uso da estimulação elétrica nervosa transcutânea aplicado ao ponto de acupuntura PC6 para a redução dos sintomas de náusea e vômitos associados à quimioterapia antineoplásica. Revista Brasileira de Cancerologia 2012; 58(1):7-14.

11. Sturgeon M, Wetta-Hall R, Hart T, Good M, Dakhil S. Effects of therapeutic massage on the quality of life among patients with breast cancer during treatment. J Altern Complement Med 2009; 15(4):373-80.

12. Sheikhi MA, Ebadi A, Talaeizadeh A, Rahmani H. Alternative methods to treat nausea and vomiting from cancer chemotherapy. Chemother Res Pract 2015; 2015:818759.

21

Fisioterapia na radioterapia

Angela Gonçalves Marx
Patrícia Vieira Guedes Figueira

RADIOTERAPIA

A radioterapia, assim como a cirurgia e a quimioterapia, é um dos pilares do tratamento do câncer de mama. Ela tem efeito tóxico nas células cancerígenas, mas, ao mesmo tempo, tem efeito deletério nas células normais do corpo ou nas células radiorresistentes. As células normais do corpo infelizmente também são afetadas pela radioterapia de várias formas, tendo o tempo como um dos fatores para o aparecimento de complicações. Uma das alterações provocadas pela radioterapia é a produção da fibrina, que se acumula e lesa os tecidos irradiados – na chamada fibrose por radiação. Qualquer tecido que seja irradiado, inclusive nervos, músculos, vasos sanguíneos, ossos, tendões, ligamentos, coração e pulmões, pode ser afetado. Os sinais e sintomas clínicos resultantes podem surgir em poucas semanas, após meses e mesmo anos durante a vida da paciente.[1] Não há como evitar a progressão da fibrose induzida pela radioterapia. No entanto, há formas principalmente de educação, informação e orientação às pacientes para que estejam atentas ao menor sinal de alteração, de maneira que os sinais e sintomas sejam rapidamente tratados e sua qualidade de vida, melhorada.

As pacientes mais sensíveis aos efeitos da radiação são as que apresentam mais complicações advindas do tratamento. As complicações variam de paciente a paciente e dependem de uma série de fatores. Dentre eles, o mais importante nas pacientes de câncer de mama é o local da aplicação, pois é ele que determina a extensão e o tipo das complicações. Além do local, a dose da radiação interfere diretamente nos efeitos sobre as diversas estruturas. Quanto mais tempo após a radiação, maior a probabilidade de a paciente desenvolver efeitos adversos, o que causa muito desconforto e preocupação, pois nem sempre são diagnosticadas como complicações advindas da radioterapia. Muitas pacientes acabam sendo diagnosticadas como tendo fibromialgia, síndrome da fadiga crônica, neuropatias de vários tipos, estenose cervical, hérnias cervicais, etc. Assim, muitas vezes sofrem por anos com dor, desconforto, tratamentos inadequados e principalmente perdem qualidade de vida, pela falta não só de um diagnóstico adequado, mas também de um tratamento adequado.[2]

O avanço no desenvolvimento das técnicas radioterápicas permitiu reduzir os riscos dos efeitos colaterais. No entanto, como o tratamento radioterápico é atualmente muito usado com o advento das cirurgias conservadoras da mama, o número de mulheres com sinais e sintomas tardios tem aumentado consideravelmente.

TIPOS DE RADIOTERAPIA

No câncer de mama, há três possibilidades básicas para a indicação da radioterapia:

1. Após cirurgias conservadoras e nas mastectomias – antes ou após quimioterapia.
2. Antes ou no lugar da cirurgia.
3. Paliativa.

LOCAIS DE APLICAÇÃO

A indicação de cada local a ser aplicada a irradiação depende de vários fatores: local e extensão do tumor, tipo histológico do tumor, tipo de cirurgia realizado, tamanho da mama em relação ao tumor, características da paciente, se linfonodos positivos, dentre outros.[3]

Assim, os locais de aplicação são (Figura 1):

1. Mama (plastrão cirúrgico) – nas cirurgias conservadoras.
2. Parede torácica – nas mastectomias com ou sem reconstrução.
3. Cadeia linfonodal axilar.

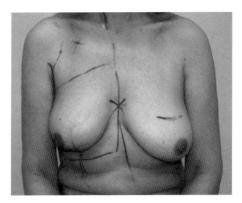

Figura 1 Locais de aplicação da radioterapia em pacientes de câncer de mama – plastrão, fossa supraclavicular, axila e mamária interna.

4. Cadeia linfonodal paraesternal.
5. Fossa supraclavicular.
6. Em todas as citadas.

A maioria das mulheres faz radioterapia na mama ou na parede torácica, o que causa efeitos colaterais menos intensos, se comparados aos efeitos da quimioterapia. No entanto, quando há indicação de radioterapia na cadeia linfonodal axilar e na fossa supraclavicular, a probabilidade de complicações tardias é maior. A chance de complicações aumenta ainda mais se, além de irradiar essas regiões, tiver sido realizada a linfonodectomia axilar com a retirada de um grande número de linfonodos.[4]

OBJETIVOS DO TRATAMENTO RADIOTERÁPICO

Os objetivos da radioterapia são basicamente promover o controle local da doença, sua remissão, profilaxia ou paliação, sendo indicada de forma exclusiva ou associada (neoadjuvante, concomitante ou adjuvante).

FORMA DE APLICAÇÃO

A forma mais comum de aplicação da radioterapia para pacientes de câncer de mama é a radioterapia externa e ambulatorial. Ela é dada de forma fracionada e em doses. O tratamento normalmente é realizado 5 dias/semana com um intervalo de descanso de 2 dias. A duração do tratamento diário é de poucos minutos por um período em média de 3 a 6 semanas. Algumas pacientes fazem uma radiação denominada *boost* no final do tratamento radioterápico e no local da mama em que estava o tumor.

Em relação ao momento, a radioterapia pode ser indicada pré ou pós-reconstrução mamária, seja com implante de silicone ou retalho miocutâneo, pré ou pós-quimioterapia ou após a cirurgia. Se for indicada a radioterapia após a cirurgia, o ideal é que seja iniciada até o 21º dia.

A aplicação é realizada normalmente com a paciente em decúbito dorsal, com o membro superior posicionado em rotação lateral e abdução com pelo menos 90º e com a mão apoiada na nuca (Figura 2).

O protocolo utilizado pelas autoras tem o controle semanal como seguimento ideal da fisioterapia durante a radioterapia. Isso permite identificar quaisquer alterações que possam comprometer não somente a realização da radioterapia, mas também as funções articular, muscular, neurológica, vascular, dérmica e intervir imediatamente.

EFEITOS COLATERAIS DA RADIOTERAPIA

A maioria dos efeitos colaterais da radioterapia é temporária e desaparece em semanas ou meses, a partir do momento do término das aplicações. Para al-

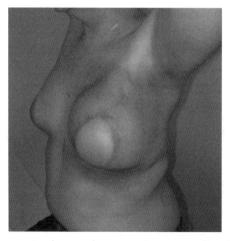

Figura 2 Posicionamento do membro superior para aplicação da radioterapia no câncer de mama.

gumas mulheres, no entanto, esses efeitos são de longo prazo e afetam a qualidade de vida, pois, muitas vezes, chegam a demorar anos para aparecer.

Podem-se dividir os efeitos da radioterapia em efeitos precoces e tardios.

Efeitos colaterais precoces

Dentre os efeitos colaterais mais comuns, estão fadiga, mal-estar geral e alterações de pele, com formação de eritema, bolhas e descamação. Algumas pacientes desenvolvem a radiodermite, uma complicação a mais que provoca a interrupção da aplicação até que a pele se recupere. A radiodermite é definida como uma reação aguda que pode se apresentar com intensidades diversas, variando desde um leve eritema e prurido até descamação seca ou úmida e, finalmente, necrose tecidual (Figura 3).[5]

Efeitos colaterais tardios

Os principais efeitos colaterais tardios são:

- mudanças na pele;

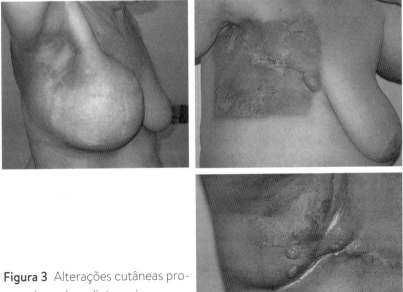

Figura 3 Alterações cutâneas provocadas pela radioterapia.

Fisioterapia no câncer de mama

- mudanças no aspecto da mama (endurecimento da mama e redução de seu volume);
- encapsulamento do implante;
- fibrose e aderência;
- lesões nervosas;
- restrição da amplitude de movimentos do membro superior;
- alterações cardíacas;
- alterações pulmonares;
- alterações ósseas;
- linfedema;
- fadiga.

Mudanças na pele

A pele pode apresentar coloração mais escurecida ou mesmo eritema, semelhante a uma queimadura. Pode coçar, descamar e ficar ressecada.

Normalmente, essas alterações, conhecidas como radiodermite, intensificam-se após 3 a 4 semanas do início da radioterapia e desaparecem entre 2 e 4 semanas após a cessação das aplicações, podendo, em algumas pacientes, permanecer por períodos prolongados.

De acordo com o Radiation Therapy Oncology Group (RTOG), as radiodermites podem ser classificadas em graus, como mostra a Tabela 1.[5]

TABELA 1 Classificação do Radiation Therapy Oncology Group (RTOG)

Grau 0	Sem reação
Grau 1	Eritema leve, epilação, descamação seca
Grau 2	Eritema doloroso, descamação úmida, edema moderado
Grau 3	Descamação úmida, confluente, edema importante
Grau 4	Ulceração, hemorragia, necrose

A úlcera radiogênica é uma complicação rara da radioterapia e pode aparecer mesmo após anos do tratamento. Seu aparecimento normalmente vem associado a outras comorbidades, como diabetes e hipertensão arterial.[6]

As grandes alterações no tecido conectivo e vasos sanguíneos causados pela radiação ionizante resultam na redução no suprimento de nutrientes e oxigênio na dermatite crônica. Se a demanda por nutrientes aumentar, por exemplo, em uma inflamação, picada de insetos, infecções e reações alérgicas, dentre outros, a nutrição pode não ser mais suficiente e, como consequência, ocorre a necrose tecidual e a úlcera radiogênica. O seguimento por longos períodos é necessário para que se possa intervir com o tratamento o mais precocemente possível. Outras úlceras que eventualmente podem aparecer são recidivas cutâneas do tumor primário.

Algumas mulheres podem apresentar pequenas manchas avermelhadas conhecidas como telangiectasia, causada pela dilatação de pequenos vasos superficiais, mas isso altera somente a aparência e não tem nenhum outro sintoma.

Mudanças no aspecto da mama

Após a radioterapia, as mulheres apresentam alterações no aspecto, na sensibilidade e na textura da mama. Ela pode retrair, diminuir seu volume e ter uma textura mais endurecida, mas essas mudanças são geralmente leves e provocadas pela fibrose (Figura 4).

Encapsulamento do implante

Nas reconstruções imediatas com implantes, quando há a indicação de radioterapia, o encapsulamento e a aderência do implante a planos mais profundos e pele é praticamente inevitável. Isso pode afetar não só a circulação local, mas também limitar a amplitude de movimentos pela aderência e fibrose da pele, provocar dor local, desconforto e diminuir a qualidade de vida da paciente.

Essa alteração de mobilidade do implante influencia diretamente na mobilidade inicialmente da mama, de forma secundária na mobilidade da pele sobre tecidos mais profundos e na amplitude de movimentos do membro superior e função muscular. Essa fibrose e a contratura podem ser classificadas em graus, segundo Baker, como mostra a Tabela 2.

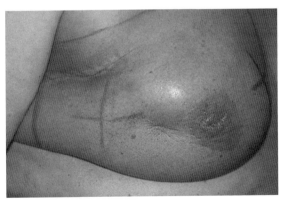

Figura 4 Retração da mama com desvio do complexo areolopapilar.

TABELA 2 Classificação de fibroses de acordo com Baker

Grau 1	Mama com implante tão macio quanto a mama contralateral não afetada
Grau 2	Mínima – mama com implante com maciez reduzida, implante palpável, mas não visível
Grau 3	Moderada – mama com implante mais duro que a mama contralateral, implante palpável e visível
Grau 4	Severa – mama com implante duro, tenso, dolorido, desvio frequente

A intervenção da fisioterapia no encapsulamento do implante é abordada do Capítulo 12 – Fisioterapia nas cirurgias oncoplásticas e reconstrutivas da mama.

Fibroses e aderências

O efeito deletério mais comum da radioterapia é a fibrose. Além das condições da pele torácica, a fibrose pode influenciar no fluxo linfático local, pois impede a circulação normal, funcionando como uma barreira mecânica, e pode atingir vários tecidos e espessuras, indo desde a pele até fáscias e músculos, além de vasos e nervos. A aderência subsequente provoca ainda mais restrições de ordem funcional (Figura 5).

A intervenção da fisioterapia em fibroses e aderências é abordada no Capítulo 17 – Fibroses e aderências.

Lesões nervosas

As raízes nervosas, o plexo braquial e os nervos periféricos, assim como os músculos dentro do campo de radiação, podem ser afetados.

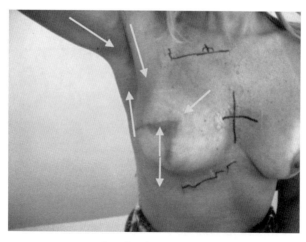

Figura 5 As setas mostram a direção da tensão tecidual provocada pela fibrose.

Algumas mulheres apresentam sensibilidade aumentada na pele torácica e na cicatriz após a radioterapia. Essa sensibilidade normalmente é leve, desaparece em algumas semanas e não requer tratamento específico.

A neurotoxicidade induzida pela radiação pode envolver o sistema nervoso periférico e provocar a chamada plexopatia braquial, principalmente quando a irradiação for realizada em tórax, mama, região axilar e fossa supraclavicular. As pacientes se beneficiam enormemente quando é possível fazer a prevenção, a detecção e o tratamento da plexopatia de forma sistemática e com técnicas adequadas.

A plexopatia braquial pode surgir após meses e mesmo anos do término da radioterapia, com piora gradual e persistente da deficiência de movimento, dor e alterações de sensibilidade. Esses sintomas normalmente são irreversíveis.

Com o aparecimento associado do linfedema, pode-se esperar que a plexopatia tenha como causa a infiltração tumoral, e não a irradiação. Essa condição envolve a presença de dor difusa e excruciante em todo o membro superior. O tratamento dessa condição será abordado no Capítulo 23 – Linfedema.

Outras causas a ser consideradas para o aparecimento da plexopatia são o volume da radiação, a técnica da aplicação e a quimioterapia realizada concomitantemente.

Deve-se considerar o diagnóstico diferencial de outras lesões nervosas, como: neurite braquial, síndrome do túnel do carpo, discopatia cervical, cervicalgia miofascial, plexopatia braquial neoplástica e plexopatia braquial traumática.

O diagnóstico das plexopatias induzidas pela radioterapia também deve considerar outros problemas associados, como dor, conforme mostra a Tabela 3.[8]

Alguns estudos mostram alteração da função muscular após a radioterapia. Pacientes que se submeteram a tratamento de câncer de mama com radioterapia demonstraram, na eletroneuromiografia, grande diminuição na atividade dos músculos trapézio superior e romboide, enquanto os peitorais maior e menor encontravam-se hipotrofiados no lado afetado. Esse resultado sugere que a função do ombro apresenta biomecânica alterada mesmo após vários anos do tratamento.[9]

Por essa razão, exercícios devem ser orientados para a recuperação da força e da flexibilidade de vários músculos, não somente do ombro, mas também cervicais, paratorácicos e para o membro superior. Devem-se avaliar as atividades básicas de vida diária e prover equipamento adaptativo, além de estimular e treinar movimentos de coordenação fina e recomendar técnicas de reeducação sensorial e motora.

304 Fisioterapia no câncer de mama

TABELA 3 Dor e plexopatias provocadas pela radioterapia

Característica	Infiltração tumoral	Fibrose por radiação	Lesão transiente pela radioterapia	Lesão isquêmica aguda
Incidência da dor	80%	18%	40%	Sem dor
Localização da dor	Ombro, parte superior do braço, cotovelo e 4º e 5º dedos	Ombro, punho e mão	Mão, antebraço	Mão, antebraço
Natureza da dor	Dor leve no ombro; dores lancinantes no cotovelo e face ulnar da mão; disestesia e parestesia ocasional	Dor no ombro; parestesia proeminente na distribuição de braço e mão de C5-C6	Dor no ombro; parestesia proeminente na distribuição de braço e mão de C5/C6	Parestesia na distribuição de braço e mão de C5/C6
Gravidade	Moderada a grave (grave em 98%)	Geralmente leve a moderada (grave em 20 a 35%)	Leve	Leve
Evolução	Disfunção neurológica progressiva; atrofia, fraqueza e dor na distribuição de C7/T1	Fraqueza progressiva	De fraqueza a resolução completa	Fraqueza e perda sensorial aguda não progressiva
Eletromiografia	Atraso na condução segmentar	Mioquimia difusa	Atraso na condução segmentar	Atraso na condução segmentar

Restrição da amplitude de movimentos do membro superior

Alguns trabalhos mostram que pacientes que se submeteram à radioterapia experimentaram dor no membro superior e na mama mesmo após 5 anos de seguimento e que as pacientes que receberam intervenções com a fisioterapia, por exemplo, com a prática de exercícios orientados, apresentaram melhor função física, pulmonar e qualidade de vida.

A radioterapia contribui também para o aparecimento de retração e hipertonia do músculo peitoral maior, que deve ser rapidamente avaliada e tratada pelo fisioterapeuta.[10]

O quadro clínico mostra, à inspeção e à palpação, um espessamento do músculo peitoral, principalmente ao longo do tendão que se insere no braço. Esse espessamento pode vir acompanhado de aderência, o que torna dolorosa e limitada a movimentação do membro superior. O tratamento deve incluir a mobilização de tecidos em vários níveis de profundidade, associada a movimentos de vários eixos com amplitudes diversas.[11]

Além da hipertonia do músculo peitoral maior, e por causa dela, pode ser observada também a retração da escápula, pois os músculos retratores da escápula fazem esforço adicional para reestabelecer a simetria dos ombros e, consequentemente, as pacientes podem apresentar pontos-gatilho na região dorsal e do pescoço e na raiz do membro superior na face posterior.

Caso não haja orientação e intervenção da fisioterapia quando surgir alguma restrição importante ao movimento do membro superior, a capsulite adesiva e o ombro congelado são complicações que podem ocorrer.

Alterações cardíacas

As alterações cardíacas podem acontecer quando se irradia a mama esquerda; são raras e requerem tratamento medicamentoso.

Alterações pulmonares

Os sintomas causados pelos efeitos colaterais da radioterapia nos pulmões incluem falta de ar, tosse seca e dor torácica. As consequências da radioterapia nas células pulmonares vão desde a lesão das células que revestem os pulmões até a fibrose pulmonar. Isso parece ser um pouco mais acentuado nas pacientes que realizaram quimioterapia simultaneamente. Esses sintomas, considerados tardios, aparecem em média após 3 a 4 meses do término da radioterapia ou mesmo posteriormente. Nas pacientes que já apresentavam alguma doença pulmonar, os cuidados devem ser maiores, pois pode haver piora do quadro.

O tratamento pode incluir desde medicação até fisioterapia respiratória e depende dos sintomas apresentados.

Alterações ósseas

Dentre os efeitos da radioterapia, encontram-se as alterações ósseas que vão desde a interrupção do crescimento e da maturação óssea normal até osteonecrose, fraturas patológicas e nova neoplasia.

A Tabela 4 mostra, de forma sucinta e prática, as alterações ósseas provocadas pela radioterapia em função do tempo. Essas alterações, no entanto, são raras e dependem de uma série de fatores, como a dose (radionecrose é dose-dependente), a associação a outros tratamentos, as características individuais e a saúde geral da paciente.[11]

Fisioterapia no câncer de mama

TABELA 4 Alterações ósseas provocadas pela radioterapia

Alterações	Período
Aparência normal	> 3 semanas
Substituição gordurosa da medula óssea	3 a 6 semanas
Alteração do crescimento ósseo	8 a 10 meses
Osteonecrose	1 a 3 anos
Fratura	3 a 12 meses
Infecção	Variável

Nas pacientes de câncer de mama, o ombro frequentemente recebe radiação e, por isso, pode ocorrer necrose avascular na cabeça do úmero. As fraturas mais comumente encontradas são de costelas e de escápula.

Linfedema

O linfedema pós-radioterapia está diretamente ligado à região que sofreu a irradiação. A irradiação da axila e da axila com a mama parece ser a que apresenta maior incidência dentre os trabalhos mais recentes.[4]

A fibrose produzida pela radioterapia altera sobremaneira também a circulação linfática local; dessa forma, a radioterapia associada à linfonodectomia axilar são os dois principais fatores de risco para o aparecimento do linfedema.[12]

O tratamento de linfedema é abordado no Capítulo 23 – Linfedema.

Fadiga

A fadiga proveniente da radioterapia tem vários aspectos não somente físicos, mas emocionais. Em relação ao aspecto físico, decorre da tentativa do organismo de reparar a lesão causada às células saudáveis. Essa fadiga tende a aumentar conforme a progressão do tratamento e pode persistir mesmo após o seu término. No aspecto emocional, como a radioterapia é realizada diariamente, a paciente muda totalmente sua rotina de vida e sua participação na sala de espera, com a presença de mais pacientes também com câncer, contribui para um aumento de tensão, desgaste emocional e consumo de energia.

Exercícios sabidamente reduzem a fadiga relacionada ao câncer e melhoram a qualidade de vida. Alguns estudos mostram o benefício da realização de exercícios ou treinamento resistido durante a radioterapia. Um programa de 12 semanas de treinamento resistido mostrou-se eficaz para melhorar a fadiga.[13] Dessa forma, analisadas as características individuais de cada paciente, os exercícios orientados pela fisioterapia têm indicação fundamental.

FISIOTERAPIA NA RADIOTERAPIA

Infelizmente em nosso país, mesmo em centros especializados em câncer, não há equipes de reabilitação e, dentre elas, fisioterapeutas especialistas para avaliar, prevenir e tratar as pacientes que se submetem a radioterapia e que apresentem sinais e sintomas compatíveis com as complicações advindas do tratamento. A divulgação dos benefícios comprovados à qualidade de vida e à função das pacientes submetidas à radioterapia deve ser feita não só entre a equipe médica e outros profissionais da saúde, mas também entre as pacientes.

É desafiador traçar um plano de tratamento para as pacientes que apresentem alterações funcionais musculares, nervosas, articulares, vasculares e dermatológicas, pois necessitam ser avaliadas minuciosamente e tratadas de forma eficaz e global. A abordagem deve ser de uma equipe interdisciplinar com informações coesas, de modo que a paciente tenha segurança para realizar as recomendações. O tratamento visa não somente a manutenção da função e eventual ganho de função, mas também a sua maximização e melhor qualidade de vida. São várias as técnicas fisioterapêuticas que podem ser empregadas de acordo com as características individuais de cada paciente.

Dentre os objetivos mais importantes da fisioterapia na radioterapia, destacam-se:

- orientar a paciente sobre os cuidados gerais antes, durante e depois da radioterapia;
- abordar precocemente após a cirurgia aquela paciente que tem indicação de radioterapia;
- ganhar amplitude de movimentos do ombro;
- promover o alongamento muscular;
- liberar estruturas tensionadas;
- reestruturar a postura;
- manter o equilíbrio corporal;
- fortalecer a musculatura;
- minimizar a fibrose;
- manter a circulação adequada;
- melhorar a fadiga;
- controlar a dor.

Antes da radioterapia

A partir do momento em que se tem a indicação da radioterapia, a paciente deve ser imediatamente encaminhada à fisioterapia. As principais razões desse encaminhamento são:

- restabelecimento de uma amplitude de movimentos de membro superior não só para que o início das aplicações não seja retardado pela falta de posicionamento adequado do braço, mas também que permita a realização da radioterapia sem restrições;
- orientações sobre os cuidados com a pele e a utilização de cremes hidratantes;
- orientações e cuidados sobre as marcações ou pontos de tatuagem feitos para identificar o local da aplicação da radioterapia;
- orientações sobre o uso de roupas e sutiã;
- orientações sobre a prática de atividade física;
- orientações sobre a prática de exercícios específicos para membro superior e postura;
- orientação quanto aos sinais e sintomas (fadiga, sensação de queimação, etc.).

É importante lembrar que pacientes pardas, negras ou orientais tendem a sofrer mais danos cutâneos – as orientações devem ser sempre enfatizadas.

Durante a radioterapia

Orientações gerais de cuidados e atividades de vida diária

- Evitar exposição ao sol, principalmente das áreas irradiadas durante a radioterapia e após 1 ano pelo menos – a região irradiada é mais sensível e a quantidade de radiação é cumulativa;
- aplicar bloqueador solar ao se expor ao sol, principalmente na área irradiada;
- evitar depilar a axila do lado operado durante a radioterapia – maior sensibilidade cutânea se a axila estiver sendo irradiada;
- evitar remover as marcações da radioterapia, o que provoca atraso no tratamento;
- evitar talcos, perfumes e desodorantes, pois são irritantes químicos;
- evitar banhos muito quentes, pois resseca mais a pele;
- utilizar sabonetes neutros, que têm menor possibilidade de provocar alergia;

- manter uma rotina de exercícios com o membro superior – a radioterapia provoca desidratação celular e retração da pele;
- hidratar a pele com cremes com pH neutro depois de cada aplicação e retirar antes da próxima; a pele deve estar sem nenhum resíduo para realizar a radioterapia – seguir a orientação da equipe de saúde;
- usar roupas leves e preferencialmente de algodão e proteger o local irradiado da exposição solar;
- aplicar compressas frias;
- ingerir pelo menos 2 a 3 L de água/dia para manter a hidratação;
- comunicar à equipe de saúde (fisioterapeuta) sobre o aparecimento de fadiga;
- manter uma rotina de exercícios para diminuir a fadiga.

Seguimento

Após o término da radioterapia, a paciente deve retornar ao serviço de fisioterapia para controle das possíveis complicações de longo prazo, principalmente o linfedema, que, depois das alterações cutâneas, é a principal morbidade tardia. Os controles mensais também têm como objetivo a observação da qualidade da pele, do trofismo muscular, da amplitude de movimentos do membro superior e de qualquer queixa que pode estar relacionada à radioterapia, por exemplo, a rara fratura espontânea de costela por osteonecrose.

REFERÊNCIAS BIBLIOGRÁFICAS

1. Macmillan Cancer Support. Breast radiotherapy – Possible long-term side effects. 3.ed. 2010. MAC11681. Disponível em: www.macmillan.org.uk. Acessado em: 11/2016.
2. Projet Aquitain de surveillance alternée des cancers du sein localiséa traités. Disponível em: www.canceraquitaine.org. Acessado em: 11/2016.
3. Instituto Nacional do Câncer (Inca). Controle do câncer de mama – documento de consenso. Disponível em: www.inca.gov.br. Acessado em: 10/2016.
4. Shah C, Vicini FA. Breast cancer-related arm lymphedema: incidence rates, diagnostic techniques, optimal management and risk reduction strategies. Int J Radiat Oncol Biol Phys 2011; 81(4):907-14.
5. Cox JD, Stetz J, Pajak TF. Toxicity criteria of the Radiation Therapy Oncology Group (RTOG) and the European Organization for Research and Treatment of Cancer (EORTC). Int J Radiat Oncol Biol Phys 1995; 31(5):1341-6.

6. Pires AM, Segreto RA, Segreto HR. RTOG criteria to evaluate acute skin reaction and its risk factors in patients with breast cancer submitted to radiotherapy. Rev Lat Am Enfermagem 2008; 16(5):844-9.

7. Classen J, Nitzsche S, Wallwiener D, Kristen P, Souchon R, Bamberg M et al. Fibrotic changes after postmastectomy radiotherapy and reconstructive surgery in breast cancer. A retrospective analysis in 109 patients. Strahlenther Onkol 2010; 186(11):630-6.

8. Stephenson RO. Radiation-induced brachial plexopathy differential diagnoses. Disponível em http://emedicine.medscape.com/article/316497-differential.

9. Shamley DR, Srinanaganathan R, Weatherall R, Oskrochi R, Watson M, Ostlere S et al. Changes in shoulder muscle size and activity following treatment for breast cancer. Breast Cancer Res Treat 2007; 106(1):19-27.

10. Cheville AL, Tchou J. Barriers to rehabilitation following surgery for primary breast cancer. Jounal of Surgical Oncology 2007; 95:409-18.

11. Clarke M, Collins R, Darby S, Davies C, Elphinstone P, Evans V et al.; Early Breast Cancer Trialists' Collaborative Group (EBCTCG). Effects of radiotherapy and of differences in the extent of surgery for early breast cancer on local recurrence and 15-year survival: an overview of the randomised trials. Lancet 2005;366(9503):2087-106.

12. Johansen S, Fosså K, Nesvold IL, Malinen E, Fosså SD. Arm and shoulder morbidity following surgery and radiotherapy for breast cancer. Acta Oncol 2014; 53(4):521-9.

13. Steindorf K, Schmidt ME, Klassen O, Ulrich CM, Oelmann J, Habermann N et al. Randomized, controlled trial of resistance training in breast cancer patients receiving adjuvant radiotherapy: results on cancer-related fatigue and quality of life. Ann Oncol 2014; 25(11):2237-43.

22

Alterações posturais no câncer de mama

Maíra Roveratti
Patrícia Vieira Guedes Figueira
Angela Gonçalves Marx

INTRODUÇÃO

Define-se postura como a posição que o corpo humano mantém quando está na vertical contra a força da gravidade, em pé, sentado ou movendo-se.[1]

A boa postura depende de uma estrutura normal do sistema ósseo-ligamentar e do bom funcionamento dos sistemas muscular, miofascial e nervoso e, por consequência, menor atividade muscular para manter uma posição ereta. A postura correta mantém os ossos e as articulações alinhados para que os músculos sejam usados corretamente, ajuda a diminuir o apoio anormal de superfícies articulares que podem resultar em problemas articulares, diminui o estresse sobre os ligamentos que fixam as articulações, evita que a coluna vertebral se fixe em posições anormais e reduz a fadiga.[1,2]

Distúrbios na postura corporal podem levar a muitos problemas, principalmente de ordem ortopédica, como dores articulares, de cabeça e na coluna, tonturas, fadiga, comprometimento funcional e alterações no equilíbrio do indivíduo.[1]

A postura corporal pode sofrer alterações durante todo o seu desenvolvimento, desde a fase inicial até a maturidade, de acordo com características anatômicas e comportamentais. As consequências negativas de uma condição médica, como câncer de mama, juntamente com o processo de tratamento, sem dúvida, contribui para a alteração da postura corporal.[2]

Apesar da evolução dos métodos de tratamento e das cirurgias mais conservadoras, o tratamento do câncer de mama ainda causa alterações musculoesqueléticas e funcionais de vários sistemas e órgãos do corpo humano.[2]

As cirurgias mudam as relações anatômicas e a coesão entre músculos, tecido subcutâneo (tecido conjuntivo) e pele da axila e tronco e afetam diretamente não só o funcionamento da articulação glenoumeral, mas também os segmentos adjacentes.[2] Após a cirurgia por câncer de mama, as mulheres adotam posturas antálgicas compensatórias e posturas protetoras, a fim de evitar dores e esconder a falta da mama. Na tentativa de se reequilibrar, a mulher altera de forma acentuada sua biomecânica postural. Essas alterações, se perpetuadas e não tratadas em tempo, podem causar deformidades irreversíveis.[3]

O tratamento cirúrgico de pacientes com câncer de mama pode contribuir para algumas disfunções motoras. Enfraquecimento muscular, dor associada a uma cicatriz cirúrgica extensa, postura psicogênica adotada com o objetivo de compensar a falta da mama, bem como a fibrose de tecido moles, associada ou não a radioterapia, são causas das alterações posturais em mulheres pós-abordagem cirúrgica da mama com ou sem esvaziamento axilar.[1,2]

As alterações após o tratamento cirúrgico também podem decorrer de aderências nas cicatrizes cirúrgicas, as quais devem ser devida e oportunamente mobilizadas. Essas aderências podem levar a restrições de mobilidade na cintura escapular e nas articulações da coluna torácica. Acredita-se também que pacientes submetidas a tratamento cirúrgico têm a sua atividade física limitada, o que pode levar a um aumento ponderal, o que influencia as disfunções posturais.[4]

Além disso, existem outras intercorrências cirúrgicas ou pós-cirúrgicas e efeitos adversos que podem afetar o bom alinhamento postural, dentre eles:

- distúrbios de sensibilidade;
- escápula alada;
- síndrome da rede axilar;
- linfedema;
- limitação da mobilidade e disfunção do ombro e da coluna cervical;
- dores na coluna vertebral, na região da cirurgia e no ombro;
- aderência cicatricial no local da cirurgia;
- dores musculares.[4,5]

Acredita-se que, em cirurgias conservadoras, as alterações posturais sejam menores, pois não existe o importante fator mecânico da retirada da totalidade da glândula mamária, porém, na prática clínica, não é incomum o diagnóstico de alterações posturais nessas pacientes.[3]

PRINCIPAIS ALTERAÇÕES POSTURAIS

Mastectomia

Estudos mostram incidência de 82,3% de mulheres com alterações posturais pós-mastectomia.[1] A postura corporal de mulheres após a mastectomia pode apresentar anormalidades no plano sagital (hipercifose torácica) e no plano frontal (rotação ou elevação do ombro, posição assimétrica das escápulas e inclinação do tronco).[2] Além disso, essas mulheres têm maior tendência de adotar postura cifótica (inclinação anterior do tronco), que afeta a capacidade da coluna de transferir carga e de manter função adequada, enquanto o ombro do lado operado apresenta-se elevado, anteriorizado e em rotação. Essas pacientes também podem apresentar rotação pélvica (Figura 1).[1,6]

A mastectomia radical de Patey, que inclui a ressecção do músculo peitoral menor, afeta significativamente a função do músculo peitoral maior. Uma importante atrofia e fibrose do músculo peitoral maior é relatada em 54% das mulheres após a ressecção do peitoral menor. Isso leva a distúrbios da função des-

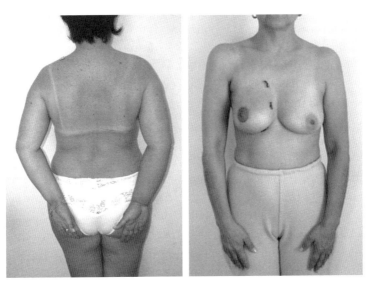

Figura 1 Alterações posturais pós-mastectomia.

se músculo, que são atribuídos a lesões intraoperatórias dos nervos peitorais (medial e lateral), que estão localizados próximo ao músculo peitoral menor.[2]

Os nervos torácico longo e toracodorsal também podem ser lesados durante a cirurgia, levando à paralisia do músculo serrátil anterior e ao desenvolvimento de uma posição típica da escápula conhecida como "escápula alada", além de paralisia do músculo grande dorsal, causando não apenas diminuição da mobilidade articular glenoumeral, mas também alteração acentuada do ângulo escapular.[2] Essa alteração funcional da escápula pode levar a alterações posturais secundárias a essa disfunção.

Com a retirada do volume mamário, ocorre readaptação muscular, o que ocasiona contratura da musculatura cervical com consequente elevação e protrusão do ombro homolateral à cirurgia. Toda a simetria corporal é prejudicada pelo desequilíbrio muscular. Essas adaptações alteram a estrutura muscular, que resulta em diminuição na amplitude de movimentos, o que predispõe a dor, diminuição na força muscular e maior predisposição a lesões.[7]

Ainda no período pós-operatório, a presença do dreno aspirativo, além de eventualmente causar dor, pode levar à adoção de postura antálgica.[8] As alterações posturais podem variar de acordo com o tempo após a cirurgia e a necessidade de outros tratamentos associados, como a radioterapia.[9]

Reconstruções

As reconstruções mamárias podem ser imediatas ou tardias e visam à melhora na qualidade de vida e à manutenção de uma aparência natural, levando a melhor autoestima e bem-estar emocional. A melhora nesses fatores pode ter efeito positivo na manutenção da postura corporal. Mulheres mastectomizadas que não realizaram reconstrução mamária apresentam maior alteração na postura corporal.[1]

Reconstrução com prótese mamária e expansor

A reconstrução da mama com prótese e/ou expansor tem efeito positivo na postura corporal.[10] Acredita-se que mulheres que realizaram a reconstrução mamária imediata podem apresentar maior consciência corporal, ser mais envolvidas com atividades físicas e com a aparência, mais atentas com sua postura e mais propensas a frequentar a fisioterapia pós-operatória.[10] Além disso, o equilíbrio no peso das mamas faz a mulher não mais precisar assumir uma postura de proteção, o que favorece a manutenção de uma postura mais simétrica (Figura 2).

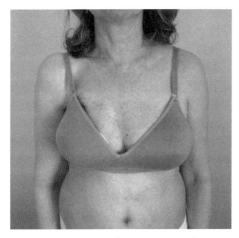

Figura 2 Melhor simetria postural após reconstrução com prótese mamária.

Contudo, a cirurgia de reconstrução com prótese e/ou expansor pode desencadear alterações posturais pós-operatórias que, se não tratadas adequadamente, podem evoluir para alterações posturais permanentes e consequências mais danosas. Nesse caso, as alterações estão relacionadas, em sua maioria, à posição do ombro operado, que pode se apresentar mais elevado, com maior rotação anterior e mostrar diminuição de amplitude de movimentos.

Reconstrução com retalho miocutâneo do músculo reto abdominal (TRAM)

A reconstrução mamária utilizando o retalho miocutâneo do músculo reto abdominal pode influenciar uma postura estática incorreta.[1]

Além disso, as pacientes submetidas à reconstrução mamária com TRAM permanecem em postura de flexão de tronco em torno de 15 dias após a cirurgia, o que favorece lombalgia. Normalmente, as pacientes que se submeteram a reconstrução com TRAM bipediculado evoluem com flexão de tronco e consequente diminuição da curvatura lombar, e as que fizeram uso do retalho monopediculado podem evoluir com inclinação lateral e rotação de tronco (Figura 3).

O uso do TRAM bipediculado resulta em déficit funcional nos músculos reto abdominais e músculos oblíquos resultando em déficit de flexão e extensão do tronco.[1]

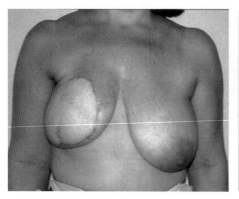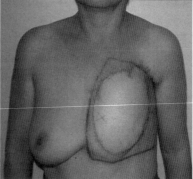

Figura 3 Alterações posturais após reconstrução com TRAM.

Reconstrução com retalho do músculo grande dorsal

A transposição do retalho com pedículo do músculo grande dorsal associado a tecidos moles para a parede anterior do tórax, com o objetivo de dar um suporte adequado à prótese mamária, pode influenciar significativamente a simetria do tronco, levando a uma inclinação homolateral, o que pode afetar a função do ombro e a ação expiratória (Figura 4).[1]

Linfonodectomia axilar e biópsia de linfonodo sentinela

A abordagem axilar, seja para retirada do linfonodo sentinela ou nas linfonodectomias mais extensas, não danifica a estrutura muscular, mas pode lesar a fáscia clavículo-toracoaxilar em vários níveis.[4]

Quando é realizado o esvaziamento axilar, a serosidade local é retirada, o que pode levar ao desenvolvimento de aderências e dificuldades na movimentação da articulação do ombro.[8] No entanto, as alterações físicas e funcionais decorrentes apenas da linfonodectomia axilar e da biópsia de linfonodo sentinela incluem desvios posturais semelhantes às alterações ocorridas nas mastectomias, porém com menor gravidade. O ombro do lado operado pode estar mais elevado, a escápula em elevação, porém em menor grau que em pacientes mastectomizadas.[4]

Radioterapia

A radioterapia pode causar fibrose do tecido na área irradiada, o que afeta especialmente a parede torácica anterolateral;[2] pode levar a alterações da pele e

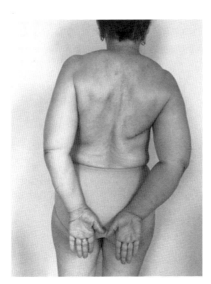

Figura 4 Alterações posturais pós-reconstrução com retalho do músculo grande dorsal.

do tecido subcutâneo e pode reduzir a flexibilidade e a mobilidade da pele e do tecido subcutâneo, pois danifica as paredes de vasos sanguíneos. A radioterapia pode perturbar a mobilidade dos segmentos da coluna vertebral e cintura escapular, que conduz a alterações no tônus muscular dessas regiões.[4]

Quimioterapia

A quimioterapia pode afetar o sistema muscular ao desencadear alterações metabólicas nos músculos e provocar perda de fibras musculares. As consequências são: perda de força muscular, alterações funcionais e atrofia muscular.[2] Tais alterações podem favorecer o aparecimento de alterações na postura dessas pacientes ou agravar as alterações já presentes.

Próteses externas

O uso de próteses externas também pode provocar alterações posturais: o peso total da prótese externa é sustentado pelo sutiã, o que provoca uma pressão mais elevada das alças no ombro, puxando-o para baixo.

Em casos de mastectomia radical sem reconstrução mamária, a prótese externa usada com sutiã especial pode favorecer a manutenção de uma postura mais próxima à normal. Mulheres que usam essas próteses regularmente, tanto durante o dia quanto à noite, demonstram menor grau de distúrbios de postura corporal.[1]

MÉTODOS DE AVALIAÇÃO

É importante que a avaliação postural seja realizada no período pré e pós-operatório, a fim de se identificar as alterações preexistentes e as alterações decorrentes do tratamento oncológico.

Para a avaliação desses desvios posturais, é de suma importância a atuação fisioterapêutica para intervir o mais precocemente possível nessas alterações e proporcionar melhor recuperação, além de evitar que essas complicações e sequelas venham a se instalar.[7]

A avaliação postural do indivíduo é um exame indispensável na rotina fisioterapêutica, pois tem o propósito de analisar e quantificar os desvios e, a partir dessas informações, proporcionar a melhor conduta a ser desenvolvida, elegendo os métodos terapêuticos mais indicados para cada alteração específica. Essa avaliação normalmente é constituída por anamnese e exame físico e funcional, além de uma avaliação do equilíbrio estático e dinâmico.[7]

Fotogrametria computadorizada

Este método envolve medidas antropométricas objetivas baseadas em análise de computador da imagem 3D construída da coluna. Antes de tomar uma medida, estruturas ósseas específicas são marcadas na região posterior do tronco da paciente: C7, S1, processos espinhosos, bordas inferiores das escápulas e espinhas ilíacas posterossuperiores.[1]

As medições são feitas em condições específicas e reprodutíveis, representando os mesmos parâmetros do aparelho visual, a uma distância constante entre a câmera e a paciente. Essa análise permite a medição de parâmetros nos planos coronal, sagital e transversal, o que torna possível avaliar a postura corporal dos pacientes objetivamente. É uma grande vantagem o uso desse sistema em conjunto com a análise e a medição realizada por software de computador para a comparação entre a forma pré e pós-operatória da postura corporal. Esses sistemas podem ser registrados em tempo real e é possível a comparação das alterações resultantes da postura do corpo das mulheres examinadas. Dois aspectos positivos do uso desse método de avaliação são a natureza não invasiva do teste e a possibilidade de realizar exames repetidos ao longo do tempo.[1]

Avaliação clínica postural

Para um bom diagnóstico das alterações posturais das pacientes que realizam tratamento para câncer de mama, a avaliação clínica postural não deve ser realizada somente de maneira segmentar, mas, sim, global, já que as mudanças provocadas pelo tratamento podem gerar alterações em regiões adjacentes.

Avaliação postural segmentar

A avaliação postural segmentar dessas pacientes deve incluir a avaliação da cintura escapular, avaliação cervical e do tronco, mas é importante lembrar que uma avaliação global envolvendo todos os segmentos corporais traz informações importantes para o sucesso do tratamento.

Antes de se iniciar a avaliação segmentar dessas regiões envolvidas, é fundamental diferenciar alterações provenientes de outros segmentos, por exemplo, diferença de comprimentos nos membros inferiores, de outros distúrbios que possam ser os causadores dessas alterações mais superiores (Tabela 1).

TABELA 1 Alterações posturais mais comuns

Plano frontal	Plano sagital
Rotação e inclinação da cabeça	Anteriorização da cabeça
Elevação do ombro	Inclinação do tronco
Elevação da pelve	Anteversão da pelve
Inclinação do tronco	Protrusão do ombro

Cintura escapular

Posicionamento das clavículas

As clavículas devem se apresentar levemente oblíquas com as bordas laterais em nível levemente superior às bordas mediais. Além disso, as bordas laterais direita e esquerda devem se apresentar alinhadas em um plano horizontal.[11]

Com pelve alinhada, se a borda externa de uma das clavículas estiver com elevação maior do que o normal, deve-se observar se a outra clavícula apresenta-se horizontalizada. Neste caso, esse posicionamento pode estar sendo determinado por uma lateroflexão de tronco. Deve-se, então, realizar o exame de gibosidade para descartar a presença de escoliose.

Caso a outra clavícula se apresente de maneira levemente oblíqua como deve ser, o lado mais alto deve estar sendo levado para cima, principalmente pelo músculo trapézio superior, que se insere no terço lateral da clavícula (Figura 5).

Comprimento das fossas supraclaviculares

Esse exame deve ser realizado quando, ao se observar a paciente de frente, uma das clavículas pareça menor do que a outra e a paciente não tenha nenhum histórico de trauma ou fratura clavicular.

Se ambas as fossas não apresentarem o mesmo comprimento, essa diferença pode estar sendo causada por um retração do músculo trapézio médio.

Profundidade das fossas supraclaviculares

Se as fossas apresentarem profundidade diminuída, que não permita que os dedos do examinador penetrem ligeiramente atrás das clavículas, supõe-se haver retração dos músculos escalenos, que puxam as duas primeiras costelas para cima, diminuindo a profundidade da região e podendo até elevar a extremidade interna das clavículas, horizontalizando-as (Figura 6).[11]

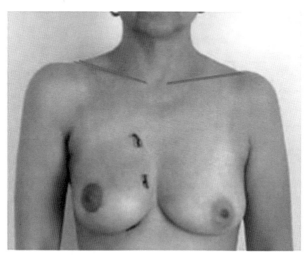

Figura 5 Avaliação do posicionamento das clavículas. Nota-se a clavícula direita com uma inclinação maior.

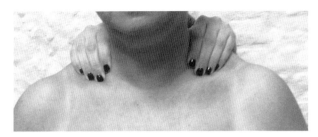

Figura 6 Avaliação do comprimento e da profundidade das fossas supraclaviculares.

As pacientes que se submetem à irradiação da fossa supraclavicular podem apresentar diminuição da profundidade e da extensão dela, assim como uma palpação onde se sente maior espessamento.

Na presença de retração importante dos músculos escalenos anterior e médio, as pacientes podem apresentar sintomas como:

- parestesia generalizada de membro superior;
- incapacidade de descrever o caminho preciso da irradiação do pescoço em direção ao membro superior;
- cansaço;
- diminuição dos movimentos das mãos com o passar do dia.

Isso se deve a uma compressão do plexo braquial que passa pelo desfiladeiro formado entre o músculo escaleno anterior e o médio, desencadeando o quadro conhecido como síndrome do desfiladeiro torácico.

Avaliação do músculo trapézio superior

O triângulo formado pelo bordo superior do músculo trapézio, clavícula e reta entre articulação acromioclavicular e base do pescoço deve ser discreto, ou seja, deve ser um triângulo de pequena altura.

Se essa altura for importante, isso demonstra retração do músculo trapézio superior, o que pode aumentar artificialmente a profundidade da fossa supraclavicular, que se apresenta com profundidade normal mesmo havendo retração dos músculos escalenos e até mesmo sintomas relacionados a essa retração (Figura 7).

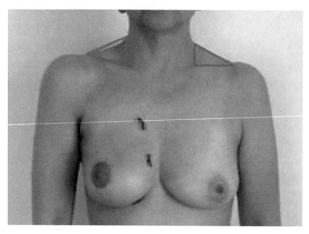

Figura 7 Avaliação do músculo trapézio superior. Nota-se o triângulo com altura aumentada à direita.

Avaliação do sulco deltopeitoral

O sulco deltopeitoral é um dos limites do que se define como axila e mais detalhes podem ser vistos no Capítulo 3 – Anatomia da mama, axila e sua relação com cintura escapular e tórax.

Em um ombro normalmente posicionado, o relevo do bordo medial da porção anterior do músculo deltoide, em seu limite com o músculo peitoral maior, deve ser oblíquo (± 45°) e apresentar-se simétrico ao lado oposto.

Caso esse ângulo apresente-se verticalizado (< 45°), pode haver retração do músculo peitoral maior. Essa retração pode ser confirmada com um teste específico para retração desse músculo. Se esse ângulo parece horizontalizar-se (> 45°), pode haver retração do músculo peitoral menor (Figura 8).

Quando houver a retirada do músculo peitoral menor ou a manipulação de sua fáscia, o limite medial da axila caracterizado pelo sulco deltopeitoral torna-se mais evidente e verticalizado pela ação do músculo peitoral maior.

Avaliação da altura das escápulas

Ambas as escápulas devem estar alinhadas no mesmo plano horizontal. Se esse não for o caso, uma delas deve estar sendo tracionada para cima pela porção superior do trapézio ou pelo músculo elevador da escápula, ou ambos simultaneamente.

Se uma das escápulas estiver mais cefálica do que a outra e:

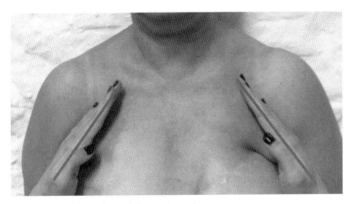

Figura 8 Avaliação do sulco deltopeitoral.

- o bordo medial apresenta-se vertical, ambos os músculos devem estar igualmente retraídos;
- a escápula apresenta-se em báscula lateral, retração predominante do músculo trapézio superior;
- a escápula apresenta-se em báscula medial, retração predominante de músculo elevador da escápula;
- a escápula apresenta-se em báscula lateral e o ângulo inferior desloca-se excessivamente em uma abdução maior do que 90°, tornando-se visível a partir de uma observação em vista anterior, pode haver retração importante dos músculos redondos (especialmente o músculo redondo maior).

Avaliação da báscula das escápulas

A distância entre o eixo vertebral e o bordo medial superior e o eixo vertebral e o bordo medial inferior da escápula deve ser a mesma (Figura 9). A distância normal da escápula em relação ao eixo vertebral deve ser a mesma do lado direito e do lado esquerdo (entre 6 e 8 cm).

Se a distância superior de um lado for menor do que a distância inferior do mesmo lado, a escápula encontra-se em báscula lateral, ou seja, o ângulo inferior da escápula encontra-se mais afastado do eixo vertebral que o ângulo superior:

- se, ao mesmo tempo, essa escápula encontra-se mais cefálica do que a outra, pode haver retração predominante em músculo trapézio superior;

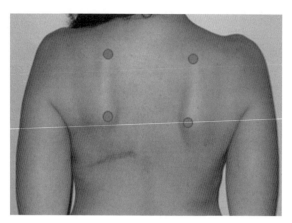

Figura 9 Avaliação da altura e báscula das escápulas.

- se o ângulo inferior desloca-se excessivamente em uma abdução maior do que 90°, tornando-se visível a partir de uma observação em vista anterior, pode haver uma retração importante dos músculos redondos (especialmente o músculo redondo maior).

Se a distância superior de um lado for maior que a distância inferior do mesmo lado, a escápula encontra-se em báscula medial, ou seja, o ângulo inferior da escápula encontra-se mais próximo ao eixo vertebral que o ângulo superior:

- se, ao mesmo tempo, essa escápula encontra-se mais cefálica do que a outra, pode haver retração do músculo elevador da escápula;
- se o ângulo inferior apresenta-se descolado e o sulco deltopeitoral do mesmo lado for mais evidente, tendendo a horizontalizar-se, pode haver retração do músculo peitoral menor.

Avaliação dos deslocamentos da escápula (Figura 10)

Se houver deslocamento do ângulo inferior da escápula, ou seja, ele se apresenta mais protuberante, pode haver retração do músculo peitoral menor.

Se houver deslocamento de todo o bordo interno da escápula, pode ser resultado de retração de músculo serrátil anterior; neste caso, quando o paciente abrir os braços, todo o bordo lateral da escápula desloca-se excessivamente para fora.

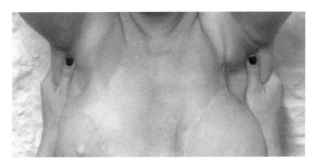

Figura 10 Avaliação do deslocamento das escápulas.

Nas pacientes mastectomizadas, é importante realizar o diagnóstico diferencial de escápula alada, que pode ocorrer por lesão nervosa no momento cirúrgico.[11]

Cervical

Avaliação do alinhamento cervical no plano frontal

A linha média que passa pelo centro do queixo, dos lábios, do nariz, das sobrancelhas e da testa deve ser vertical e coincidir com o centro da fúrcula esternal. Se essa linha não for vertical, trata-se de uma rotação da cabeça (Figura 11).

Caso o rosto apresente-se rodado e com inclinação para o mesmo lado, o problema está no bloco inferior da coluna cervical, entre C3 e C7.

Se o rosto apresentar-se rodado e com inclinação para o lado oposto, o problema é de bloco superior de coluna cervical entre o occipital e a segunda vértebra cervical, ou muita tensão do músculo trapézio.

Avaliação do alinhamento cervical no plano sagital

A linha que passa pelo lóbulo da orelha e pela região média do acrômio deve ser vertical. O perfil da região posterior do pescoço, que corresponde às vértebras cervicais, deve ser nítido, levemente encurvado à frente, evidenciando um distanciamento entre a cabeça e a cintura escapular.

Se o lóbulo da orelha estiver muito anteriorizado em relação ao acrômio, pode-se ter:

- hiperlordose cervical causada por retração dos músculos paravertebrais, especialmente o semiespinal da cabeça. Nesse caso, a paciente pode apresen-

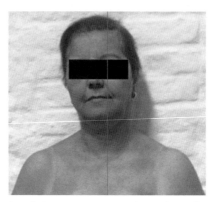

Figura 11 Avaliação do alinhamento cervical no plano frontal.

tar dificuldade de deitar em decúbito dorsal sem apoio sob o occipital ou até incômodo na região da garganta;
- coluna cervical com a curva próxima do normal, ou até mesmo com tendência a retificação, mas com importante retração de escalenos que desloca todo o segmento para a frente e para baixo.

Tronco

Ao avaliar as alterações do tronco, deve-se eliminar a presença de escoliose, que pode levar a alterações prévias semelhantes às alterações provenientes do tratamento para câncer de mama.

Posicionamento de membros superiores no plano frontal

A região distal dos dedos médios de ambas as mãos deve cair em um mesmo plano horizontal, e os antebraços devem tocar a região pelvitrocantérica de um lado e do outro.

Se uma das mãos situa-se em uma posição mais cefálica que a outra, observar se a pelve encontra-se devidamente equilibrada em um plano frontal, pois um desequilíbrio de comprimento de um dos membros inferiores pode causar lateroflexão lombar, e se há flexão de cotovelo unilateral.

Tendo afastado essas duas hipóteses, observa-se então:

- se a região da clavícula homolateral encontra-se mais alta, esta é a causa de uma das mãos estar em um plano mais cefálico;

Alterações posturais no câncer de mama   **327**

- se o tronco encontra-se deslocado para um dos lados, um dos antebraços tocará menos a região lateral do quadril, tanto nas rotações quanto nas translações do quadril. Se o antebraço que toca menos o quadril estiver do mesmo lado do ângulo da cintura mais fechado, trata-se de lateroflexão de tronco.

Posicionamento de membros superiores no plano sagital

Com cintura escapular bem posicionada em um plano horizontal, as mãos devem cair no terço médio das coxas.

Caso as mãos caiam no terço anterior da coxa, entre o terço anterior e a região anterior da coxa ou totalmente defronte da coxa, os ombros encontram-se rodados para a frente, podendo estar associados a postura cifótica ou retração dos músculos peitorais.

Caso as mãos caiam em locais distintos, uma mais anterior que a outra, trata-se de assimetria de tensão dos músculos peitorais, deixando um ombro mais rodado que o outro.

Deslocamento do tronco no plano frontal (Figura 12)

Se o tronco estiver desviado para o lado e o ângulo da cintura homolateral estiver mais fechado, trata-se provavelmente de escoliose, e isso deve ser confirmado com exame de gibosidade. Se houver gibosidade do lado oposto ao ângulo de cintura mais fechado, trata-se de escoliose

Se o tronco estiver desviado para o lado do ângulo mais aberto, trata-se provavelmente de translação do tronco, uma inclinação sem rotação dos corpos vertebrais e que pode estar relacionada a alterações decorrentes do tratamento para o câncer de mama (cirurgia, radioterapia).[11]

Avaliação da mobilidade respiratória

1. Durante a respiração, em um indivíduo normal, todos os movimentos (esternal, costal inferior e abdominal) devem estar presentes ao mesmo tempo. Se um dos movimentos for excessivo ou insuficiente, supõe-se existir alguma causa para isso.
2. Mobilidade esternal: o esterno deve subir e descer em boa amplitude durante o movimento respiratório. Se o esterno apresenta pouca mobilidade

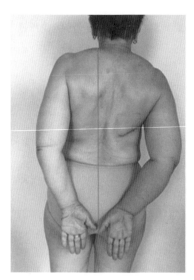

Figura 12 Avaliação do deslocamento do tronco no plano frontal.

ou está imóvel, sua descida deve estar sendo impedida por retração dos músculos escalenos.
3. Mobilidade costal inferior: se as costelas apresentam pouca mobilidade ou estão imóveis durante o movimento respiratório, a pouca mobilidade das costelas inferiores pode ser de ordem articular (articulações costovertebrais) associada à retração dos músculos paravertebrais locais e pela falta de movimentação do tronco durante o tratamento para câncer de mama.
4. Mobilidade abdominal: se o abdome apresenta um movimento mínimo durante uma respiração forçada, a mobilidade abdominal está normal. A "faixa" representada pelo músculo transverso abdominal é eficiente. Caso essa mobilidade seja exagerada, o músculo transverso abdominal está ineficiente.[11]

Exames de imagem

A avaliação clínica postural e/ou a fotogrametria computadorizada são métodos eficientes para o diagnóstico das alterações posturais, porém os exames de imagem, principalmente a radiografia de coluna total, podem ser usados como auxiliares ao diagnóstico.

TRATAMENTO

Independentemente do tipo de procedimento cirúrgico, é importante iniciar um programa de reabilitação o mais precocemente possível, incluindo o período pré-operatório. A atuação preventiva da fisioterapia no período pré-operatório pode ser realizada como forma de minimizar desconfortos advindos dos desequilíbrios causados pelo tratamento.[4]

A reeducação postural deve incluir atividades de apoio físico e emocional, bem como orientações e informações sobre a importância e seus objetivos.[4]

O programa de reeducação postural deve ter como objetivo:

- aumentar ou manter a mobilidade da articulação do ombro do lado operado;
- aumentar ou manter a força muscular do membro superior do lado operado, bem como o ombro contralateral, já que este pode sofrer sobrecargas mecânicas, uma vez que a paciente, se não orientada de forma correta, pode evitar o uso do membro operado, sobrecarregando o membro contralateral;
- corrigir as alterações posturais decorrentes do tratamento cirúrgico;
- equilibrar a força dos músculos posturais e o desenvolvimento da resistência postural;
- aumentar a eficiência do sistema respiratório;
- prevenir o aparecimento do linfedema;
- melhorar o condicionamento;
- melhorar a qualidade de vida.[1]

Após avaliação clínica das necessidades individuais de cada paciente, um programa de reabilitação individualizado deve ser proposto, tendo como diretrizes o reestabelecimento da mobilidade, da flexibilidade e da força muscular das estruturas envolvidas nas alterações diagnosticadas.

As modalidades fisioterapêuticas que podem auxiliar no tratamento das alterações posturais em pacientes submetidas ao tratamento para câncer de mama são descritas a seguir.

Técnicas de terapia manual

Reeducação postural global (RPG)

A técnica de RPG preconiza a utilização de posturas específicas para o alongamento de músculos organizados em cadeias musculares, proporcionando o posicionamento correto das articulações e o fortalecimento dos músculos, os quais corrigem disfunções não só da coluna vertebral, mas também de outros segmentos. O alongamento global atinge vários músculos simultaneamente, pertencentes à mesma cadeia muscular, já que um músculo encurtado cria compensações em músculo próximos ou distantes.[12]

Método Rolf de integração estrutural

É um método de mobilização do tecido conjuntivo e educação do movimento que tem como objetivo modificar gradativamente padrões de postura e movimento para o mais próximo da eficiência biomecânica ideal. Visa principalmente à simetria e à integração dos segmentos corporais, além de uma eficiente coordenação do movimento.

O trabalho tem início com a observação e a análise cuidadosa da estrutura e do movimento, já que a capacidade do indivíduo para alterar padrões de postura e movimentos adquiridos ao longo do tempo fica limitada pela rigidez dos tecidos fasciais que envolvem os músculos. A técnica de mobilização tecidual usada no método Rolf de integração estrutural pode reduzir as restrições miofasciais juntamente com a melhora da consciência cinestésica.[13]

Liberação miofascial

A liberação miofascial é um tratamento de terapia manual que envolve mobilização do tecido conjuntivo com pressão lenta e especificamente dirigida para mobilizar o complexo miofascial com o objetivo de restaurar as propriedades mecânicas e viscoelásticas do tecido e, assim, diminuir a dor e melhorar a função. Quando usado em conjunto com outros tratamentos, pode ser eficaz para fornecer alívio da dor, melhora da ADM e da postura.[14]

Outras técnicas de terapia manual que envolve mobilização articular, como Mulligan, Maitland e osteopatia, podem ainda ser incorporadas ao tratamento, pois promovem alívio de dor e melhora funcional, auxiliando, assim, na melhora da postura.

Cinesioterapia

Acredita-se que, pela natureza funcional dos distúrbios de postura desenvolvidos por mulheres pós-tratamento do câncer de mama, uma postura corporal mais adequada pode ser restabelecida por meio de exercícios apropriados que envolvam principalmente a musculatura da cintura escapular e da coluna torácica.[6]

Após a avaliação das alterações posturais de cada paciente, um programa de exercícios individualizado, envolvendo exercícios de alongamento, fortalecimento e reeducação do movimento, deve ser prescrito. Durante o programa de reeducação, as alterações na postura corporal devem ser monitoradas.[1]

Pilates

É uma abordagem de exercícios desenvolvida no início dos anos de 1900, que se baseia nas teorias orientais da interação corpo-mente-espírito combinada com as teorias ocidentais de biomecânica, aprendizagem motora e estabilidade do *core* (musculatura central do corpo). Durante uma sessão de exercícios de Pilates, o esforço mental se concentra em ativar músculos específicos em uma sequência funcional, com velocidades controladas, enfatizando a qualidade, a precisão e o controle de movimento. Acredita-se que a prática regular leva a relaxamento, aumento da consciência corporal, melhora da estabilidade do *core*, melhora da coordenação motora, postura corporal mais próxima do ideal, melhora da ADM, desenvolvimento muscular uniforme e diminuição do estresse.[15]

De acordo com a literatura e com a prática clínica, é possível saber que o restabelecimento da postura adequada requer tempo, orientação adequada dos exercícios para cada paciente e adesão ao tratamento em seus diferentes períodos: pré-operatório, pós-operatório e seguimento.

REFERÊNCIAS BIBLIOGRÁFICAS

1. Cieśla S, Bąk M. The effect of breast reconstruction on maintaining a proper body posture in patients after mastectomy. In: Salgarello M. Breast reconstruction – Current techniques. Intech, 2012.
2. Malicka I, Barczyk K, Hanuszkiewicz J, Skolimowska B, Woniewski M. Body posture of women after breast cancer treatment. Ortop Traumatol Rehabil 2010; 12(4):353-61.
3. Barbosa J de A, Amorim MH, Zandonade E, Delaprane ML. Evalution of body posture in women with breast cancer. Rev Bras Ginecol Obstet 2013; 35(5):215-20.
4. Głowacka I, Nowikiewicz T, Siedlecki Z, Hagner W, Nowacka K, Zegarski W. The assessment of the magnitude of frontal plane postural changes in breast cancer patients after breast-conserving therapy or mastectomy follow-up results 1 year after the surgical procedure. Pathol Oncol Res 2016; 22(1):203-8.
5. Beleza ACS, Pinto LO, Loureiro AF, Cardoso de Sá CS. Alterações posturais em mulheres submetidas à cirurgia para retirada do câncer de mama. ABCS Health Sci 2016; 41(1):15-9.

6. Hanuszkiewicz J, Malicka I, Barczyk-Pawelec K, Wo M. Press effects of selected forms of physical activity on body posture in the sagittal plane in women post breast cancer treatment. Journal of Back and Musculoskeletal Rehabilitation 2015; 28:35-42.

7. Melo MSI, Maia JN, Silva DAL, Carvalho CC. Avaliação postural em pacientes submetidas à mastectomia radical modificada por meio da fotogrametria computadorizada. Rev Bras Cancerol 2011; 57(1):39-48.

8. Bregagnol RK, Dias AS. Alterações funcionais em mulheres submetidas à cirurgia de mama com linfadenectomia axilar total. Rev Bras Cancerol 2010; 56(1):25-33.

9. Bak M, Rostkowska E. The influence of using breast prosthesis during the night on the changes of body posture among woman after mastectomy. Fizjoterapia 2000; 8(4):11-5.

10. Ciesla S, Polom K. The effect of immediate breast reconstruction with Becker-25 prosthesis on the preservation of proper body posture in patients after mastectomy. Eur J Surg Oncol 2010; 36(7):625-31.

11. Santos A. Diagnóstico clínico postural – Um guia prático. 6.ed. São Paulo: Summus, 2011.

12. Rossi LP, Brandalize M, Gomes ARS. Efeito agudo da técnica de reeducação postural global na postura de mulheres com encurtamento da cadeia muscular anterior. Fisioter Mov 2011; 2(24):255-263.

13. Rolf IP. Rolfing – Integração das estruturas humanas. 2.ed. São Paulo: Martins Fontes, 1999.

14. Ajimsha MS, Al-Mudahka NR, Madshar JA. Effectiveness of myofascial release: Systematic review of randomized controlled trials. Journal of Bodywork & Movement Therapies 2015; 19:102-12.

15. Keays KS, Harris SR, Lucyshyn JM, MacIntyre DL. Effects of Pilates exercises on shoulder range of motion, pain, mood, and upper-extremity function in women living with breast cancer: a pilot study. Journal of the American Physical Therapy Association 2008; 88(4):494-509.

23

Linfedema

Angela Gonçalves Marx
Patrícia Vieira Guedes Figueira

LINFEDEMA

O linfedema é a mais temida complicação do tratamento do câncer de mama, por causar alteração física, funcional e psicológica, reduzindo de forma importante a qualidade de vida das pacientes. O aspecto psicossocial é de extrema importância, pois é visível, desconfortável, pode provocar fadiga e sempre relembrar à paciente que ela teve um câncer.[1]

A incidência do linfedema relacionado ao câncer de mama é bastante variável na literatura, principalmente pelas diferenças nas mensurações e falta na uniformização de critérios diagnósticos, podendo variar de 0 a 73%. Em média, a incidência de linfedema relacionado ao câncer de mama alcança em torno de 30% em pacientes que foram submetidas a linfonodectomia axilar e em torno de 5 a 10% em pacientes submetidas a biópsia de linfonodo sentinela.[2]

Manifesta-se inicialmente com uma sensação aumentada de peso ou um aumento do volume do membro superior ipsilateral à retirada de linfonodos (biópsia de linfonodo sentinela ou linfonodectomia axilar).[3] Os linfonodos retirados na axila para diagnóstico e prevenção de metástases a distância muitas vezes são os primeiros linfonodos a drenar a mama ou a região peritumoral e, possivelmente, podem ser os principais linfonodos responsáveis pela drenagem do membro superior, o que torna a abordagem axilar o principal fator de risco para desenvolver o linfedema.[4]

O tratamento do câncer pode impactar negativamente um ou vários componentes do sistema linfático que são críticos para a manutenção da sua função. Essa alteração da fisiologia linfática causada pela abordagem axilar, combinada a outros fatores de risco, leva a estagnação da linfa e aumento do fluido intravasal e tecidual. Esse fluido é rico em proteínas, tende a coagular, pois possui fatores de coagulação, e pode se organizar, espessando e endurecendo o tecido subcutâneo e mesmo as camadas mais superficiais da pele.[5] Com a persistência desse fluido intersticial, desenvolve-se uma inflamação crônica, infecções e endurecimento da pele, o que resulta em um ciclo de mais lesões aos vasos linfáticos com eventual perda da sua forma e contratilidade, o que favorece alterações no formato do membro superior afetado.[6]

Alguns estudos mostram mudanças na estrutura linfática do membro superior após linfonodectomia axilar em que o sistema superficial do membro superior contralateral ao lado operado mostra uma extensa rede de vasos linfáticos superficiais, bem como seus linfonodos; no membro superior ipsilateral à cirurgia, mostrou diferenças significativas e revelou que a maior diferença entre os dois membros foi a ausência completa da rede linfática superficial, possivelmente causada por fibrose e bloqueio dos canais linfáticos; observou-se também, neste mesmo estudo, que havia a conexão entre o sistema linfático superficial e profundo, o que não se observou no outro membro.[7]

São considerados fatores de risco para o desenvolvimento do linfedema:[8]

- linfonodectomia axilar;
- radioterapia aplicada sobre grupos linfonodais (axilar ou supraclavicular);
- infusão periférica de quimioterápicos ipsilateral à mama operada (neoadjuvante ou adjuvante);
- presença de edema ou seroma nos primeiros 6 meses após a cirurgia;
- altos índices de massa corpórea;
- maior idade;
- presença de infecções (celulite, erisipela).

Embora o linfedema seja menos frequente se comparado à ocorrência em décadas anteriores, ainda surge nas pacientes submetidas a tratamento de câncer de mama. Com o passar dos anos, as cirurgias para tratamento do câncer de mama tornaram-se mais conservadoras, preservando, dessa forma, mais estruturas mamárias e mais linfonodos axilares. O principal responsável por essa diminuição da incidência de linfedema é a biópsia de linfonodo sentinela (BLS), ferramenta diagnóstica para detecção dos primeiros linfonodos a receber a drenagem linfática da mama.[9] Em contrapartida, a indicação de radioterapia como um auxiliar das cirurgias conservadoras para tratamento local do câncer de mama favorece o aparecimento do linfedema, principalmente se as vias linfáticas forem irradiadas.[10]

Há muitas dúvidas em torno do surgimento do linfedema e sua evolução, e as principais são:

- o que leva algumas pacientes com os mesmos fatores de risco presentes a desenvolverem linfedema e outras não?
- por que há pacientes que retiram até o terceiro nível de linfonodos axilares (em torno de 30 linfonodos) e não desenvolvem, enquanto outras retiram apenas 2 linfonodos e desenvolvem o linfedema?
- por que, com o mesmo tempo de evolução, a textura/dureza da pele e dos tecidos e a localização são diferentes?
- o que deflagra o surgimento do linfedema?
- o que orientar para prevenir o linfedema?

Algumas destas questões não têm respostas na literatura, outras exigem mais estudos e outras ainda podem ter resposta, sendo possível traçar algumas elucubrações.

PREVENÇÃO DO LINFEDEMA

Alguns fatores de risco não podem ser modificados, como a cirurgia, a abordagem axilar, o tratamento radioterápico e a idade da paciente, mas outros podem ser mudados, ajudando na redução da incidência do linfedema.

A realização do mapeamento axilar reverso pode contribuir para a prevenção do linfedema, pela detecção de linfonodos e vasos linfáticos que drenam o membro superior; o cirurgião pode tentar preservar essas estruturas o quanto possível de modo a prevenir o aparecimento do linfedema.[11]

A quimioterapia realizada com taxanos causa acúmulo de fluidos no espaço intersticial e aumenta o conteúdo linfático, contribuindo para o desenvolvimento do linfedema. A infusão periférica de quimioterápicos, seja na neoadjuvância ou na adjuvância no membro superior ipsilateral, deve ser evitada. Essa conduta preserva os vasos sanguíneos do membro superior, pois a possível lesão desses vasos sanguíneos provocada por alguns quimioterápicos pode sobrecarregar o fluxo linfático da região e favorecer o aparecimento do linfedema.[12] A infusão por cateter central, posicionado do mesmo lado da cirurgia de mama, também deve ser evitada e sugere-se que seja colocado no lado contralateral à cirurgia.[13]

O índice de massa corpórea elevado é conhecido como importante fator de risco para o desenvolvimento do linfedema e é um item modificável importante na prevenção. As pacientes devem ser orientadas sobre a importância da perda de peso corporal realizada não apenas com controle da alimentação, mas também com a prática de atividade física regular e exercícios específicos para o membro superior.[14,15]

Exercícios para ganho de amplitude de movimentos (ADM) e de fortalecimento muscular de membros superiores são os grandes parceiros na prevenção de linfedema. Os músculos são os principais bombeadores do sistema linfático, que não possuem uma bomba cardíaca como no sistema arteriovenoso. Músculos fortes e amplitude de movimentos (ADM) livre, principalmente de ombros, permitem melhor funcionalidade nas atividades de vida diária, de lazer e laborais e colaboram na prevenção do linfedema.[16]

Nos capítulos anteriores, foram orientados os exercícios para o período pós--operatório precoce e tardio. O que deve ser ressaltado no seguimento desses pacientes é que comecem o ganho de amplitude de movimento e força muscular de forma gradual. Começar com grandes pesos sem ter uma ADM livre e um músculo preparado pode causar lesões ligamentares, musculares, articulares e tendinosas que eventualmente terão como resposta um aumento de fluxo sanguíneo e linfático, que pode ser um fator de risco para o aparecimento do linfedema de membro superior nas pacientes que já tenham predisposição.

A mesma orientação deve ser dada a pacientes que, após a cirurgia, querem iniciar um esporte ou continuar um que já praticavam. O fortalecimento muscular, a ADM e os gestos do esporte devem ser progressivos e acompanhados por profissional para que se evitem lesões iniciais que impeçam a realização do esporte de forma precoce.

Carregar peso sempre foi associado como um fator de iniciação do linfedema. No entanto, isso é um mito, pois não se sabe exatamente o que deflagra o linfedema e tampouco quanto de peso em quilos seria necessário para provocar alguma lesão muscular, ligamentar ou articular que eventualmente pudesse favorecer maior aporte sanguíneo e, consequentemente, acúmulo de linfa.

Manter a pele em boas condições de higiene e hidratação evita lesões que podem servir como porta de entrada para infecções.

A drenagem linfática manual, a compressão pneumática intermitente e o uso de braçadeiras como ferramentas preventivas para o aparecimento de linfedema, apesar de frequentemente indicadas, carecem de comprovação com melhor nível de evidência científica para que sua eficácia seja verificada. A automassagem e a drenagem linfática foram, por anos, uma orientação frequente na prevenção do linfedema. Não causam malefícios, pois quando realizadas de forma correta, elevam o fluxo linfático corporal, mas também faltam estudos para que sua realização seja considerada como um fator de prevenção.

Realizar trabalhos científicos com drenagem linfática manual é bastante difícil, por ser uma técnica operador-dependente e dificultar a padronização, mesmo quando realizada pelo mesmo operador. Ademais, a indicação de compressão pneumática e do uso de braçadeiras para prevenir linfedema não têm sua eficácia comprovada. Há ainda muitas perguntas para as quais não se têm resposta adequada: por que a paciente precisaria de compressão externa se, com músculos saudáveis, com força normal e pele íntegra, pode manter a função e o volume do membro superior? Se somente cerca de 30% das pacientes submetidas a tratamento de câncer de mama evoluirão com linfedema, por que prescrever o uso de bomba, braçadeira ou mesmo drenagem para todas?

É necessário pensar também em custo/efetividade. Gastar com algo sem ter certeza dos resultados e que atrapalha de forma importante a qualidade de vida de mulheres com câncer de mama deve ser analisado de forma criteriosa.

As recomendações da Tabela 1, em geral, não têm base científica de grandes evidências, mas são fruto de prática clínica extensa de vários *experts* em linfedema.

TABELA 1 Recomendações baseadas em senso comum, e não em evidências científicas, para prevenção de linfedema

Evitar traumas, quedas, queimaduras, fraturas, múltiplos acessos venosos no membro superior
Proteger com luvas e mangas em caso de manuseios em jardins, trabalhos com animais, com objetos cortantes, ao cozinhar e limpar a casa
Cuidados com unhas e cutículas para que não ocorram lesões que podem predispor a fungos e infecções
Evitar roupas e acessórios apertados, mensurar a pressão arterial que pode constringir e impedir o fluxo linfático do membro superior ipsilateral à cirurgia
Evitar extremos de temperaturas, que podem causar queimaduras ou lesões na pele
Cuidados com a retirada de pelos, para não causar lesões na pele

CLASSIFICAÇÃO DO LINFEDEMA

Há várias formas de se classificar o linfedema de acordo com vários autores e sociedades de flebologia e linfologia. Neste capítulo, o linfedema é classificado por:

- tipos;
- estágios;
- graus.

Esta classificação tem caráter absolutamente clínico e visa a fornecer subsídios para intervenção e resolução melhores.

Classificação quanto à localização

O linfedema pode se apresentar:

- somente na mão;
- somente no antebraço;
- somente no braço;
- em antebraço e braço, sem mão;
- em todo o membro superior, incluindo mão;
- em todo o membro superior e quadrantes torácicos.

Classificação em tipos

O linfedema pós-cirurgia de câncer de mama pode ser classificado em benigno, neoplásico e maligno.

Os mais frequentes são os linfedemas benignos no membro superior ipsilateral à cirurgia de câncer de mama e somente uma pequena porcentagem evolui para linfedema neoplásico, pela presença da doença ativa; ainda mais raros são os casos de linfedema maligno, também conhecido com síndrome de Stewart-Treves ou linfangiossarcoma.

A seguir, a Tabela 2 mostra as principais diferenças clínicas entre os linfedemas benignos e os neoplásicos.

TABELA 2 Principais diferenças entre linfedemas benignos e neoplásicos

	Linfedema benigno	Linfedema neoplásico
Evolução	Início lento	Início rápido
Dor	Dor somente pontual por alteração ortopédica provocada pelo peso e estiramento de tecidos	Dor difusa, frequente e excruciante pela invasão tumoral e compressão de raiz nervosa
Pele	Cor da pele normal	Pele cianótica, avermelhada, brilhante
Temperatura	Normal ou levemente aumentada	Fria; na linfangiose carcinomatosa, quente
Sensibilidade	Normal	Alterada
Lesões da pele	Pode aparecer erisipela	Úlcera carcinogênica, presenças de circulação colateral (Figura 1)
Percepção em graus	Perceptível grau I	Geralmente grau III
Linfonodos palpáveis	Raros	Frequentes

Outras características presentes nos linfedemas neoplásicos são:

- presença de nódulos;
- diminuição da ADM – perda de movimentos e função;
- lesões vegetativas na pele que não cicatrizam (Figura 2);
- diminuição da distância acrômio-cabeça (assimetrias e alterações posturais) (Figura 3).

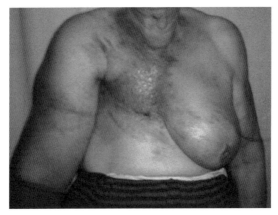

Figura 1 Circulação colateral difusa – linfedema neoplásico.

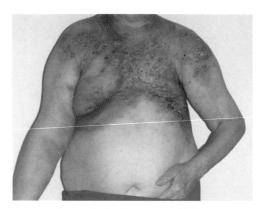

Figura 2 Lesões vegetativas – linfedema neoplásico.

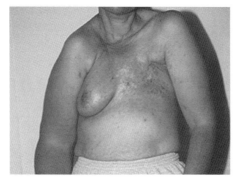

Figura 3 Alterações posturais e da distância acrômio-cabeça.

O linfedema neoplásico ocorre como evolução da doença, sendo que o processo maligno do carcinoma da mama leva a um bloqueio da drenagem linfática, de forma local ou generalizada. Esse bloqueio ocorre pela compressão da massa tumoral, por infiltração de tumor dentro dos vasos linfáticos ou ainda por metástase linfonodal extracapsular.[17]

Angiossarcoma é uma neoplasia maligna rara (0,07 a 0,45%) decorrente do endotélio de vasos linfáticos e sanguíneos. Além de compressão nervosa, a característica mais comumente presente é o linfedema crônico de membros. O primeiro linfedema após cirurgia (mastectomia) para câncer de mama foi descrito por Stewart e Treves em 1948 e ficou conhecido como a síndrome de Stewart-Treves. Geralmente ocorre após 10 anos do tratamento cirúrgico e radioterápico e apresenta-se com coloração variando entre azul, roxo e vermelho, com lesões papilares na extremidade superior ipsilateral da mama submetida à mastectomia e à radiação. É um tumor altamente maligno com o comportamento clínico agressivo e com mau prognóstico, apesar do avanço de técnicas cirúrgicas, da quimioterapia e da radioterapia. Pode também ser definido como um linfedema benigno, que se tornou crônico com anos de evolução e sem tratamento adequado, o que levou à mutação das células do endotélio linfático pela inflamação crônica.[18,19]

TABELA 3 Diferenças entre linfedemas neoplásico e maligno

Linfedema neoplásico	Linfedema maligno
Originado pela compressão tumoral do carcinoma de mama sobre o sistema linfático	Originado pela cronicidade do linfedema e inflamação crônica, gerando sarcoma de endotélio vascular linfático ou linfangiossarcoma

Classificação em estágios e graus

Dependendo da gravidade, o linfedema é subdividido em diferentes estágios (Tabela 4) ou diferentes graus (Tabela 5).

TABELA 4 Classificação em estágios[20]

Estágio 0 (estágio latente)	Há algum dano nos vasos linfáticos, mas ainda não se tornou aparente. A capacidade de transporte ainda é suficiente para levar a carga linfática. Linfedema não está presente clinicamente
Estágio 1	O edema aparece somente à noite, pela alta concentração proteica, e desaparece completa ou parcialmente quando o membro é elevado; o edema é de consistência mole e a depressão após compressão pode ser facilmente demonstrada
Estágio 2	O linfedema não desaparece mesmo após repouso prolongado. O edema persiste, há endurecimento da pele e a depressão da pele é demonstrada após vigorosa pressão. Elevação do membro não causa efeito no inchaço

Classificação em graus

A classificação em graus de Herpertz[20] envolve a diferença em centímetros, a presença de fibroses, fístulas e linfocistos e, em casos de linfedema unilateral, a diferença em porcentagem em relação ao membro normal. Para linfedema de membro superior, considerar até o grau IIIa (Figura 4).

342 Fisioterapia no câncer de mama

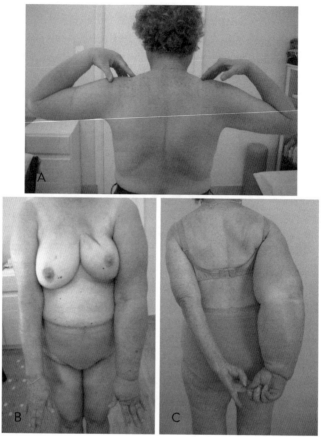

Figura 4 A. Linfedema grau 1. B. Linfedema grau 2. C. Linfedema grau 3.

TABELA 5 Classificação em graus

I	Início distal (mão e antebraço); diferença de circunferência < 4 cm; outras mudanças nos tecidos não presentes; diferença > 25% (linfedema leve)
II	Envolve o membro todo ou quadrante; diferença de circunferência > 4 cm e < 6 cm; presença de fibrose e endurecimento da pele; ocasionalmente há erisipelas; diferença > 50% (linfedema moderado)
IIIa	Envolvimento de um membro e o quadrante associado; diferença de circunferência > 6 cm; mudanças importantes na pele, como hiperqueratose, lesões papilomatosas, linfocistos e fístulas; erisipela de repetição; diferença > 100% (linfedema severo)
IIIb	Agravamento da fase IIIa, duas ou mais extremidades afetadas; diferença > 200% (linfedema massivo)
IV	Linfoestase severa; linfedema envolvendo região de cabeça e face; diferença > 200% (linfedema gigante)

A presença de linfocistos e linforreia é considerada o extremo do refluxo linfático dérmico, mesmo que o volume do membro não seja tão grande; isso é comumente observado em linfedemas mais avançados ou neoplásicos e malignos (Figura 5).

Apesar das várias classificações do linfedema, observa-se na prática clínica que as alterações cutâneas características do linfedema de grau III podem não estar associadas a um grande volume; por outro lado, um grande volume também pode não apresentar alterações cutâneas e ter uma classificação em menor grau.

A presença de linfedema antes da cirurgia pode indicar basicamente duas causas:

- quimioterapia neoadjuvante realizada no membro superior ipsilateral ao câncer de mama;
- linfedema neoplásico pela compressão tumoral nas estruturas linfáticas.

AVALIAÇÃO DO LINFEDEMA

O linfedema pós-câncer de mama, na maioria das vezes, está relacionado com o tratamento oncológico realizado. No entanto, pode-se questionar a razão de somente algumas pacientes desenvolverem essa patologia. Mesmo atualmente, com a abordagem cirúrgica mais conservadora da mama e com a pre-

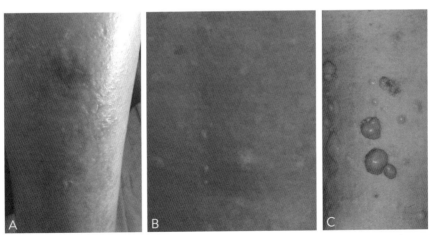

Figura 5 A. Presença de linforreia. B. Linfocistos. C. Linfocistos fibrosados.

servação dos linfonodos axilares, ainda se observa o linfedema com menor frequência e intensidade, mas igualmente incapacitante e algo que altera sobremaneira a qualidade de vida dessa paciente, seja profissional, social e familiar.

O linfedema *per si* não é um diagnóstico, mas, sim, um sinal e um sintoma de alguma patologia no sistema linfático após o tratamento oncológico. Parece ser um descompasso entre a carga linfática e sua capacidade de transporte alterada, mas ainda não se conhece exatamente sua fisiopatologia.

O linfedema pós-tratamento oncológico do câncer de mama pode estar presente não somente no membro superior, mas também na mama e no hemitórax ipsilateral à cirurgia. Assim, todas essas regiões devem ser cuidadosamente avaliadas, com anamnese, inspeção e palpação minuciosas.

Todas as características pessoais da paciente, como idade, peso, altura, índice de massa corpórea (IMC), hábitos de vida, prática de atividade física e profissão, estão dentre as mais importantes a serem avaliadas.

A verificação de exames laboratoriais, como hematócrito, hormônios da tireoide, função renal, dentre outros, deve ser feita para excluir outros fatores sistêmicos associados.

A avaliação do linfedema é essencialmente clínica, mas alguns exames de imagem podem auxiliar não somente o diagnóstico, mas também a prevenção e seu tratamento.

A linfocintilografia avalia o fluxo linfático e o refluxo dérmico e compara as imagens de um membro com o outro e do membro afetado com ele mesmo durante um período. Apesar de ainda não ter protocolos específicos para diagnosticar o linfedema de membro superior, apresenta-se como uma importante ferramenta diagnóstica quando o exame clínico isoladamente não for suficiente (Figura 6).[21]

Esse exame, segundo alguns estudos, poderia auxiliar, a partir da definição de regiões em que haja maior concentração e refluxo linfático, no direcionamento das manobras de drenagem linfática manual e da colocação de compressões.[22]

Uma das grandes questões hoje levantadas é se, ao realizar a biópsia do linfonodo sentinela, seria possível afetar o retorno linfático do membro superior. O mapeamento linfático reverso poderia ajudar a resolver essa questão.

Outro exame de imagem que está sendo pesquisado é a fluorescência NIRF (*near infrared fluorescence*), que oferece a possibilidade de diagnosticar linfedema antes da visualização clínica. Esse exame é feito injetando-se a indocaína verde (ICG) na pele e são feitas imagens imediatas dinâmicas (tempo real) com câmera de infravermelho fluorescente, que permite a visualização de até peque-

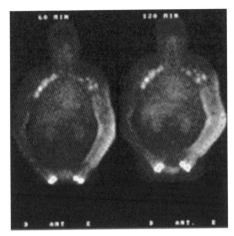

Figura 6 Linfocintilografia de membros superiores mostrando refluxo dérmico acentuado em face lateral de antebraço e consequente linfedema em membro superior esquerdo.

nos vasos linfáticos em função. Esse exame também é realizado na presença do fisioterapeuta que, ao massagear a região, consegue definir qual coletor ou coletores linfáticos estão com fluxo alterado ou bloqueado e também quais têm seu fluxo aumentado ao sofrerem a pressão da massagem (Figura 7).[23]

Outros exames estão sendo empregados para avaliar outros parâmetros do linfedema, por exemplo, a alteração biomecânica dos tecidos.

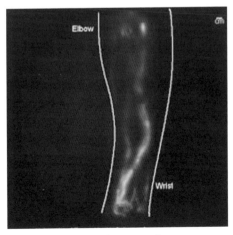

Figura 7 Exame de fluorescência infravermelho.

A espectroscopia por bioimpedância BIS (*bioimpedance spectroscopy*) consegue medir o conteúdo de água nos tecidos e comparar a resistência entre líquido intercelular e intracelular ao usar uma corrente elétrica para medir a resistência à passagem da corrente nos fluidos; ademais, mede o fluido intersticial e consegue detectar mudanças precoces associadas ao linfedema. Assim, quanto maior a quantidade de água no tecido intersticial, menor a resistência. É um exame que pode ser usado no diagnóstico de linfedema de membro superior pós-câncer de mama, mas não diferencia o edema do linfedema.[24]

A constante tecidual dielétrica mensura o conteúdo de água, ou seja, a passagem de corrente em uma frequência e em uma localização da pele; mede também a onda refletida, o que indica a quantidade de água presente e compara um lado com o outro (Figura 8).[25]

A tonometria mede a quantidade de força para pressionar um tecido e fornece o grau de fibrose ou firmeza do tecido, mas sofre a influência de fatores ambientais, do operador e ainda carece de maiores pesquisas (Figura 9).[27]

Ultrassonografia, tomografia computadorizada (TC) e ressonância magnética (RM) são outros exames de imagem que podem ser utilizados para mensurar o excesso de substâncias nos tecidos intra e extravascular. No entanto, não diferenciam os componentes, por exemplo, água de proteína.

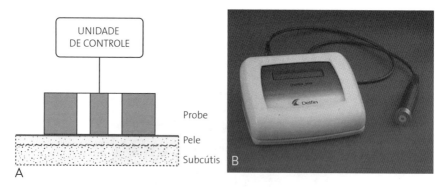

Figura 8 A. Ilustração esquemática da mensuração dielétrica e do campo elétrico induzido na pele e na gordura subcutânea. B. Aparelho que consiste de uma unidade de controle, cabo e probe.[26]

Figura 9 Tonômetro.

AVALIAÇÃO CLÍNICA

A avaliação clínica do linfedema deve incluir o volume, as características biomecânicas da pele, a extensão e a localização, além da classificação.

Assim, devem-se considerar as seguintes avaliações:

- palpação;
- mensuração do linfedema;
- avaliação tecidual;
- avaliação neurológica;
- ADM e força muscular;
- avaliação postural;
- documentação (fotos).

Palpação

A palpação do linfedema define a extensão e o grau. Junto com outras informações, possibilita o diagnóstico fisioterapêutico e a prescrição de condutas.

A palpação da paciente com linfedema pode ser realizada de 3 formas:[28]

1. Pinça polegar-indicador: verifica a extensão do linfedema (Figura 10).
2. Pressão com polegar: verifica extensão ou presença de fibrose e/ou fibroesclerose pelo endurecimento dos tecidos e classifica o linfedema em graus (Figura 11).
3. Deslocamento da pele sobre planos mais profundos: verifica aderências e fibroses (Figura 12).

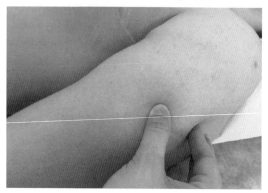

Figura 10 Pinça polegar-indicador.

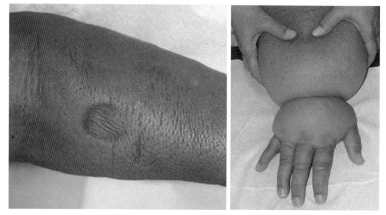

Figura 11 Pressão com polegar.

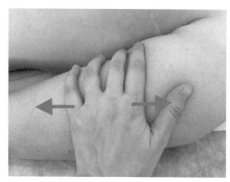

Figura 12 Deslocamento da pele sobre planos mais profundos.

Mensuração do linfedema

A mensuração do volume pode ser feita de várias formas. A volumetria é o padrão-ouro, mas, na prática clínica atual, não é mais realizada (Figura 13).[29,30]

A cirtometria ou perimetria é o método de mensuração mais usual na prática clínica. As medidas do membro superior devem ser tomadas bilateralmente nos mesmos pontos, e deve ser fidedigna quando realizada pelo mesmo avaliador e da mesma forma. O membro deve estar em repouso e apoiado. Considera-se como ponto inicial a prega anterior do cotovelo. Mede-se a partir desse ponto inicial – 7 e 14 cm acima, em direção ao ombro e 7, 14 e 21 cm abaixo, em direção ao punho (Figura 14). Para mensuração da mão, toma-se a eminência tenar.[30,31]

Com exceção da medida da mão, todas as outras podem ser transformadas em volume pela fórmula do cone truncado:[8]

$$V_{membro} = VA + VB + VC + VD + VE + VF$$
$$VA = 7(A^2 + AB + B^2)/12 \times \pi$$
e sucessivamente para todas as medidas até $VF = F2 + EF + F2 / 12 \times \pi$
$$\pi = 3,1416$$

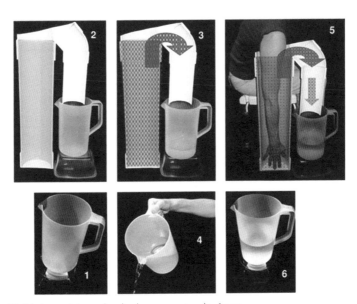

Figura 13 Volumetria pelo deslocamento de água.

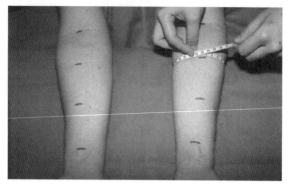

Figura 14 Mensuração por perimetria dos membros superiores.

Existem condições que podem afetar as medidas de circunferência, como:

- uso de diurético;
- ganho ou perda de peso (variável);
- doenças associadas;
- mudanças no regime do tratamento.

A volumetria optoeletrônica ou perometria é outra forma de mensurar o linfedema, mas atualmente também é pouco utilizada na prática clínica, sendo mais utilizada em pesquisas, dado seu alto custo.[30]

Avaliação tecidual

Na avaliação tecidual, deve-se notar:

- turgor, endurecimento;
- perda do crescimento piloso;
- perda das pregas normais da pele;
- perda de elasticidade tecidual;
- coloração da pele;
- mudanças de textura;
- presença de úlceras, lesões, fístulas, linfocistos;
- alterações musculares;
- resistência do tecido;
- temperatura.

Avaliação neurológica

A avaliação neurológica na presença de linfedema deve mostrar:

- sensibilidade: frio, calor, hipo ou hiperestesia, parestesia;
- dor;
- reflexos;
- alteração muscular: trofismo, tônus.

Avaliação de ADM e força muscular

A avaliação da ADM e de força muscular, principalmente do membro superior, deve incluir:

- função de base do membro envolvido;
- observação de limitações por condições preexistentes;
- observação de limitações pelo excesso de peso ou edema de partes do corpo;
- músculos do membro superior e cintura escapular.

Avaliação postural

A postura corporal pode ser sensivelmente alterada pelo surgimento do linfedema. Quanto maior o volume, maiores devem ser as compensações posturais, e quanto maior o tempo de presença do linfedema, também mais estruturadas essas compensações (Figura 15).

Com um grande volume de linfedema persistente por um período muito longo, podem ocorrer as chamadas linfartropatias, presentes principalmente na articulação do ombro, cotovelo e punho.

A verificação de exames oncológicos, como o anatomopatológico e o imuno-histoquímico, bem como o uso de medicações para outras patologias e as utilizadas para o tratamento oncológico, também devem ser de conhecimento do fisioterapeuta para complementar a avaliação do linfedema.

Documentação (fotos)

Fotografar sempre na mesma distância, de frente, com os braços à frente do corpo, mostrando o dorso da mão. Também fazer uma foto anterior e posterior

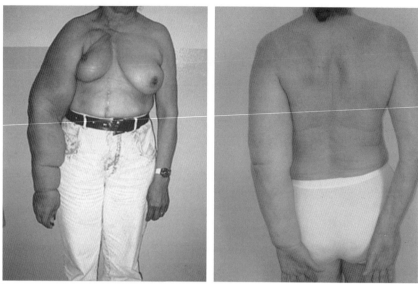

Figura 15 Alterações posturais provocadas pelo linfedema.

com o membro superior em abdução, com os dedos tocando os ombros. Por fim, uma foto posterior com membro superior em extensão, com o dorso das mãos apoiado sobre os glúteos (Figura 16).

O edema do dorso da mão pode ser documentado como na Figura 17.

TRATAMENTO FISIOTERÁPICO DO LINFEDEMA
Linfoterapia

A linfoterapia tem se consolidado como um método eficaz para o tratamento do linfedema. É um método que contém várias ferramentas terapêuticas que serão utilizadas de formas isoladas ou concomitantes.[31] De forma semelhante, pode-se também utilizar a fisioterapia complexa descongestiva de Foldi.

A linfoterapia divide-se em duas fases, sendo a primeira a fase intensiva de tratamento, e a segunda, a fase de manutenção dos resultados obtidos na primeira fase.

Primeira fase

Os componentes da primeira fase são: a drenagem linfática manual, o enfaixamento com ataduras de curta extensibilidade, os cuidados com a pele e a cinesioterapia realizada enquanto o membro estiver enfaixado[31] (Figura 18).

Linfedema 353

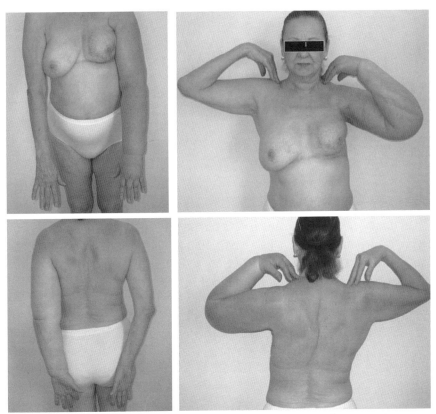

Figura 16 Posições para documentar o linfedema de membro superior.

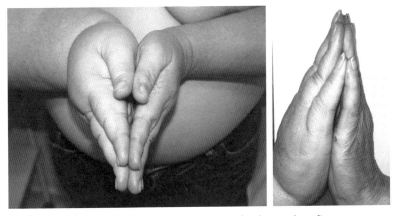

Figura 17 Posições para documentar edema do dorso da mão.

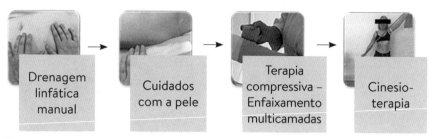

Figura 18 Componentes da primeira fase de tratamento.

Drenagem linfática manual

A drenagem linfática manual deve ser realizada por profissional experiente, preferencialmente especialista em fisioterapia em oncologia. Seus objetivos são liberar as regiões distantes do edema ao estimular as anastomoses linfo-linfáticas preservadas, para que haja inicialmente a absorção e o transporte linfáticos intravasais, para posteriormente estimular as regiões mais proximais ao linfedema e, finalmente, estimular localmente o linfedema com as manobras de condução visando não só ao conteúdo intravasal, mas também ao intersticial (Figura 19).

Cuidados com a pele

Como o linfedema pode levar à diminuição das respostas imunológicas, as infecções podem ser mais frequentes. A pele da paciente portadora de lin-

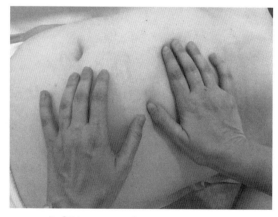

Figura 19 Drenagem linfática manual.

fedema já se encontra em sofrimento pela distensão e perda de sua tensão fisiológica normal, o que pode favorecer pequenas rupturas e infecções, por exemplo, a erisipela. Como o enfaixamento multicamadas pode aumentar a temperatura local da pele em cerca de 3 a 5°C, os cuidados devem incluir a cuidadosa hidratação da pele com cremes hidratantes e com pH neutro antes de iniciar o enfaixamento.

Terapia compressiva – enfaixamento multicamadas

A terapia compressiva é a base do tratamento do linfedema. Na primeira fase do tratamento, ela é realizada com o uso de ataduras de curta extensibilidade em multicamadas. A aplicação dessas ataduras deve ter uma técnica precisa para que se possa assegurar que a pressão exercida seja a mais adequada ao repouso e na atividade. O membro afetado deve inicialmente ser protegido com uma malha tubular; em seguida, é recoberto com espuma ou algodão ortopédico sintético; as proeminências ósseas e as áreas de maior atrito também devem ser protegidas. As ataduras de curta extensibilidade perdem progressivamente a pressão, sendo necessário que a paciente refaça todo o processo diariamente (Figura 20). Normalmente são necessárias cerca de 3 a 5 semanas de terapia na primeira fase para obter a redução máxima não só do volume, mas também da extensão e da textura do linfedema.

Quando o linfedema estiver presente não só no membro superior, mas também em quadrantes ou mesmo na própria mama, o enfaixamento multicamadas também deve ser realizado. No entanto, pela dificuldade de execução, as ataduras mais indicadas são as adesivas e de curta extensibilidade (Figuras 21 e 22). Os cuidados a serem tomados são maiores, pois a paciente pode desenvolver alguma alergia ao material. Nesse caso, deve-se optar por outra forma de aplicação. Para a aplicação nessas regiões, tanto a largura quanto a densidade das ataduras de curta extensibilidade serão determinadas pelas características clínicas do linfedema.

Outros tipos de ataduras podem ser utilizados para combinar diversas extensibilidades ou mesmo combinar ataduras adesivas, coesivas ou sem adesividade. Nesses casos, as características individuais devem sempre ser consideradas (Figura 23).

Cinesioterapia

Independentemente da condição muscular da paciente com linfedema, ela deve ser orientada a realizar exercícios enquanto estiver enfaixada para poten-

356 Fisioterapia no câncer de mama

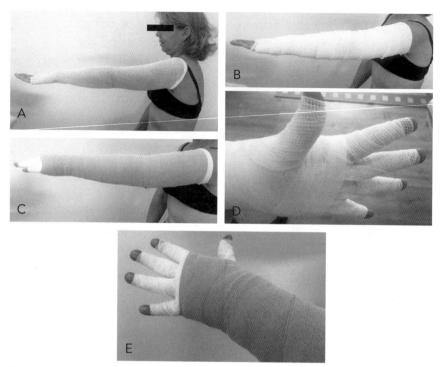

Figura 20 A. Colocação de malha tubular. B. Colocação de proteção com espuma. C. Enfaixamento de mão e dedos. D e E. Enfaixamento multicamadas de membro superior.

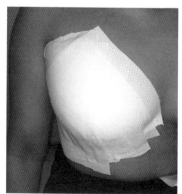

Figura 21 Enfaixamento de mama.

Linfedema 357

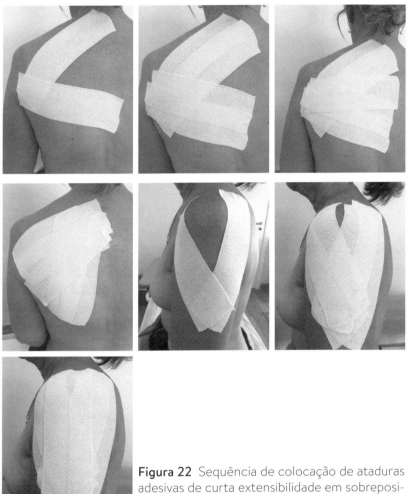

Figura 22 Sequência de colocação de ataduras adesivas de curta extensibilidade em sobreposição para enfaixamento de quadrante.

cializar a eficácia da compressão. Sabe-se que a pressão exercida pelas ataduras aumenta substancialmente na realização de exercícios. Assim, analisadas as condições individuais de cada paciente portadora de linfedema, prescreve-se o tipo, a intensidade e o número de repetições de exercícios para membro superior afetado. Os exercícios isométricos devem ser evitados (Figura 24).

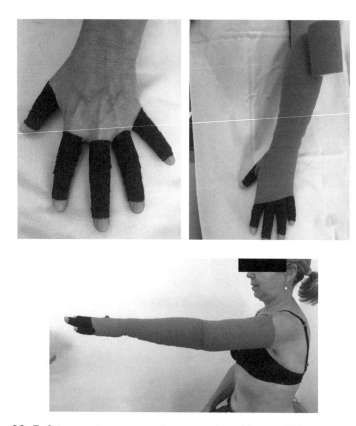

Figura 23 Enfaixamento com ataduras coesivas (Atamed®).

A segunda fase do tratamento começa quando a evolução em relação ao volume e à textura do linfedema já estiver estabilizada, como se observa na Figura 25.

Segunda fase

A segunda fase do tratamento tem como principal componente o uso de uma braçadeira elástica com ou sem associação de uma luva elástica. Os outros componentes da segunda fase são os cuidados com a pele, a cinesioterapia e a manutenção[31] (Figura 26).

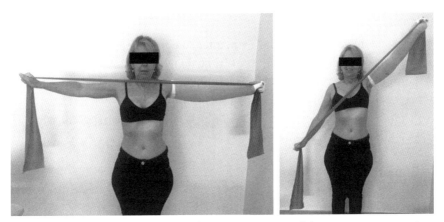

Figura 24 Exercícios realizados pela paciente com enfaixamento compressivo.

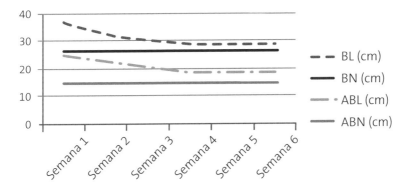

Figura 25 Evolução da primeira para a segunda fase de tratamento.
BL: braço linfedema; BN: braço normal; ABL: antebraço linfedema; ABN: antebraço normal.

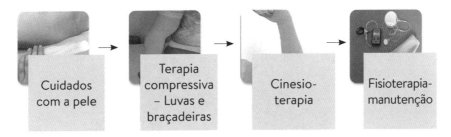

Figura 26 Componentes da segunda fase de tratamento.

Cuidados com a pele

A paciente deve ser orientada a manter sua pele íntegra, hidratada e livre de micoses. Além disso, ela deve observar qualquer alteração de coloração, temperatura, alergias e presença de dor e comunicar ao fisioterapeuta para que este possa lhe orientar sobre os cuidados a serem tomados.

Com o uso constante da braçadeira, a pele tende a ressecar; assim, a hidratação é indicada diariamente antes de calçar a braçadeira e após o banho.

Terapia compressiva – luvas e braçadeiras

Após a retirada das ataduras utilizadas na primeira fase, a paciente inicia o uso de braçadeira e luva elástica (Figura 27). A prescrição da classe de compressão da braçadeira e o tipo de malha a ser utilizados pela paciente devem levar em consideração não somente a fase do linfedema, mas principalmente as suas características individuais, como idade, tipo e qualidade da pele, localização de

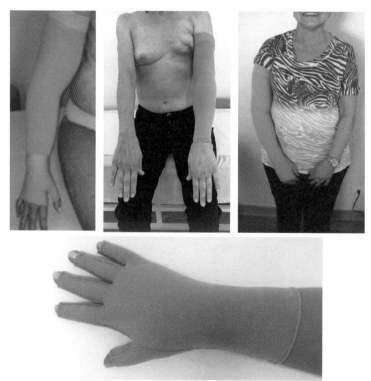

Figura 27 Braçadeiras e luvas elásticas.

fibroses, etc. O padrão-ouro para o uso da braçadeira elástica é a confecção sob medida com malha aberta. No entanto, as malhas disponíveis no Brasil ainda carecem de melhor qualidade para que a compressão necessária para cada caso seja realmente definida na fabricação da braçadeira. São poucos os tipos de malhas fabricadas no Brasil para braçadeiras, em contraste às opções de meias elásticas.

O uso constante da braçadeira é muito discutido na literatura, pois a maior pressão de repouso exercida pela braçadeira pode ser insuportável durante o sono. Podem-se ter algumas alternativas quando isso ocorrer, como o uso de vestes noturnas que exercem uma pressão menor de repouso (Figura 28) e mesmo ensinar o autoenfaixamento feito pela paciente ou algum familiar/cuidador (Figura 29).

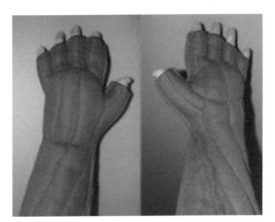

Figura 28 Veste noturna.

Figura 29 Autoenfaixamento para uso noturno.

A utilização de vestes noturnas, apesar de existir há bastante tempo, tem pouca utilização no Brasil, principalmente pela dificuldade em adquirir esse produto importado. São de fácil aplicação e a paciente sozinha pode colocar. É indicada o uso da veste noturna com ou sem autoenfaixamento associado.

Outros materiais têm sido descritos, como o *wraps*, um tipo de malha fixada com velcro em toda sua extensão, que a paciente vai ajustando de acordo com as características de seu braço (Figura 30). É um tipo de compressão que pode ser ajustada em cada segmento. Essa malha com velcro existe somente para a mão e também para o braço inteiro, e é de fácil utilização. No entanto, novamente tem-se a dificuldade de importação do produto, em razão do baixo consumo e do alto valor.

Cinesioterapia

Vários estudos mostram a eficácia da realização de um programa de exercícios para as pacientes com linfedema de membro superior, seja para sua redução, seja para manutenção dos resultados obtidos após a primeira fase e para melhorar as condições articulares, musculares e ligamentares. Nessa fase do tratamento, a cinesioterapia é igualmente importante e deve ser feita preferencialmente com o uso da braçadeira e luva. Os exercícios de fortalecimento muscular, outrora contraindicados, atualmente representam um importante papel para melhorar o fluxo linfático e estimular a drenagem linfática fisiológica (Figura 31).[32-34]

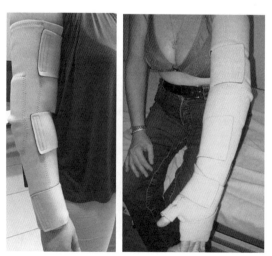

Figura 30 *Wraps* para membro superior.

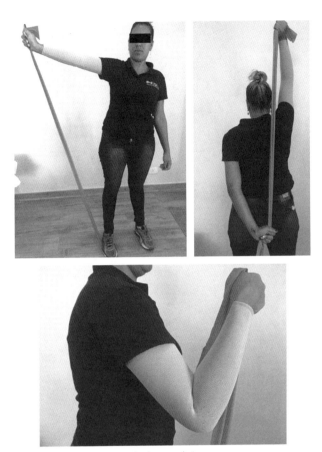

Figura 31 Exercícios com o uso de braçadeira.

Manutenção

O retorno da paciente para verificar se houve a manutenção das condições de redução obtidas na primeira fase deve ser feito mensalmente.

A avaliação inclui a verificação da pressão da braçadeira. Isso pode ser realizado com o uso de um dispositivo com um transdutor de pressão e um sensor de pressão de silicone, que é colocado em um ponto do antebraço, medindo sua pressão (Figura 32).

Avalia-se a braçadeira também quanto às condições da malha ao submetê-la a um estiramento lateral (Figura 33).

Com o uso constante, a braçadeira perde rapidamente a pressão adequada. Assim, deve-se orientar a paciente que tenha sempre 3 braçadeiras: uma em uso,

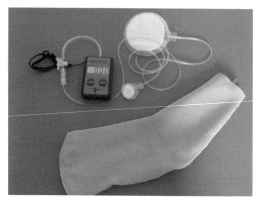

Figura 32 Mensuração da pressão da braçadeira.

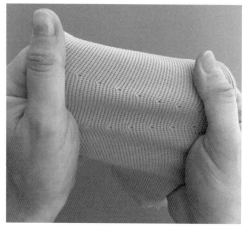

Figura 33 Avaliação da braçadeira com estiramento lateral.

uma sendo lavada e a terceira em descanso de 24 a 48 horas, para que a malha volte ao seu estado original de compressão. Elas devem ser substituídas em média a cada 6 meses.

A mensuração e a palpação do membro superior devem ser feitas e as medidas, comparadas com as feitas ao término da primeira fase. Se houver diferenças substanciais quanto ao volume e à textura do linfedema, há a possibilidade de:

- a paciente não estar usando a braçadeira conforme foi orientada;
- a braçadeira já não está em condições adequadas de pressão;

- a prescrição da classe de compressão não está correta;
- a prescrição do tipo de braçadeira não está correta.

Outras terapias não convencionais

A compressão pneumática intermitente[35-38] é uma bomba de ar que infla e desinfla periodicamente uma manga colocada no membro superior. Indicada principalmente para prevenção de trombose venosa profunda (TVP) e outras patologias venosas, tem seu uso, de forma isolada, pouco indicado para tratamento do linfedema. Na teoria, a base da compressão intermitente é provocar o deslocamento do fluido intersticial. No entanto, somente a pressão exercida não aumenta a absorção de fluidos, mas leva ao colapso dos coletores linfáticos, principalmente se houver obstrução dos vasos linfáticos; nesse caso, a pressão exercida causará estase proximal ao linfedema e a consequente formação de fibrose nos quadrantes proximais.

A bomba de compressão pneumática intermitente com múltiplas câmaras e distribuição sequencial de pressões tem sido utilizada em ambas as fases de tratamento do linfedema, mas principalmente na fase de manutenção, sendo sua grande indicação, em países como os Estados Unidos, o uso domiciliar (Figura 34). Deve-se ter segurança na indicação e na seleção do aparelho, sendo importante destacar que nem todas as pacientes se beneficiam com essa técnica.

A pressão mais comumente recomendada é de 30 a 60 mmHg, mas ela deve ser individualizada. Regra geral, a pressão máxima a ser utilizada deve estar abaixo da pressão diastólica e, da mesma forma, a pressão mínima não deve ser infe-

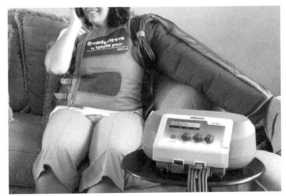

Figura 34 Bomba de compressão pneumática intermitente.

rior a 30 mmHg, valor próximo da pressão com que o sangue chega aos capilares arteriais. Não há protocolos estabelecidos quanto a frequência, intensidade, tempo de aplicação e tempo de insuflação ou desinsuflação. Deve-se levar em consideração a presença de fibroses, úlceras, dor e sensibilidade da pele.

Em caso de tronco e mamas com edema/linfedema, deve-se optar por um dispositivo que englobe essas áreas ou tratar com drenagem ou outras compressões. Não há indicação do seu uso em casos de linfedema extensos de fases mais avançadas com risco de deslocar esse linfedema para a raiz de membros e quadrantes próximos. As contraindicações da bomba de compressão são: infecção aguda, doença vascular arterial severa, flebites venosas profundas ou superficial agudas ou insuficiência cardíaca congestiva descompensada.

Não é um tratamento para ser usado de forma isolada, devendo ser utilizado com a linfoterapia, ou seja, precedida de drenagem linfática manual, terapia compressiva com ataduras, cinesioterapia e posterior uso de braçadeiras. Também não dispensa o uso de braçadeiras na fase de manutenção.

A bomba de compressão pneumática é indicada para pacientes que não conseguem se deslocar frequentemente para atendimento, sendo uma boa opção terapêutica.

Um número considerável de tratamentos tem sido relatado com bons resultados na prática clínica, como *laser*, estimulação elétrica, terapia vibratória e hidroterapia, mas ainda não foram realizadas pesquisas rigorosas para recomendá-los como terapia padrão e eficiente no tratamento do linfedema. Essas técnicas também não dispensam o uso da linfoterapia.

A acupuntura mostra benefícios nos sintomas do câncer e do tratamento do câncer, incluindo fadiga, dor articular e muscular, neuropatias, náuseas e leucopenias. Ainda não há trabalhos rigorosos no uso da acupuntura para tratar linfedema, apesar de alguns trabalhos demonstrarem efeito importante no tratamento de edemas de outras causas.

O *taping* vem sendo usado como auxiliar ao tratamento de linfedema e na fase de manutenção, sem dispensar o uso de compressões (braçadeiras) nessa fase. O número de estudos vem crescendo, mas também necessita de maior comprovação.

A terapia por onda de choque,[39-41] associada ou não a outras técnicas de tratamento, vem sendo pesquisada e mostrando resultados interessantes no tratamento do linfedema. Os estudos recentes mostram melhora tanto na redução do volume quanto na textura ou na diminuição da fibrose de linfedemas em fases mais avançadas. Não se sabe exatamente os parâmetros e a forma a ser aplicada, portanto, mais estudos devem ser desenvolvidos em pacientes oncológicos, particularmente quando se pensa na linfangiogênese produzida com a aplicação (Figura 35).

Todas essas técnicas surgiram para tentar auxiliar o paciente na fase de manutenção. Existe uma baixa adesão nessa fase, pois o linfedema é uma complicação crônica que merece cuidados e atenção a todo momento e, além disso, causa alterações psicológicas e sociais, o que leva muitas pacientes a desistirem do tratamento. Além disso, o tratamento padrão-ouro – linfoterapia ou fisioterapia complexa e uso de malhas compressivas – é bastante oneroso, o que dificulta o acesso da maioria da população em nosso país.

O importante diante de todas essas técnicas apresentadas é avaliar caso a caso para indicar a melhor opção de tratamento.

Deve-se ter em mente que os objetivos do tratamento do linfedema são:

- perda de volume e manutenção;
- melhora das condições da pele;
- redução de infecções;
- prevenção de complicações médicas;
- melhora da adesão da paciente;
- redução do estresse psicossocial;
- conforto e qualidade de vida.

Cirurgias para linfedema

As microcirurgias mais comuns para linfedema e ainda em pesquisa são as que realizam o transplante de linfonodos e as que realizam *bypass* linfovenoso; no entanto, as pacientes com melhor indicação para essas cirurgias são as que

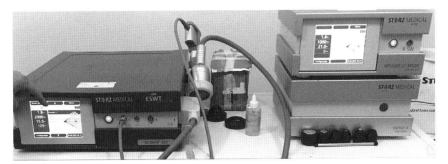

Figura 35 Terapia por ondas de choque.

apresentam linfedemas em estágios iniciais, mas esses procedimentos e a seleção de pacientes ainda não estão bem definidos. Além disso, os resultados apresentados até o momento carecem da apresentação de um seguimento prolongado e do seguimento dado com a fisioterapia.[42]

Alguns trabalhos mostram resultados interessantes com lipoaspiração para linfedemas avançados comprovados pela espectroscopia por bioimpedância, mas é uma abordagem que ainda necessita de maior seguimento e que exclui a utilização de uma braçadeira.[43]

Terapia medicamentosa

Algumas escolas preconizam o uso de antibioticoterapia para profilaxia de infecções, principalmente a erisipela. Antifúngicos ou antimicóticos devem ser administrados na presença dessas alterações. Não há indicação de diuréticos para tratamento de linfedema.

REFERÊNCIAS BIBLIOGRÁFICAS

1. Alcorso J, Sherman KA. Factors associated with psychological distress in women with breast cancer-related lymphoedema. Psychooncology 2016; 25(7):865-72.
2. Göker M, Devoogdt N, Van de Putte G, Schobbens JC, Vlasselaer J, Van den Broecke R et al. Systematic review of breast cancer related lymphoedema: making a balanced decision to perform an axillary clearance. Facts Views Vis Obgyn 2013; 5(2):106-15.
3. MacLaren, J. Skin changes in lymphoedema: pathophysiology and management options. Int J Palliat Nurs 2001; 7:381-88.
4. Han C, Yang B, Zuo W, Zheng G, Yang L, Zheng M-Z. The feasibility and oncological safety of axillary reverse mapping in patients with breast cancer. A systematic review and meta-analysis of prospective studies. Disponível em: Http://dx.doi.org101371/journal.pone.0150285. Acessado em: 30/10/2016.
5. Ridner SH. Pathophysiology of lymphedema. Semin Oncol Nurs 2013; 29(1):4-11.
6. Olszewski W. Anatomical distribution of tissue fluid and lymph in soft tissues of lower limbs in obstructive lymphedema-hints for physiotherapy. Phlebolymphology 2009; 16:283-89.
7. Suami H, Pan WR, Taylor G. Changes in the lymph structure of the upper limb after axillary dissection: radiographic and anatomical study in a human cadaver. Plastic and reconstructure surgery 2007; 120(4):982-91.

8. Bevilacqua JL, Kattan MW, Changhong Y, Koifman S, Mattos IE, Koifman RJ et al. Nomograms for predicting the risk of arm lymphedema after axillary dissection in breast cancer. Ann Surg Oncol 2012; 19(8):2580-9.

9. Lumachi F, Basso SM, Bonamini M, Marino F, Marzano B, Milan E et al. Incidence of arm lymphedema following sentinel node biopsy, axillary sampling and axillary dissection in patients with breast cancer. In Vivo 2009; 23(6):1017-20.

10. Brown LC, Mutter RW, Halyard MY. Benefits, risks, and safety of external beam radiation therapy for breast cancer. Int J Womens Health 2015; 7:449-58.

11. Reducing lymphedema risk: before surgery. Disponível em www.breastcancer.org. Acessado em: 3/11/2016.

12. Lee MJ, Beith J, Ward L, Kilbreath S. Lymphedema following taxane-based chemotherapy in women with early breast cancer. Lymphat Res Biol 2014; 12(4):282-8.

13. Cemal Y, Pusic A, Mehrara BJ. Preventative measures for lymphedema: separating fact from fiction. J Am Coll Surg 2011; 213(4):543-51.

14. Helyer L, Varnic M, Le LW, Leonq W, McCready D. Obesity is a risk factor for developing post operative lymphedema in breast cancer patients. Breast J 2010; 16(1):48-54.

15. Ridner SH, Dietrich MS, Stewart BR, Armer JM. Body mass index and breast cancer-related lymphedema. Support Care Cancer 2011; 19(6):853-57.

16. Schmitz KH, Ahmed RL, Troxel AB, Cheville A, Lewis-Grant L, Smith R et al. Weight lifting for women at risk for breast cancer-related lymphedema: a randomized trial. JAMA 2010; 304(24):2699-705.

17. Soucek-Hadwiger B, Döller W. Secondary malignant lymphedema. Wien Med Wochenschr 2006; 156(9-10):309-13.

18. Cui L, Zhang J, Zhang X, Chang H, Qu C, Zhang J et al. Angiosarcoma (Stewart--Treves syndrome) in postmastectomy patients: report of 10 cases and review of literature. Int J Clin Exp Pathol 2015; 8(9):11108-15.

19. Alan S, Aktas H, Ersoy ÖF, Aktümen A, Erol H. Stewart Treves Syndrome in a woman with mastectomy. Journal of Clinical and Diagnostic Research: JCDR 2016; 10(2):WD01-WD02.

20. Herpertz U. Edema e drenagem linfática: diagnostic e terapia do edema. São Paulo: Roca, 2006.

21. Keeley V. The use of lymphoscintigraphy in the management of chronic oedema. Journal of Lymphedema 2006; 1(1):1-14.

22. Marx AG. Linfedema de membro superior pós-cirurgia de câncer de mama Avaliação após o tratamento fisioterapêutico [dissertação de mestrado]. São Paulo: Fundação Antônio Prudente, 2003.

23. Shaitelman SF, Cromwell KD, Rasmussen JC, Stout NL, Armer JM, Lasinski BB et al. Recent progress in cancer-related lymphedema treatment and prevention. CA Cancer J Clin 2015; 65(1):55-81.

24. Shah C, Vicini FA, Arthur D. Bioimpedance spectroscopy for breast cancer related lymphedema assessment: clinical practice guidelines. Breast J 2016; 22(6):645-50.

25. Mayrovitz HN, Weingrad DN, Davey S. Tissue dielectric constant (TDC) measurements as a means of characterizing localized tissue water in arms of women with and without breast cancer treatment related lymphedema. Lymphology 2014; 47(3):142-50.

26. Nuutinen J, Ikäheimo R, Lahtinen T. Validation of a new dielectric device to assess changes of tissue water in skin and subcutaneous fat. Physiol Meas 2004; 25(2):447-54.

27. Vanderstelt S, Pallotta OJ, McEwen M, Ullah S, Burrow L, Piller N. Indurometer vs. tonometer: is the indurometer currently able to replace and improve upon the tonometer? Lymphat Res Biol 2015; 13(2):131-6.

28. Johansson K, Branje E. Arm lymphoedema in a cohort of breast cancer survivors 10 years after diagnosis. Acta Oncol 2010; 49(2):166-73.

29. Sander AP, Hajer NM, Hemenway K, Miller AC. Upper-extremity volume measurements in women with lymphedema: a comparison of measurements obtained via water displacement with geometrically determined volume. Phys Ther 2002; 82(12):1201-12.

30. Deltombe T, Jamart J, Recloux S, Legrand C, Vandenbroeck N, Theys S et al. Reliability and limits of agreement of circumferential, water displacement, and optoelectronic volumetry in the measurement of upper limb lymphedema. Lymphology 2007; 40(1):26-34.

31. Camargo MC, Marx AG. Linfoterapia. In: Camargo MC, Marx AG (eds.). Reabilitação física no câncer de mama. São Paulo: Roca, 2000.

32. Schmitz KH, Ahmed RL, Troxel AB, Cheville A, Lewis-Grant L, Smith R et al. Weight lifting for women at risk for breast cancer-related lymphedema: a randomized trial. JAMA 2010; 304(24):2699-705.

33. Schmitz KH, Ahmed RL, Troxel A, Cheville A, Smith R, Lewis-Grant L et al. Weight lifting in women with breast-cancer-related lymphedema. N Engl J Med 2009; 361(7):664-73.

34. Johansson K, Tibe K, Weibull A, Newton RC. Low intensity resistance exercise for breast cancer patients with arm lymphedema with or without compression sleeve. Lymphology 2005; 38(4):167-80.

35. Hammond TM, Mayrovitz HN. Programmable intermittent pneumatic compression as a component of therapy for breast cancer treatment–related truncal and arm lymphedema. Home Health Care Management and Practice 2009; 22(6):397-402.
36. Ridner SH, McMahon E, Dietrich MS, Hoy S. Home-based lymphedema treatment in patients with cancer-related lymphedema or noncancer-related lymphedema. Oncol Nurs Forum 2008; 35(4):671-80.
37. Olszewski, W. Anatomical distribution of tissue fluid and lymph in soft tissues of lower limbs in obstructive lymphedema-hints for physiotherapy. Phlebolymphology 2009; 16:283-89.
38. Gurdal SO, Kostanoglu A, Cavdar I, Ozbas A, Cabioglu N, Ozcinar B et al. Comparison of intermittent pneumatic compression with manual lymphatic drainage for treatment of breast cancer-related lymphedema. Lymphat Res Biol 2012; 10(3):129-35.
39. Serizawa F, Ito K, Matsubara M, Sato A, Shimokawa H, Satomi S. Extracorporeal shock wave therapy induces therapeutic lymphangiogenesis in a rat model of secondary lymphoedema. Eur J Vasc Endovasc Surg 2011; 42(2):254-60.
40. Kubo M, Li TS, Kamota T, Ohshima M, Shirasawa B, Hamano K. Extracorporeal shock wave therapy ameliorates secondary lymphedema by promoting lymphangiogenesis. J Vasc Surg 2010; 52(2):429-34.
41. Bae H, Kim HJ. Clinical outcomes of extracorporeal shock wave therapy in patients with secondary lymphedema: a pilot study. Ann Rehabil Med 2013; 37(2):229-34.
42. Surgical options for lymphedema. Disponível em: www.mdanderson.org/publications/oncolog. Acessado em: 11/2016.
43. Boyages J, Kastanias K, Koelmeyer LA, Winch CJ, Lam TC, Sherman KA et al. Liposuction for advanced lymphedema: a multidisciplinary approach for complete reduction of arm and leg swelling. Ann Surg Oncol 2015; 22 Suppl 3:S1263-70.

BIBLIOGRAFIA

1. Schingale FJ. Lymphoedema lipoedema – Diagnosis and therapy. A guide for those affected. 3.ed. Hannover: Schlütersche, 2007.

Parte 4

Interdisciplinaridade e cuidados paliativos

24

Cuidados paliativos e câncer de mama

Claudia Inhaia

INTRODUÇÃO

O câncer de mama pode ocorrer em homens e mulheres, no entanto, para facilitar a fluência do texto neste capítulo, serão considerados portadores as mulheres.

O câncer de mama é responsável por meio milhão de mortes ao redor do mundo e cerca de 15 mil no Brasil anualmente.[1,2] Afora as mortes de pacientes não metastáticas decorrentes de complicações do tratamento, como sepse e eventos tromboembólicos, a grande maioria das mulheres representadas por esses números morreu das complicações da doença metastática. Isso significa que a maioria dessas mulheres viveu o último ano de vida, e provavelmente os últimos 3 anos, com o chamado câncer de mama metastático (CMM) e todas as questões emocionais e físicas envolvendo esse diagnóstico e seus tratamentos. O câncer metastático refere-se à progressão da doença para além do seu órgão de origem, em geral por via hematogênica ou linfática[3].

Visto que, atualmente, já existem milhares de mulheres vivendo essa realidade e que, em um futuro próximo, existirão muitas mais, uma vez que, apesar da mortalidade do grupo de mulheres com doença metastática permanecer inalterada na última década, seu tempo de sobrevida vem aumentando,[4] as perguntas que se impõem são: como essas mulheres estão vivendo? Como é a qualidade de vida delas? Como é possível ajudá-las a viver melhor dentro das dificuldades impostas pela doença? Muitas dessas respostas, mas nem todas, passam pelos cuidados paliativos.

DEFINIÇÃO

De acordo com a Organização Mundial da Saúde (OMS):

> cuidados paliativos consistem na assistência promovida por uma equipe multidisciplinar, que objetiva a melhoria da qualidade de vida do paciente e seus familiares, diante de uma doença que ameace a vida, por meio da prevenção e alívio do sofrimento, da identificação precoce, avaliação impecável e tratamento de dor e demais sintomas físicos, sociais, psicológicos e espirituais.[5]

Ainda de acordo com a OMS, os cuidados paliativos têm por princípios:

- fornecer alívio para dor e outros sintomas estressantes;
- reafirmar a vida e a morte como processos naturais;
- não apressar ou adiar a morte;
- integrar os aspectos psicológicos, sociais e espirituais ao aspecto clínico de cuidado do paciente;
- oferecer um sistema de apoio que auxilie os pacientes a viver o mais ativamente possível até a morte;
- oferecer um sistema de apoio que auxilie a família a lidar com a doença do paciente e com seu próprio luto;
- usar uma abordagem interdisciplinar para acessar necessidades dos pacientes e suas famílias, incluindo aconselhamento no luto, se indicado;
- melhorar a qualidade de vida, podendo inclusive influenciar no curso da doença.

Cuidados paliativos são aplicáveis em qualquer fase de doenças ameaçadoras à vida, no entanto, para o propósito desse capítulo, a referência será sempre a doentes oncológicos. Este tipo de atenção pode ser instituído precocemente na evolução da doença, em conjunto com outras terapias que visam a modificar a sua evolução e prolongar a vida, como quimioterapia e radioterapia, durante o curso da doença e em sua fase terminal como cuidados de fim de vida. Sua importância cresce conforme a doença progride e as terapias que objetivam a cura e o prolongamento da vida passam a não trazer resultado, assim como nas fases em que o paciente fica mais sintomático e debilitado. Essa transição entre um tratamento e outro evoluiu de um modelo no qual as terapias modificadoras da doença se encerravam para que os cuidados paliativos iniciassem, em geral em fase final de vida, para outro modelo, ainda muito utilizado, em que os cuidados paliativos vão aumentando sua parcela de participação à medida que o tempo passa até ficarem exclusivos[6] e, mais recentemente, para um modelo no qual a inserção dos cuidados paliativos ocorre de forma não linear, dependendo das necessidades do paciente. Na Figura 1, é apresentado um modelo didático para compreensão da inserção das diversas equipes e formas de cuidados ao longo do tempo de acompanhamento de uma paciente com câncer de mama. Na figura, salienta-se a importância de cada tratamento ao longo da trajetória das mulheres com CMM e que todos podem e devem conviver de forma mais ou menos presente em todas as fases da doença.

Terapias de suporte e cuidados paliativos são apresentados como partes de um mesmo cuidado que muda de nome à medida que o objetivo do tratamento deixa de ser curar para ser controlar e finalmente cuidar.

Os círculos representam a frequência de contato com cada equipe (tratamento) ao longo do tempo.

TERAPIA DE SUPORTE E CUIDADOS PALIATIVOS

Ainda não existe um consenso na literatura sobre a utilização de uma, outra ou ambas as denominações para os cuidados que priorizam qualidade de vida. Concorda-se com a definição apresentada pelo Dr. David Hui em 2014 em

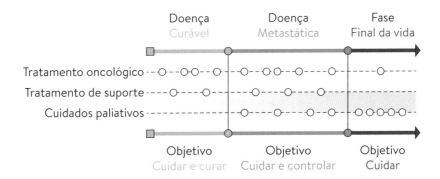

Figura 1 Evolução esquemática da frequência de contato das pacientes com os tratamentos ao longo da trajetória de pacientes com câncer de mama metastático.

que terapia de suporte e cuidados paliativos são denominações de partes de um mesmo cuidado, ambas referindo-se ao tratamento que prioriza o controle de sintomas e a qualidade de vida. Terapia de suporte diz respeito a essa abordagem dada ao longo de toda a evolução de uma enfermidade com ou sem possibilidade de cura, no entanto, costuma ser denominação mais utilizada nos estágios iniciais do tratamento, quando as terapias curativas e modificadoras da evolução da doença são mais presentes.[7] Cuidados paliativos, por sua vez, são uma parte das terapias de suporte destinada ao cuidado de pessoas em fases mais avançadas da doença, fim de vida e luto, incluindo de forma mais presente a equipe multidisciplinar e o voluntariado.[7-9]

Para melhor compreensão, considere-se uma mulher com diagnóstico de câncer de mama localizado. Ela faz uma cirurgia e depois segue em quimioterapia; o tratamento para controle de vômitos e de ansiedade que pode ser necessário nessa fase será chamado de terapia de suporte e poderá ser oferecido pelo oncologista, por um médico dedicado a fazer tal atendimento ou por uma equipe multidisciplinar (no melhor desenho). Nesse momento, essa é uma paciente curável não elegível para cuidados paliativos. Após 2 anos, essa mulher apresenta uma recidiva diagnosticada pela presença de metástases pulmonares e hepáticas e necessita reiniciar o tratamento. Agora, essa mulher é considerada como portadora de uma doença incurável e ameaçadora da vida, portanto, elegível para cuidados paliativos. Novamente ela pode apresentar vômitos e ansiedade, no entanto, nesse momento, sob a perspectiva da incurabilidade, esses sintomas e seus significados na vida dela seriam mais bem abordados pela ótica dos cuidados paliativos oferecidos pelo oncologista com formação para tanto, pelo seu médico de atenção primária ou por uma equipe especializada.

A diferença trazida pelos cuidados paliativos é o manejo impecável dos sintomas, levando também em consideração o cenário da incurabilidade, os desejos e os objetivos de vida da paciente na tomada de decisões terapêuticas, auxiliando essa mulher e sua família, mais do que a controlar sua náusea e ansiedade, a enfrentar o diagnóstico e todas as consequências que ele traz consigo.

Neste capítulo, serão abordados os cuidados paliativos destinados a pacientes com câncer de mama avançado e metastático, assim como os cuidados de fim de vida.

A exemplo do que foi relatado pela equipe do MD Anderson Cancer Center,[7] muitos serviços têm optado por se valer dessa intercambialidade entre os termos para denominar seus serviços com nomes que se aproximam dos termos "suporte" e "apoio" em detrimento do termo cuidado paliativo, vista a associação negativa dos pacientes e profissionais com esse termo (compreendido como sinônimo de cuidados de fim de vida) e a consequente resistência a comparecer em consultas ou encaminhar pacientes, respectivamente.

DIFERENTES FORMAS DOS CUIDADOS PALIATIVOS

Os cuidados paliativos podem ser oferecidos aos pacientes de várias formas, de acordo com a necessidade e a disponibilidade, incluindo: assistência domiciliar, atendimento ambulatorial, atendimento em unidades de internação hospitalares e internação em unidades específicas para cuidados paliativos.[10,11]

Assistência domiciliar

Na assistência domiciliar, as equipes capacitadas em cuidados paliativos visitam os pacientes em seus lares. Esses profissionais que chegam aos domicílios podem ser um braço de um serviço de referência ou parte de equipes de saúde da família. O segundo modelo, apesar de ainda pouco implementado, é uma das principais alternativas de ampliação de acesso aos cuidados paliativos; um caso de sucesso já reconhecido internacionalmente é o Projeto Estar ao Seu Lado, de Pelotas, no Rio Grande do Sul.[12] Apresenta como principal vantagem a permanência do doente em seu ambiente familiar, local em que a maioria prefere estar no momento de sua morte. No domicílio, a vida segue nos termos e condições do paciente e sua família, e não no compasso do rigor das regras hospitalares, contribuindo também para que o processo da morte seja desmistificado como uma parte da condição humana.[13] Tem como desvantagens a necessidade de um cuidador disponível 24 horas e a necessidade de uma equipe treinada para o acompanhamento do paciente no domicílio.[13]

Atendimento ambulatorial

Consiste em consultas ambulatoriais que podem ser feitas em associação com as consultas de oncologia em clínicas e hospitais, em consultórios especializados e nas unidades básicas de saúde (UBS).[11] Deve ser preferencialmente ofertada por equipe multidisciplinar em ambiente que evite que o paciente necessite realizar grandes deslocamentos e que permita a adequada interação entre os membros da equipe.[13] No Brasil, são poucos os centros que seguem esse modelo, sendo a maioria das consultas realizadas por médicos que, então, referenciam para outros membros da equipe, no mesmo momento ou conforme a disponibilidade da agenda deles.

Atendimento hospitalar

É realizado em unidades exclusivas para cuidados paliativos ou não. Trata-se de atendimento voltado para a resolução de intercorrências agudas e para cuidados de fim de vida daqueles pacientes que não desejam ou não têm estrutura para morrer no domicílio ou em instituições de cuidados prolongados especializadas em cuidados paliativos (*hospices*). As equipes podem atender realizando interconsultas, como itinerantes que assumem os cuidados de pacientes em enfermarias não exclusivas, ou dentro de unidades voltadas para os cuidados paliativos.[13] No Brasil, de cultura fortemente hospitalocêntrica, esta é uma das modalidades de assistência em cuidados paliativos na oncologia que mais vem crescendo nos últimos anos, sendo um exemplo disso a enfermaria de cuidados paliativos do Centro de Referência da Saúde da Mulher (CRSM) do Hospital Pérola Byington, com seus 16 leitos voltados exclusivamente para cuidados paliativos.

INTEGRAÇÃO PRECOCE DOS CUIDADOS PALIATIVOS NA LINHA DE CUIDADO

A evolução do câncer de mama metastático é variável e muito particular,[1] sendo que as estatísticas norte-americanas apontam que cerca de 1/4 das mulheres com esse diagnóstico viverão mais de 5 anos.[14] A evolução dessas mulheres desde o momento da notícia da recidiva até a morte costuma intercalar períodos bom e ruins quanto à qualidade de vida,[1] sendo a presença de fadiga, insônia, perda de concentração, neuropatias e dor os pontos que mais impactam negativamente sobre essa qualidade.[15] Na realidade, considerando mulheres em vários momentos da evolução da doença metastática, 8 em cada 10 apontam como principal necessidade de saúde a melhoria na qualidade de vida.[1] Isso é muito forte e deixa uma mensagem muito clara sobre o que essas mulheres necessitam: inserção dos cuidados paliativos em sua linha de cuidado.

Além de ser uma necessidade apontada pelas mulheres, já é bem conhecido o benefício da inserção precoce dos cuidados paliativos em relação à qualidade e ao tempo de sobrevida.[16-18] Essa precocidade permite a formação de um vínculo forte que traz como benefício adicional a redução da tensão no momento da transição dos tratamentos que objetivam modificar a evolução da doença para aqueles que priorizam o bem-estar com uso de recursos que permitam à doença seguir seu curso natural.[19]

Na prática, no entanto, a integração precoce dos cuidados paliativos ao cuidado do paciente oncológico ainda é um desafio.[20] Algumas das barreiras para o encaminhamento precoce às equipes de cuidados paliativos são: a cultura da morte como uma derrota, a percepção de que cuidados paliativos são cuidados de fim de vida e que são incompatíveis com tratamento oncológico específico, a crença que os cuidados paliativos fazem parte da prática do oncologista e que encaminhar o paciente representa desistir dele e o desconhecimento de referências para cuidados paliativos.[21,22] Este último ponto no Brasil se traduz não apenas pelo não conhecimento, mas também pela efetiva ausência de equipes de referência em muitos locais do país.

Especificamente no câncer de mama, a integração dos cuidados paliativos à linha de cuidados é ainda mais complexa, diante da evolução bastante ímpar dessa doença, em que as pacientes podem viver por décadas com doença metastática,[20] levando ao questionamento de quão precoce deve realmente ser essa integração, ou, ainda melhor, qual é o momento certo de iniciar essa integração, visando a beneficiar a paciente e não sobrecarregar o sistema de atenção a saúde. Essas respostas ainda não existem, e estudos que comparem resultados de inserção dos cuidados paliativos em diversas fases de evolução da doença e que contemplem a realidade nacional ainda serão necessários para que seja possível se aproximar de um modelo que beneficie as pacientes e possa ser custeado pelo sistema de saúde.

COMUNICAÇÃO EM CUIDADOS PALIATIVOS

> Eu acho que o melhor médico é aquele que tem a providência de contar aos pacientes, de acordo com seu conhecimento, a situação atual, o que aconteceu antes e o que vai acontecer no futuro.
> (Hipócrates, in Fallowfield et al., 2002[26])

Uma das competências esperadas das equipes de cuidados paliativos é a habilidade de comunicação pela qual podem apoiar as pacientes com CMM na tomada de decisões relativas a como viver o tempo que têm pela frente.[23] Ocorre que discutir sobre prognóstico com pacientes com CMM, assim como com outros pacientes com cânceres incuráveis, é tarefa difícil e que requer habilidades não ensinadas para a maioria dos profissionais de saúde na sua formação acadêmica.

382 Fisioterapia no câncer de mama

Decisões só poderão ser tomadas de forma objetiva se a paciente tiver conhecimento não apenas dos reais benefícios e riscos de um tratamento, mas também de como eles impactam sobre seus objetivos de vida.[24] Esses objetivos, por sua vez, só são reais se levarem em consideração a realidade da evolução da doença. Infelizmente, muitos trabalhos mostram uma lacuna entre o real prognóstico, a capacidade dos médicos em transmiti-lo e a compreensão das pacientes sobre ele, fazendo os médicos terem dificuldade de discutir alternativas terapêuticas menos agressivas e mais voltadas para a manutenção de qualidade de vida, e que pacientes optem pelo prolongamento de tratamentos que já não trazem mais resultado.[25]

> Sra. M. tinha 32 anos quando teve diagnóstico de câncer de mama; na época não tinha um relacionamento estável e nunca tinha engravidado, mas desejava ter filhos; foi orientada a fazer congelamento de óvulos antes da quimioterapia e assim o fez. Sra. M. não voltou a menstruar após a quimioterapia e, 2 anos depois, quando casou, decidiu com seu marido que optariam por uma adoção, iniciando a burocracia para tal. Após 4 anos de seguimento livre de doença, começou a ter dores e distensão abdominal que, quando investigadas, levaram ao diagnóstico de tumores nos ovários e no fígado. A recidiva foi recebida com muita apreensão, mas após o tratamento quimioterápico agressivo, teve desaparecimento completo das lesões. Um ano após o término do tratamento, seguia sem evidência de doença e, finalmente, teve a notícia de uma adoção possível.

O cenário descrito é apenas um exemplo dos tantos mais e menos complexos com os quais as pacientes e as equipes cuidadoras se deparam diariamente, sendo que, ao mesmo tempo em que desejam profundamente que o período de remissão dure para sempre e que represente uma cura, sabem que isso é pouquíssimo provável. Diante disso, como essa paciente poderá tomar decisões? Se ela não souber das reais perspectivas de recidiva da doença, como poderá decidir adotar ou não uma criança? Se não considerar o cenário em que talvez não esteja presente para vê-la crescer, como tomar essa decisão sem saber se o marido deseja criar essa criança sozinho? Não há certo ou errado, no entanto, as respostas precisam ser dadas, considerando um cenário real e, como já dito, conversar sobre esses cenários não é nada fácil. No CRSM, são recebidas muitas pacientes com grandes chances de morrer nas 4 semanas seguintes, mas com expectativa de fazer quimioterapia, com forte esperança de cura e cuja família se recusa a discutir sobre o cenário da "partida" (maneira como se chama a morte nesse serviço) próxima. Com isso, não são poucas as famílias que se deparam com contas a pagar e dinheiro bloqueado no banco porque não tiveram coragem de pedir o cartão e a senha para não magoar o familiar. Essa crença de que o paciente deseja ser poupado é baseada em uma postura paternalista, na qual a autonomia do paciente não é respeitada, e não reflete o que os pacientes realmente pensam a respeito do assunto.[25,26]

Por outro lado, oferecer informações a mais do que a desejada é uma ação cruel e desnecessária; a comunicação deve ser sempre empática e progressiva, informando o que o paciente deseja saber e nas doses que ele tolera. Encontrar o equilíbrio entre não dar informações e dar além do que o paciente tolera é uma arte que demanda muito treinamento e dedicação, muita escuta e um vínculo de confiança forte entre paciente e equipe.

Muitos treinamentos em comunicação empática e efetiva estão disponíveis para que as equipes treinem suas habilidades de comunicação. No CRSM, adota-se o protocolo de 7 passos baseado naquele publicado pelo Dr. Robert Buckman, chamado SPIKES.[27] Este protocolo serve muito mais como um roteiro para garantir que, em um ambiente acadêmico com muitos residentes, os passos básicos para uma comunicação adequada não sejam negligenciados. Os passos a ser observados, conforme adaptado por Von Gunten et al.,[23] são:

1. Etapa 1 (S – *setting up the interview*): planejar a entrevista, preparar-se para a discussão.
2. Etapa 2 (P – *perception*): avaliar a percepção da paciente, o que ela e sua família sabem.
3. Etapa 3 (I – *invitation*): obter o convite da paciente, identificando qual situação terá de ser manejada nessa reunião.
4. Etapa 4 (K – *knowledge*): dar conhecimento e informação à paciente e à sua família.
5. Etapa 5: (E – *emotions*): abordar as emoções dos pacientes com respostas afetivas.
6. Etapa 6: estabelecer objetivos de cuidado e prioridade de tratamento.
7. Etapa 7 (S – *strategy and summary*): resumir e estabelecer uma programação dos próximos passos.

SUPORTE MULTIDISCIPLINAR

Se você quer chegar rápido, vá sozinho. Mas se você quer chegar longe, vá acompanhado.

(*Provérbio africano, in Spruyt, 2011.*[28])

Na trajetória de acompanhar mulheres com CMM, uma equipe de cuidados paliativos deve ser capaz de manejar não apenas sintomas físicos, mas também estresse emocional, dificuldades de relacionamento, dificuldades financeiras, entre outras, apoiando a paciente nas dimensões física, psicológica, social e espiritual da sua caminhada e, muitas vezes, do seu sofrimento. Cuidar de um paciente com uma doença incurável, progressiva, ameaçadora da vida e, muitas vezes, deformante como o câncer de mama é um desafio que envolve múltiplas dimensões do cuidado, o qual deve ser provido por uma equipe multidisciplinar.[29]

A equipe multidisciplinar é a base do atendimento em cuidados paliativos e envolve o trabalho coordenado de especialistas em várias áreas do cuidado (médicos, enfermeiros, psicólogos, fisioterapeutas, nutricionistas, farmacêuticos, assistentes sociais, psicólogos e capelães) que trazem saberes complementares com o objetivo de ver o indivíduo como um todo e construir o melhor plano de cuidado para atendê-lo.[30,31]

CONTROLE DE SINTOMAS

Quando o câncer de mama é metastático, o foco do tratamento se desloca da cura para o controle da doença pelo maior tempo possível, e, neste cenário, o controle de sintomas desagradáveis torna-se fundamental para a manutenção da qualidade de vida.[4] Os sintomas mais frequentemente apresentados por pacientes em cuidados paliativos são dor, tristeza, confusão mental, fadiga (falta de energia), dispneia (falta de ar), boca seca, insônia, sensação de mal-estar, constipação, anorexia e perda de peso.[32,33] Nas mulheres com CMM, os principais sintomas a serem controlados estão relacionados, em sua maioria, ao local das metástases mais comuns (Figura 2):[4]

- pulmão – dispneia, hemoptise, tosse;
- ossos – dor, fraturas patológicas, hipercalcemia maligna;

- fígado – ascite (dispneia), suboclusão intestinal, saciedade precoce, náusea, vômito, diarreia, hipo e anorexia, icterícia e sangramento (distúrbios da coagulação);
- linfonodos – síndromes compressivas (plexopatias, síndrome da veia cava);
- sistema nervoso central (cérebro, leptomeninges e medula espinal) – cefaleia, confusão, fraqueza, dor, convulsões, paralisias de nervos cranianos, dificuldade de fala;
- mama e pele – dor, infecção, sangramento;
- geral – fadiga, insônia, depressão e ansiedade.

Dor

A dor é um dos sintomas mais prevalentes em pacientes oncológicos, variando de 15 a 75%, sendo mais frequente quanto mais avançada é a doença.[34]

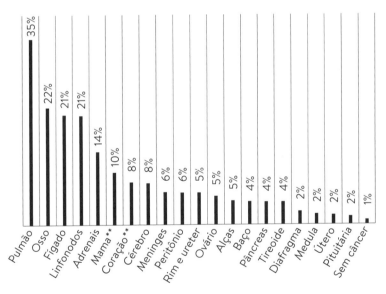

Figura 2 Distribuição percentual de metástases de câncer de mama de acordo com órgão afetado por metástases.
* Pulmão e pleura
** Mama e pele
*** Coração e pericárdio
Adaptado de: Lee, 1983.[3]

No câncer de mama, as principais causas físicas de dor são as metástases ósseas e as fraturas patológicas decorrentes delas, a distensão de cápsula hepática por invasão tumoral do fígado, a plexopatia braquial por invasão linfonodal, o linfedema e a progressão de doença local.[4] Todos esses achados determinam mais ou menos dor na dependência de fatores psicossociais e espirituais.[35]

Essas dores descritas podem ser divididas didaticamente em nociceptivas (somáticas e viscerais) e neuropáticas,[36] sendo que o componente neuropático de dor está presente na maioria das dores apresentadas pelas mulheres com câncer de mama.

O tratamento da dor no câncer de mama respeita os preceitos do tratamento da dor oncológica em geral, em que primeiramente a dor deve ser caracterizada, então mensurada e depois tratada, de acordo com sua intensidade e preferencialmente com medicações orais, dadas em horários regulares e com esquemas individualizados.[5]

Uma das formas mais utilizadas para graduar a dor é a escala numérica, em que a mulher atribui uma nota de 0 a 10 para a sua dor, sendo zero dor nenhuma e 10 a pior dor possível.[37] Dores classificadas de 0 a 3 são consideradas fracas e tratadas com analgésicos comuns, como dipirona e paracetamol. Dores com notas de 4 a 6 são consideradas moderadas e podem ser tratadas com opioides fracos (codeína e tramadol) ou doses baixas de opioides fortes (oxicodona e morfina).[38,39] Dores cuja gradação é 7 e acima são consideradas fortes e devem ser tratadas com opioides fortes, morfina, oxicodona mais comumente, e nas mãos de médicos experientes, fentanil e metadona.[40] Mais recentemente, dispõe-se no Brasil de buprenorfina em adesivos para uso na dor oncológica, no entanto, apesar de ser considerado um opioide forte, as doses liberadas para comercialização no Brasil são no máximo 40 mg tratando dores moderadas ou fortes iniciais.

Em associação aos analgésicos já citados, diante da forte característica neuropática da dor no câncer de mama, é bastante recomendado o uso de adjuvantes como anticonvulsivantes (gabapentina e pregabalina) e antidepressivos (tricíclicos, duloxetina e venlafaxina).[41]

Situações especiais em câncer de mama

Dor pelo linfedema neoplásico

A dor pelo linfedema neoplásico é uma dor mista que costuma envolver componentes musculoesqueléticos e neuropáticos. A drenagem linfática, o posicionamento e o suporte do membro afetado evitando a sobrecarga das articulações, realizado em geral pelo fisioterapeuta e mantido pela equipe de enfermagem, sempre que não houver contraindicações, determina grande conforto e alívio de sintomas.[42] A abordagem psicológica é de grande valia, considerando o impacto que a dor determina sobre o humor das pacientes dada sua associação frequente com agravamento do quadro e piora de qualidade de vida.[43]

Dor óssea

As metástases ósseas e as fraturas são muito prevalentes nas pacientes em cuidados paliativos por câncer de mama, em especial fraturas de coluna e de ossos longos. A estabilização cirúrgica dessas fraturas costuma ser o tratamento de escolha quando a funcionalidade da paciente é alta e a expectativa de sobrevida é boa. Outras situações podem ser manejadas com técnicas para redução de mobilidade e radioterapia. Os analgésicos opioides, assim como anti-inflamatórios, medicamentos adjuvantes para dor neuropática e os bifosfonados, podem ser utilizados em maior ou menor quantidade, de acordo com cada caso.[44]

Dor (cefaleia) por metástases cerebrais

Metástases cerebrais podem ocorrer em cerca de 7,6% das pacientes com doença localmente avançada e em 13,4% das pacientes com doença metastática, sendo os fatores de risco mais comumente associados a essa evolução a idade (quanto mais jovem, maior o risco) e a imuno-histoquímica com receptores negativos. Dor de cabeça (cefaleia) constante e em pressão é comum, podendo ser o único sintoma presente, e é referida como um dos piores sintomas para quem apresenta metástases cerebrais.[45] Trata-se de dor decorrente de hipertensão intracraniana (HIC) pela presença de metástases cerebrais volumosas, com intenso edema perilesional ou que determinam dificuldade no fluxo liquórico com dilatação ventricular; nesta última condição, a dor pode ser de forte intensidade[45] e difícil de controlar.

O tratamento é realizado de acordo com a funcionalidade da paciente; a quantidade e a localização das lesões podem estar indicadas: excisão cirúrgica de lesões e radioterapia de crânio total ou radiocirurgia;[46-48] derivação ventrículo-peritoneal pode ser uma alternativa para melhora da qualidade de vida em pacientes com prognóstico reservado, com ventriculomegalia e sintomas de HIC.[49] No entanto, na recidiva e em casos refratários, a equipe pode se deparar com situações de dor de dificílimo controle. As melhores respostas para controle sintomático são obtidas pelo uso de corticosteroides em altas doses.[45,48]

Ainda podem ser usados analgésicos simples, opioides e neurolépticos de acordo com as características e a intensidade da dor. O uso de anticonvulsivantes está indicado quando ocorrerem crises convulsivas, e seu uso como profilaxia deve ser abandonado.[48] Ainda, o uso de metilfenidrato e donepezila parece contribuir para a melhoria da qualidade de vida dessas pacientes.[46] Diante da refratariedade do sintoma, a sedação paliativa pode ser o único recurso capaz de aliviar o sofrimento da paciente.

Fadiga

Fadiga é um dos sintomas mais frequentes em cuidados paliativos, atingindo cerca de 84% dos pacientes.[50] Trata-se de sintoma extremamente estressante para a paciente, sem consenso quanto à fisiopatologia e de efetividade terapêutica muito limitada.[51] Com a doença avançada, a combinação de técnicas de conservação de energia, intervenções psicológicas, exercícios e uso de psicoestimulantes pode auxiliar em alguns casos,[4] mas a fadiga permanece como um dos grandes desafios no tratamento do paciente em cuidados paliativos, dada a escassez de alternativas e de estudos que comprovem seu uso seguro e eficaz nessa população.[52]

Depressão e ansiedade

Sentimentos de tristeza, desapontamento, medo e preocupação com o futuro são reações comuns em pacientes vivenciando o câncer de mama metastático.[4] Esses sentimentos, em alguns casos, passam de sintomas reacionais para quadros de depressão que devem ser abordados de forma adequada, mas essa diferenciação não costuma ser fácil.[33] Estima-se que, entre mulheres com doença avançada, 6,5% têm depressão grave, 24,5% têm depressão leve e 6% têm transtornos de ansiedade.[4] Em virtude da semelhança entre os sintomas físicos da depressão e os da fadiga, estes dois sintomas costumam ser confundidos e requerem avaliação criteriosa para estabelecer o diagnóstico.[53] O tratamento medicamentoso se baseia no uso de antidepressivos das diversas classes disponíveis. A escolha do melhor fármaco para uma determinada paciente depende das comorbidades, das interações medicamentosas, dos sintomas associados e da familiaridade do médico com a medicação, não havendo superioridade em resultados de um ou outro.[54,55] Na nossa prática clínica, por exemplo, na presença de hiporexia, a escolha é pela mirtazapina, cujo efeito orexígeno é desejado; por outro lado, quando a dor neuropática desempenha papel importante na queda da qualidade de vida em associação à depressão, venlafaxina, duloxetina ou tricíclicos podem ser melhores escolhas. Além dos antidepressivos, ansiolíticos, psicoestimulantes e neurolépticos podem exercer papel importante no controle de sintomas, especialmente em fases de fim de vida, quando não há tempo para obter o efeito dos antidepressivos (4 a 6 semanas).[53] A terapia não farmacológica, principalmente a terapia cognitivo-comportamental, é a base do tratamento.[54]

A ansiedade pode se manifestar em várias fases da doença, sendo prevalente na doença metastática. As manifestações físicas da ansiedade podem ser muito angustiantes e exacerbar outros sintomas, como dor e dispneia, assim como a ansiedade pode ser desencadeada por esses sintomas quando não são bem controlados. Técnicas de relaxamento e meditação costumam ajudar; casos mais graves necessitam de medicamentos ansiolíticos ou neurolépticos.[56]

Insônia

As queixas de dificuldade para dormir entre as pacientes com doença metastática podem chegar a 75% delas. Medidas gerais para promoção do sono, como orientações dietéticas, hábitos próximo à hora do sono e técnicas de relaxamento, são amplamente utilizadas e recomendadas, mas não há estudos que comprovem de forma inequívoca o seu benefício.[57] O tratamento medicamentoso pode incluir benzodiazepínicos, hipnóticos, neurolépticos, melatonina e gabapentinoides,[58] sendo a escolha individual para cada caso.

Recorrência locorregional

A recorrência local do câncer de mama, quando não controlada por meio de cirurgia, rádio e quimioterapia, pode levar ao desenvolvimento de extensas feridas que cursam com sangramentos, infecções secundárias, mau cheiro e dor.[59] Essas lesões impactam de forma extremamente negativa na qualidade de vida e, na prática clínica, representam uma das formas mais impactantes para paciente, família e equipe de evolução desse tipo de câncer. O uso de antibióticos sistêmicos e tópicos e curativos especiais para controle de infecção e odor, agentes procoagulantes, vasoconstritores e compostos férricos para controle de sangramentos,[60] assim como, em nossa experiência pessoal, medidas caseiras como uso de máscaras com sachês de chá e grãos de café sob o leito, auxiliam no manejo dos casos mais avançados.

Dispneia

Dispneia é um dos sintomas mais angustiantes apresentados por pacientes com CMM. Pode ter múltiplas etiologias, desde lesões pulmonares diretas provocadas pelo câncer, como progressão de metástases parenquimatosas e linfangite pulmonar, passando por complicações como tromboembolismo pulmonar, síndrome de veia cava, pneumonites medicamentosas, pneumonias, derrame pleural e derrame pericárdico, até ocorrer como consequência de uma morbidade preexistente agravada pela doença, como doença pulmonar obstrutiva crônica (DPOC) e insuficiência cardíaca congestiva (ICC).[61]

O tratamento inclui a reversão do que possa ser revertido, e o sintomático padrão-ouro é a morfina.[61,62] Corticosteroide pode ser usado na linfangite, e o oxigênio está reservado para as situações em que há queda de saturação.[62] O uso de ventiladores costuma ser tão ou mais eficaz que a oxigenoterapia em muitas situações.[62] Situações que não estão inseridas em um cenário de fim de vida se beneficiam da fisioterapia respiratória e da reabilitação pulmonar, tendo a ventilação não invasiva papel importante em alguns casos, mas não na maioria.[61]

A refratariedade do sintoma pode demandar sedação paliativa; na enfermaria de cuidados paliativos do CRSM, a dispneia e a agitação são as principais motivações para esse procedimento.

Ascite e quadros suboclusivos

A obstrução intestinal é uma complicação frequente de pacientes com cânceres primariamente pélvicos e abdominais.[61] No CMM, sua ocorrência está relacionada com a rara progressão para alças intestinais e, mais frequentemente, como efeito secundário de invasão metastática de fígado, ovários e peritônio.[63] Os quadros de oclusão podem ser completos ou parciais e costumam se manifestar por dor abdominal contínua ou em cólica, constipação, vômitos frequentes, desidratação, distúrbios eletrolíticos e saciedade precoce.[61] O tratamento depende do prognóstico da paciente e de seus objetivos e pode incluir abordagem cirúrgica com derivação intestinal e clínica com uso de corticosteroides, antieméticos e medicamentos para redução da secreção gastrointestinal.[61,64]

Ascite pode se desenvolver pelo comprometimento metastático difuso do fígado ou por carcinomatose peritoneal. Quando em grande volume, exige drenagens para obter conforto,[65] mas com frequência determina intenso desequilíbrio eletrolítico que, associado ao risco de peritonite, devem ser motivo de indicação criteriosa desse procedimento.[66]

CUIDADOS DE FIM DE VIDA

Cuidados paliativos não são apenas cuidados de fim de vida. Cuidados de fim de vida são parte dos cuidados paliativos e deveriam ser uma fração bem pequena; no entanto, em função do encaminhamento frequentemente tardio dos pacientes para cuidados paliativos, algumas vezes tão tarde quanto 3 dias antes da morte,[67] a atenção aos últimos dias de vida acaba sendo confundida com cuidados paliativos em si. Infelizmente, como já citado anteriormente, no Brasil, onde a inserção precoce dos cuidados paliativos em linhas de cuidado de pacientes com doenças incuráveis, incluindo o câncer, é rara, essa correlação acaba sendo mais frequente.

Os cuidados de fim de vida da paciente com câncer de mama não diferem muito daquele prestado a outros pacientes oncológicos em fases terminais. O reconhecimento de que essa fase está chegando é que pode ser mais difícil, quando comparado com outros cânceres. Isso provavelmente ocorre em virtude da longa sobrevida de muitas pacientes metastáticas como resultado das novas opções terapêuticas que surgem todos os anos. Aparentemente, resultados positivos de tratamentos anteriores criam a expectativa de que sempre haverá um novo tratamento e que a fase final de vida não chegará.[68] O reconhecimento dessa fase é fundamental para que decisões adequadas referentes ao tratamento sejam feitas e para que o sofrimento físico, espiritual e emocional possa ser adequadamente abordado. Apenas dessa forma a mulher poderá viver o tempo que ainda tem pela frente dentro de seus termos e no local de sua preferência. Não reconhecer a terminalidade, muitas vezes, leva a prosseguir em tratamentos que, além de não ajudar, ainda pioram a qualidade de vida.[69]

Dentre os aspectos importantes das discussões que devem ser feitas nesse momento da doença (caso não tenham sido feitas anteriormente), está a do local da morte. Embora a maioria dos estudos demonstre que a casa é o local preferido para morrer,[70-72] a realidade é muito distinta, com a maioria das mortes de pessoas com doenças evolutivas e fatais ocorrendo em hospitais.[69] Uma recente revisão sistemática questiona se o desejo por morrer em casa seria real ou fruto de distorções determinadas pelas populações excluídas das pesquisas, afirmando não ser possível determinar na Inglaterra, por exemplo, qual o local de preferência para morrer.[73] Independentemente das conclusões desses estudos, a extrapolação desses dados para a realidade brasileira é inviável, pois não há uma atenção primária estruturada para atender as necessidades de pacientes em fim de vida, muitos dos quais vivem em situação de extrema miséria; não há locais voltados para os cuidados de pessoas nessa fase de vida, os chamados *hospices*, e há uma assistência à saúde completamente hospitalocêntrica; portanto, a discussão sobre o local em que a morte de uma mulher em fase final de vida vai ocorrer depende não somente de seu desejo, mas também da estrutura do domicílio, da existência de assistência domiciliar, da disponibilidade de medicamentos e insumos que proporcionem uma morte digna, da disponibilidade da família de realizar os cuidados necessários, ou seja, mesmo sem dados compilados, o que se percebe na prática assistencial é que a morte no hospital é a única possível de ser digna.

Independentemente do local da morte, os principais pontos que devem ser manejados nessa fase são fruto de comunicação aberta e efetiva voltada sempre para acolher as angústias e o sofrimento de paciente e familiares, assim como para o controle dos sintomas mais prevalentes e para a descontinuidade de medidas fúteis e sem sentido.

Em nossa experiência do CRSM, o declínio funcional, a fadiga, a fraqueza e a redução de ingesta são achados frequentes e costumam se desenvolver progressivamente nos casos de doença metastática de evolução mais longa ou de forma mais rápida nos casos de doença agressiva e que compromete os sistemas nervoso central e o respiratório. Além destes, a dispneia, a respiração ruidosa, a ansiedade e o *delirium* são os achados mais frequentes e necessitam de controle intensivo para garantir o conforto dessas mulheres em sua fase final de vida. O uso adequado de analgésicos opioides, antipsicóticos, antieméticos, antissecretivos, entre outros sintomáticos, por vias alternativas à oral, em especial pela via subcutânea, assim como uma comunicação intensiva entre família, paciente e equipe, minimiza o estresse da paciente e reduz significativamente o risco de luto complicado e *burnout* da equipe.

As medidas não farmacológicas devem ser cuidadosamente avaliadas nessa fase. O posicionamento adequado no leito, as medidas de prevenção de escaras e de posturas viciosas, a higiene da boca e sua hidratação podem minimizar a dor e aumentar a sensação de cuidado em um momento em que impera uma sensação de impotência diante da inevitabilidade da morte. Medidas como aspiração de vias aéreas, oxigenoterapia e ventilação não invasiva, tão benéficas em outras fases da evolução da doença, podem ser estressantes no fim da vida e causar muito desconforto sem o equivalente benefício.

Concluindo, acompanhar pacientes com câncer de mama incurável, pela perspectiva dos cuidados paliativos, durante sua trajetória é um grande desafio para todos os membros da equipe de saúde que têm contato com essas mulheres. Reconhecer a dor, a angústia, a tristeza, a limitação do movimento, a fraqueza, entre tantos sintomas que elas podem apresentar, percebendo a inter-relação destes sobre sua vida social, familiar e espiritual, é tarefa de cada profissional que toma contato com elas. Nunca haverá especialistas em cuidados paliativos suficientes para atender a todos os pacientes elegíveis, portanto, para ampliar o acesso e fazer da terapia paliativa uma realidade para as mulheres com CMM, é preciso que o conhecimento sobre esse tipo de atendimento seja multiplicado entre todos os profissionais de saúde. Conhecer os cuidados paliativos e seus princípios, mesmo não sendo esta a área de atuação escolhida por um determinado profissional, proporciona que tal prática se difunda e faz bem para o profissional, para o paciente e, finalmente, para a sociedade.

REFERÊNCIAS BIBLIOGRÁFICAS

1. Cardoso F. The Global Status of metastatic breast cancer (mBC) Decade Report [Internet]. New York: 2016. Disponível em: www.breastcancervision.com/sites/default/files/DecadeReport_Full Report_Final-Linked.pdf.
2. Instituto Nacional do Câncer (Inca)/Ministério da Saúde. Atlas on-line de mortalidade [Internet]. [cited 2017 Jan 8. Disponível em: https://mortalidade.inca.gov.br/MortalidadeWeb/pages/Modelo03/consultar.xhtml#panelResultado.
3. Lee Y-TN. Breast carcinoma: pattern of metastasis at autopsy. J Surg Oncol [Internet] 1983 [cited 2017 Jan 8]; 23(3):175-80. Disponível em: http://doi.wiley.com/10.1002/jso.2930230311.
4. Irvin W, Muss HB, Mayer DK. Symptom management in metastatic breast cancer. Oncologist 2011; 16(9):1203-14.
5. World Health Organization (WHO). WHO Definition of Palliative Care [Internet]. 2012 [cited 2016 Oct 17]. Disponível em: www.who.int/cancer/palliative/definition/en/.
6. Lynn J, Adamson DM. Living well at the end of life: adapting health care to serious chronic illness in old age. Rand Heal [Internet] 2003; 1-22. Disponível em: papers2://publication/uuid/B3DB2113-6C04-4CE2-B7B4-F4785AE43DDB.
7. Hui D. Definition of supportive care: does the semantic matter? Curr Opin Oncol 2014; 26(4):372-9.

8. Hui D, De M, Cruz L, Mori M, Parsons HA, Kwon JH et al. Concepts and definitions for supportive care, best supportive care, palliative care, hospice care in the published literature, dictionaries, and textbooks. Support Care Cancer 2013; 21(3):659-85.

9. Distelhorst SR, Cleary JF, Ganz PA, Bese N, Camacho-Rodriguez R, Cardoso F et al. Optimisation of the continuum of supportive and palliative care for patients with breast cancer in low-income and middle-income countries : executive summary of the Breast Health Global Initiative 2014. Lancet Oncol 2014; 16(3):e137-47.

10. Global Atlas of Palliative Care at the End of Life [Internet]. 2014 [cited 2016 Oct 19]. Disponível em: www.who.int/nmh/Global_Atlas_of_Palliative_Care.pdf.

11. Tavares de Carvalho R, Afonseca Parsons H (orgs.). Manual de cuidados paliativos ANCP Ampliado e atualizado. Acad Nac Cuid Paliativos 2012; 1-592.

12. Corrêa SR, Mazuko C, Floss M, Mitchell G, Murray SA. Brazil: time for palliative care in the community! Eur J Palliat Care 2016.

13. El Osta B, Bruera E. Models of palliative medicine and supportive care. In: Taylor & Francis Group (ed.). Textbook of Palliative Medicine. 2015. p.1059.

14. SEER Cancer Statistics Factsheets: Female Breast Cancer. National Cancer Institute. Bethesda, MD [Internet]. [cited 2016 Sep 1]. Disponível em: http://seer.cancer.gov/statfacts/html/breast.html.

15. Danesh M, Belkora J, Volz S, Rugo HS. Informational needs of patients with metastatic breast cancer: What questions do they ask, and are physicians answering them? J Cancer Educ 2014; 29(1):175-80.

16. Temel JS, Jackson VA, Billings JA, Dahlin C, Block SD, Buss MK et al. Phase II study: integrated palliative care in newly diagnosed advanced non-small-cell lung cancer patients. J Clin Oncol [Internet] 2007 [cited 2017 Jan 19]; 25(17):2377-82.

17. Bakitas M, Lyons KD, Hegel MT, Balan S, Brokaw FC, Seville J et al. Effects of a palliative care intervention on clinical outcomes in patients with advanced cancer. JAMA [Internet] 2009 [cited 2017 Jan 19]; 302(7):741.

18. Bakitas M, Doyle Lyons K, Hegel MT, Balan S, Barnett KN, Brokaw FC et al. The Project ENABLE II randomized controlled trial to improve palliative care for rural patients with advanced cancer: baseline findings, methodological challenges, and solutions. Palliat Support Care 2009; 7(1):75-86.

19. Rugno FC, Paiva BSR, Paiva CE. Early integration of palliative care facilitates the discontinuation of anticancer treatment in women with advanced breast or gynecologic cancers. Gynecol Oncol [Internet] 2014; 135(2):249-54.

20. Gaertner J, Wuerstlein R, Ostgathe C, Mallmann P, Harbeck N, Voltz R. Facilitating early integration of palliative care into breast cancer therapy. Promoting disease-specific guidelines. Breast Care 2011; 6(3):240-4.

Cuidados paliativos e câncer de mama **395**

21. Hui D, Finlay E, Buss MK, Prommer EE, Bruera E, Buss K et al. Palliative oncologists: specialists in the science and art of patient care. [cited 2016 Oct 10]. Disponível em: www.jco.org.

22. Schenker Y, Crowley-Matoka M, Dohan D, Rabow MW, Smith CB, White DB et al. Oncologist factors that influence referrals to subspecialty palliative care clinics. J Oncol Pract 2014; 10(2):e37-44.

23. von Gunten CF, Ferris FD, Emanuel LL. The patient-physician relationship. Ensuring competency in end-of-life care: communication and relational skills. JAMA 2000; 284(23):3051-7.

24. Bruera E, Willey JS, Palmer JL, Rosales M. Treatment decisions for breast carcinoma: patient preferences and physician perceptions. Cancer 2002; 94(7):2076-80.

25. Butow P, Dowsett S, Hagerty R, Tattersall M. Communicating prognosis to patients with metastatic disease: what do they really want to know? Support Care Cancer 2002; 10(2):161-8.

26. Fallowfield LJ, Jenkins VA, Beveridge HA. Truth may hurt but deceit hurts more: communication in palliative care. Palliat Med 2002; 16(4):297-303.

27. Baile WF, Buckman R, Lenzi R, Glober G, Beale EA, Kudelka AP. SPIKES-A six-step protocol for delivering bad news: application to the patient with cancer. Oncologist 2000; 5(4):302-11.

28. Spruyt O. Team networking in palliative care. Indian J Palliat Care 2011; 17(Suppl):S17-9.

29. Vissers KCP, van den Brand MWM, Jacobs J, Groot M, Veldhoven C, Verhagen C et al. Palliative medicine update: a multidisciplinary approach. Pain Pract 2013; 13(7):576-88.

30. Macmillan K, Kashuba LEB. Organization and support of the interdisciplinary team. In: Bruera E, Higginson I, von Gunten CF (eds.). Textbook of palliative medicine and supportive care. CRC Press, 2014. p.252-6.

31. Meier DE, Beresford L. The palliative care team. J Palliat Med 2008; 11(5):677-81.

32. Chang VT. Approach to symptom assessment in palliative care. UpToDate 2015. Disponível em: /www.uptodate.com/contents/approach-to-symptom-assessment-in-palliative-care?source=search_result&search=pain in pallitive care&selectedTitle=5~150.

33. Delgado-Guay MO. Multidimensional patient assessment. In: Bruera E, Higginson I, von Gunten CF (eds.). Textbook of palliative medicine and supportive care. CRC Press, 2014. p.323-40.

34. Portenoy RK. Treatment of cancer pain. Lancet 2011; 377(9784):2236-47.

35. Spiegel D, Bloom JR. Pain in metastatic breast cancer. Cancer 1983; 52(2):341-45.

36. Vidal Marieberta RSK. Causes and mechanisms of pain in palliative care patients. In: Bruera E, Higginson I, von Gunten CF (eds.). Textbook of palliative medicine and supportive care. CRC Press, 2014. p. 381-93.

37. Paice JA, Cohen FL. Validity of a verbally administered numeric rating scale to measure cancer pain intensity. Cancer Nurs 1997; 20(2):88-93.

38. Maltoni M, Scarpi E, Modonesi C, Passardi A, Calpona S, Turriziani A et al. A validation study of the WHO analgesic ladder: a two-step vs three-step strategy. Support Care Cancer 2005; 13(11):888-94.

39. Ripamonti CI, Santini D, Maranzano E, Berti M, Roila F; ESMO Guidelines Working Group. Management of cancer pain: ESMO Clinical Practice Guidelines. Ann Oncol 2012; 23 Suppl 7:vii139-54.

40. NICE. Palliative care for adults: strong opioids e care for adults: strong opioids for pain relief for pain relief. 2012.

41. Fallon MT. Neuropathic pain in cancer. Br J Anaesth 2013; 111(1):105-11.

42. Taghian NR, Miller CL, Jammallo LS, O'Toole J, Skolny MN. Lymphedema following breast cancer treatment and impact on quality of life: a review. Crit Rev Oncol Hematol 2014; 92(3):227-34.

43. Teo I, Novy DM, Chang DW, Cox MG, Fingeret MC. Examining pain, body image, and depressive symptoms in patients with lymphedema secondary to breast cancer. Psychooncology 2015; 24(11):1377-83.

44. Schneider G, Voltz R, Gaertner J. Cancer Pain management and bone metastases: an update for the clinician. Breast Care (Basel) 2012; 7(2):113-20.

45. Wong ET WJK. Clinical presentation and diagnosis of brain tumors. UpToDate. 2016. Disponível em: www.uptodate.com/contents/clinical-presentation-and-diagnosis-of-brain-tumors?source=machineLearning&search=braintumor&selectedTitle=1~150&sectionRank=3&anchor=H4#H4.

46. Eichler AF, Loeffler JS. Multidisciplinary management of brain metastases. Oncologist 2007; 12(7):884-98.

47. Niikura N, Saji S, Tokuda Y, Iwata H. Brain metastases in breast cancer. Jpn J Clin Oncol 2014; 44(12):1133-40.

48. Gil-Gil MJ, Martinez-Garcia M, Sierra A, Conesa G, Del Barco S, González-Jimenez S et al. Breast cancer brain metastases: a review of the literature and a current multidisciplinary management guideline. Clin Transl Oncol 2014; 16(5):436-46.

49. Nigim F, Critchlow JF, Kasper EM. Role of ventriculoperitoneal shunting in patients with neoplasms of the central nervous system: An analysis of 59 cases. Mol Clin Oncol 2015; 3(6):1381-6.

50. Radbruch L, Strasser F, Elsner F, Gonçalves JF, Løge J, Kaasa S et al. Fatigue in palliative care patients an EAPC approach. Palliat Med 2008; 22(1):13-32.

51. Wang XS, Woodruff JF. Cancer-related and treatment-related fatigue. Gynecol Oncol 2015; 136(3):446-52.

52. Mücke M, Cuhls H, Peuckmann-Post V, Minton O, Stone P, Radbruch L. Pharmacological treatments for fatigue associated with palliative care: executive summary of a Cochrane Collaboration systematic review.

53. Akechi Tatsuo UY. Depression/Anxiety. In: Bruera E, Higginson I, von Gunten CF (eds.). Textbook of palliative medicine and supportive care. CRC Press, 2014. p. 691–702.

54. Rayner L, Price A, Hotopf M, Higginson IJ. The development of evidence-based European guidelines on the management of depression in palliative cancer care. Eur J Cancer 2011; 47:702-12.

55. Rosenstein DL. Depression and end-of-life care for patients with cancer. Dialogues Clin. Neurosci 2011; 13(1):101-8.

56. Traeger L, Greer JA, Fernandez-Robles C, Temel JS, Pirl WF. Evidence-based treatment of anxiety in patients with cancer. J Clin Oncol 2012; 30(11):1197-205.

57. Berger AM. Update on the state of the science: sleep-wake disturbances in adult patients with cancer. Oncol Nurs Forum 2009; 36(4):E165-77.

58. Goforth HW, Davis MP. Treatment of fatigue and sleep disorders in cancer patients. Cancer J 2014; 20(5):306-12.

59. Simos D, Clemons M, Ginsburg OM, Jacobs C. Definition and consequences of locally advanced breast cancer. Curr Opin Support Palliat Care 2014; 8(1):33-8.

60. Jarvis V. The range and role of palliative interventions for locally advanced breast cancer. Curr Opin Support Palliat Care 2014; 8(1):70-6.

61. Kloke M, Cherny N. Treatment of dyspnoea in advanced cancer patients: ESMO Clinical Practice Guidelines. Ann Oncol 2015; 26:169-73.

62. Chin C, Booth S. Managing breathlessness: a palliative care approach. Postgrad Med J 2016; 92(1089):393-400.

63. Cassoni P, Mistrangelo M, Castellano I, Codognotto E, Sapino A, Lamanna G et al. Obstructive colon metastases from lobular breast cancer: report of a case and review of the literature. Tumori 2011; 97(6):800-4.

64. Ferguson HJM, Ferguson CI, Speakman J, Ismail T. Management of intestinal obstruction in advanced malignancy. Ann Med Surg 2015; 4(3):264-70.

65. Mcnamara P. Paracentesis – An effective method of symptom control in the palliative care setting? Palliat Med 2000; 14(1):62-4.

66. Runyon BA. Malignancy-related ascites. UpToDate. 2016. Disponível em: www.uptodate.com/contents/malignancy-related-ascites.

67. Earle CC, Landrum MB, Souza JM, Neville BA, Weeks JC, Ayanian JZ. Aggressiveness of cancer care near the end of life: Is it a quality-of-care issue? J Clin Oncol 2008; 26(23):3860-6.

68. O'Connor TL, Ngamphaiboon N, Groman A, Luczkiewicz DL, Kuszczak SM, Grant PC et al. Hospice utilization and end-of-life care in metastatic breast cancer patients at a comprehensive cancer center. J Palliat Med 2015; 18(1):50-5.

69. Bailey FAHS. Palliative care: the last hours and days of life. UpToDate. 2016. Disponível em: www.uptodate.com/contents/palliative-care-the-last-hours-and-days-of-life?source=search_result&search=end of life&selectedTitle=1~150.

70. Gomes B, Calanzani N, Gysels M, Hall S, Higginson IJ. Heterogeneity and changes in preferences for dying at home: a systematic review. BMC Palliat Care 2013; 12(1):7.

71. Higginson IJ, Sen-Gupta GJA. Place of care in advanced cancer: a qualitative systematic literature review of patient preferences. J Palliat Med 2000; 3(3):287-300.

72. Wilson DM, Cohen J, Deliens L, Hewitt JA, Houttekier D. The preferred place of last days: results of a representative population-based public survey. J Palliat Med 2013; 16(5):502-8.

73. Hoare S, Morris ZS, Kelly MP, Kuhn I, Barclay S. Do patients want to die at home? A systematic review of the UK literature, focused on missing preferences for place of death. PLoS One 2015; 10(11):1-17.

25

Interface da medicina integrativa e a fisioterapia na abordagem às mulheres com câncer de mama

Denise Tiemi Noguchi

INTRODUÇÃO

A medicina integrativa é uma abordagem centrada na parceria entre o paciente e o profissional da saúde com o objetivo de encontrar as melhores formas de tratamento com evidências científicas de segurança e eficácia, incentivando a autonomia, o autocuidado e o bem-estar, de forma interdisciplinar.[1]

O Consórcio de Centros Acadêmicos de Saúde para Medicina Integrativa, que reúne mais de 60 instituições dedicadas ao avanço da medicina e saúde integrativa por meio de instituições acadêmicas e sistemas de saúde, define:

> Medicina integrativa é a prática da medicina que reafirma a importância da relação entre o paciente e o profissional de saúde, é focada na pessoa em seu todo, é informada por evidências e faz uso de todas as abordagens terapêuticas adequadas, profissionais de saúde e disciplinas para obter o melhor da saúde e cura (*health and healing*).[1,2]

É importante diferenciar os termos "medicina alternativa" e medicina integrativa, pois alternativo é deixar de usar um método em detrimento de outro, em contraposição e substituição ao convencional, e isto não deve ser confundido com medicina integrativa. Esta inclui a medicina tradicional, que é aquela utilizada milenarmente por povos como os chineses, os indianos e até mesmo a medicina popular brasileira utilizada pelos índios, mas sem negar o papel da medicina convencional utilizada no nosso sistema de saúde e com critérios de evidências.[1]

No Brasil, há a Política Nacional de Práticas Integrativas e Complementares (PNPIC) desde 2006 e revisada em 2015, que oferece e normatiza tratamentos complementares no SUS como acupuntura, homeopatia, plantas medicinais e fitoterapia, outras práticas da medicina tradicional chinesa, medicina antroposófica e termalismo social. Com base no princípio da integralidade do Sistema Único de Saúde (SUS), essa Portaria pretende atuar na prevenção de agravos e na promoção, na manutenção e na recuperação da saúde.[3] A primeira pós-graduação *lato sensu* em medicina integrativa no Brasil começou em 2013 no Instituto Israelita de Ensino e Pesquisa Albert Einstein (IIEPAE).[1]

A medicina integrativa inclui terapias e práticas integrativas que podem ser utilizadas de forma complementar à medicina convencional, como: acupuntura, ioga, meditação, massagem, terapias de toque, técnicas de relaxamento, entre outros.[4] Além disso, considera-se também o uso de produtos naturais, como ervas medicinais e botânicas, fitoterápicos e outros suplementos dietéticos, com critérios rigorosos de segurança em relação aos riscos de interação medicamentosa e toxicidade, além de comprovação de eficácia no controle de sintomas.[4,5]

Um dos maiores desafios da medicina integrativa é não ser a simples oferta de terapias complementares ao tratamento convencional. É necessário compreender quem é a pessoa em seu todo, incluindo aspectos como sua história de vida, seus hábitos alimentares, suas atividades diárias, seus relacionamentos sociais e com o meio ambiente, sua espiritualidade e aquilo que fizer sentido a ela no seu autocuidado. A partir daí, incluir informações sobre sua doença ou queixas para integrar a melhor seleção de terapias, sejam elas convencionais ou complementares, respeitando a individualidade do paciente e incentivando sua autonomia e sua participação ativa no processo de recuperação.[1]

Nesse sentido, entra o conceito de interdisciplinaridade, pois muitos pacientes apresentam doenças em acompanhamento com especialistas e equipes multidisciplinares. A comunicação efetiva entre os profissionais é fundamental para um cuidado integrado, principalmente em relação às doenças crônicas como diabetes, hipertensão, doenças cardiovasculares e pulmonares.

Na área da oncologia, o paciente também necessita desse cuidado multiprofissional e, muitas vezes, convive com a doença durante anos.

O uso de terapias integrativas e complementares entre os pacientes com câncer é bem estabelecido em estudos realizados em grandes centros de tratamento oncológico, como o MD Anderson Cancer Center e o Memorial Sloan-Kettering, com frequência de uso entre 69 e 83%.[6,7] Pelo mundo afora, estima-se que 33 a 47% dos indivíduos com diagnóstico de câncer façam uso dessas terapias durante o tratamento oncológico.[8]

Entre as mulheres com câncer de mama, um estudo europeu realizado pela Sociedade Europeia de Mastologia evidenciou que 17 a 91% delas faziam uso dessas terapias em países como Estados Unidos, Austrália, Nova Zelândia e em toda a Europa.[9]

A complexidade do tratamento oncológico, desde o diagnóstico de uma doença potencialmente fatal, à indicação de cirurgia, quimioterapia, radioterapia, até seus efeitos colaterais e tardios, exige uma abordagem multidisciplinar. Médicos oncologistas, enfermeiros, psicólogos, nutricionistas, fisioterapeutas, terapeutas ocupacionais, odontólogos e farmacêuticos devem estar integrados no cuidado ao paciente com câncer. Quando associada a essa equipe a abordagem da medicina integrativa, tem-se a oncologia integrativa.

Recentemente, a psiconeuroimunologia – campo da ciência que estuda a interação entre os sistemas nervoso, endócrino e imunológico – tem demonstrado a influência do estresse crônico no sistema imunológico que, por sua vez, pode levar a distúrbios psiquiátricos, como depressão, problemas digestivos, dificuldade para dormir, risco de doenças cardiovasculares e alterações epigenéticas, como encurtamento do comprimento dos telômeros que está relacionado ao processo de envelhecimento.[1,10]

A biologia tumoral também pode ser influenciada por fatores comportamentais como dieta, sono, atividade física, estresse e depressão, por meio da reação de fatores biológicos relacionados ao risco de câncer, da cascata de regulação neuroendócrina e da resposta imunológica.[11] Portanto, além do tratamento da doença, é necessário ter uma abordagem global em relação aos hábitos de vida que, no longo prazo, podem levar ao estresse crônico e contribuir para alterações que favoreçam o crescimento ou a progressão tumoral.[10]

Pacientes com câncer de mama podem se beneficiar com a oncologia integrativa, como mostram as evidências de estudos realizados com práticas mente-corpo (ioga), acupuntura, grupos de suporte psicoterápico, dieta pobre em gordura e rica em vegetais e frutas e atividade física.[12] O profissional com formação na abordagem da medicina integrativa pode orientar essas pacientes.

EVIDÊNCIAS DAS PRÁTICAS INTEGRATIVAS EM PACIENTES COM CÂNCER DE MAMA

As mulheres submetidas à cirurgia muitas vezes necessitam de auxílio para sua reabilitação funcional por meio da fisioterapia, que tem papel fundamental não apenas na recuperação da mobilidade, mas na sua autoestima e sua imagem corporal ativa.[13] Assim, a abordagem desse profissional vai além da doença, com foco na pessoa em seu todo.

De acordo com a fase do tratamento, essas pacientes podem apresentar sinais e sintomas de difícil controle com as terapias convencionais, como fadiga, dor relacionada ao procedimento cirúrgico, ansiedade, estresse, angústia e sensação de impotência. Os profissionais da saúde que têm maior proximidade com essas mulheres podem estabelecer um vínculo que permita discutir com elas e a equipe de saúde sobre a abordagem da medicina integrativa.

Os pacientes com câncer referem fazer uso de terapias integrativas e complementares por desejarem maior autonomia durante seu tratamento, com uma participação mais ativa na recuperação da sua saúde para melhorar suas chances de cura, diminuir efeitos colaterais do tratamento e, dessa forma, melhorar seu autocuidado e bem-estar, promovendo reconexão e interação social.[14,15] Os pacientes ainda referem sensação de empoderamento, apoio e relaxamento relacionados às terapias e às práticas integrativas durante o tratamento.[16]

Dentre as condições clínicas acompanhadas pelo profissional da fisioterapia no cuidado às pacientes com câncer de mama, podem ser destacadas algumas nas quais há evidências do uso de práticas integrativas.

O estresse causado pelo diagnóstico do câncer e pela nova realidade a ser enfrentada durante o período do tratamento e, para alguns pacientes, mesmo pós-tratamento, pode comprometer sua percepção da qualidade de vida e seu bem-estar, além de poder estar relacionado com piores consequências em relação àquelas pessoas que lidam melhor com esse estresse. As práticas mente-corpo podem ser uma forma de gestão de estresse dentre outras técnicas baseadas em evidências, como psicoterapias, e atuam equilibrando a ação dos sistemas simpático e parassimpático, favorecendo um ambiente tranquilo. Dentre as práticas mente-corpo, estão a meditação e o *mindfulness-based stress reduction* (MBSR) e as práticas mente-corpo baseadas em movimentos, como ioga, Tai Chi e QiGong.[10]

Atualmente, tem crescido o interesse de instituições de saúde em incorporar essas práticas no atendimento ao paciente oncológico. Estudos demonstram que é possível realizar essas atividades, como ioga, com pacientes com câncer em tratamento, mesmo durante a internação.[17] O terapeuta deve estar orientado e habituado ao ambiente hospitalar para garantir a segurança do paciente.

Durante o período de internação, esses pacientes também podem se beneficiar com as práticas integrativas no manejo de sintomas como dor e ansiedade, com evidências de redução das queixas em 46% e 56%, respectivamente.[18] Nesse contexto, vale lembrar a importância da equipe multidisciplinar ao informar sobre queixas e sintomas que os pacientes podem apresentar fora do período da visita médica, possibilitando um atendimento integrado ao paciente. Muitas vezes, o paciente deixa de relatar para o médico, mas, nas sessões diárias da fisioterapia, pode compartilhar angústias, medo, demonstrar ansiedade em relação ao tratamento e ao prognóstico da doença. De acordo com a técnica escolhida pelo paciente e com a prática, pode ser realizada antes ou até mesmo durante as sessões de fisioterapia, como exercícios com foco na respiração diafragmática, expiração prolongada e visualização guiada pela voz. Essa atuação em conjunto entre o fisioterapeuta e o terapeuta corporal pode dar ao paciente a sensação de acolhimento e segurança.

A fase da radioterapia pós-cirurgia pode representar um período de risco para sintomas como ansiedade e depressão para as mulheres em tratamento. Um estudo feito na China com mulheres com câncer de mama em radioterapia avaliou os efeitos do QiGong, prática tradicional chinesa que combina integração mente-corpo com movimentos específicos, técnicas de respiração, meditação e foco na atenção ao corpo, durante e após o tratamento. O grupo que realizou a prática apresentou menos depressão, fadiga e melhor percepção da qualidade de vida. Não houve diferença na qualidade do sono nem no nível de cortisol.[19]

A acupuntura é uma das técnicas mais estudadas dentre as práticas integrativas e, nos pacientes com câncer, as indicações mais frequentes estão relacionadas a dor, náusea, vômito, íleo paralítico, xerostomia, ondas de calor, fadiga, depressão, ansiedade, distúrbio de humor e de sono. Seus mecanismos de ação não estão completamente esclarecidos, e a qualidade de estudos publicados tem melhorado, mas ainda representam uma limitação. As indicações consagradas são náusea e vômito induzidos pela quimioterapia.[20] Alguns estudos propõem seu uso no tratamento do linfedema, associado a tratamentos convencionais como exercícios, massagens e uso de vestimentas de compressão.[21]

A prática de ioga também tem sido estudada no manejo do linfedema relacionado ao câncer de mama com o objetivo de ampliar o alcance dos movimentos, reduzir a fibrose e melhorar a drenagem linfática. A dificuldade para avaliar os diferentes estudos deve-se à escassa descrição técnica e à variabilidade de posições e posturas utilizadas, assim como grupos de pacientes com diferentes graus de linfedema.[22]

A padronização das indicações das práticas e técnicas integrativas e complementares é um desafio, em virtude das características dos estudos que nem sempre se encaixam na metodologia de avaliação convencional baseada em evidências. Especificamente, as medicinas tradicionais orientais apresentam particularidades e especificidades que se distanciam da medicina convencional ocidental. Por esse motivo, a fim de auxiliar profissionais da saúde, pacientes e pesquisadores na oncologia integrativa, a Sociedade de Oncologia Integrativa (*Society for Integrative Oncology*) realizou revisão sistemática dos estudos e elaborou guias para uso clínico das terapias integrativas e complementares de acordo com o tipo de câncer com base no nível de evidência para recomendação do uso.[23]

Para as pacientes com câncer de mama, as práticas com melhor nível de evidências e recomendação foram meditação, ioga e relaxamento com visualização para o manejo de ansiedade e distúrbios de humor. Em seguida, estão técnicas de manejo de estresse, ioga, massagem, musicoterapia, técnicas de conservação de energia e meditação para a redução do estresse, ansiedade, depressão, fadiga e qualidade de vida. Muitas intervenções apresentam menor nível de evidência de benefício, como acupuntura para pacientes com fadiga e ansiedade e para mulheres com depressão que apresentam ondas de calor, uso de drenagem manual e *laser* de baixa frequência para linfedema, mas podem ser recomendadas de forma individualizada e de acordo com a preferência da paciente. Algumas intervenções não apresentaram evidências de qualquer benefício, como o uso de acetil-L-carnitina e guaraná para fadiga, e devem ser desencorajadas. A única intervenção identificada como possivelmente prejudicial foi o uso de acetil-L-carnitina para prevenção de neuropatia induzida por taxol, por aumentar a neuropatia. A maioria das combinações de intervenções/modalidades não teve nível suficiente de evidências para serem recomendadas.[23]

CONSIDERAÇÕES FINAIS

As pacientes com diagnóstico de câncer de mama em acompanhamento e tratamento fisioterápico podem apresentar benefícios com a abordagem da medicina integrativa.

Conhecer essa abordagem que reforça o foco na pessoa no seu todo possibilita ampliar o cuidado para além da parte física, integrando autonomia, autocuidado e bem-estar.

O profissional de saúde com formação em medicina integrativa está disponível para uma escuta sensível, com presença e atenção plena no atendimento ao paciente, permitindo que ele tenha participação ativa no seu processo de recuperação.

Com o uso de terapias e práticas complementares, é possível auxiliar no manejo de sintomas conforme as recomendações baseadas em evidências de segurança e eficácia.

As práticas mente-corpo representam a conexão do corpo com a mente, estimulando a consciência corporal, a atenção à respiração e o equilíbrio entre os sistemas nervosos simpático e parassimpático, levando ao relaxamento e à consequente gestão do estresse.

É possível associar as práticas integrativas às atividades da fisioterapia para obter o melhor cuidado às pacientes com diagnóstico de câncer de mama durante todas as fases do tratamento, inclusive na fase pós-tratamento.

A interdisciplinaridade é um dos pilares da medicina integrativa para que a equipe de saúde ofereça todas as abordagens e profissionais adequados ao melhor cuidado para os pacientes.

Profissionais de saúde também devem olhar para seu autocuidado, e as práticas integrativas podem auxiliá-los nesse processo, principalmente na prevenção da síndrome do *burnout*.

REFERÊNCIAS BIBLIOGRÁFICAS

1. Lima PTR, Waksman RD, Farah OGD. Medicina integrativa. Barueri: Manole,2015. 260 p.
2. Academic Consortium of Integrative Medicine and Health. Disponível em: http://imconsortium.org/. Acessado em: 30/11/2016.
3. Brasil. Ministério da Saúde. Secretaria de Atenção à Saúde. Departamento de Atenção Básica. Política Nacional de Práticas Integrativas e Complementares no SUS (PNPIC-SUS): Brasília: Ministério da Saúde, 2006. (Série B. Textos Básicos de Saúde)
4. National Center for Complementary and Integrative Health. Disponível em: https://nccih.nih.gov/health/safety. Acessado em: 30/11/2016.
5. Deng G, Cassileth BR. Integrative oncology: complementary therapies for pain, anxiety, and mood disturbance. CA: a Cancer Journal for Clinicians 2005; 55(2):109-16.
6. Richardson MA, Sanders T, Palmer JL, Greisinger A, Singletary SE. Complementary/alternative medicine use in a comprehensive cancer center and the implications for oncology. Journal of Clinical Oncology 2000; 18(13):2505-14.

7. Cassileth BR, Deng G. Complementary and alternative therapies for cancer. The Oncologist 2004; 9(1):80-9.

8. Horneber M, Bueschel G, Dennert G, Less D, Ritter E, Zwahlen M. How many cancer patients use complementary and alternative medicine: a systematic review and metaanalysis. Integr Cancer Ther 2012; 11(3):187-203.

9. Baum M, Cassileth BR, Daniel R, Ernst E, Filshie J, Nagel GA et al. The role of complementary and alternative medicine in the management of early breast cancer: Recommendations of the European Society of Mastology (EUSOMA). European Journal of Cancer 2006; 42(12):1711-4.

10. Chaoul A, Milbury K, Sood AK, Prinsloo S, Cohen L. Mind-body practices in cancer care. Curr Oncol Rep 2014; 16(12):417.

11. Antoni MH, Lutgendorf SK, Cole SW, Dhabhar FS, Sephton SE, McDonald PG et al. The influence of bio-behavioural factors on tumour biology: pathways and mechanisms. Nat Rev Cancer 2006; 6(3):240-8.

12. Abrams D, Weil A. Integrative oncology. 2.ed. Oxford University Press, 2014.

13. Jammal MP, Machado ARM, Rodrigues LR. Fisioterapia na reabilitação de mulheres operadas por câncer de mama. O Mundo da Saúde 2008; 32(4):506-10.

14. Diehl V. The bridge between patient and doctor: the shift from CAM to integrative medicine. Hematology Am Soc Hematol Educ Program 2009; 320-5.

15. Smithson J, Paterson C, Britten N, Evans M, Lewith G. Cancer patients' experiences of using complementary therapies: polarization and integration. Journal of Health Services Research & Policy 2010; 15(suppl 2):54-61.

16. Furzer BJ, Petterson AS, Wright KE, Wallman KE, Ackland TR, Joske DJ. Positive patient experiences in an Australian integrative oncology centre. BMC Complement Altern Med 2014; 14:158.

17. Felbel S, Meerpohl JJ, Monsef I, Engert A, Skoetz N. Yoga in addition to standard care for patients with haematological malignancies. The Cochrane Database of Systematic Reviews 2014; 6:CD010146-CD.

18. Johnson JR, Crespin DJ, Griffin KH, Finch MD, Dusek JA. Effects of integrative medicine on pain and anxiety among oncology inpatients. J Natl Cancer Inst Monogr 2014; 2014(50):330-7.

19. Chen Z, Meng Z, Milbury K, Bei W, Zhang Y, Thornton B et al. Qigong improves quality of life in women undergoing radiotherapy for breast cancer: results of a randomized controlled trial. Cancer 2013; 119(9).

20. Garcia MK, McQuade J, Haddad R, Patel S, Lee R, Yang P et al. Systematic review of acupuncture in cancer care: a synthesis of the evidence. J Clin Oncol 2013; 31(7):952-60.

21. Cassileth BR, Van Zee KJ, Yeung KS, Coleton MI, Cohen S, Chan YH et al. Acupuncture in the treatment of upper-limb lymphedema: results of a pilot study. Cancer 2013; 119(13):2455-61.

22. Narahari SR, Aggithaya MG, Thernoe L, Bose KS, Ryan TJ. Yoga protocol for treatment of breast cancer-related lymphedema. Int J Yoga 2016; 9(2):145-55.

23. Greenlee H, Balneaves LG, Carlson LE, Cohen M, Deng G, Hershman D et al. Clinical practice guidelines on the use of integrative therapies as supportive care in patients treated for breast cancer. J Natl Cancer Inst Monogr 2014; 2014(50):346-58.

Interdisciplinaridade – psicologia no câncer de mama

Maria Cristina Monteiro de Barros
Rita de Cassia Macieira

INTRODUÇÃO

Do ponto de vista da paciente e de sua família, o diagnóstico de câncer de mama representa um ataque ao equilíbrio emocional e psicológico. É uma dimensão essencialmente humana se identificar, ou menos, se solidarizar com o sofrimento alheio, especialmente se o outro for um familiar. Assim, embora o foco principal seja a pessoa ora adoentada, é preciso ter em mente que o tratamento do câncer envolve atenção àquilo que denominamos unidade de cuidados paciente-família.

Progressos na prevenção, diagnóstico precoce e terapia conduziram a um aumento significativo não apenas nas taxas de sobrevivência, mas também na qualidade de vida dos pacientes com câncer. Com isso, nas últimas décadas e cada vez mais, o tratamento do câncer tem evoluído a partir de uma abordagem puramente cirúrgica para uma complexa gestão que envolve a tríade clássica formada por cirurgia, radioterapia e quimioterapia, como também a presença de tecnologia voltada à diminuição da dor e do desconforto físico e emocional. O cenário atual no tratamento do câncer inclui a assessoria de múltiplos agentes de várias áreas do saber, como fisioterapia, enfermagem, nutrição, psicologia, odontologia, assistência social, amparo legal, assistência espiritual e outras, atuando de forma interdisciplinar. Quanto maiores forem os cuidados ofertados por uma equipe coesa e treinada, melhores serão os resultados obtidos.

No presente capítulo, serão abordados alguns dos tópicos fundamentais para o cuidado interdisciplinar de oncologia:

- principais conceitos de interdisciplinaridade e sua importância, gerando reflexão e mudança acerca das intervenções com o paciente oncológico e seus familiares;
- complexidade da doença *versus* multiplicidade de personagens e fatores envolvidos;
- olhar voltado para o atendimento das necessidades da unidade de cuidados paciente-família;
- psicólogo no trabalho interdisciplinar: a) com equipe – prevenção e identificação da síndrome de *burnout*; mediador dos distúrbios de comunicação; b) com paciente e família, facilitando a comunicação, o desenvolvimento de estratégias de enfrentamento e o manejo de estresse.

INTERDISCIPLINARIDADE EM ONCOLOGIA: CONCEITOS E IMPORTÂNCIA

Em se tratando de uma doença crônica e multifatorial, o câncer, em seus vários tipos, demanda novos desafios na atualidade. Um dos principais é a conciliação entre competências cada vez mais específicas e a conquista de uma visão integral da paciente e sua família. A criação de pontes entre os saberes e as disciplinas, que até então caminhavam solitariamente, fez surgir as equipes multidisciplinares.

O conceito de multidisciplinaridade baseia-se no estudo de um objeto de uma única disciplina por várias disciplinas ao mesmo tempo, oportunizando maior conhecimento e aprofundamento da natureza e funcionamento do objeto estudado.[1] Ao otimizar a integração de saberes, cada membro da equipe pode fornecer valiosas contribuições, trazendo inúmeras vantagens em relação à melhoria da qualidade dos cuidados ofertados, favorecendo melhores resultados clínicos. A utilização de equipes multidisciplinares tem sido considerada a melhor abordagem para cuidados e tratamento de pacientes oncológicos. No entanto, o trabalho em equipes multidisciplinares requer delineação clara dos papéis e responsabilidades, assim como o aprimoramento dos meios de comunicação entre os membros da equipe, sem se esquecer de incorporar o papel dos pacientes nas decisões de colaboração ou não com o plano de cuidados e com o tratamento. Esta é precisamente uma atitude interdisciplinar.

Por interdisciplinaridade, entende-se um intercâmbio e/ou transferência de saberes de uma disciplina para a outra, visando a uma compreensão global e multidimensional do objeto do saber. Nas equipes multidisciplinares em oncologia, por exemplo, o fisioterapeuta pode enriquecer sua compreensão acerca do paciente quando assimila dados relevantes de sua história psicológica e os incorpora em seus cuidados específicos, passando a um funcionamento interdisciplinar, e assim por diante, com cada membro da equipe de cuidados. Um termo que caracteriza a interdisciplinaridade é sinergia. De origem grega, sinergia pode ser definida como "o efeito do esforço coordenado de vários subsistemas na realização de uma tarefa complexa". A sinergia é uma qualidade interdisciplinar, pois promove a convergência harmoniosa dos atores de uma equipe que passam a concorrer para uma finalidade comum. Em um grupo no qual ocorre sinergia, a famosa afirmação "o todo é maior do que a soma de suas partes" é verdadeira. Cada membro da equipe de cuidados é crucial e oferece uma visão única e fundamental, mas é precisamente na conjunção de esforços de comunicação e ampliação dos conhecimentos que cada parte se soma criando um todo com uma nova identidade – uma nova unidade de cuidados. A seguir, será discutido, em maiores detalhes, o modelo assistencial interdisciplinar em oncologia.

COMPLEXIDADE DA DOENÇA *VERSUS* MULTIPLICIDADE DE PERSONAGENS E FATORES ENVOLVIDOS

De fato, hoje em dia supõe-se que o cuidado humanizado e multidisciplinar pode melhorar sobremaneira a qualidade de vida e a sobrevivência dos pacientes com câncer,[2] quando adota o modelo de assistência interdisciplinar. A constante amplificação dos conhecimentos é tão veloz e envolve tamanha complexidade que, por mais dedicado que seja o médico, ele não é capaz de, sozinho, atender todas as necessidades da unidade de cuidados paciente-família em relação tanto aos efeitos colaterais do tratamento quanto aos danos psicológicos gerados pela doença.[2] Daí o valor da assistência interdisciplinar.

O tratamento de câncer envolve lidar com uma doença não apenas cercada de estigmas, mitos e preconceitos. Apesar de todos os progressos na evolução dos cuidados – modernos métodos diagnósticos, evolução da imagem, avanço nas técnicas cirúrgicas, tratamentos quimioterápicos e radioterápicos mais efetivos –, o câncer continua a ser um desafio para pacientes, familiares e equipes profissionais, dada sua alta complexidade e terapias ainda limitadas.

De natureza multifatorial desde sua origem (Tabela 1), o aparecimento e o desenvolvimento da doença pode envolver alterações genéticas, falhas no sistema imunológico, ação de múltiplos agentes virais, estilo de vida e fatores ambientais, como também é suscetível à influência de fenômenos de estresse e fatores psicológicos.

TABELA 1 Câncer e sua multifatoriedade

Bio	Psico	Social	Espiritual
Elementos da estrutura fisiológica, de natureza genética, nem sempre hereditária	Fatores de ordem psicológica, ligados à parte afetivo-emocional do indivíduo	Interações com o meio físico e social	Atribuição de sentido e significado às experiências vividas e à vida como um todo

Tratar a pessoa com câncer é se relacionar com problemas que afetam todos os aspectos significativos do viver, portanto, multidimensionais. Prover ajuda requer uma perspectiva mais ampla e uma visão integral do ser humano: o cuidado diante de suas necessidades físicas, psíquicas, sociais, éticas e espirituais.

A solução encontrada para lidar com esse ser humano multidimensional e com uma família que, muitas vezes, sofre tanto ou mais que o adoentado, e todos vivendo o contexto de enfrentamento de uma doença tão complexa, foi o trabalho em equipe multiprofissional e multidisciplinar, atuando de forma interdisciplinar. No entanto, é preciso pensar que a prática da interdisciplinaridade em saúde ainda é relativamente nova. Representa, além disso, um processo em permanente construção, no qual é necessário "a integração de ações e conhecimentos, o estabelecimento do diálogo, relações horizontais de poder na equipe, respeito ao conhecimento de outras pessoas, colegas de trabalho e limites de seu rendimento, aprendizagem coletiva e contínua e motivação interna para defender uma prática baseada na qualidade de vida e morte dos pacientes".[3]

A interdisciplinaridade possibilita a integração de saberes e a diversidade de olhares, aproximando-se do ideal de integralidade no cuidar da unidade paciente-família. Sua prática oportuniza a discussão dos casos, a revisão de condutas e objetivos, favorece o contato e a comunicação dentro da equipe, possibilitando o respeito a diferentes perspectivas e também o enriquecimento de todos pelo apoio e troca entre seus membros. Contudo, para sua efetivação, é imprescindível um modelo de interação entre os vários membros da equipe, o desenvolvimento de propostas de atuação integrada e a implementação de programas interdisciplinares, a fim de garantir uma assistência articulada e eficiente.

Interdisciplinaridade – psicologia no câncer de mama **413**

O desenvolvimento pessoal de cada membro da equipe quanto a algumas atitudes e habilidades pode ser facilitador para a prática interdisciplinar:[4]

- tomar decisões pautadas no conhecimento e na ética, após discuti-las entre as disciplinas e os profissionais de uma equipe;
- ter flexibilidade para reconhecer valores, direitos e realidades diferentes;
- respeitar a diversidade de saberes;
- trabalhar com indivíduos (outros profissionais, pacientes e familiares) com características pessoais e singularidades.

Entre os fatores de risco comumente encontrados na criação de equipes interdisciplinares efetivas, estão a imposição de modelos rígidos de divisão técnica do trabalho, dificuldades de comunicação entre os profissionais, conflitos não resolvidos e disputas de poder. A delimitação precária da especificidade das disciplinas na rotina do atendimento também pode gerar instabilidade na equipe e comprometer o emprego dos recursos humanos efetivamente disponíveis. Para a prática saudável desse modelo em oncologia,[5] recomenda-se especial atenção à formação dos profissionais de saúde, treinamento para o trabalho em equipe, desenvolvimento de habilidade de comunicação, treino de etiqueta nas relações profissionais e cuidados essenciais consigo mesmo e com o colega.

Para a unidade de cuidados paciente-família que já está vivenciando uma situação para a qual ninguém é preparado – o contexto de uma doença que ameaça a integridade física e emocional e, muitas vezes, a própria vida, modifica sua expectativa de futuro, cria problemas financeiros e práticos para administrar uma nova rotina –, surge uma grande dificuldade adicional: como se relacionar com a multiplicidade de profissionais envolvidos, a quem responder e, principalmente, em quem confiar para repartir as angústias vividas. Como exemplo, cita-se uma história real, vivenciada pelo Prof. Dr. Wilhelm Kenzler, da disciplina de Medicina Psicossomática da Faculdade de Medicina de Santo Amaro. O professor, já falecido, era conhecido por sua exímia habilidade de comunicação com os pacientes. Sendo assim, ele foi chamado a intervir junto a uma paciente pré-adolescente, internada no hospital em que os alunos da faculdade estagiavam. Tais intervenções aconteciam comumente, já que fazia parte da disciplina por ele chefiada discutir os casos nos quais os alunos tinham mais dificuldades, além do ensino dos aspectos psicossomáticos das doenças e também do apoio psicológico aos alunos no internato. A paciente de 11 anos de idade estava em um quarto com mais duas crianças. No entanto, enquanto as outras tinham a presença constante de familiares, ela era deixada sozinha, já que a mãe diarista precisava trabalhar por ser o único esteio da família. Os estudantes e outros profissionais do hospital tentavam, na medida do possível, atender às suas necessidades. No princípio, isso funcionou muito bem. Com o passar do tempo, a criança foi se isolando. Deitava-se virada para a parede e cobria a cabeça, recusando-se a se comunicar. Estava deprimida, não se alimentava corretamente e não respondia bem ao tratamento, o que deixava os alunos muito angustiados. O professor entrou, sentou-se perto da cama, apresentou-se e falou, com voz muito suave, da preocupação da equipe em querer ajudá-la. Colocou-se à disposição para ouvi-la e ficou muito tempo em silêncio, apenas esperando. Cedendo à curiosidade, a criança virou-se e encontrou a equipe quieta, observando calmamente. Depois do contato visual, o professor perguntou se ela conhecia o motivo de ali estar, se alguém havia explicado a realidade dos fatos. Neste ponto, vale lembrar que as crianças também precisam saber de suas reais situações, uma vez que a fantasia pode ser mais assustadora do que a realidade a ser enfrentada. Ao ouvir a pergunta, a criança ficou em silêncio. A seguir, o professor perguntou "você sabe quem é o seu médico?", ao que ela respondeu muito brava: "sei lá, um montão". Ele continuou, sem alterar o tom terno: "bem, e o que o Dr. Montão explicou a você?". Diante desta atitude do professor, a criança riu e começou a contar sua história, incluindo sua vida antes de ser hospitalizada, suas dores e seus medos, além da solidão que estava vivendo ali, apesar de estar cercada de cuidados de toda a equipe que, em sua visão, era "um montão" de gente.

É possível observar a mesma história do ponto de vista da equipe – ou do "Dr. Montão". Havia uma equipe constituída por pediatras, enfermeiras e auxiliares, assistentes sociais, estudantes de psicologia, além dos alunos de medicina passando pelo internato. A intervenção citada acabou por ocupar quase 3 horas de atendimento, entre ouvir as dificuldades dos estagiários do internato, estabelecer contato e ouvir a paciente, orientar toda a equipe posteriormente ao atendimento propriamente dito. Isto foi possibilitado por tratar-se de um hospital-escola. No âmbito de um hospital geral, a mesma intervenção seria possível? Quem da equipe pode dispor de tanto tempo para o atendimento de um único paciente? Em hospitais com pessoal bem treinado, nota-se, por exemplo, que, a cada troca de plantão, a equipe que assume vai a cada quarto, se apresentando e se colocando a disposição. Tal atitude é extremamente gentil. No entanto, ocorre que muitas vezes o paciente fica hospitalizado durante 3 dias e sai da internação sem rever alguns profissionais que encontrou no primeiro dia por

Interdisciplinaridade – psicologia no câncer de mama   **415**

causa da escala de trabalho, e sem nem saber quem é o responsável pelos seus cuidados. Portanto, ele conheceu um "montão" de gente, mas teve tempo de criar algum tipo de vínculo? Na rotina estressante de um hospital, por mais dedicados que sejam os profissionais, haverá tempo para ficarem horas à beira de um único leito? O eminente Prof. Dr. Kenzler gostava de brincar que os psicólogos hospitalares, que teoricamente são os profissionais mais voltados para esse tipo de atendimento, deveriam possuir dois diplomas: psicólogos e bombeiros. Em sua maioria, eles têm que dar conta de inúmeros procedimentos e são chamados "para apagar incêndios" – palavras dele, significando que são chamados para interconsulta quando o doente não se comporta tão pacientemente, ou seja, quando não se sujeita passivamente ao tratamento, ou quando dá trabalho extra. Por outro lado, o mesmo professor ensinava seus alunos a "verdadeiramente olhar" o doente, de forma que transmitisse a mensagem de reconhecimento de um ser humano para outro. Esse reconhecimento de igualdade no cerne da humanidade não levaria mais do que poucos segundos e teria um grande potencial curativo.

Tome-se como exemplo o tratamento de câncer de mama, objeto deste estudo. Dependendo das características particulares de cada tipo de câncer, a pessoa doente se verá às voltas com um grande time de profissionais: mastologista, oncologista clínico, radioterapeuta, cirurgião plástico, farmacêutico, fisioterapeuta, nutricionista, enfermeiros, psicólogo, assistente social, advogados, assistente espiritual e outros. Muitas e diferentes decisões precisam ser tomadas, algumas podem ser feitas pelo próprio paciente. Outras devem estar a cargo da equipe, já que esses profissionais estão mais bem informados sobre as mais recentes pesquisas e ensaios clínicos, dos recursos disponíveis e das melhores opções de tratamento. No entanto, mesmo quando as decisões são tomadas pela equipe, é necessário haver a concordância da unidade de cuidados, principalmente da pessoa ora adoentada.

Todas essas demandas fazem da interdisciplinaridade um desafio de grande complexidade. Na verdade, embora conceitualmente se tenha a certeza de seus benefícios, ainda são necessárias pesquisas que atestem seu impacto positivo tanto para os pacientes quanto para as equipes.[6] Em uma revisão sistemática sobre o impacto das reuniões multidisciplinares (em si uma potencial prática interdisciplinar), evidenciou-se que essas reuniões afetam a avaliação e o manejo dos pacientes, mas não resultam em melhorias significativas de prognósticos clínicos, como se esperava.[7] A literatura científica mostra que ainda há uma grande lacuna de dados sobre a relação entre os diferentes agentes envolvidos na prática interdisciplinar e a repercussão de suas ações junto a pacientes e familiares. Da mesma forma, a qualidade de vida e o nível de satisfação do paciente em relação às práticas interdisciplinares precisam ainda ser mais bem investigados. O exercício da interdisciplinaridade é variável e mediado pelas peculiaridades culturais e sociais, sendo também afetado pelo tipo de doença a que se propõe tratar. Por isso mesmo, trata-se de algo que muda, que é recriado a cada novo desafio, novo paciente, novo tratamento. Em algumas equipes, como a de cuidados paliativos, o exercício da interdisciplinaridade é particularmente significativo e pode contribuir para a qualidade de cuidados oferecidos aos pacientes e seus familiares, bem como favorecer a satisfação dos profissionais que se dedicam a esse tipo de trabalho, potencialmente desafiador e difícil.[3]

Outro fator interessante é pensar o quão os próprios pacientes estão representados quando decisões sobre seu tratamento são tomadas pelas equipes em reuniões multidisciplinares. Há uma crescente necessidade de assegurar que as práticas interdisciplinares sejam realmente centradas no paciente, e uma das propostas nessa direção seria possibilitar seu conhecimento e participação em reuniões nas quais as recomendações sobre seu tratamento são discutidas.[8]

O tratamento do câncer, em geral, é muito estressante. No caso do câncer de mama, o tratamento envolve também questões ligadas a feminilidade, estética, autoestima, etc. Para a obtenção de melhores resultados, é vital que haja boa comunicação entre os membros da equipe, da mesma forma como é importante reconhecer as necessidades da paciente. Sobre isso, recentemente, uma paciente de 32 anos que está finalizando seu tratamento, escreveu:

> Enquanto paciente, viver todo este processo, composto pelos vários estágios decorrentes de procedimentos como cirurgia, quimioterapia e radioterapia, nos quais somos atendidos por médicos, enfermeiros, fisioterapeutas, psicólogos, dentre outros, é de certa forma angustiante. Faz com que tenhamos uma noção real da complexidade da doença. O tratamento como um todo costuma ser longo, e a ansiedade, portanto, é uma constante. São muitas as demandas desencadeadas, aspectos desestabilizadores com os quais temos que lidar, e não são só de ordem física, mas psíquica e emocional também (âmbitos complementares e tanto quanto fundamentais de estarem equilibrados para que a cura se consolide), que devem ser considerados por estes diferentes profissionais. Cada qual atua dentro da sua especialidade, obviamente, mas para nós, pacientes, é muito importante que tenham essa visão integrada, cujo foco principal seja o doente, seu bem-estar, e não a doença. Quando essa integração aconte-

ce, quando existe essa "sensibilidade" por parte dos profissionais e nos sentimos assistidos em toda a nossa abrangência, isso nos tranquiliza e dá segurança. Não são raras as vezes que nos sentimos vulneráveis, mas se temos clareza do que nos acontece e se sentimos nossas demandas sendo consideradas, a tendência é respondermos melhor e então contribuirmos ativamente para alcançarmos nosso objetivo.

Talvez uma das questões mais importantes relacionadas ao cuidar seja o acolhimento, ou seja, a equipe multi e interdisciplinar poder oferecer à paciente o antídoto da sensação de desamparo. Citando Barros:[9]

> Enfatizar que, ao longo de todo o percurso, o paciente não está só: o tratamento é uma caminhada conjunta compartilhada pela equipe de cuidados, em que cada um tem um papel crucial para se chegar à melhor solução dos impasses do caminho. Este compromisso de caminhada conjunta deve ser salientado por cada membro da equipe em momentos diferentes. Ele evoca a responsabilidade do próprio paciente em relação ao seu processo de cura, mas o conforta quando da presença desagradável (e frequente) dos sentimentos de solidão e isolamento que possam surgir.

OLHAR VOLTADO PARA O ATENDIMENTO DAS NECESSIDADES DA UNIDADE DE CUIDADOS PACIENTE-FAMÍLIA

Como visto anteriormente, considerando que o câncer é uma doença complexa, que ameaça a integridade física e psicológica, seu tratamento demanda uma visão mais ampla e compreensiva, que leve a um atendimento mais eficaz e melhor qualidade de vida para todos os envolvidos. Assim, tanto o paciente quanto sua família precisam de respeito e atenção às suas necessidades emocionais, físicas e existenciais.

A participação da equipe multidisciplinar é imprescindível para prover uma assistência integral desde o momento do diagnóstico e em todas as fases da doença – tratamento, reabilitação, recidiva, remissão, cura ou terminalidade. Para Macieira e Barbosa,[4] ainda que a ênfase maior recaia sobre os cuidados físicos, não se deve esquecer que, simultaneamente a eles, os aspectos psicológicos, sociais, educacionais, vocacionais e mesmo legais devem ser observados. Apenas dessa forma será possível priorizar o bem-estar da unidade de cuidados paciente-família. Para as mesmas autoras:

Desta forma, o foco não se reduz ao combate à doença, mas à assistência aos seres humanos que estão vivendo uma situação de fragilidade, medos e incertezas. Tanto melhores serão as perspectivas de resolução positiva quanto maior for o envolvimento e a adesão ao plano de tratamento. Na prática, isto requer a participação ativa do paciente e da família, assim como a interação efetiva com e entre a equipe multidisciplinar e multiprofissional. Paciente e família como membros de uma equipe na qual cada um exerce seu papel com responsabilidade e vontade trará benefícios para todos.

Considerar, debater, expor e socializar informações sobre a doença, tratamento e possíveis sequelas em uma linguagem compreensível a todos é crucial, mas despende tempo e atenção que podem ser programados através de encontros, discussões ou orientações de grupos. No entanto, os profissionais precisam ser sensíveis à escuta das reações paradoxais, conflitos e angústias presentes no momento delicado e estressante no qual se encontra a unidade de cuidados paciente-família.

Para o atendimento das necessidades da unidade de cuidados paciente-família, torna-se imprescindível a criação de um espaço em que medos, dúvidas, fantasias e preocupações possam ser legitimados e esclarecidos. Considerando que o contexto vivenciado pode, frequentemente, dificultar tanto a comunicação quanto a assimilação das informações necessárias para a tomada de decisões, encontros individuais com o paciente, com um dos membros ou com todo o grupo familiar, devem ser oferecidos. No entanto, nem sempre a unidade paciente-família busca o médico ou o psicólogo para relatar suas angústias e dúvidas. Macieira e Barbosa[4] salientam que qualquer um dos membros da equipe precisa estar preparado para repetir as informações ou dar continência àquele que o procura, mantendo a coesão com as ideias e o plano de tratamento elaborado pelo grupo multiprofissional.

É preciso que a equipe esteja muito afinada sobre o que, quanto e quando transmitir. Quando as informações oferecidas pela equipe são confusas ou até mesmo contraditórias, o nível de estresse vivido pela unidade de cuidados paciente-família aumenta muito. Assim, a equipe interdisciplinar deve planejar suas ações no sentido de assegurar o acompanhamento das necessidades gerais manifestadas, reconhecendo as dificuldades enfrentadas, com o intuito de fornecer ajuda para lidar com as situações.

Para Liberato,[10] nenhum avanço técnico ou tecnológico garantiu até hoje a cura de todos os males, e aquilo que não é curado precisará de cuidados, mas o ato de cuidar "abrange muito mais que um momento específico de atenção e de zelo; implica preocupação com quem ou o que está sendo cuidado, ocupando-se dele, com responsabilidade e envolvimento afetivo". Para isso, é preciso observar as várias dimensões do cuidado como essência humana: a dimensão intrapessoal (cuidar de si); a dimensão interpessoal (cuidar do outro) e a dimensão transpessoal (cuidar como um ato de amor), além de cuidar do espaço compartilhado.

O trabalho interdisciplinar pode promover a integralidade do cuidar e a criação de um campo fértil de possibilidades de crescimento, facilitando o diálogo e colaborando para a compreensão familiar a respeito da nova realidade. Isso requer cercar a unidade de cuidados paciente-família de atenção voltada para a cura e, ao mesmo tempo, trabalhar com manutenção da saúde e prevenção do adoecimento de outros membros da família.

PSICOLOGIA NO TRABALHO INTERDISCIPLINAR

A psicologia vem contribuindo enfaticamente para a compreensão da importância dos aspectos biopsicossociais e espirituais do câncer. Desde os primeiros estudos nessa área, discutia-se a influência de fatores como cultura, aspectos emocionais e subjetivos, e aqueles relacionados ao estágio da doença e tipo de tratamento. Mais tarde, questões como a qualidade de vida durante e após a remissão da doença ganharam importância, e cada tipo de câncer passou a ser estudado de forma específica.[11]

O câncer de mama tem sido um dos tipos de câncer mais estudados, não somente por sua alta e crescente incidência na população feminina, mas pelo sofrimento psicológico que ele acarreta, transcendendo os limites da doença em si. Um atributo do feminino, a mama carrega representações que ligam a mulher ao seu papel na sociedade, especialmente como responsável pela maternagem, nutrição, afeto e procriação da família. Atualmente, no entanto, as representações se relacionam à feminilidade. A mama tem sido explorada como símbolo da sexualidade feminina, ressaltada como um órgão que a mulher pode ostentar, aumentar (próteses), exibir e se orgulhar.[12] Na verdade, a transformação progressiva da representação da mama ao longo dos últimos séculos vem acompanhando a própria transformação da mulher e sua identidade social, na direção de uma maior liberdade de expressão e afirmação. No entanto, a mulher com câncer de mama continua suscetível a sentimentos de baixa autoestima e de inferioridade, justamente por ser atingida no órgão que simboliza o poder do feminino, tanto pela doença como pelo tratamento.

De forma geral, atualmente ser diagnosticada com câncer de mama provoca na mulher uma dúvida íntima que diz respeito à sua capacidade de proporcionar experiências de prazer, de sentir-se atraente, alimentando silenciosamente um medo de rejeição do parceiro ou, se for solteira, o medo de não conseguir um companheiro que a aceite. Esse questionamento é fundamentado e acentuado pelas consequências negativas que os tratamentos atuais ainda trazem à mulher. Os possíveis efeitos secundários do tratamento, como a menopausa precoce e a alteração de hormônios sexuais, contribuem para que as pacientes apresentem o interesse sexual diminuído, um rebaixamento da libido, a diminuição da excitação sexual e da lubrificação vaginal, tornando o ato sexual doloroso e inibindo o orgasmo, o que pode gerar, por sua vez, dificuldades no relacionamento com seus parceiros.[13] Assim, para além das questões relacionadas aos atributos femininos ligados à maternidade, como a capacidade de nutrir (proporcionando o leite e o afeto) e de formar os vínculos dos laços primordiais de uma família, hoje em dia ganham relevo as questões relacionadas à autoestima e à sexualidade.

O relacionamento e a participação dos maridos ou parceiros, aliás, é outra questão que se salienta e merece um olhar atencioso: o companheiro da mulher com câncer de mama tem um papel fundamental, provendo suporte instrumental e afetivo. Em muitos casos, o suporte prático ou instrumental é mais facilmente disponibilizado pelo homem, que sente mais dificuldade em questões relacionadas à troca de sentimentos, à escuta dos aspectos mais sutis e sensíveis relacionados à subjetividade da experiência do câncer.[14] Em uma revisão da literatura feita recentemente, outros autores[15] chamam a atenção para uma importante lacuna a ser preenchida por estudos futuros: a questão da inclusão de pesquisas sobre mulheres com diferentes orientações sexuais, o impacto da vivência da situação de doença e tratamento no relacionamento com suas parceiras.

Estudos longitudinais prospectivos[10,15] afirmam que algumas dessas questões discutidas até aqui acompanham as mulheres submetidas a tratamento de câncer de mama ao longo de vários anos após o tratamento, impactando sua qualidade de vida, imagem corporal, vida sexual e satisfação com seu trabalho, originando mudanças importantes no curso de suas vidas e na natureza de suas atividades, o que justifica a indicação de acompanhamento psicológico mesmo após o término do tratamento.

Concluindo, pode-se afirmar que o câncer de mama é uma ameaça que pode abalar a identidade feminina, e o tratamento psicológico deve se orientar, entre outras coisas, pelo reconhecimento dos sentimentos que aparecem e desestruturam os alicerces que fundamentam a feminilidade. Deve trabalhar para que a própria mulher possa ampliar seu repertório de expressões do feminino, acolhendo suas fragilidades e limitações, mas não se reduzindo a elas. Pelo contrário, delas se desidentificando para criar novas habilidades, novos encantos e modos de ser mulher.

O profissional de psicologia, por sua vez, exerce um importante papel para a reelaboração da sexualidade e ajustamento da vida sexual das pacientes, especialmente quando bem aparelhado sobre o tema em toda sua complexidade, fornecendo informações, promovendo reflexões, testando diferentes modos de comunicação, incentivando a participação do casal em reuniões, etc. Desse modo, esse profissional assegura uma atenção humanizada, integral e individualizada, que leva em conta as necessidades específicas de cada paciente e de sua família.

PREVENÇÃO E IDENTIFICAÇÃO DA SÍNDROME DE *BURNOUT* E MEDIAÇÃO DOS DISTÚRBIOS DE COMUNICAÇÃO NA EQUIPE

O campo de atuação do profissional de psicologia em oncologia envolve ainda o trabalho com:

- equipe interdisciplinar: prevenção e identificação da síndrome de *burnout*; mediação dos distúrbios de comunicação;
- paciente e família: facilitando a comunicação e os cuidados com o cuidador familiar principal e desenvolvendo estratégias de enfrentamento e manejo de estresse.

O câncer costuma apresentar evolução progressiva e prolongada, que possibilita aos profissionais de saúde um contato mais próximo e duradouro tanto com os pacientes quanto com suas famílias. Com isso, os membros da equipe tornam-se mais expostos à vulnerabilidade, aos sentimentos e aos sofrimentos humanos, o que pode favorecer o aparecimento da síndrome de *burnout* ou síndrome de estresse profissional. Uma vez que as respostas que os profissionais podem elaborar diante de seus questionamentos pessoais podem impactar profundamente os planos de tratamento, um modo preventivo de reduzir possíveis danos é amparar quem cuida. A síndrome é um quadro que pode surgir em profissionais comprometidos com o seu trabalho e se caracteriza por sintomas somáticos, psíquicos e comportamentais. Os sintomas somáticos são exaustão, fadiga, cefaleias, distúrbios gastrointestinais, insônia, dispneia e outros. Os sintomas psíquicos são humor depressivo, irritabilidade, ansiedade, rigidez, negativismo, ceticismo e desinteresse; e os sintomas comportamentais são caracterizados basicamente por comportamentos evitativos, como consultas rápidas e falta de contato visual, rótulos depreciativos atribuídos geralmente ao cliente, comportamento crítico e ataques a pessoas e instituições.

Cuidar dos cuidadores profissionais é fundamental para a qualidade do atendimento prestado à unidade de cuidados paciente-família. Quando se pensa no aspecto preventivo em saúde coletiva, é imprescindível também buscar soluções para diminuir o ônus psicológico de ser um profissional de saúde e, ainda, a identificação precoce dos profissionais mais propensos ao adoecimento por estresse. Cabe ao psicólogo que trabalha em oncologia fornecer subsídios teóricos e práticos para atuação dos profissionais em equipe multi e interdisciplinar, assim como atuar de forma a atenuar os estressores naturais ligados à complexidade da própria doença e/ou à instituição, auxiliando no desenvolvimento de estratégias de manejo de estresse. Nesta linha de atuação, podem ser desenvolvidas estratégias de proteção para bem-estar emocional desses trabalhadores, como: encontros com foco na melhoria da colaboração e comunicação dentro da equipe como um todo, serviços memoriais para pacientes conhecidos dos membros da equipe, terapias complementares objetivando redução de estresse e aumento de bem-estar, grupos de ajuda ou programas de treinamento e/ou educacionais.

O papel da psicologia em oncologia pode ser resumido em auxiliar a equipe interdisciplinar ao:

- tomar consciência das situações vivenciadas;
- ampliar a comunicação na equipe e favorecer a troca e a discussão de experiências;
- facilitar a emergência protegida de angústias, medos, ansiedades e inseguranças provocadas pelo trabalho com pacientes oncológicos;
- acolher e dar significado às experiências vividas, com o objetivo de reduzir o estresse e a insegurança;
- favorecer o desenvolvimento de estratégias de enfrentamento para a equipe e para os atendidos por ela.

ATUAÇÃO DO PSICÓLOGO COM A UNIDADE DE CUIDADOS PACIENTE-FAMÍLIA

Facilitação da comunicação

Graves distúrbios de comunicação podem ocorrer em situações de crise como o tratamento do câncer. Diante do diagnóstico, algumas famílias desenvolvem o mito da mútua proteção entre seus membros, gerando aquilo que é conhecido como a "conspiração do silêncio". Tal conspiração pode acontecer de duas maneiras: não falar sobre o assunto, evitando aquilo que não pode ser dito ou suportado, ou com um falatório sem sentido, na tentativa de encobrir o que não pode ser dito. Com isso, a comunicação não verbal e o que é efetivamente verbalizado apresentam incongruência. Podem emergir também as dificuldades de comunicação e os conflitos familiares anteriores ao surgimento da doença.

A intervenção do profissional da psicologia deve facilitar a comunicação do paciente com seus familiares e também com a equipe de saúde. Ao psicólogo, caberá a escuta ativa e o acolhimento dos conteúdos e sentimentos manifestos, criando-lhes a possibilidade de expressão. É favorecer a prevenção no sentido do cuidado – não se pode evitar toda a dor, mas ela pode ser diminuída. Para isso, é preciso, primeiramente, estabelecer um vínculo de confiança e oferecer vários encontros. Não se deve esquecer também o desenvolvimento de estratégias de enfrentamento e manejo de estresse para o grupo familiar, assim como o levantamento das necessidades de cuidados com o cuidador familiar principal, uma vez que ele costuma ser sobrecarregado pela responsabilidade com as tomadas de decisões e com o peso excessivo gerado pela dedicação ao doente.

Desenvolvimento de estratégias de enfrentamento e manejo de estresse

O câncer de mama impõe ao paciente o desenvolvimento de diferentes estratégias de enfrentamento, dependendo da gravidade e do estágio da doença e do tipo de tratamento possível. No entanto, o psicólogo não pode deixar de considerar a fase do ciclo vital em que se encontra a paciente quando adoece, a qualidade da estrutura familiar e social que lhe dá suporte, o papel social ocupado pela paciente e suas condições socioeconômicas, seu nível de educação e suas características de personalidade.

De forma geral, são metas do acompanhamento psicológico garantir ao paciente um ambiente de confiança, para que ela/e possa conscientizar-se de suas emoções, mesmo as consideradas negativas ou perigosas, como a raiva, a mágoa, entre outras, e expressá-las com segurança. O trabalho de reconhecimento e conscientização do que se passa interiormente, seja a natureza de suas emoções ou de seus pensamentos, é um trabalho que traz impacto positivo imediato para a própria qualidade de comunicação com os demais familiares e a equipe de cuidados. Quando a paciente percebe seus pensamentos e suas emoções e começa a lidar com eles de forma autêntica, abre espaço para o conhecimento das barreiras que se antepõem entre ela e a realização de seus objetivos. Algumas crenças que alimenta a respeito de si mesma e de suas potencialidades, inúmeras vezes crenças absolutamente disfuncionais, podem então ser reexaminadas e transformadas. Exemplos de crenças comuns dizem respeito à própria ideia do câncer de mama como uma punição, como uma doença que leva a um desfecho ruim, como algo contra o qual a mulher está completamente impotente ou, ao contrário, como uma doença que ela causou ou "fez". Em todos esses casos, trata-se de oferecer escuta e ressignificação dessas crenças, para que sejam substituídas por afirmações que gerem abertura, como: "se eu me sinto culpada por algo que fiz, posso buscar o autoperdão e deixar que sentimentos positivos me ajudem a lidar com a doença e o tratamento". Ou ainda: "embora conheça pessoas de minha intimidade que faleceram com câncer de mama, estou vivendo em um outro momento e hoje existem muitas alternativas de cura e tratamento antes desconhecidas". E também: "não sou onipotente; uma doença acontece com qualquer pessoa, não preciso me sentir passiva diante dela, mas não sou responsável por ela. Sou, sim, responsável pelo modo como vou enfrentá-la... vou à luta!". Estes são alguns trechos de falas de diferentes mulheres em tratamento que expressam o potencial de ajuda do trabalho psicológico.

A conscientização e a expressão das emoções e ressignificação das crenças disfuncionais a respeito de si, do câncer e do tratamento são importantes em todas as etapas do processo, assim como a identificação dos recursos mais eficazes utilizados pela paciente em tempos de dificuldades ao longo de sua vida. O câncer de mama certamente não é o primeiro desafio na vida de uma pessoa. É importante que ela seja ajudada a se lembrar de outras ocasiões em que conseguiu se superar e criar para si mesma pontos de apoio, rotas de fuga e saídas de emergência para as situações de sofrimento. Como diz Barros,[9]

> Os recursos trazidos naturalmente pela paciente representam (...) a parte que permaneceu saudável e que pode ajudá-la em seu processo de cura. Buscar conhecer com a paciente as imagens que representam estas forças positivas de enfrentamento e utilizá-las constantemente como um ícone de identificação único, uma arma poderosa que ela escolheu para definir a si mesma em sua luta pela sobrevivência (...) a imagem de um bambu com sua flexibilidade e força, ou de um girassol que se direciona à luz, entre tantas outras que podem surgir.

Essa tarefa encontra-se na base de toda estratégia de enfrentamento minimamente eficaz. Há pelo menos duas formas de enfrentamento: o direto e o indireto. O primeiro diz respeito às mudanças nas ações da paciente sobre seu ambiente, e o segundo atesta as mudanças internas em sua forma de perceber o mesmo ambiente. É importante compreender que essas duas forças direcionadas extrínseca e intrinsecamente se complementam na construção do repertório de enfrentamento e manejo do estresse de cada um.

Nas primeiras semanas logo após o diagnóstico (fase de crise), a paciente com câncer de mama tem diante de si a tarefa de reconhecer que está doente, compreender sobre o tratamento e desenvolver atributos como coragem, assertividade e determinação, de certa forma, atributos ligados à dimensão masculina do agir.

Mais adiante, quando começa a se acostumar com a rotina de exames e com os efeitos colaterais do tratamento, inicia-se a chamada fase crônica. Durante essa fase, a maior tarefa que se apresenta às pacientes é a de tolerar os efeitos colaterais do tratamento e lidar com os limites que começam a se impor na sua vida diária. Um aspecto importante que ocorre com frequência nesse ponto é a paciente apresentar a tendência de exacerbar sua identificação com a doença, de tal forma a perder, ainda que circunstancialmente, a sua identidade total. Ela é uma mulher doente com câncer de mama. Portanto, uma das metas do acompanhamento psicológico é auxiliar a paciente a substituir a afirmação "eu *sou* doente" por "eu *estou* doente", resgatando os aspectos saudáveis e preservados de sua identidade que serão capazes de ajudá-la em sua cura integral.[16] Aqui também se torna fundamental a aceitação por parte da paciente, da presença de sentimentos ambivalentes, que ficam especialmente fortes quando o caráter paradoxal do tratamento se evidencia. Ou seja, "sentia-me bem, mas agora com o tratamento, sinto-me doente". Ou ainda, "que tratamento é esse que me faz doente?", um típico desabafo que explicita o conflito presente no esforço para a aceitação dos efeitos nocivos da quimioterapia, por exemplo.

A complexidade da doença, seus aspectos multifatoriais e as contradições do tratamento, entre outras questões, acompanham a percepção da paciente sobre a também complexa natureza de seu mundo interior, em que convivem sentimentos contraditórios, crenças e visões sobre si e sobre os outros, sobre a vida e a morte, sobre o passado e o futuro. Diante desse desafio, desperta na paciente a dimensão feminina da aceitação e flexibilidade, por meio de maior conscientização interior. Esse despertar permite um trabalho mais profundo, que previne desfechos como a depressão e oportuniza o aumento da autoestima, da esperança e da confiança em si mesma e no tratamento.

Na fase seguinte (final) do processo de tratamento, se a cura física é possível, os desafios relacionam-se à elaboração pela paciente da experiência que viveu, integrando todos os aspectos em direção a um bem-estar mais completo, talvez agora com maior atenção a questões de vida pouco valorizadas anteriormente, mas que, após a doença, ganham contornos de fundamental importância. Trata-se da reabilitação e do preparo para a retomada da vida afetiva, profissional e das novas rotinas de autocuidado, que agora tem que ser mais frequentes e contínuas. A integração e a elaboração dos sentimentos vividos com o adoecimento também compreendem a aceitação de sentimentos como a incerteza.[9] Conviver com a incerteza pode ajudar a mulher a lidar com a possibilidade de uma recidiva nessa fase e a se preparar para enfrentá-la.

O câncer em geral e o câncer de mama em particular convidam à paciente e sua família à convivência e à aceitação do imponderável, do incontrolável, da impermanência e do constante movimento no qual se está inserido como seres viventes. Talvez essas questões sejam mais bem traduzidas pelo termo "espiritualidade". A dimensão espiritual do cuidado, nesse sentido, diferentemente da dimensão exclusivamente religiosa, fala sobre a importância da reflexão e do posicionamento da paciente diante das questões existenciais mais profundas e da morte. Isso definitivamente está inserido no contexto de atendimento psicológico que oferece um lugar para a escuta sensível e essencial, desde a fase inicial ou de crise. Atualmente, já é estabelecida a relação positiva entre a espiritualidade, a religiosidade e a saúde, prevenindo a instalação de transtornos mentais significativos e auxiliando os pacientes oncológicos na adesão e na adaptação ao tratamento.

Diante da perspectiva de morte, dor ou sofrimento, espera-se que os indivíduos acionem todos os recursos internos para enfrentar a situação.[17] Cada pessoa e cada família, à sua maneira singular, saem à busca de conforto filosófico, religioso ou espiritual. A espiritualidade/religiosidade, usada como recur-

Interdisciplinaridade – psicologia no câncer de mama **427**

so de enfrentamento, pode trazer sensações de amparo, proteção e de não lutar sozinho contra algo ameaçador.

Existem hoje instrumentos simples e úteis, desenvolvidos para possibilitar a investigação e a inclusão da história religiosa e espiritual dos pacientes de forma rápida e sensível, que podem ser facilmente utilizados por qualquer membro da equipe multidisciplinar em qualquer etapa do tratamento e devem ser explorados pelo psicólogo ao longo de seu acompanhamento à paciente e a seus familiares.[18]

Diante do prognóstico de terminalidade, os cuidados psicológicos se integram aos cuidados da equipe de cuidados paliativos, que priorizam o conforto e a diminuição da dor total. Além dos cuidados com as diversas dimensões da dor (física, emocional e espiritual), a atenção deve ser dada às condições materiais e financeiras em que a paciente deixará seus familiares, pois esta é, em geral, uma importante fonte de estresse à paciente, especialmente quando se pensa que hoje é muito grande o número de mulheres que são as responsáveis financeiras (além de afetivas) de seu núcleo familiar. Já no plano psicológico mais estrito, o desafio centra-se na criação de um espaço de comunicação onde não existem tabus. A morte pode ser conhecida tal como é entendida, temida ou mesmo desejada pela paciente. Os cuidados com a família também se intensificam e estimula-se o resgate da comunicação essencial entre a paciente, os familiares e amigos mais significativos a ela. As fases estudadas por Ross[19] – negação, raiva, barganha, depressão e aceitação – ganham expressão mais visível nessa fase e devem ser trabalhadas junto a pacientes, familiares e equipe. Dessa forma, o acompanhamento psicológico estimula a possibilidade de resolução de pendências emocionais e a expressão dos medos em relação ao processo de morrer. Esse trabalho, quando realizado com sensibilidade, abre as portas para que o desapego e as despedidas possam ser feitas com maior aceitação e tranquilidade.

Algumas práticas integrativas e complementares de apoio psicológico podem ser aqui utilizadas para o alívio da dor emocional e espiritual presentes nessa fase. Por exemplo, recursos como o relaxamento e a visualização de imagens mentais especificamente criadas para cada paciente, dependendo de suas crenças sobre a vida e a morte, são muito benéficos.[20]

O acompanhamento psicológico é, portanto, caracterizado pela atuação em vários níveis ou dimensões. Pode ser mais superficial e voltado para o enfrentamento de situações factuais que se assemelham a uma batalha e pode, paralelamente, adquirir uma imensa profundidade quando se volta a questões de natureza existencial e espiritual. No fundo, o trabalho consiste em despertar naqueles que procuram tal atendimento a própria vontade de curar-se, de buscar em si o seu melhor repertório, a mais saudável e autêntica expressão de si mesmos. É o estímulo do desenvolvimento de sua vontade interior, de produção de sentido e significado ao sofrimento, como uma forma de refazer sua aliança com a vida, resgatando sua criatividade para a criação de uma nova forma de ser e viver.

CONSIDERAÇÕES FINAIS

Atualmente, uma abordagem integral no tratamento do câncer busca a cura da doença e também a manutenção e a promoção de saúde física, psicológica, emocional, social e espiritual de todos os envolvidos, quer pertençam à unidade de cuidados paciente-família, quer à equipe interdisciplinar cuidadora. Dessa forma, o tratamento tem uma amplitude muito maior, o que implica integrar aspectos que favoreçam o levantamento de recursos físicos, econômicos, de informação e educação, sociais (grupos de ajuda e rede de apoio), psicológicos e também espirituais.

Melhorias nos planos de tratamento e integralidade no atendimento são indissociáveis de um olhar mais amplo à saúde de todos os membros da família assistida (saudáveis ou aquele ora adoentado) e da equipe de cuidados. Dada a multiplicidade dos agentes envolvidos e a complexidade da doença, um atendimento que se deseje integral requer cercar a unidade de cuidados paciente- -família de atenção voltada para a cura e, ainda, trabalhar com manutenção da saúde biopsíquica, social e espiritual e também com a prevenção do adoecimento de outros membros (família e profissionais de saúde). Afinal, todo esse processo conduz ao aumento do nível de estresse que pode gerar doenças físicas e/ou psicológicas.

A atuação da psicologia no câncer de mama, assim como nos demais tipos de câncer, visa a promover a manutenção da saúde, reforçando comportamentos saudáveis, removendo barreiras criadoras de estresse e auxiliando no desenvolvimento de estratégias efetivas de enfrentamento. Trabalha tanto com a unidade recebedora de cuidados (paciente e seus familiares) quanto com a equipe multiprofissional, atuando de forma interdisciplinar na busca por equilíbrio psicológico para o alívio do estresse, a inspiração de emoções positivas, o incentivo a crenças e estilos de personalidades adequadas ao enfrentamento de situações de crise, além do fortalecimento de redes de apoio sociais ou profissionais.

REFERÊNCIAS BIBLIOGRÁFICAS

1. Nicolescu B. O manifesto da transdisciplinaridade. São Paulo: Triom, 1999.
2. Dias E, Veit M. Guidelines for interdisciplinary assistance in breast cancer. Journal of the Senologic International Society 2013. Disponível em: www.sisjournal.org/index.php/sisjournal/article/view/544/69. Acessado em: 16/8/2016.
3. Porto AR, Thofehrn MB, Amestoy SC, Gonzáles RIC, Oliveira NA. The essence of interdisciplinary practice in palliative care delivery to cancer patients. Invest Educ Enferm 2012; 30(2):231-39.
4. Macieira RC, Barbosa ERC. Olhar paciente-família: incluindo a unidade de cuidados no atendimento integral. In: Veit MT (coord. geral). Transdisciplinaridade em oncologia: caminhos para um atendimento integrado. São Paulo: HR Gráfica e Editora, 2009.
5. Veit MT. (coord. geral). Transdisciplinaridade em oncologia: caminhos para um atendimento integrado. São Paulo: HR Gráfica e Editora, 2009.
6. Tremblay D, Roberge D, Cazale L, Touati N, Maunsell E, Latreille J et al. Evaluation of the impact of interdisciplinarity in cancer care. BMC Health Services Research 2011; 11:144.
7. Pillaya B, Woottena AC, Crow H, Corcorana N, Trand B, Bowdene P et al. The impact of multidisciplinary team meetings on patient assessment, management and outcomes in oncology settings: a systematic review of the literature. Cancer Treat Rev 2016; 42:56-72.
8. Taylor C, Finnegan-John J, Green JS. "No decision about me without me" in the context of cancer multidisciplinary team meetings: a qualitative interview study. BMC Health Serv Res 2014; 14:488.
9. Barros MCM. A experiência de recidiva e o paciente oncológico: convivendo com a incerteza. In: Veit MT (coord. geral). Transdisciplinaridade em oncologia: caminhos para um atendimento integrado. São Paulo: HR Gráfica e Editora, 2009.
10. Liberato RP. O cuidado como essência humana. In: Veit MT. (coord. geral). Transdisciplinaridade em oncologia: caminhos para um atendimento integrado. São Paulo: HR Gráfica e Editora, 2009.
11. Costa Neto SB, Araújo TCCF. Qualidade de vida do enfermo oncológico: um panorama sobre o campo e suas formas de avaliação. In: Carvalho VA, Macieira RC, Liberato RP, Veit MT, Kovács MJ, Gomes MJB et al. (orgs). Temas em Psico-oncologia. São Paulo: Summus, 2008.

12. Da Silva LC. Câncer de mama e sofrimento psicológico: aspectos relacionados ao feminino. Psicologia em Estudo 2008; 13(2):231-37.

13. Verenhitach BD, Nonato JM, Simone E, Nazário CP. Câncer de mama e seus efeitos sobre a sexualidade: uma revisão sistemática sobre abordagem e tratamento. Femina 2014; 42(1):3-10.

14. Macieira R. Sexualidade e câncer. In: Carvalho VA, Macieira RC, Liberato RP, Veit MT, Kovács MJ, Gomes MJB et al. (orgs). Temas em Psico-oncologia. São Paulo: Summus, 2008.

15. Santos DB, Santos MA, Vieira EM. Sexualidade e câncer de mama: uma revisão sistemática da literatura. Saúde Soc São Paulo 2014; 23(4):1342-55.

16. Barros MCM. O acompanhamento psicológico a pacientes com câncer. In: Hoff PG (eds.). Tratado de oncologia. São Paulo: Atheneu, 2013.

17. Macieira RC. Avaliação da espiritualidade no enfrentamento do câncer de mama em mulheres. Dissertação (Mestrado em Saúde Materno-infantil). São Paulo: Faculdade de Medicina da Universidade de Santo Amaro, 2007. 62 p.

18. Puchalski CM, Romer AL. Taking a spiritual history allows clinicians to understand patients more fully. J Palliat Med 2000; 3:129-37.

19. Kubler-Ross E. Sobre a morte e o morrer. São Paulo: Martins Fontes, 1987.

20. Elias ACA. Programa de treinamento sobre a intervenção terapêutica Relaxamento, Imagens mentais e Espiritualidade (RIME) para ressignificar a dor espiritual de pacientes terminais (tese de doutorado). Campinas: Faculdade de Ciências Médicas da Universidade Estadual de Campinas, 2005.

27

Assistência de enfermagem no câncer de mama

Danila Cristina Paquier Sala
Vânia Lopes Pinto
Giselia Santos Tolentino

INTRODUÇÃO

Em breve pesquisa na base de dados eletrônica da US National Library of Medicine PubMed, pode-se constatar que as publicações científicas na área de enfermagem oncológica desde o final do século XX vêm crescendo exponencialmente. No Brasil, especificamente nos últimos 5 anos, verifica-se que esse campo de conhecimento tem representatividade de 20% sobre toda a publicação. Ao analisar as temáticas, pode-se averiguar que o cuidado de enfermagem em câncer tem sido abordado em todos os cenários da atenção à saúde, com pesquisas desenvolvidas na atenção primária, de média e alta complexidade. Qualidade de vida, aspectos socioemocionais, educação em saúde e cuidados durante o processo terapêutico ganham destaque no número de publicações, sendo que avaliação em saúde, cuidados paliativos e detecção precoce são temas que têm vindo à tona, acredita-se, em resposta às elevadas taxas de incidência e mortalidade do câncer, configurando-se como um dos mais importantes problemas de saúde pública nos dias atuais.

No Brasil, em 2016, o Instituto Nacional do Câncer (Inca) estimou 57.960 casos novos de câncer de mama. Ao se excluir o câncer de pele não melanoma, o câncer de mama aparece como o mais incidente entre as mulheres, com taxa de mortalidade em curva ascendente, principalmente entre mulheres mais jovens com menos de 50 anos, representando atualmente a primeira causa de morte por câncer na população feminina brasileira, com taxa de 12,66 óbitos/100.000 mulheres em 2013.[1]

Nesse contexto, acredita-se no trabalho em rede, integrado e interdisciplinar como única e factível resposta eficaz a essa emergência epidemiológica. Por isso, aceita-se o desafio de apresentar neste capítulo uma amostra concisa dos cuidados da equipe de enfermagem no cenário de média e alta complexidade, voltado para a mulher em tratamento do câncer de mama, com ênfase no cuidar durante o período perioperatório e o tratamento quimioterápico do câncer de mama.

ASPECTOS TEÓRICOS E LEGAIS DO CUIDADO DE ENFERMAGEM NO PERIOPERATÓRIO

O termo perioperatório é amplo e abrange as fases pré-operatória, transoperatória e pós-operatória, etapas vivenciadas pela mulher durante a internação hospitalar para tratamento cirúrgico do câncer de mama. Castellanos e Jouclas, em 1990, apresentaram um modelo conceitual que fundamenta a assistência de enfermagem perioperatória nos princípios da integralidade, individualidade, participação, continuidade, documentação e avaliação.[2]

Somado a isso, atualmente é obrigatória, em todas as instituições de saúde públicas ou privadas, a organização da prática profissional de enfermagem e, neste lócus de trabalho específico, está baseada na Sistematização da Assistência de Enfermagem Perioperatória (SAEP) que segue as diretrizes preconizadas pela Associação Brasileira de Enfermeiros de Centro Cirúrgico, Recuperação Anestésica e Centro de Material de Esterilização (SOBECC). Nesse processo, pode-se destacar a segurança da paciente e o acolhimento, ambos focos do cuidado durante todo o processo anestésico-cirúrgico, planejado por meio da identificação de riscos e problemas e da implementação de intervenções por toda a equipe de enfermagem: enfermeiros, técnicos e auxiliares de enfermagem.[3,4]

CUIDADOS DE ENFERMAGEM COM PACIENTE NO PERÍODO PRÉ-OPERATÓRIO

O período pré-operatório é constituído por duas fases: a mediata, que se inicia no momento em que o médico indica a necessidade do procedimento até 24 horas antes do ato cirúrgico, e a imediata, que consiste nas últimas 24 horas até a transferência da paciente ao centro cirúrgico.[3] Durante o período pré-operatório, é fundamental que o enfermeiro elabore, em conjunto com a equipe multiprofissional, um plano de cuidados voltado ao atendimento das necessidades emergentes das pacientes e à prevenção das complicações decorrentes do procedimento anestésico-cirúrgico.[2]

Dentre as ações no pré-operatório, destacam-se a coleta de dados e o exame físico, realizados pelo enfermeiro, etapas primordiais na identificação de fatores predisponentes para complicações e/ou agravamento da saúde durante a internação e o ato anestésico-cirúrgico, assim como a checagem de alguns exames pré-operatórios, como hematócrito, hemoglobina e plaquetas, radiografia torácica e mamária e eletrocardiograma (ECG). Outros aspectos fundamentais são a verificação da lateralidade cirúrgica, do assentimento, a compreensão dos riscos e benefícios do procedimento e a checagem da assinatura do Termo de Consentimento Livre Esclarecido (TCLE) pela paciente e/ou responsável.[5] Diante dos resultados desses exames e procedimentos, a equipe de enfermagem, fisioterapeutas, anestesistas, entre outros profissionais, fundamentam a avaliação da paciente de forma segura. Essas avaliações norteiam a Lista de Verificação de Cirurgia Segura (LVCS), recomendada pela Organização Mundial da Saúde (OMS), como pode se verificar na Tabela 1.[6,7]

Além dos cuidados próprios da cirurgia, o apoio emocional e o estabelecimento de vínculo de confiança, neste momento, são de extrema importância para melhor compreensão, interação, adaptação e aceitação da autoimagem pelas pacientes, visto que o comprometimento da "imagem sexual, imagem corporal e preconceito social" é fator presente entre as mulheres submetidas à cirurgia de retirada das mamas em 90% dos estudos analisados em recente revisão.[5] Portanto, o apoio socioemocional deve ser oferecido pela equipe em todo o perioperatório, pois as preocupações desencadeadas nesse processo podem gerar fatores que tendem a interferir negativamente na qualidade de vida dessas pacientes.[5,7]

ASSISTÊNCIA À PACIENTE NA MARCAÇÃO PRÉ-OPERATÓRIA DE LESÃO MAMÁRIA

A marcação pré-operatória é procedimento específico realizado com objetivo de direcionar o cirurgião à lesão suspeita na mama, uma vez que ela pode estar impalpável, macroscopicamente invisível ou de palpação difícil e incerta; portanto, a identificação prévia da área possibilita mínima manipulação cirúrgica e máxima segurança.[8]

Pode ser realizada por meio de uma caneta marcadora permanente, em nódulos palpáveis; ou com fio metálico radiopaco, procedimento denominado de agulhamento mamário, ou pela aplicação de tecnécio 99m (radioisótopo), am-

434 Fisioterapia no câncer de mama

TABELA 1 *Checklist* para verificação da segurança do paciente no intraoperatório

Antes da indução anestésica	Antes da incisão da pele	Ao término do ato anestésico-cirúrgico
Está confirmada a identidade da paciente, o sítio cirúrgico, o procedimento e seu consentimento?	Todos os membros da equipe confirmam nomes e profissões	O enfermeiro confirma verbalmente com toda a equipe: Procedimento realizado? Contagem de compressa? Material anatomopatológico identificado? Equipamento com algum problema?
Está marcado o sítio cirúrgico?	Cirurgião, anestesista e enfermagem confirmam nome da paciente, local da cirurgia e procedimento a ser realizado	Cirurgião, anestesista e enfermagem analisam os pontos mais importantes na recuperação pós-anestésica e pós-operatória da paciente
Está checado o equipamento e os medicamentos anestésicos?	**Previsão de eventos críticos** Cirurgião: Tempo cirurgia, passos críticos da cirurgia, exames de imagem	
O paciente tem alguma alergia?	Anestesista: preocupa algum problema de saúde da paciente? Medidas tomadas?	
Há risco de via aérea difícil ou broncoaspiração, mas há equipe e materiais disponíveis?	Enfermagem: providenciar materiais e equipamentos esterilizados	
Risco de hemorragia > 500 mL, mas há acesso venoso e plano para reposição	Antibiótico profilático foi administrado nos últimos 60 minutos?	

Fonte: Organização Mundial da Saúde, 2009.[6]

bos introduzidos em nódulos não palpáveis. As demarcações são realizadas pelo médico, sendo recomendado que a paciente esteja alerta e acordada, pois o envolvimento dela é importante.[6,9]

Os cuidados essenciais a quaisquer procedimentos, invasivos ou não, visam à garantia da segurança do paciente. Compõem-se da confirmação de sua identificação, com uso de pelo menos dois identificadores; orientação sobre o procedimento favorecendo a participação na tomada de decisão; cumprimento às normas de biossegurança, com ênfase aos fatores relacionados a higienização das mãos e assepsia técnica; e checagem e confirmação do consentimento livre, voluntário e esclarecido quanto ao procedimento.[10-12] Os cuidados específicos no agulhamento e na aplicação do radioisótopo estão dispostos na Tabela 2.

Assistência de enfermagem no câncer de mama 435

TABELA 2 Cuidados específicos na demarcação com fio metálico e tecnécio (Tc 99m)[7,9,12]

Fio metálico	Tc 99m
Preparar ambiente garantindo privacidade, utilizar materiais estéreis e descartáveis. O procedimento pode ser guiado por ultrassonografia ou mamografia	Preparar ambiente garantindo privacidade, utilizar materiais estéreis e descartáveis. A aplicação é exclusiva do setor de medicina nuclear
Encaminhar a paciente para o exame utilizando roupas largas, de preferência com abertura torácica anterior para facilitar sua colocação e retirada evitando o tracionamento do fio; é recomendado o uso do sutiã sem aro e sem bojo	Encaminhar a paciente para o exame utilizando roupas largas, de preferência com abertura torácica anterior
Após marcação, não retirar e não molhar o curativo	Após o procedimento, massagear a região da aplicação e aplicar compressa morna no local por 20 min
Auxiliar a paciente a colocar sutiã. Manter sutiã bem firme até procedimento cirúrgico	Desprezar material radioativo em local apropriado
Orientar a paciente sobre os cuidados para evitar o tracionamento do fio; deve-se evitar movimentação do braço homolateral à cirurgia	
Observar dor e sinais de sangramento	

CUIDADOS DE ENFERMAGEM COM PACIENTE NO PERÍODO TRANSOPERATÓRIO E INTRAOPERATÓRIO

O período transoperatório compreende desde o momento em que a paciente é recebida no centro cirúrgico até sua saída da sala de operação, o que inclui o período intraoperatório que, especificamente, têm início e término com o ato anestésico-cirúrgico.[3] Nesse período, destaca-se a utilização do protocolo de cirurgia segura, por meio do *checklist* na LVCS, descrita na Tabela 1.[6]

CUIDADOS DE ENFERMAGEM COM PACIENTE NO PÓS-OPERATÓRIO

O período pós-operatório compreende:

- pós-operatório imediato, que abrange as primeiras 24 horas após a cirurgia e inclui o período de recuperação pós-anestésica;
- pós-operatório mediato, que compreende o período após as primeiras 24 horas, com duração de cerca de 7 dias;
- pós-operatório tardio após esse período.[3]

O período pós-operatório imediato requer supervisão contínua do cuidado, no entanto, as complicações são pouco frequentes; a maioria dos procedimentos cirúrgicos em mastologia é caracterizada como cirurgias limpas, eletivas e realizadas em tecidos estéreis. A ocorrência mais comum é a infecção do sítio cirúrgico (ISC) com taxa esperada de 5%.[13] Os fatores de risco variam segundo o tipo de cirurgia e antecedentes clínicos prévios da paciente, sendo de extrema importância conhecê-los e estabelecer seu monitoramento.

Entre os fatores de risco relacionados ao paciente, estão: diabetes melito, imunodeficiências, obesidade, tabagismo, cirurgias recentes, uso de corticosteroides ou imunossupressores, assim como radioterapia local e quimioterapia.[9,14,15] Entre os fatores relacionados com o procedimento cirúrgico, estão a duração prolongada do ato cirúrgico, o aquecimento da sala, o emprego de prótese e drenos e a contaminação pré ou intraoperatória.[9,13]

Portanto, uma assistência segura de enfermagem envolve monitoramento do nível de consciência e sedação (teste de Aldrette modificado), avaliação dos parâmetros cardiovasculares e respiratórios, observação da ferida operatória quanto a sangramento, presença de hematomas, sinais de infecção e dor. Deambulação, alimentação, banho e autocuidado devem ser encorajados o mais precocemente possível.[16] A infusão de soluções parenterais, assim como sua manutenção e cuidados com os dispositivos intravasculares, deve seguir normas de biossegurança.[9,17] A atuação da enfermagem com estratégias de mediação visa a adaptação e aprendizado das pacientes em lidar com o estresse e *coping*.[18]

DRENOS E FERIDA OPERATÓRIA

Uma das preocupações mais frequentes das pacientes no pós-operatório diz respeito aos cuidados com a ferida operatória (FO), o dreno e o braço correspondente ao lado operado. O recurso da drenagem tem sido indicado às seguintes cirurgias: mastectomias e mamoplastias, quadrantectomias com reconstrução e exérese de grandes nódulos, linfonodectomias axilares, reconstrução com prótese ou expansores e pacientes com discrasias sanguíneas. Deve-se atentar para a manutenção da perviedade do dreno, verificando presença de coágulos ou possíveis pinçamentos. O volume e as características do exsudato devem ser controlados pelo menos a cada 8 horas, no pós-operatório imediato. Sistemas de drenagem sem débito ou com volumes maiores que 200 mL em 24 horas devem ser investigados.[9,17]

Os cuidados com a ferida operatória devem estar voltados para prevenção de ISC. Recomenda-se manter a cobertura ocluída por 48 horas, tempo médio de formação de pontes epiteliais. Deve-se evitar expressão da FO, exceto na presença de secreção purulenta. A escolha da cobertura primária deve corresponder à sua exsudação; em caso de nenhuma ou pouca exsudação, a melhor opção descrita na literatura é a película de poliuretano, que impede a entrada de água e permite a troca de gases, mantém a temperatura da pele, atua como barreira para entrada de microrganismos e facilita o banho e o autocuidado das pacientes em domicílio; na exsudação moderada e grande, a gaze estéril e a fita adesiva têm sido a melhor opção, com melhor custo-benefício descrito na literatura.[9,19]

No planejamento e na alta hospitalar, deve ser realizado treinamento de cuidados com a ferida operatória e dreno e a entrega de manual de orientações impresso. Os cuidados com o braço correspondente ao lado operado são abordados em capítulo específico sobre a temática. No seguimento ambulatorial, as pacientes recebem da enfermagem o reforço das orientações sobre os cuidados com a ferida operatória e o sistema de drenagem contínua, bem como cuidados especiais decorrentes de complicações do processo de cicatrização.[9,20]

Nessa etapa, é enfatizada a necessidade de continuidade dos tratamentos necessários para o controle de sua doença, como radioterapia, quimioterapia ou hormonoterapia, o que implica a participação e o apoio da família e da equipe multiprofissional envolvida, no intuito de ajudar essas mulheres no enfrentamento da situação que estão vivenciando e estimular sua adesão às medidas e aos cuidados relacionados.[9,20]

QUIMIOTERAPIA E SUAS IMPLICAÇÕES NA ASSISTÊNCIA DE ENFERMAGEM

Como modalidade de tratamento do câncer de mama, a quimioterapia tem o seu papel estabelecido, seja em caráter neoadjuvante (antes da cirurgia), adjuvante (após o tratamento cirúrgico) ou paliativo.[9] Representa um grande desafio na assistência de enfermagem, pois consiste em um processo complexo cujo resultado está relacionado diretamente às competências dos profissionais envolvidos.[21]

Cabe ao enfermeiro a responsabilidade de determinar, junto com a equipe médica, o melhor acesso vascular para cada paciente e estabelecer medidas preventivas de riscos e complicações, bem como identificá-los e tratar as complicações, quando presentes.[21]

Na assistência à paciente com câncer de mama submetida à quimioterapia, é imprescindível que o enfermeiro conheça os cateteres venosos periféricos

(CVP) e o cateter venoso central totalmente implantado (CVC-TI), por serem os mais utilizados no tratamento dessas pacientes.[22,23]

CATETERES VENOSOS PERIFÉRICOS

São divididos em duas categorias: cateteres de curta e de longa permanência. Os primeiros são constituídos por agulha metálica, são conhecidos por *scalp* ou *butterfly* e estão associados a maior risco de extravasamento e infiltração em virtude do alto risco de transfixação venosa, o que os contraindica na administração de drogas que possuem potencial de necrose tecidual (vesicantes). Já os cateteres periféricos de longa permanência possuem a possibilidade de retirada do mandril metálico que auxilia no procedimento de punção, permanecendo no espaço intraluminal apenas o dispositivo maleável, impedindo a perda do dispositivo por transfixação venosa e possibilitando a movimentação do membro. São conhecidos como jelco, *insyte* e intima.[22,23]

Por ser uma população que tende a apresentar condições que dificultam a visualização e a punção da veia periférica e aumentam o risco de extravasamento dos agentes antineoplásicos, é preciso habilidade técnica associada a conhecimentos técnico-científicos. É necessária a avaliação criteriosa da rede venosa periférica (calibre, mobilidade, dor, rigidez, coloração), a escolha adequada do cateter (tipo de material, calibre), de acordo com a terapia intravenosa (TIV) prescrita pela equipe médica (tipo de droga, volume a ser infundido, tempo de infusão, tipo de infusão: em *bolus*, intermitente, contínua, contínua prolongada, tempo da terapia), o manuseio e a fixação adequados.[24]

CATETER VENOSO CENTRAL TOTALMENTE IMPLANTADO (CVC-TI)

O CVC-TI consiste em um reservatório subcutâneo (câmara de infusão) feito de silicone ou titânio, geralmente implantado na região infraclavicular por meio de procedimento cirúrgico, conectado a um cateter de silicone, poliuretano ou politetrafluoroetileno, cuja extremidade distal deve estar posicionada na junção da veia cava superior com o átrio direito, podendo ser valvulado ou não. A parte central da câmara é uma membrana de silicone que possibilita o acesso ao dispositivo por meio de punção. Como proteção, existe um anel que prende o reservatório à ponta do cateter com o objetivo de evitar a desconexão. É bastante conhecido como *port-a-cath* ou *port*, conforme demonstrado na Figura 1.[24,25]

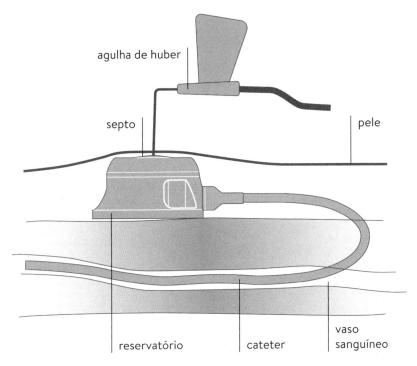

Figura 1 Cateter venoso central totalmente implantado.

Nas Tabelas 3 e 4, estão descritos os cuidados prioritários para a segurança do paciente no uso de cateteres na TIV.[22,23,25,26]

TABELA 3 Cateter venoso periférico: cuidados e implicações no seu uso

Punção venosa periférica	Manuseio e fixação	Prevenção de infecção
Requer profissional com habilidade técnica e conhecimento técnico-científico	Fixar com fita adesiva hipoalergênica estéril ou com película semipermeável transparente, evitando o tracionamento pelo peso do sistema e favorecendo a observação do sítio de inserção ao decorrer da administração da quimioterapia	Lembrar que, para cada nova punção, é necessário um novo dispositivo intravascular

(Continua)

440 Fisioterapia no câncer de mama

TABELA 3 (*continuação*) Cateter venoso periférico: cuidados e implicações no seu uso

Punção venosa periférica	Manuseio e fixação	Prevenção de infecção
Atentar para fatores impeditivos: membro homolateral à mastectomia (não deve ser utilizado em nenhuma hipótese, pelo risco de linfedema); fragilidade capilar importante, porque aumenta o risco de flebite; presença de neuropatia periférica com grande repercussão no membro que será puncionado Evitar em membros superiores irradiados, edemaciados, com presença de lesões, metástases, fístulas arteriovenosas ou múltiplas punções, sítios distais a uma infiltração prévia e membros inferiores, pelo risco de trombose Escolher o calibre do cateter proporcional ao calibre da veia para prevenir complicações mecânicas e infecciosas Utilizar cateter de longa permanência para aplicação de quimioterapia, em especial, drogas vesicantes Selecionar o sítio de punção: em quimioterapia, deve-se obedecer a ordem antebraço, dorso da mão, jamais fossa antecubital, porque é preciso evitar proximidade a articulações e tendões dado o risco de danos em caso de extravasamento Em caso de insucesso: deve-se limitar a mais uma tentativa e, se novamente não conseguir, deverá solicitar outro profissional. De acordo com o Centers for Disease Control and Prevention (CDC), é permitido no máximo 4 tentativas/paciente[22]	Manter a permeabilidade do acesso vascular: realizar *flushes* com solução fisiológica a 0,9% com 10 mL, com pressão positiva para evitar o retorno venoso quando interrompida a TIV e durante a aplicação de uma droga e outra para impedir interação medicamentosa e flebite química	Pré-procedimento: higienizar as mãos com solução antisséptica; realizar antissepsia com sachê alcoólico ou algodão embebido em álcool etílico a 70% na área a ser puncionada; não palpar o local depois da antissepsia; proteger a inserção; usar equipamento de proteção individual (EPI): luva de procedimento Pós-inserção do cateter: avaliar o sítio de inserção quanto à presença de sinais flogísticos: hiperemia, calor, rubor e dor no intervalo de forma constante ao longo da quimioterapia, em especial, quando infundido drogas vesicantes Pré-procedimento: higienizar as mãos com solução antisséptica; realizar antissepsia com sachê alcoólico ou algodão embebido em álcool etílico a 70% na área a ser puncionada; não palpar o local depois da antissepsia; proteger a inserção; usar equipamento de proteção individual (EPI): luva de procedimento

Assistência de enfermagem no câncer de mama   441

TABELA 4 Cateter venoso central totalmente implantado: cuidados e implicações no seu uso

CVC-TI	Vantagens e desvantagens	Manuseio e fixação	Prevenção de infecção
Requer profissional habilitado para manutenção Cateter de escolha pela impossibilidade de punção do membro homolateral ao tratamento cirúrgico, condição de punção venosa periférica desfavorável à administração de quimioterápicos vesicantes, protocolos de quimioterapia extensos (superior a 6 meses) É contraindicado para pacientes com condições impeditivas a um procedimento cirúrgico: distúrbio de coagulação, trombocitopenia, queda de estado geral, comprometimento de um ou mais órgãos nobres e presença de infecção bacteriana ou fúngica comprovada Acesso de via única, ou seja, via exclusiva permitindo somente drogas compatíveis em Y Permite coleta de sangue para exames laboratoriais quando não valvulado Avaliar a presença de hematomas ou equimoses, edema, sinais flogísticos antes de puncioná-lo Realizar a punção percutânea com agulha *non coring* ou *Huber point,* cujo bisel tem um corte especial para acessar o reservatório do cateter sem danificá-lo Agulhas e extensões devem ser preparadas com SF 0,9% antes de serem utilizadas, e grampos e torneiras devem estar fechados durante a troca de seringas e infusões para que não ocorra a entrada de ar no sistema	**Vantagens** Apresenta menor suscetibilidade a infecção, menor risco de trombose, fácil punção, acompanhamento ambulatorial, não interfere nas atividades de vida diárias da paciente, não requer cuidados domiciliares, melhor aceitação pela cliente (autoimagem), diminui o sofrimento e o estresse decorrente de múltiplas punções **Desvantagens:** Requer centro cirúrgico ou sala de radiointervenção para passagem e remoção Risco de complicações agudas relacionadas com a técnica do implante (pneumotórax, hemotórax, punção arterial, embolia pulmonar, trombose e mau posicionamento, exteriorização do reservatório) e tardias, associadas com a manipulação e manutenção do dispositivo (hematomas, deslocamento do cateter, ruptura, alergia ao material do cateter, trombose venosa profunda, ruptura da membrana de silicone, extravasamento, obstrução e oclusão)	Fixar com fita adesiva hipoalergênica estéril ou com película semipermeável transparente Realizar *flush* com solução salina estéril (20 mL) entre a aplicação de uma droga e outra Heparinizar ao término da infusão e a cada 30 dias quando não utilizado Utilizar seringas de 10 mL ou mais para qualquer procedimento, pois seringas com menor volume exercem alta pressão no cateter, favorecendo seu rompimento	Lembrar que cada nova punção necessita de uma nova agulha *non coring* Realizar punção percutânea com técnica asséptica

PRINCIPAIS VIAS DE ADMINISTRAÇÃO DOS QUIMIOTERÁPICOS

As vias de administração estão atreladas às drogas utilizadas nos protocolos de tratamento, portanto, no tratamento de neoplasia de mama, são comumente utilizadas a via oral e a via endovenosa. Cada uma possui vantagens e desvantagens e requer um olhar atento do enfermeiro, conforme descrito na Tabela 5.[27,28]

CUIDADOS COM A PACIENTE ANTES, DURANTE E APÓS A ADMINISTRAÇÃO DOS QUIMIOTERÁPICOS

Uma postura humanizada por parte do enfermeiro auxilia a minimizar o impacto do tratamento e contribui com a reabilitação da paciente que, aos poucos, reconstrói sua autoestima. É preciso promover a educação da paciente e seu cuidador, uma vez que o tratamento é ambulatorial e eles serão os principais colaboradores no relato dos sinais e sintomas, bem como no manejo imediato dos eventos adversos. As Tabelas 5 a 7 apresentam os principais cuidados de enfermagem.[27,28]

TABELA 5 Vias de administração dos antineoplásicos e suas implicações para a assistência de enfermagem

Via	Implicações para a assistência de enfermagem
Oral Econômica Não invasiva	Certificar-se de que a paciente não apresenta déficit neurológico, dificuldade de deglutição e quadro de êmese Educar a paciente quanto aos efeitos colaterais Orientar sobre o armazenamento adequado de acordo com a característica da droga Orientar o manuseio adequado (uso de luvas ou a própria tampa do coletor), evitando sua colocação diretamente sobre as mãos Orientar a paciente para que vomite em saco plástico transparente para a detecção de comprimidos não digeridos e readministração da dose Orientar a restrição de alimentos e líquidos que contenham cafeína, consumo de álcool e limitar o uso de tabaco Oferecer recurso que viabilize o registro e o controle do tratamento: datas, horários e dose dos medicamentos e eventuais ocorrências Utilizar instrumentos para avaliação da adesão ao tratamento, que reflete de forma significativa na resposta ao tratamento Orientar quanto ao descarte adequado: levar à farmácia
Endovenosa Mais segura em relação a nível sérico e absorção	Requer habilidade técnico-científica Determinar o tipo de acesso vascular adequado, realizar as técnicas adequadas de punção venosa, fixação e manipulação Prevenir as possíveis complicações associadas à administração dos quimioterápicos, incluindo a fragilidade vascular e cutânea e o extravasamento Conhecimento das drogas vesicantes e irritantes e a ordem de infusão Atentar para exames que devem ser realizados previamente a algumas drogas, por exemplo, o ecocardiograma pré-infusão da doxorrubicina A administração precisa ser realizada por profissional especializado

Assistência de enfermagem no câncer de mama **443**

TABELA 6 Ações de enfermagem na administração das drogas antineoplásicas

Etapas do atendimento	Intervenções de enfermagem
Consulta de enfermagem	Avaliar exames laboratoriais e de imagem: hemograma, provas de função renal e hepática, eletrólitos, tomografias, testes de função ventricular, anatomopatológico Avaliar estado físico, cognitivo e emocional da paciente e familiar/cuidador Pesquisar reações alérgicas prévias Certificar-se das condições da paciente e dos parâmetros laboratoriais para liberação da aplicação e, se houver anormalidades, comunicar o médico responsável Verificar o protocolo de quimioterapia: tipo de droga, dose, via, tempo de administração, plano terapêutico, toxicidades Avaliar condição de acesso venoso: tipo (periférico/central) Checar peso, altura e superfície corporal e recalcular a dosagem Estabelecer plano de educação: autocuidado, orientar efeitos colaterais e seu manejo, drogas que serão administradas, tempo de infusão, exames necessários, relato de sintomas Esclarecer as dúvidas da paciente e do familiar/cuidador Documentar as informações conforme a rotina institucional
Administração das drogas	Checar dados da prescrição: nome, protocolo de quimioterapia, identificar os possíveis eventos adversos imediatos, medicações prévias à quimioterapia (antieméticos, anti-histamínicos, etc.), hidratação Liberar prescrição na farmácia Recepcionar as drogas e checar seu rótulo (nome e prontuário da paciente; nome da droga, dose, data e horário de manipulação, tempo de estabilidade; medicações prévias) Certificar-se da identidade da paciente de forma ativa (solicitando que ela informe o nome) e passiva (pulseira de identificação) antes da aplicação Verificar os parâmetros vitais e a condição cutânea Orientar e comunicar imediatamente as possíveis reações adversas durante a infusão Realizar os devidos cuidados com o acesso venoso (periférico ou central) descritos anteriormente Atentar para a ordem de infusão das drogas antineoplásicas Monitorar a velocidade de infusão das drogas e queixas de dor, queimação, formigamento, tosse, náusea e êmese, urticárias Instituir as devidas medidas na presença de reações adversas Realizar *flush* com solução salina antes e após a infusão de cada droga Prevenir o extravasamento e, se ocorrer, intervir de forma adequada Documentar as informações do procedimento conforme a rotina institucional
Término da administração das drogas	Realizar *flush* com solução salina Verificar os parâmetros vitais Se acesso periférico, remover o dispositivo e realizar curativo oclusivo no local Se CVC-TI, heparinizar, remover a agulha e realizar curativo oclusivo no local com gaze e fita adesiva hipoalergênica Se necessário, esclarecer as dúvidas da paciente e do familiar/cuidador Documentar as informações do procedimento conforme a rotina institucional

444 Fisioterapia no câncer de mama

TABELA 7 Eventos adversos pós-quimioterapia e intervenções de enfermagem

Eventos adversos	Intervenções de enfermagem
Mucosite	Orientar a escovação dos dentes com escova de cerdas macias e creme dental com flúor após as refeições e antes de dormir; lembrar da higiene da língua e da mucosa oral Remover e escovar próteses; lavar em água corrente posteriormente Usar anestésicos tópicos antes das refeições e sempre que necessário para controlar a dor Dar preferência a alimentos liquefeitos ou pastosos, evitando alimentos muito quentes, ácidos e difíceis de mastigar Inspecionar a cavidade oral e comunicar qualquer alteração e sinal de sangramento Ingerir água gelada para bochechos Lubrificar os lábios
Náusea e vômito	Estimular a ingestão de pequenas porções de alimentos em intervalos menores Orientar uso correto do antiemético prescrito pela equipe médica (e avaliar a efetividade junto com a equipe médica) Evitar alimentos com odores fortes, ricos em gordura, condimentados, além de temperos industrializados e muitos doces Evitar, se possível, a execução de suas refeições Estimular hidratação adequada (água, sucos naturais): 2 L/dia (se não houver restrição hídrica)
Alopecia	Realizar o corte ao iniciar a queda do cabelo para colaborar com a higienização ambiental Proteger o couro cabeludo ao sair com perucas, lenços, chapéu, boinas, touca Usar protetor solar no couro cabeludo (além das demais áreas corpóreas) Reforçar que o cabelo voltará a crescer ao término do tratamento
Mielossupressão	Orientar a identificar, relatar e procurar pronto-socorro (PS) na presença de sinais e sintomas de infecção: elevação de temperatura (T > 37,8°C), calafrios, hipotensão, tremores Orientar a evitar aglomerações e contato com pessoas com sintomas infectadas Manter higiene rigorosa pessoal, ambiental e no preparo dos alimentos (não consumir alimentos crus) Não retirar cutículas nem cortar as unhas muito curtas Observar, comunicar e procurar PS na presença de sinais de sangramento e de anemia (fadiga, dispneia, etc.) Realizar repouso em intervalos regulares Hidratar adequadamente a pele com cremes hipoalergênicos Higienizar as mãos previamente ao consumo de alimentos, antes e após usar o banheiro
Fadiga	Avaliar a intensidade da fadiga e seu impacto sobre funções cognitivas como memória e concentração Orientar a realizar atividades físicas (p.ex., caminhada) alternada a períodos de repouso

No âmbito da administração das drogas antineoplásicas, é importante prevenir uma complicação denominada extravasamento, que consiste no escape de drogas do vaso sanguíneo para os tecidos circunjacentes ao vaso puncionado. Suas consequências estão relacionadas ao tipo, à quantidade e à concentração da droga, da localização do extravasamento e do intervalo do ocorrido e do tratamento. É importante ter em mente que drogas vesicantes podem provocar lesão tecidual grave e necrose (p.ex., daunorrubicina, doxorrubicina, paclitaxel), enquanto as drogas irritantes podem causar dor e reação inflamatórias sem formação de vesículas ou necrose tecidual, mesmo quando infundidas adequadamente (p.ex., gencitabina, docetaxel).[27,28]

O enfermeiro deve estar atento aos sinais e sintomas e orientar a paciente sobre relatar de imediato: queimação, desconforto local, eritema, dor e edema. Se ocorrer, o enfermeiro deve instituir as seguintes ações: parar imediatamente a infusão e manter a agulha no local; conectar uma seringa ao dispositivo e aspirar a medicação residual; remover a agulha e elevar o membro acima do coração; aplicar compressa fria 4 vezes/dia durante 15 a 20 minutos por 48 a 72 horas, com exceção das seguintes drogas: vimblastina, vincristina, vinorelbina, tenoposídeo e etoposídeo, cuja compressa deve ser morna; evitar pressão manual no local; fotografar a área para documentação e acompanhamento, se possível; registrar em prontuário e notificar a ocorrência. Posteriormente, é necessário orientar a não utilizar loções, cremes ou outros produtos sem autorização prévia nem se expor ao sol, e utilizar o membro normalmente para não acarretar distrofia, neuropatia e rigidez.[27,28]

CONSIDERAÇÕES FINAIS

Como se pode verificar, a assistência de enfermagem no câncer de mama é fundamental desde o diagnóstico clínico até o término do tratamento, com a finalidade de identificar as alterações de aspectos biopsicossocioespirituais no intuito de minimizar possíveis complicações e danos, garantindo um cuidado seguro, integral e humanizado.

Nesse sentido, o processo de enfermagem é uma ferramenta que os enfermeiros podem e devem utilizar para obter os dados necessários para determinar diagnósticos e intervenções de enfermagem que promovam resultados efetivos, proporcionando qualidade de vida e valorização da autoestima dessas pacientes tão complexas. Para atingir esse objetivo, é necessário se conscientizar da necessidade de desenvolver habilidade técnica associada ao conhecimento científico que se renova a cada instante.

REFERÊNCIAS BIBLIOGRÁFICAS

1. Brasil. Ministério da Saúde. Instituto Nacional de Câncer José Alencar Gomes da Silva (Inca). Coordenação de Prevenção e Vigilância. Estimativa 2016: incidência de câncer no Brasil. Rio de Janeiro: Inca, 2015. 122p.

2. Castellanos BEP, Jouclas VMG. Assistência de enfermagem perioperatória: num modelo conceitual. Rev Esc Enferm USP 1990; 24(3):359-70.

3. Associação Brasileira de Enfermeiros de Centro Cirúrgico, Recuperação Anestésica e Centro de Material e Esterilização (SOBECC). Práticas recomendadas. 6.ed. Barueri: Manole, 2013. 369p.

4. Barros ALBL, Sanchez CG, Lopes JL, Dell'Acqua MCQ, Lopes MHBM, Gengo e Silva RC. Processo de enfermagem: guia para a prática. São Paulo: Conselho Regional de Enfermagem de São Paulo (COREN-SP), 2015. 113 p.

5. Matoso LML, Melo JAL, Oliveira KKD. As necessidades assistenciais do perioperatório da mastectomia. Rev. Saúde Públ. Santa Cat 2014; 7(1):8-23.

6. Organização Mundial da Saúde (OMS). Segundo desafio global para a segurança do paciente: cirurgias seguras salvam vidas (orientações para cirurgia segura da OMS). Tradução de Marcela Sánchez Nilo e Irma Angélica Durán. Rio de Janeiro: Organização Pan-Americana da Saúde/Agência Nacional de Vigilância Sanitária, 2009.

7. Monteiro FMS. Lista de verificação de segurança cirúrgica e infecção do sítio cirúrgico em crianças e adolescentes: conhecimento dos profissionais que atuam em centro cirúrgico (dissertação de mestrado pelo Programa de Pós-graduação em Processos Interativos de Órgãos e Sistemas). Salvador: Instituto de Ciências da Saúde da Universidade Federal da Bahia, 2014. 90p.

8. Menke CH, Cericatto R, Bittelbrunn F, Delazeri GJ. Biópsia excisional por agulhamento de lesões mamárias não palpáveis: indicações, técnica e resultados. Rev Bras Mastol 2009; 19(4):146-51.

9. Elias S, Facina G, Araujo Neto JT (orgs.). Mastologia: condutas atuais. Barueri: Manole, 2016. 690p.

10. São Paulo. Conselho Regional de Enfermagem de São Paulo. Rede Brasileira de Enfermagem e Segurança do Paciente (REBRAENSP). 10 passos para a segurança do paciente. São Paulo: COREN, 2010. 32p.

11. Brasil. Ministério da Saúde. Carta dos direitos dos usuários da saúde. 2.ed. Brasília: Ministério da Saúde, 2007. 9p.

12. Duarte MLC, Noro A. Humanização do atendimento no setor de radiologia: dificuldades e sugestões dos profissionais de enfermagem. Cogitare Enferm 2013; 18(3):532-8.

13. Youssef MMG, Rees-Lee J, Burden M, Olsen S, Ferguson D, Tillett R. Infection prevention in implant surgery – A review of the surgical evidence, guidelines and a checklist. European Journal of Surgical Oncology (EJSO) 2016; 42(5):591-603.

14. Reish RG, Damjanovic B, Austen Jr. WG, Winograd J, Liao EC, Cetrulo CL et al. Infection following implant-based reconstruction in 1952 consecutive breast reconstructions: salvage rates and predictors of success. Plast Reconstr Surg 2013; 131(6):1223-30.

15. Gronkjaer M, Eliasen M, Skov-Ettrup LS, Tolstrup JS, Christiansen AH, Mikkelsen SS et al. Preoperative smoking status and postoperative complications A systematic review and meta-analysis. Annals Of Surgery 2014; 259(1):52-71.

16. Nelson G, Altman AD, Nick A, Meyer LA, Ramirez PT, Achtari C et al. Guidelines for pre- and intra-operative care in gynecologic/oncology surgery: Enhanced Recovery After Surgery (ERAS®) Society recommendations — Part I. Gynecologic Oncology 2016; 140:313-22.

17. Paiva ACPC, Arreguy-Senna C, Alves MS, Salimena AMO. Construção de instrumentos para o cuidado sistematizado da enfermagem: mulheres em processo cirúrgico de mastectomia. Rev Enferm Cent O Min 2016; 6(2):2282-91.

18. Alves PC, Santos MCL, Fernandes AFC. Stress and coping strategies for women diagnosed with breast cancer: a transversal study. Online Braz J Nurs 2012; 11(2):305-18.

19. Dumville JC, Gray TA, Walter CJ, Sharp CA, Page T. Dressings for the prevention of surgical site infection. Cochrane Database of Systematic Reviews 2014; 9:CD003091.

20. Oliveira AM, Gomes NS, Parreira BDM, Soares MBO, Silva SR. Demandas por cuidados de enfermagem no domicílio por mulheres submetidas à onco-cirurgia. Rev Enferm UFSM 2014; 4(1):67-75.

21. Souza GS, Rocha PRS, Reis PED, Vasques CI. Manuseio do cateter de longa permanência em pacientes portadores de câncer. R Enferm Cent O Min 2013; 3(1):577-86.

22. O'Grady NP, Alexander M, Burns LA, Dellinger EP, Garland J, Heard SO et al. Guidelines for the prevention of intravascular catheter-related infections. Department of Health and Human Services USA: Centers for Disease Control and Prevention, 2011. 83p.

23. Infusion Nurses Society. Infusion Nursing Standards of practice. Journal of Infusion Nursing 2011; 34 Suppl 1:S1-110.

24. Tolentino GS. Acessos vasculares. In: Fonseca SM, Pereira SR (orgs.). Enfermagem em oncologia. São Paulo: Atheneu, 2013. p.74-89.

25. Vasques CI, Reis PED, Carvalho EC. Management of totally implanted catheter in patients with cancer: an integrative review. Acta Paul Enferm 2009; 22(5):696-701.

26. Oliveira FT, Stipp MAC, Silva LD, Frederico M, Duarte SCM. Behavior of the multidisciplinary team about bundle of central venous catheter in intensive care. Esc Anna Nery 2016; 20(1):55-62.
27. Bonassa EMA. Administração dos antineoplásicos. In: Bonassa EMA, Santana TR. Enfermagem em terapêutica oncológica. 3.ed. São Paulo: Atheneu, 2005.
28. Neuss MN, Polovich M, McNiff K, Esper P, Gilmore TR, LeFebvre KB et al. 2013 Updated American Society of Clinical Oncology/Oncology Nursing Society Chemotherapy Administration Safety Standards Including Standards for the Safe Administration and Management of Oral Chemotherapy. Oncology Nursing Forum 2013; 40(3):225-33.

Experiência de pacientes: antes, durante, depois

Elizabeth Hazin
Christiane Nunes Onaga

O tempo cura. Mas se a doença for o tempo?
Wim Wenders

ANTES

Há anos guardo comigo uma pasta em que conservo anotações de sonhos noturnos. Intitulava-se *Sonhos* até que eu assisti ao filme de Kurosawa. Troquei então o título para *Caixa Preta*, considerando que o que ali ficava eram mesmo os últimos pensamentos antes da queda na realidade, ao despertar, a cada manhã. Vez por outra retorno àqueles papéis e revejo as imagens que me iluminaram as noites, o que resulta em maior consciência do que sou e da natureza dos sonhos que vou engendrando. Então, no ano de 2009, uma irmã 9 anos mais nova que eu – e que havia sofrido mastectomia 13 anos antes – apresentou metástese no fígado, sem muita reação à quimioterapia. De fevereiro até outubro, quando veio a falecer, tentaram de tudo. Passei esse período com a sensação de que havia em mim, também, um câncer crescendo e se espalhando, mas todas as noites, antes de dormir, me convencia de que talvez eu apenas estivesse impressionada com a situação de minha irmã. Quando vimos que o fim se aproximava, fui para Recife, apenas para ficar ao lado de minha mãe que estava sofrendo muito, pois, a essa altura, a médica já havia optado por sedar minha irmã. Ainda passei 1 semana por lá, após a morte de Tereza, ao lado de minha mãe. Tudo começou quando retornei, e é aí que entra o conhecimento advindo dos sonhos a que me referia. Uma semana após o meu retorno, tive um sonho aterrorizante, que transcrevo a seguir, de minha *Caixa Preta*.

Estava em uma casa grande, a casa da família (mas tratava-se de família imaginária). Em um quarto imenso, havia várias camas e, sob a janela, uma mistura de berço e de caixão continha um corpo morto, abandonado, ao qual ninguém dava importância. Era como um objeto ali largado. Tratava-se de uma mulher, e seu corpo não se decompusera, apenas a cor parecia estranha. No sonho, eu via tudo aquilo como sendo familiar. Aproximei-me então e olhei o corpo rodeado de flores antigas e me pareceu que algo havia sido alterado, remexido, não sei. Parecia que um dos braços estava fora da posição costumeira. Aproximei-me e delicadamente peguei o braço desdobrado e solto no espaço e recompus a imagem, o braço sobre o peito, preso ao outro. Nesse preciso momento, julguei surpreender um ar de riso no rosto emoldurado por cabelos escuros presos em um coque. O *rictus* da boca era o de quem sorria e chamou-me a atenção, mas pensei que devia ser mesmo impressão minha. Foi quando ao me levantar da posição em que me encontrava, a morta abriu os olhos e deu uma risada terrível, de pura maldade e agarrou-me pelo braço, puxando-me para ela. Quase enlouqueci: queria sair dali a todo custo. Arranquei meu braço num safanão e saí sem olhar para trás. Foi muito lentamente (como acontece nos sonhos) que atravessei o quarto, sem me virar uma única vez. Só despertei quando me senti a salvo de sua influência, mas tal despertar me trouxe uma sensação de medo desconhecida, como se uma ameaça pairasse sobre mim, como se a cortina da morte tivesse sido entreaberta.

Uma vez desperta, fiquei muito angustiada, pois lembrei que minha irmã tivera um sonho pouco antes de morrer: no meio da noite, alguém a puxava com força. Esse ponto em comum entre nossos sonhos indicaria também para mim uma proximidade da morte? Não conseguia esquecer a modificação da expressão da morta ao longo de meu sonho, lembrando-me que algo terrível poderia acontecer de repente, de maneira insuspeitada, surpreendendo-me assim, do nada. Cresceu em mim a certeza de que precisava acreditar com todas as forças em minha intuição e marquei consulta na ginecologista. Nada foi detectado na consulta, mas os exames solicitados me levaram a fazer – ao longo de 1 mês – verdadeira peregrinação: a mamografia e a ultrassonografia de mama me levaram ao mastologista, que solicitou ressonância, que me levou a outra mastologista (agora no Recife, cidade de onde venho e onde mora toda a minha família, aí incluídos os filhos e os netos, e para a qual vou sempre à época do Natal) que solicitou a punção que me deu o resultado desde sempre sabido, mas mentalmente escamoteado: carcinoma. Já estava de volta a Brasília quando minha filha me ligou, com o exame na mão, para me dar a notícia. Eu estava subindo os degraus do restaurante que frequento diariamente quando o telefone tocou. Parei. Recebi a notícia e desliguei. Por uns segundos, tudo virou de cabeça para baixo dentro de mim. Terminei a subida meio anestesiada, meio dormente, mas nada falei com ninguém: era forte demais para compartilhar naquele momento. Era um assunto meu e eu precisava pensar com delicadeza e calma em como as coisas se dariam. Estávamos no 10º dia do ano de 2010 e eu me senti atravessando um limiar.

DURANTE

Susan Sontag escreveu que alguém com câncer adquire uma outra cidadania, a de um país novo e desconhecido de todos os que nunca fizeram um tratamento quimioterápico e que nunca receberam o resultado de um exame que mudasse radicalmente as suas vidas. Aos poucos fui me dando conta disso. Aquela imensa onda de gente que atravessou a minha vida nas salas de espera, nas alas de quimioterapia e radioterapia – era como se fosse composta de velhos conhecidos, vindos de um mesmo lugar. Era como se todos tivéssemos um passado comum. Falávamos uns com os outros espontaneamente, nos ajudávamos às vezes apenas com um olhar, com um sorriso; nos reconhecíamos uns nos outros. Era impressionante como tudo transcorria tranquilamente, sem grande alarde. Achava estranho que fosse assim, sobretudo no caso de meninas tão jovens ainda, como as que encontrei aqui e ali. Apenas uma vez vi uma dessas pessoas chorar: seu câncer era inoperável e se queixava da diferença que existia entre nossos casos e o dela. Mas, de modo geral, havia uma atitude positiva em todos, uma coragem silenciosa que me ajudou a subir cada um dos degraus do tempo.

Minha cirurgia foi no Recife: apenas um quadrante da mama esquerda foi retirado. A primeira sessão de quimioterapia foi absolutamente tranquila, muito embora a imunidade tenha caído tão violentamente que a médica que me recebeu em São Paulo, para dar continuidade ao tratamento, pensou que eu precisaria ser internada. Mas consegui superar tudo nos dias que se seguiram em uma quitinete que aluguei na Vila Madalena, esquina da Rua Girassol com a Purpurina. Achava lindo meu endereço, iluminado. Meu deslocamento para São Paulo se dera pelo motivo de ter recebido, meses antes, licença da universidade a que estou vinculada, a Universidade de Brasília, para fazer um estágio ao nível de pós-doutorado na USP. Não quis abrir mão da oportunidade e achei que, dessa forma, passaria o período do tratamento envolvida com outras questões que me diziam respeito, o que preencheria minha vida. Melhor do que ficar me vitimando. Foi a melhor coisa que fiz. Fiquei 10 meses absolutamente só, em um espaço pequeno, mas pleno de claridade, em um bairro de lugares interessantes. É verdade que saía pouco, a energia era quase nenhuma. Passava os dias a ler e escrever e ouso dizer que sentia uma alegria profunda em estar viva. Tinha consciência de que havia perdido um tipo de inocência e de que nada mais seria como antes, porém rapidamente me adaptava à nova cidadania. Inaugurei uma nova rotina feita de pequenas alegrias: tomar um *lassi* de framboesa de um pequeno restaurante indiano das proximidades, assistir diariamente à novela das seis, encontrar textos interessantes no Google acadêmico, comer um pão canoa com café aos domingos em padaria vizinha a meu prédio, fazer compras no supermercado, inventar receitas saudáveis.

Boa parte do tempo era consumida no tratamento, que não se resumia à quimioterapia. Tive vários problemas dela decorrentes: dentes que arrebentavam, flebite, infestação de fungos nas unhas dos pés, era um nunca acabar de coisas que surgiam, dando-me a sensação de que se, por um lado, o tratamento sanava um problema, por outro dava azo ao surgimento de novos. Vivia a escrever em cadernetinhas, como se fossem pequenos diários. A cada dia, uma frase, uma reflexão: "Sinto-me tão distante de um certo tipo de vida. Será que tudo retornará? Sei que não, mas tenho de encontrar um lugar novo, diverso daquele onde estava, mas também diverso deste onde estou".

No meio do ano de 2010 tudo estava concluído, mas permaneci em São Paulo para terminar a pesquisa. Aos poucos fui adquirindo mais e mais energia, saindo a pé, pegando o metrô, encontrando amigos. Voltei em dezembro para Brasília e fui retomando meu espaço. Em março, voltei às salas de aula. Até agosto, porém.

Um segundo câncer então descoberto trouxe-me a certeza de ter de recomeçar tudo aquilo que eu já conhecia. Foi difícil deixar as turmas iniciadas, os projetos apenas esboçados, para tornar ao já tão dificilmente trilhado. E eu que me sentia livre, enfim, era novamente fisgada. Larguei tudo tão às pressas (dessa vez fui para o Recife), que, ao retornar a Brasília, encontrei dois pacotes no escritório. Ao abri-los, me dei conta de que eram objetos comprados no dia em que recebera o resultado de meu exame e que eu nem chegara a abrir. Sequer lembrava de tê-los comprado.

Foi aí que decidi fazer a mastectomia total bilateral, apesar de minha médica não ver necessidade alguma. Tentou – inutilmente – me convencer. Estava, porém, mais do que segura: não queria outra surpresa dessas, nunca mais! Nos 10 meses que vivi no Recife, em outra quitinete, passava boa parte de meu tempo a cozinhar. Segui rigorosamente a dieta de um médico americano, o David Servan Schreiber, autor de *Anticancer*, o que me fez muito bem. Fora o encontro com a culinária, passava as tardes debruçada na janela, olhando o Recife de minha infância, tão diferente agora. Sim, a doença tem o dom de nos desvelar um mundo, de nos mostrar detalhes que jamais veríamos no dia a dia de antes. As horas passam lentamente, tão lentamente!

No dia 6 de março de 2012, terminei o segundo ciclo de quimioterapia. No dia 13 de abril, senti pela primeira vez uma pequena melhora no meu estado geral. Em 21 de abril, coincidimos momentaneamente – na mesma cidade do planeta: eu, Chico Buarque e Paul McCartney. No dia 22 de maio, escrevi em um dos meus caderninhos: "Sinto nessa tarde uma espécie de felicidade calma, miúda, mas brilhante que não sei de onde se origina. Talvez da perspectiva da volta, ou a sensação de ter sabido cuidar de mim. Qualquer modo, a vida me parece bela e translúcida". Em junho – pela segunda vez – estava de volta à casa.

DEPOIS

Olho ao meu redor e penso na infinidade de quartos em que terei habitado: na Rua Isaac Salazar, antes ainda na Rua da Aurora, em Piedade, na Polidoro, em outros estados, outros países, até aqui, em Brasília: esse quarto em que me encontro só, mas de uma solidão que me completa. A primeira coisa que fiz ao retornar (e já se vão quatro anos) foi uma reforma no apartamento. O ato de derrubar paredes, fechar varandas, trocar pisos e as cores dos cômodos gerou em mim um acontecimento: tudo agora era novo de novo, início de uma nova era.

No dia 5 de fevereiro de 2013, alguém me enviou mensagem de um número desconhecido: "Que a cada dia suas forças sejam renovadas. Mantenha essa luz e vivacidade em você. As coisas nunca acontecem só por acontecer, há sempre um objetivo maior em torno delas. Beijos. Fique bem". Quem terá sido? Três dias depois, do mesmo telefone, outra mensagem (depois da meia-noite!): "Ótima noite para você". Nunca soube quem teria feito isso, mas lhe agradeço sempre por seu gesto.

Em 12 de fevereiro desse mesmo ano, sonhei pela primeira vez com meu corpo após a cirurgia. No sonho, eu estava sem os seios, com a imensa cicatriz mal encoberta por uma camisola de tecido claro. Sinto-me tão diversa da mulher que eu era: solta, vibrante, ligada a tudo à minha volta. Agora vivo comigo. Dentro de casa. Sem grandes desejos. Só com a certeza de que nada será como antes. Os dias se sucedem sem grandes novidades, a vida já não me parece algo em ebulição. Mas há muitas coisas que ainda quero fazer. Há muitas coisas que ainda amo fazer.

> "Paciente de 45 anos, branca, casada, duas gestações, sem uso de anticoncepcionais, não fumante, sem histórico familiar de câncer de mama. Diagnosticada em fevereiro de 2016 com carcinoma lobular invasivo localmente avançado. Realizada mastectomia radical à esquerda e adenectomia direita, esvaziamento axilar esquerdo, reconstrução imediata com próteses expansoras definitivas, quimioterapia por 6 meses, iniciado bloqueio hormonal e 25 sessões de radioterapia. Segue em acompanhamento oncológico, de fisioterapia e acupuntura."

Lendo assim esse relato, parece bem fácil e rápido. Em poucas linhas, informei minha vida e o que se passou nela nesse último ano, sem dor, sem sofrimento, sem medo ou angústias. Parece até que foi fácil e que não deixou sequelas. Tenho certeza de que foram os meses mais intensos da minha vida. Dividir isso não é uma tarefa fácil; as decisões tomadas, meus sentimentos e posicionamentos diante dos fatos são bem pessoais . Uns lutam de uma forma e outros encaram de outra forma completamente diferente. Não há como prever como reagiremos até que aconteça conosco. E aconteceu.

JANEIRO DE 2016

Comemorei meus 45 anos viajando. Amo conhecer lugares novos, culturas diferentes, experimentar comidas novas, fugir um pouco da loucura de São Paulo, dos compromissos e aproveitar dias de diversão ao lado do meu marido e dos meus filhos. Meu marido sempre fala que não sei sair sem meus filhos (17 e 13 anos) e é verdade. Sempre soube que a vida passa rápido e que eles logo crescem e seguem suas próprias vidas. Deixar memórias de nossa convivência diária sempre foi o que desejei, assim como tenho de meus pais e irmãos quando pequena. Viagens são ótimas para isso, momentos de contato diário sem compromissos com outras pessoas, sem preocupações de trabalho ou escola.

Chegamos em São Paulo no início de fevereiro. Esse ano teríamos o casamento do meu cunhado, a venda de nossa casa, procura e compra de um novo apartamento e seria ano de vestibular de meu filho mais velho. 2016 tinha tudo para começar bem, seria agitado, mas tinha tudo para ser um ano incrível.

Em meio aos diversos compromissos de trabalho, escola, natação, guitarra, cursinho do filho, igreja e família, marquei hora no ginecologista. Havia notado uma pequena lateralização do mamilo esquerdo desde o início do ano, mas atribuí ao modelo do sutiã. Não havia dor, alteração de cor, nenhuma secreção, nada. Havia sim um aumento de volume bem próximo, mas os exames, de setembro de 2015, mostravam um cisto com quase 1 cm nesse local. Eu havia feito mamografia e ultrassonografia. Cistos eu sempre tive, já havia operado duas vezes para retirada de fibroadenomas. Eu tinha o que chamam de doença fibrocística da mama.

Cheguei alegre ao consultório. Sou conhecida pelo sorriso fácil, bom humor e por ser falante. Eu estava muito tranquila. Apesar de ser veterinária e estar acostumada a diagnosticar tumores em cadelas e gatas e sempre buscar algo de errado nas minhas mamas, não tinha a menor ideia de que algo podia estar muito errado comigo.

Assim que o médico me examinou, já mudou um pouco de expressão; me falou para não me preocupar, mas que teria que procurar um mastologista que ele indicaria. Meu ginecologista me conhecia há mais de 20 anos e sabia que eu entenderia essa indicação como havendo algum problema real. Desci as escadas do consultório meio paralisada. Encontrei meu marido e já muito aflita liguei marcando uma nova ultrassonografia e ressonância e tentei agendar um horário no ato. Consegui um encaixe com uma médica ultrassonografista especializada em mamas e fui no mesmo dia.

Saí de lá já com o resultado: BI-RADS 4. Era um nódulo e precisaria de biópsia.

Consegui marcar a ressonância para o dia seguinte. Foi inconclusiva, mas sugeria BI-RADS 3.

O mastologista indicado pediu a *core biopsy* e já antecipou que a cirurgia era uma certeza.

Nos dias que seguiram, eu não pensava em mais nada. Precisava de uma resposta, de um resultado. Nesses mesmos dias, a venda de nossa casa finalmente foi concluída e fomos à imobiliária assinar a escritura. Isso significava que poderíamos comprar nosso apartamento, mas a alegria desse dia estava comprometida; cheguei em casa e corri para o computador para ver se o resultado havia ficado pronto. Abri o arquivo e meus olhos correram a descrição direto para a conclusão: CARCINOMA LOBULAR INVASIVO. Perdi o fôlego, fiquei paralisada tentando acreditar, até que finalmente consegui correr para o quarto, onde chorei por horas. O que eu faria? E meus filhos? O que aconteceria? Eu morreria? Quimioterapia? Perderia meus cabelos? E meus filhos? Como eu contaria para eles? Como contaria para meus pais já idosos? E meus filhos, Deus? Só conseguia pensar neles e me desesperar por isso.

Tentei contato com meu ginecologista para contar o que estava acontecendo. Ele me conhecia há anos e saberia o que me dizer, algo para me acalmar. Não foi o que aconteceu. Não tenho mágoas e sei que tudo foi preparado por Deus para que o melhor fosse feito. Nunca mais o vi.

Naquela mesma noite, meu novo médico me ligou. Ele é amigo de minha irmã. Foi calmo, doce e me passou segurança. Ele não me conhecia, mas sei que sentiu a minha dor, o meu desespero. Pediu para me ver na manhã seguinte. Não dormi, mesmo tomando um tranquilizante. Às 7 horas da manhã, já estávamos lá. Eu, meu marido e minhas duas irmãs.

Sim, havia achado o médico que eu precisava. Com um sorriso e um abraço, me recebeu e me explicou, após o exame, sem pressa, tudo que precisava ser feito: uma mastectomia na mama esquerda. Nesse momento, eu já sabia que queria retirar a mama direita. Estranho? Radical? Loucura? Não. Eu me conheço bem e sabia que eu precisava disso para me sentir um pouco mais segura. Já havia amamentado meus dois filhos, era grata ao meu tecido mamário, mas não havia um apego sentimental. A ideia de que células ruins habitavam meu corpo me fazia ter certeza que eu queria esse tecido retirado. Eu sabia que o risco era maior, que a dor seria pior, mas estava decidida, eu queria viver.

Visitei meu cirurgião plástico. Ele já havia feito minha plástica estética de implantes mamários há 4 anos. Como eu já tinha essas próteses, eu poderia fazer a reconstrução imediata com implantes expansores definitivos, pois havia espaço e pele suficientes. Eu tinha plena confiança nele. Sabia que ele era especializado em reconstrução mamária e era ótimo, tanto como profissional quanto como pessoa.

Em 15 dias, entre suspeita e diagnóstico, a cirurgia aconteceu.

Acordei de madrugada e, sinceramente, não estava com medo da cirurgia, não estava com receio do resultado estético, estava com medo apenas do que o patologista falaria a respeito da extensão do tumor e dos linfonodos.

Sete horas e meia de cirurgia. Ainda no centro cirúrgico e ainda atordoada com a anestesia, recebi a notícia de que os linfonodos infelizmente eram positivos.

Quando enfim fiquei completamente acordada, toda a minha família estava lá, os médicos falavam comigo, enfermeiras, pessoas mandavam mensagens que liam para mim, mas eu não estava lá; eu sabia que os linfonodos positivos me levariam direto para a quimioterapia e a um risco maior de metástase. Minha alegria desapareceu, eu não falava, eu não levantava a cabeça, lágrimas escorriam sem eu fazer força; fiquei assim por dias, tentando acreditar que aquilo estava acontecendo mesmo. Fui para casa com drenos, sem poder levantar os braços, cheia de medicamentos e ainda sem conseguir sorrir. Eu não tomava banho sozinha, eu não conseguia ir ao banheiro sozinha, eu não conseguia levantar sozinha... me sentia péssima e chorava por essa dependência total.

Com o passar dos dias, melhorei e estava até mais confiante, mas cerca de 10 dias depois, veio o resultado: a extensão era muito maior e os linfonodos axilares, além dos sentinela, eram positivos também. Eu já não sabia mais o que fazer com tantas notícias ruins seguidas. Nesse dia, me desesperei. Eu não chorava, eu soluçava.

O universo da oncologia me parecia distante, e fazer o meu cadastro não foi fácil. Parecia que estava em um filme, em um pesadelo, não podia ser real. Olhava ao redor e via diversas pessoas. Algumas já sem cabelo, outras com. Algumas com cateter nos braços, outras no pescoço. Algumas bem dispostas, outras nem tanto. Mas era real, eu estava ali e eu era uma delas.

Conheci minha oncologista, uma profissional excelente, superatualizada, muito competente, paciente, carinhosa, um amor de pessoa. Ofereceu-me muito mais do que um tratamento, me ofereceu conforto e segurança naquele momento tão delicado. Ganhei uma amiga, alguém com quem pude contar durante todo esse processo, alguém que entendeu meus medos (os mais absurdos e os reais) e respondeu a cada dúvida com muito amor. Essa ligação entre oncologista e paciente tem que ocorrer; sem essa confiança absoluta, nos sentimos vulneráveis demais.

Sabendo dos efeitos que me esperavam, decidi tomar algumas medidas práticas. Sempre fui muito vaidosa, tinha cabelos loiros compridos, uma sobrancelha marcada e cílios longos, portanto, fiz micropigmentação nas sobrancelhas e busquei uma boa prótese capilar.

Já com as feridas cirúrgicas completamente cicatrizadas, comecei a quimioterapia 20 dias após a cirurgia. Naquele 5 de abril, eu estava aterrorizada. Quimioterapia tem uma marca, um pavor associado. Por mais que soubesse que toda a medicação disponível seria feita para minimizar os efeitos colaterais, aquele líquido vermelho entraria em meu corpo e produziria efeitos que só conheceria depois. Após cerca de 15 dias da primeira sessão, meus cabelos começaram a cair. Uma tristeza tomou conta de mim. Eu sabia que não adiantaria protelar, marquei com o cabelereiro e fui raspar a cabeça. Chorei, chorei muito. Sempre usei cabelos longos e aquilo significava mais que perder os cabelos; significava: sim, estou com câncer. Perder os cabelos não é o de menos, não me sentia melhor com as pessoas falando que cabelo cresce nem achava lindo sair careca ou de lenço. Sofri com isso.

Foram 4 sessões com intervalo de 21 dias. Envenenada é a melhor descrição que posso dar. Sentia-me enjoada, sem forças, me sentindo tão mal que eu tinha certeza que não aguentaria. Eu não comia quase nada, eu pouco levantava. Minha imunidade chegou a valores muito baixos e tive que tomar injeções para estimular a produção de células de defesa, 17 no total.

Com essa queda de resistência e lendo um livro que uma querida amiga me enviou, decidi ajudar meu corpo. Joguei fora todos os potes de plástico e os troquei por potes de vidro, e comecei a consumir todas as verduras, legumes e frutas orgânicos. Acredite: faz diferença.

Após a segunda sessão de quimioterapia, parei de ciclar (isto é, ter ciclos menstruais) e os sintomas da menopausa apareceram. Os calores começaram a aparecer e estão até hoje; não são agradáveis, fico com o rosto ensopado de suor, abro janelas, ligo o ar-condicionado do carro, bebo água, mas ok, eles estão aí e vou aguentá-los. Nunca mais poderei ciclar, pois o tumor responde aos hormônios e, portanto, não posso tê-los. Todos os outros sintomas poderão aparecer também, mas decidi enfrentá-los corajosamente. Exercícios, boa alimentação, um bom ginecologista, um bom cardiologista e dermatologista. Ufa! Vai dar trabalho, mas farei o que precisar.

Além da menopausa, a quimioterapia me causava dores por todo o corpo, dores fortes nas costas que me tiravam a paz. Claro que só pensava em metástases e fui parar no pronto-socorro algumas vezes. Passava as madrugadas pesquisando em sites, blogs, etc. os relatos de sintomas. Em uma dessas madrugadas, li relatos de algumas mulheres que apresentavam dor constante após mastectomia e que melhoraram com fisioterapia. Pela manhã, liguei para minha irmã em busca de uma indicação de fisioterapia. Foi assim que conheci a minha fisioterapeuta. Marquei a consulta e fiz a primeira sessão. Uma paz chegou nesse dia: minha dor tinha uma causa, um motivo real que não era uma lesão óssea, como a minha mente teimava em achar. Eu tinha uma incisão na axila, uma limitação nos movimentos desse braço, havia sofrido uma intervenção em que parte dos músculos das costas havia sido rotacionada para recobrir as próteses, sem falar na minha coluna que já era problemática. Saí do consultório cheia de alegria e já com muito menos dor; ela havia me tirado as dores físicas durante a sessão e as psicológicas, me explicando todas as alterações que eu havia sofrido com a cirurgia. Ela era especialista nessa área e me deu todo o suporte que eu precisava. Rimos muito também e uma relação de confiança e amizade se estabeleceu. Encontrei mais uma pessoa linda! Eu só me perguntava: por que não me obrigaram a consultar um fisioterapeuta logo após a cirurgia? Deveria ser obrigatório.

As sessões de quimioterapia branca foram bem mais fáceis quanto a efeitos colaterais e alterações sanguíneas. Foram 16 sessões semanais. Eu ficava eufórica um dia após a aplicação por conta dos corticosteroides e sentia muito cansaço e dores articulares nos demais dias, mas perto das químios vermelhas, isso era um passeio. Enfim, o dia 13 de setembro chegou! Como esquecer a última químio?

Felicidade absoluta de ter conseguido terminar, sem nenhum atraso, sem nenhuma internação! Teve bolo, festa e tudo mais!

A radioterapia foi marcada após um longo planejamento. Meu radioterapeuta era excelente e tudo correu muito bem. Quase não sofri efeitos colaterais, nem sistêmicos, nem locais. O que mais me marcou durante a radioterapia era o contato diário com as pessoas em tratamento. Diferentemente da quimioterapia, em que voltamos 1 vez/semana ou a cada 21 dias, durante a radioterapia, nos vemos diariamente. Cria-se ali um ambiente propício para amizades, para dividirmos histórias, medos, tristezas e alegrias. Lembrarei para sempre daquelas pessoas, muitas vezes tão diferentes, mas ligadas pela mesma dor.

Mentalmente, a situação não é fácil; temos altos e baixos e passamos muitos momentos de angústia profunda, de crises de choro, de apatia. Os sonhos ficam suspensos e pensar neles muitas vezes nos faz lembrar de tudo que pode vir; me apoiei muito na minha fé e sei que foi isso que me fez superar e voltar a sorrir. Deus esteve comigo em todos os momentos, cuidando e direcionando. Tenho uma família linda que esteve ao meu lado em todo o tempo, amigos incríveis que me ajudaram muito, um marido e filhos sem iguais que estiveram todos os dias ao meu lado. Tive médicos, enfermeiros, fisioterapeuta e hospitais fantásticos em capacidade e estrutura, mas, acima de tudo, recebi muito amor de cada um. Obrigada, meus queridos!

Sigo em acompanhamento, fazendo o bloqueio hormonal, exames e consultas mensais. Não serei a mesma jamais. Passar por algo assim nos modifica, nos amadurece; não apenas apresentei mudanças físicas, mas fiquei mais doce, mais "macia". Olho as pessoas nas ruas e tento imaginar suas histórias. Cada um de nós pode ter sua vida resumida como no primeiro parágrafo desse relato, mas cada um carrega suas próprias dores. Portanto, que possamos ser doces e entregar o nosso melhor ao próximo. Um sorriso, um abraço ou algumas palavras podem fazer toda a diferença, seja na rua, no trabalho ou em qualquer lugar. Sou grata a Deus por estar aguentando firme essa batalha e viverei cada dia com muita alegria!

Índice remissivo

A

acupuntura 281, 290, 366, 403
aderência 243, 300
  cicatricial 312
agentes quimioterápicos 264
alterações
amastia 40
ambiente mecanobiológico tecidual 250
amplitude de movimentos 140
anamnese 258
anatomia
  da axila 39
  da mama 39
anemia 192, 281
ansiedade 388, 404
artéria axilar 50
articulares 140
  cardíacas 305
  circulatórias 140
  de sensibilidade 257
  ósseas 305
  posturais 140, 311
  pulmonares 305
ascite 390
assistência domiciliar 379
ataduras
  adesivas 355
  coesivas 355
  sem adesividade 355
atividade
  física 25, 157, 159
autoenfaixamento 361
autoexame 29
automassagem 147
avaliação
  geral 166
  óssea 192
  postural 351
axila 49

B

bandagens 142
  coesivas 142
  compressivas 142

báscula das escápulas 323
bioimpedância 140, 346
biologia tumoral 401
biópsia 24
  do linfonodo sentinela 82
BI-RADS™ 5 68
braçadeira elástica 358
braquiterapia 109
BRCA 1 25, 64
BRCA 2 25, 64

C

câncer de mama 63
  em homens 131
  familiar 65
  metastático 375
carcinogênese 65
carcinoma ductal *in situ* 77
cateter(es) venoso(s)
  central 438
  periféricos 438
celulites 148
cicatrização 244
cinesioterapia 330, 362
cintilografia óssea 193
cintura escapular 39
complexo areolopapilar 44, 125
compressão
  da medula 192
  pneumática intermitente 365
comunicação 381
condicionamento cardiorrespiratório 157
constante tecidual dielétrica 346
contraceptivos hormonais 25
controle de sintomas 384
cordão único 232
core biopsy 69
cuidados

com a pele 360
  paciente-família 409, 413
  paliativos 289, 373, 376
  psicológicos 427

D

dados antropométricos 140
dano actínico 99
DASH 141
declínio funcional 392
deiscência 220
depressão 388
descamação 299
desnutrição 281
detecção precoce 16
diabetes 174
  melito 237
DIEP 183
disfunções autonômicas 289
dispneia 201, 390
distância acrômio-cabeça 339
doença metastática 375
dor(es) 140, 149, 281, 387
  óssea 192, 387
  osteomusculares 162
  por metástases cerebrais 387
drenagem
  linfática
    da mama 47
    manual 337, 344
  venosa
    mamária 46
    profunda da mama 46
dreno 143, 221, 436
ductos 42

E

edema 140, 149
efeitos colaterais 298

encapsulamento do implante 300
enxerto de gordura 172
equivalente metabólico 157
erisipelas 148
eritema 299, 300
eritrodisestesia palmoplantar 265
escala
  de Karnofsky 278
  ECOG 278
  visual analógica 276
escápula alada 83, 269
escoliose 326
estadiamento 17, 73
estimativa 3
estratégias de enfrentamento 423
estresse 402, 404
etilismo 24
eventos tromboembólicos 375
exercícios 157
  com carga 147
  para amplitude de movimentos 147
expressão do HER-2 72
extensibilidade 355

F

FACIT-F 277
FACT-F 277
fadiga 162, 192, 306, 388
  relacionada ao câncer 275
faixa fibrosa 232
fáscias 40
fatores de risco 3, 23, 334
feminilidade 419
ferida operatória 143
fibroadenoma 26
fibrose 243, 300
fim de vida 391
fisioterapia na radioterapia 295
flexibilidade 158

fluorescência NIRF (*near infrared fluorescence*) 344
força muscular 140, 258
fórmula do cone truncado 349
fossas supraclaviculares 320
fotogrametria computadorizada 318
fracionamento 105
  da dose 103
fraturas 192
fumo 173

G

ginecomastia 132
glândula
  de Montgomery 44
  mamária 42

H

hamartoma 28
hematoma 83, 125
hemoptise 201
hemorragia 83
HER2 71
hipercalcemia 192, 289
hiperfracionamento 105
hipertensão arterial 173, 237
hipertonia do músculo peitoral maior 304
hipoxemia 201
hormonoterapia 90, 91

I

identidade feminina 420
implantes de silicone 123
imuno-histoquímica 72
incidência 3
inervação 53
infecções 126
insônia 281, 389

interconsultas 380

interdisciplinaridade 373, 400, 411, 415

intraoperatório 435

inventário breve de fadiga 276

ioga 281, 403, 404

L

lesão(ões)
  nervosa 302
    pela quimioterapia 264
    pela radioterapia 262
    periféricas 257
  osteoblásticas 193
  osteolíticas 193
  vegetativas 339
liberação miofascial 330
ligamento
  acessório 42
  suspensor da mama (de Cooper) 42
limites da mama 40
linfangiossarcoma 338
linfedema 83, 140, 209, 306, 333, 338
  benigno 338
  maligno 338, 341
  neoplásico 338, 341
linfocele 226
linfocintilografia 210, 344
linfocistos 343
linfonodectomia 82
  axilar 334
linfonodos axilares 52
linforreia 343
linfoterapia 352
lipofilling 172
lipoma 29
luminal
  A 71
  B 71
luva elástica 358

M

Madden 79
mamas densas 67
MammaPrint 90
mamografia 4, 31, 68
mamoplastia 123
manipulação do expansor 177
mapeamento linfático reverso 344
marcação pré-operatória 433
marcadores biológicos 158
massagem 292, 404
mastectomia 79
  radical modificada 79
mastopexia 123
matriz extracelular 244
medicina
  alternativa 399
  integrativa 399, 400
medidas não farmacológicas 392
meditação 404
menarca 24, 64
menopausa 24, 64
MET 165
metástase 73
  a distância 189
  óssea 191, 198
  pulmonar 201
Método Rolf 330
METs 157
microcirurgias 367
miofibroblastos 246
mobilidade respiratória 327
mobilizações teciduais 253
mortalidade 3, 7, 63
morte celular 99
multidisciplinar 384
multidimensional 412
músculo
  coracobraquial 58

deltoide 58
elevador da escápula 59
grande dorsal 58
infraespinal 58
peitoral maior 56
peitoral menor 56
redondo maior 58
redondo menor 58
romboide maior 59
romboide menor 59
serrátil anterior 56
subescapular 58
supraespinal 58
trapézio 58
musicoterapia 404

N

náuseas 287
necrose
de retalhos cutâneos 83
gordurosa 126
tecidual 299
nervo torácico longo 54
neuropatia
periférica induzida pela quimioterapia 264
perioperatória 271
neurotoxicidade induzida 303
níveis de hematócrito 282
nódulos 339
nuliparidade 64

O

obesidade 25, 174
oncoplástica 121
OncotypeDx 90
Organização Mundial da Saúde 376
órteses 200, 270

P

paddings 223
papila mamária 44
Patey 79
PC6 290
peau d'orange 60, 67
performance status 192, 278
perimetria 349
perioperatório 432
perometria 350
PET-CT 71
Pilates 331
pinça polegar-indicador 347
plaquetas 282
plexo braquial 53
plexopatia braquial 262, 303
polimastia 40
politelia 40
Política Nacional de Práticas
Integrativas e Complementares
(PNPIC) 400
pós-operatório
precoce 144
tardio 149
práticas mente-corpo 405
pré-operatório 139
prevenção 23
do linfedema 335
processos infecciosos 83
prognóstico de terminalidade 427
prolongamento axilar de Spencer 42
promoção da saúde 15
prurido 299
psicologia no trabalho 419
psiconeuroimunologia 401
punção
aspirativa com agulha fina (PAAF)
ou grossa 68

do seroma 222
venosa periférica 439

Q

QiGong 281
quadrantectomia 80
quadros suboclusivos 390
quimioterapia 90, 92, 437

R

radiação ionizante 97
radiodermite 299
radioquimioterapia 104
radioterapia 97
  da drenagem linfonodal 108
  intraoperatória 118
rastreamento 29
  mamográfico 4, 30
  screening 67
reconstrução(ões)
  com implante/expansor 172, 175
  com retalho do músculo grande dorsal 172, 179
  com retalho do músculo reto abdominal 172, 183
  do complexo areolopapilar 172
  imediatas 121, 172
  mamária 81, 171, 172
  tardias 121, 172
recorrência locorregional 389
reeducação postural global 329
reflexos de membros
  inferiores 261
  superiores 259
relaxamento 404
ressonância magnética 68
retalho
  autólogos 123, 125

miocutâneo do músculo reto abdominal e grande dorsal 123

S

seio 40
sensibilidade 140, 258
  de membros inferiores 261
sepse 375
seroma 83, 125, 217
serrátil anterior 40
síndrome
  da mama fantasma 271
  da rede axilar 231
  de *burnout* 405, 421
  de Klinefelter 131
  de Stewart-Treves 338
  dolorosa pós-mastectomia 270
  mão-pé 264
Sismama 17
SPIKES 383
Split course 105
SPOFIA 141
ST36 291
sulco deltopeitoral 322

T

tabagismo 24
tai chi chuan 281
taping 366
TE6 291
tecido glandular mamário 42
teleterapia 109
TENS 290
terapia(s)
  biológica 90
  compressiva 223, 228, 355, 360
  de suporte 377
  integrativas 281
  manual 251

por onda de choque 366
termografia 207
TGF-beta 1 245
tipos histológicos 71
tonometria 346
tórax 39
transoperatório 435
tratamento
  adjuvante 90
  cirúrgico 77
trombose venosa profunda 365
tumor filodes 27

U

úlcera radiogênica 300

ultrassonografia 27, 68
unidade de cuidados
        paciente-família 423

V

vascularização arterial da mama 46
veia axilar 51
vestes noturnas 362
vitamina D 25
VO_2 máx 157
volumetria 349
vômitos 287

W

wraps 362

Caderno colorido

3

Anatomia da mama e da axila e sua relação com a cintura escapular e o tórax

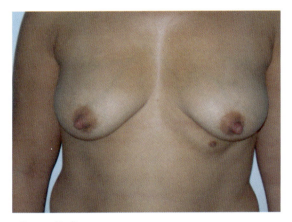

Figura 1 Polimastia e politelia.

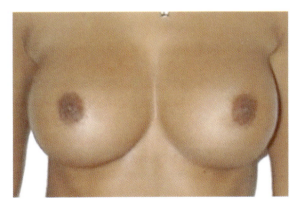

Figura 2 Mamas e seio.

4 Fisioterapia no câncer de mama

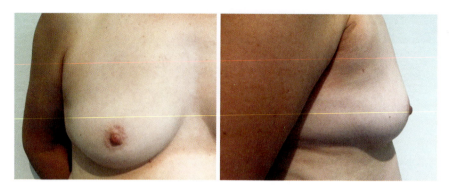

Figura 3 Localização e limites da mama.

7

Radioterapia em câncer de mama

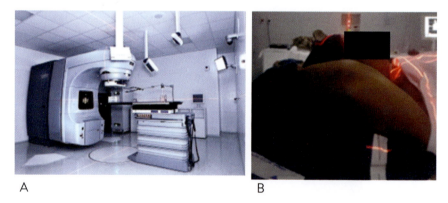

Figura 2 A. Acelerador linear: aparelho de teleterapia do Hospital Vitória – Santos/SP. B. Paciente com câncer de mama realizando simulação de tratamento para posterior realização de radioterapia conformacional de finalidade curativa, utilizando colchão de vácuo, imobilizando tórax e membros superiores.

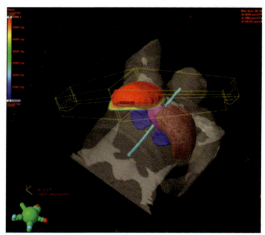

Figura 3 Exemplo de reconstituição tridimensional de paciente com planejamento tridimensional. Campos de radioterapia são representados e áreas-alvo e órgãos em risco são desenhados para caracterizar a dose recebida em cada estrutura.

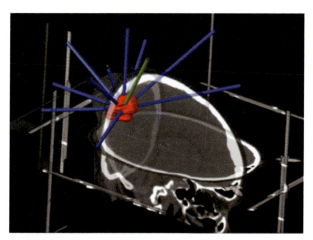

Figura 4 Radiocirurgia craniana: múltiplos campos de irradiação convergem para o foco de tratamento, e sua intersecção permite que a dose maior seja concentrada no alvo, ao mesmo tempo em que há preservação dos tecidos normais adjacentes.

Figura 5 Exemplo de cateteres transitórios intersticiais para braquiterapia, colocados no ato operatório, que serão retirados após sua utilização.

Câncer de mama no homem

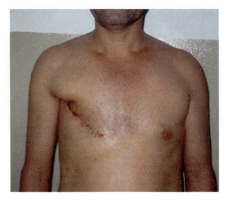

Figura 1 Mastectomia no câncer de mama masculino.

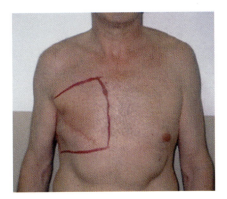

Figura 2 Radioterapia no câncer de mama masculino.

10

Fisioterapia no pré-operatório, no pós-operatório precoce e no pós-operatório tardio

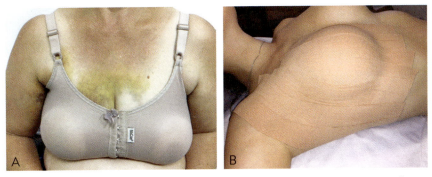

Figura 1 A. Sutiã compressivo. B. Ataduras para evitar formação de seroma e edema.

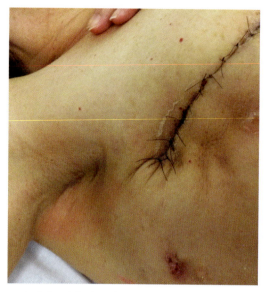

Figura 2 Sutura no plastrão cirúrgico de mama após mastectomia.

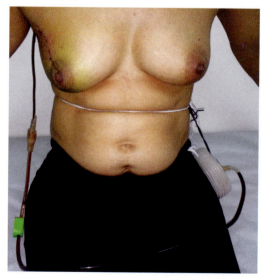

Figura 3 Dreno axilar.

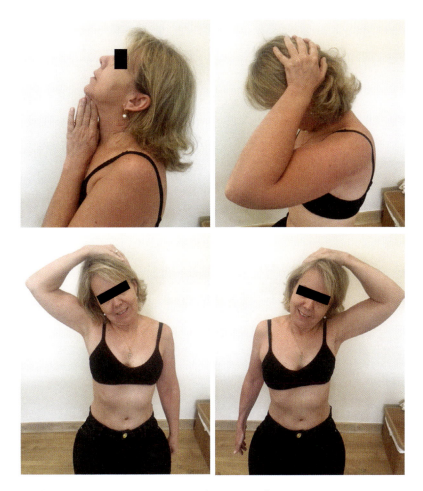

Figura 4 Exemplos de exercícios para coluna cervical.

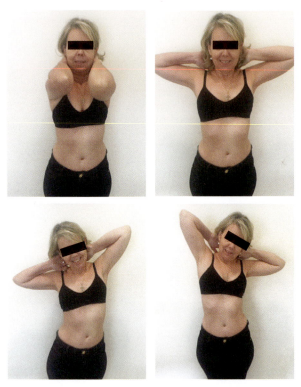

Figura 5 Exercícios de abdução e adução horizontal com inclinação de tórax.

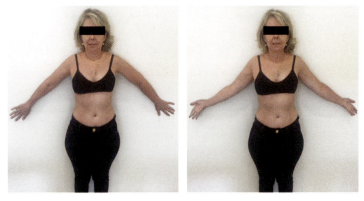

Figura 6 Exercícios de abdução de ombro, extensão de cotovelo e rotação interna e externa de ombro.

Caderno colorido 11

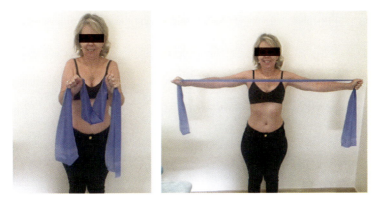

Figura 7 Uso de faixa elástica de fraca intensidade apenas como estimulador da abdução dos braços com extensão de cotovelos.

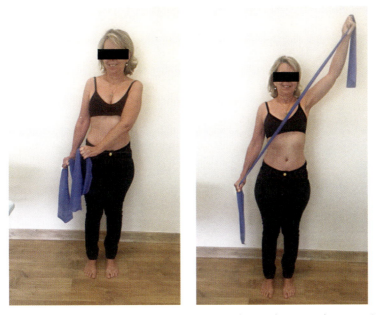

Figura 8 Uso de faixa elástica para movimentos na diagonal em membro superior em extensão de cotovelo.

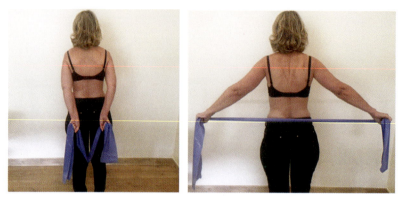

Figura 9 Uso de faixa elástica para movimento de abdução e extensão de ombro.

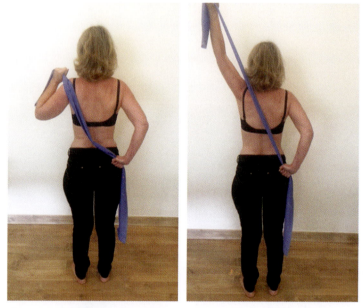

Figura 10 Uso de faixa elástica para movimento de extensão de cotovelo com flexão do ombro.

12
Fisioterapia nas cirurgias oncoplásticas e reconstrutivas da mama

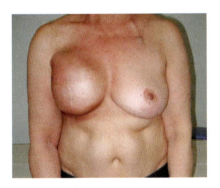

Figura 2 Preenchimento de expansor com maior volume.

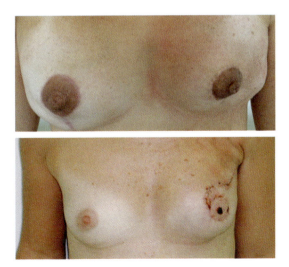

Figura 3 Encapsulamento da prótese.

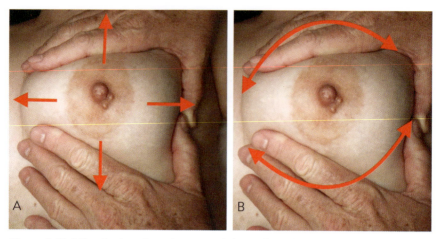

Figura 4 Mobilização da prótese/expansor A. Laterolateral, superoinferior. B. Circular.

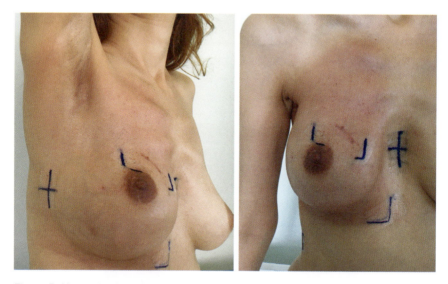

Figura 5 Marcação de radioterapia em paciente com prótese.

Caderno colorido 15

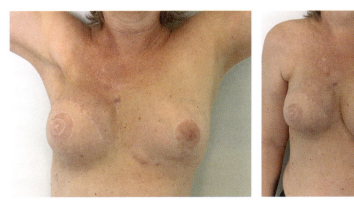

Figura 7 Retração muscular do peitoral maior com postura compensatória de ombro.

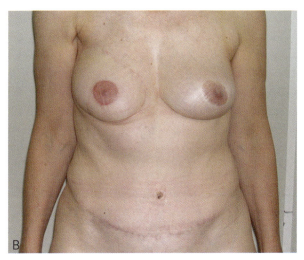

Figura 8 A. Técnica de retalho livre do músculo reto abdominal. B. Resultado do TRAM com formato similar ao da mama saudável.

14

Termografia e sua aplicação no paciente de câncer de mama

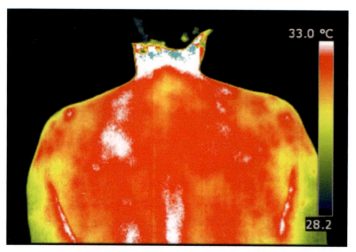

Figura 1 Paciente pós-mastectomia esquerda com dor cervicoescapular. Presença de *hot spot* (área oval branca) em projeção de romboides e levantador da escápula esquerda (ponto-gatilho miofascial).

Caderno colorido 17

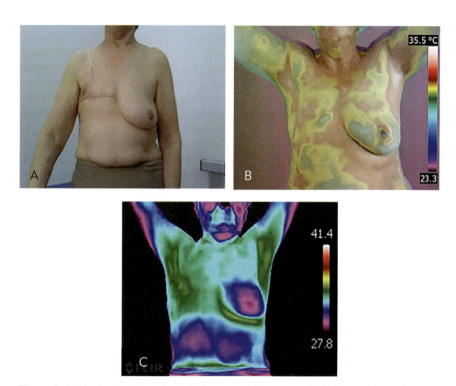

Figura 2 A. Mastectomia radical direita em paciente com linfedema de membro superior direito. B. Termografia correspondente à paciente da figura A, no modo *blending* e original (C). A termografia mostra a assimetria entre as regiões axilares e os ombros com resfriamento e hiporradiação direita.

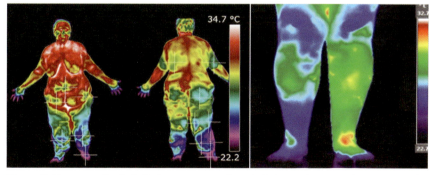

Figura 3 Termografia de linfedema em membros inferiores, imagem de corpo total e pernas. A área azul indica a região "em bota" assimétrica com aumento de volume, acometida pelo linfedema (marcações em +).

Seroma e Linfocele

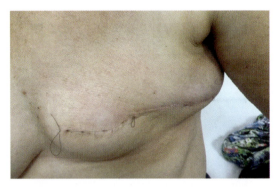

Figura 1 Seroma localizado em todo o plastrão cirúrgico até a linha média axilar.

Figura 2 Presença de seroma em linha axilar média posterior e junto ao sulco inframamário.

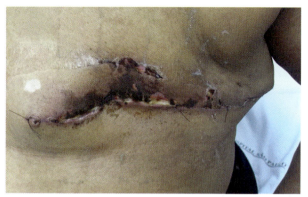

Figura 3 Infecção, deiscência e seroma.

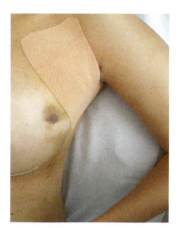
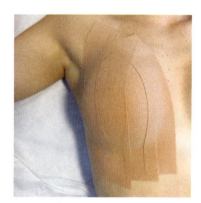

Figura 4 Terapia compressiva realizada como prevenção de seroma.

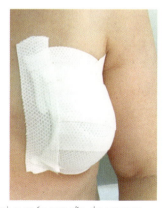

Figura 5 Terapia compressiva após punção do seroma.

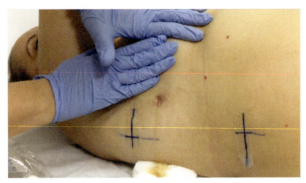

Figura 6 Manobras para estimular maior extravasamento do seroma.

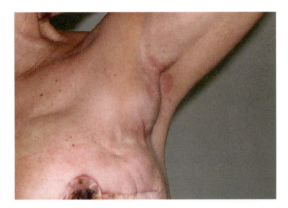

Figura 7 Linfocele.

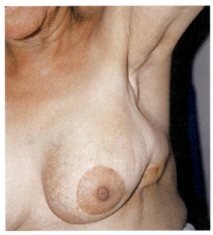

Figura 8 Presença de linfocele e síndrome da rede axilar em axila e tórax.

16

Síndrome da rede axilar

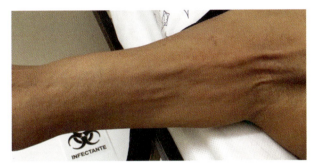

Figura 1 Síndrome da rede axilar.

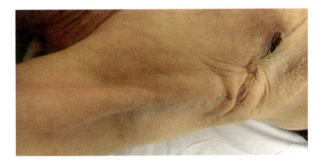

Figura 2 Faixa fibrosa.

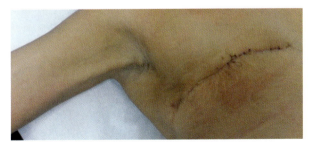

Figura 3 Cordão único.

22   Fisioterapia no câncer de mama

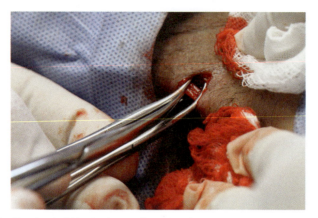

Figura 4 Realização de biópsia de cordão em axila.

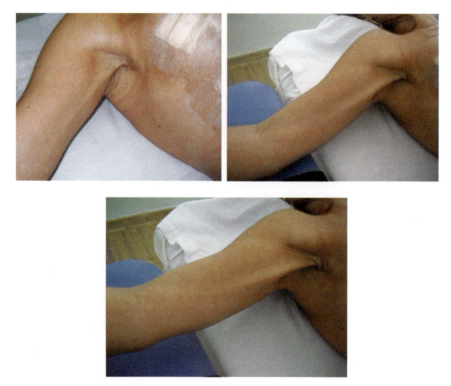

Figura 5 Posicionamento para avaliação de cordão.

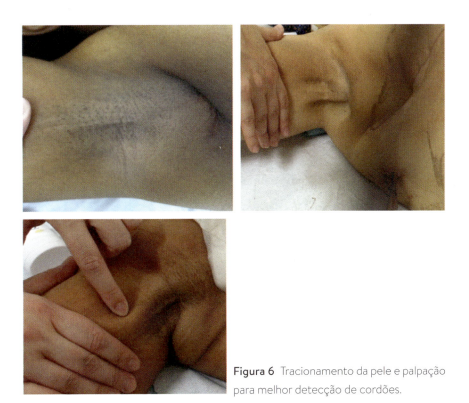

Figura 6 Tracionamento da pele e palpação para melhor detecção de cordões.

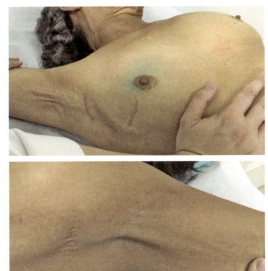

Figura 7 Tratamento fisioterapêutico da síndrome de rede axilar.

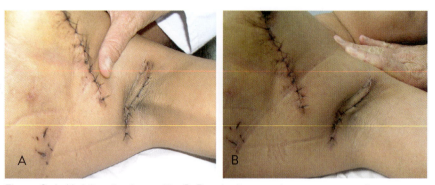

Figura 8 A. Mobilização do cordão. B. Resolução completa em uma sessão.

17

Fibroses e aderências

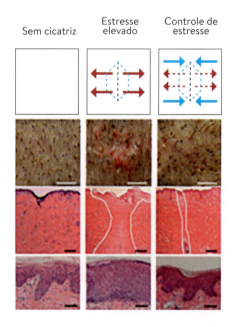

Figura 4 Controle de estresse como método de prevenção de cicatrização hipertrófica.

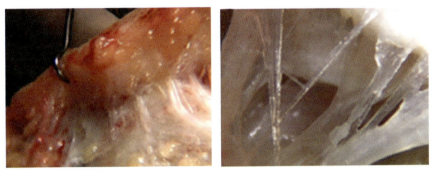

Figura 8 Presença de fibrose e aderência no subcutâneo.[30]

Lesões nervosas periféricas

Figura 3 Estesiômetro.

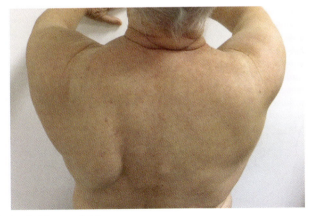

Figura 4 Teste de Hoppenfeld.

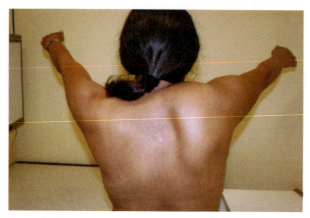

Figura 5 Escápula alada.

Fisioterapia na radioterapia

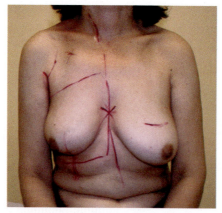

Figura 1 Locais de aplicação da radioterapia em pacientes de câncer de mama – plastrão, fossa supraclavicular, axila e mamária interna.

Caderno colorido 27

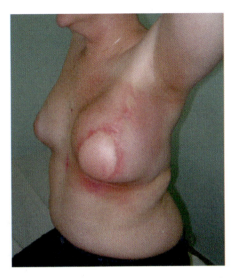

Figura 2 Posicionamento do membro superior para aplicação da radioterapia no câncer de mama.

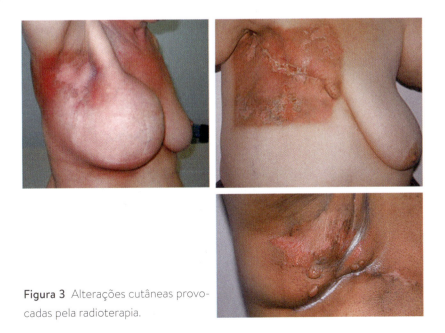

Figura 3 Alterações cutâneas provocadas pela radioterapia.

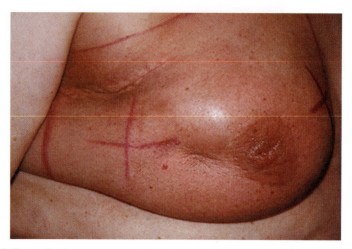

Figura 4 Retração da mama com desvio do complexo areolopapilar.

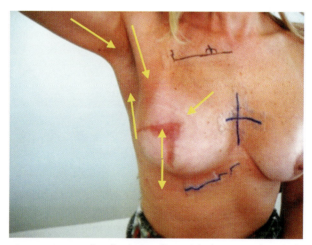

Figura 5 As setas mostram a direção da tensão tecidual provocada pela fibrose.

22
Alterações posturais no câncer de mama

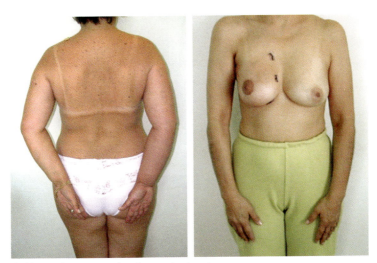

Figura 1 Alterações posturais pós-mastectomia.

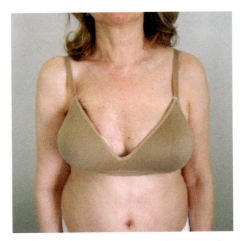

Figura 2 Melhor simetria postural após reconstrução com prótese mamária.

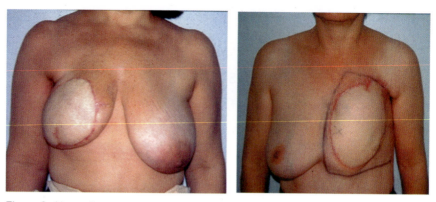

Figura 3 Alterações posturais após reconstrução com TRAM.

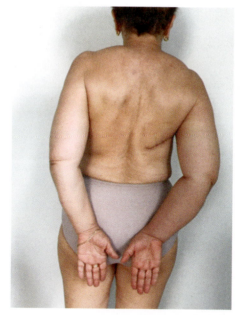

Figura 4 Alterações posturais pós-reconstrução com retalho do músculo grande dorsal.

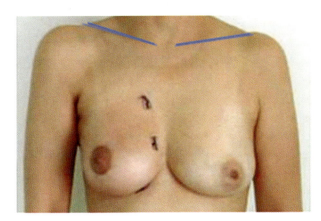

Figura 5 Avaliação do posicionamento das clavículas. Nota-se a clavícula direita com uma inclinação maior.

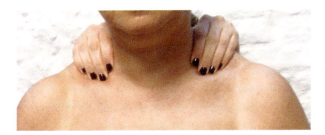

Figura 6 Avaliação do comprimento e da profundidade das fossas supraclaviculares.

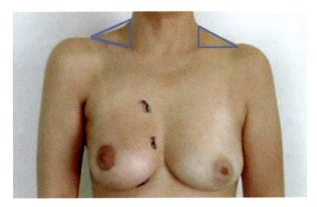

Figura 7 Avaliação do músculo trapézio superior. Nota-se o triângulo com altura aumentada à direita.

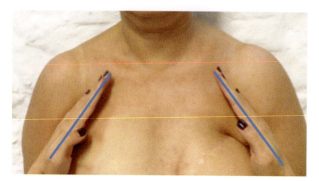

Figura 8 Avaliação do sulco deltopeitoral.

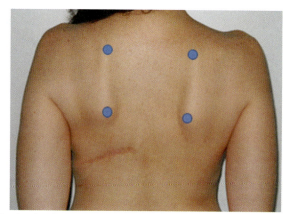

Figura 9 Avaliação da altura e báscula das escápulas.

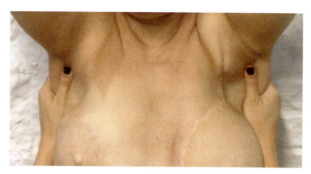

Figura 10 Avaliação do deslocamento das escápulas.

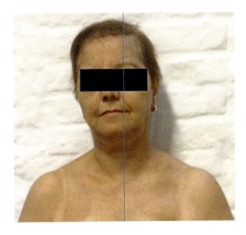

Figura 11 Avaliação do alinhamento cervical no plano frontal.

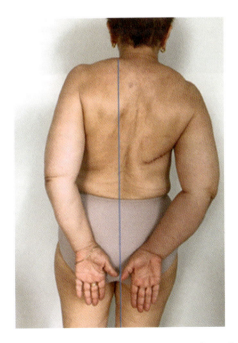

Figura 12 Avaliação do deslocamento do tronco no plano frontal.

23
Linfedema

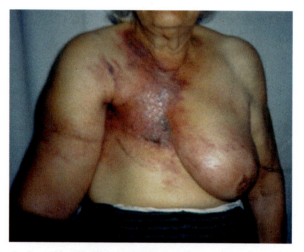

Figura 2 Circulação colateral difusa – linfedema neoplásico.

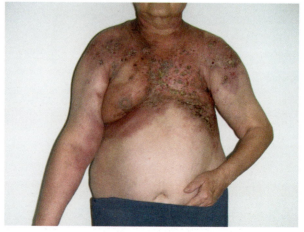

Figura 3 Lesões vegetativas – linfedema neoplásico.

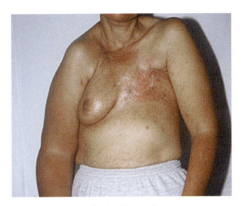

Figura 4 Alterações posturais e da distância acrômio-cabeça.

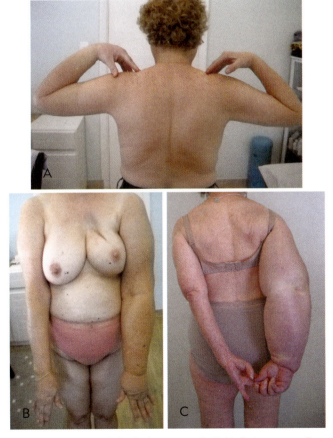

Figura 5 A. Linfedema grau 1. B. Linfedema grau 2. C. Linfedema grau 3.

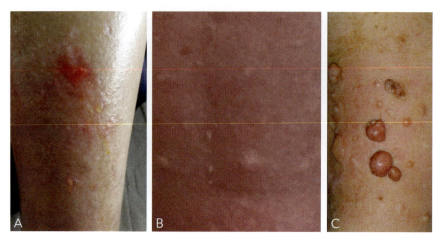

Figura 6 A. Presença de linforreia. B. Linfocistos. C. Linfocistos fibrosados.

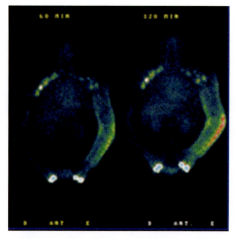

Figura 7 Linfocintilografia de membros superiores mostrando refluxo dérmico acentuado em face lateral de antebraço e consequente linfedema em membro superior esquerdo.

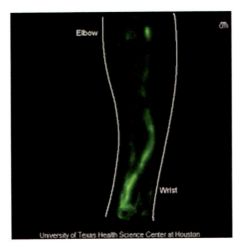

Figura 8 Exame de fluorescência infravermelho.

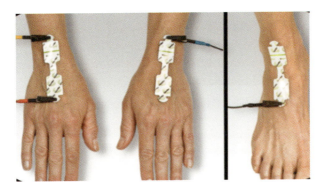

Figura 9 Aplicação de eletrodos para mensuração de bioimpedância (www.impedimed.com.br).

Figura 11 Tonômetro.

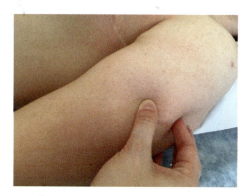

Figura 12 Pinça polegar-indicador.

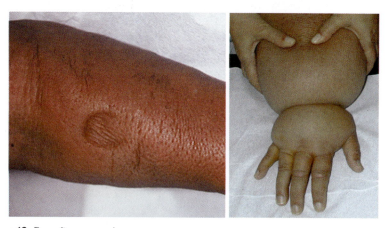

Figura 13 Pressão com polegar.

Caderno colorido 39

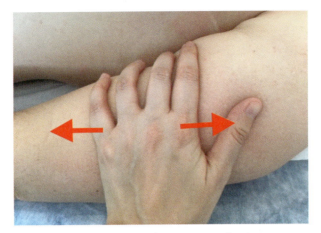

Figura 14 Deslocamento da pele sobre planos mais profundos.

Figura 15 Volumetria pelo deslocamento de água.

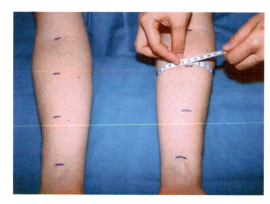

Figura 16 Mensuração por perimetria dos membros superiores.

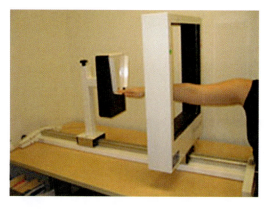

Figura 17 Perômetro (www.massgeneral.org/cancer/news/multimedia.aspx?id=563).

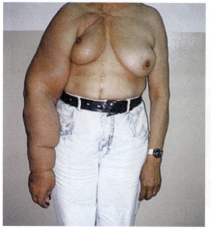 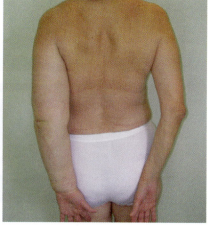

Figura 18 Alterações posturais provocadas pelo linfedema.

Caderno colorido 41

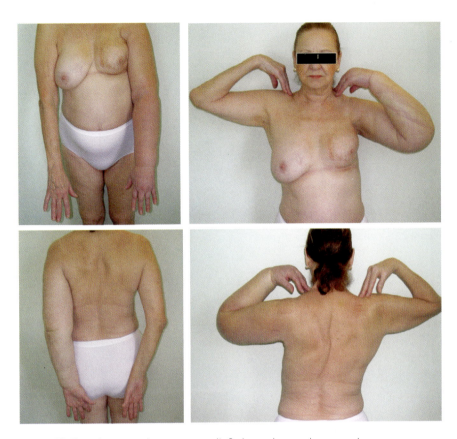

Figura 19 Posições para documentar o linfedema de membro superior.

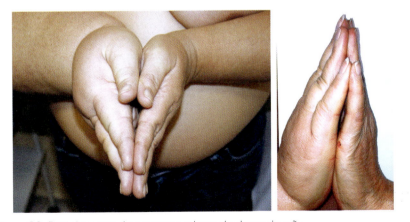

Figura 20 Posições para documentar edema do dorso da mão.

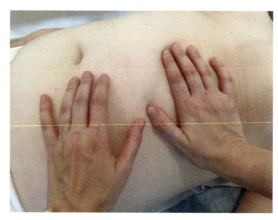

Figura 22 Drenagem linfática manual.

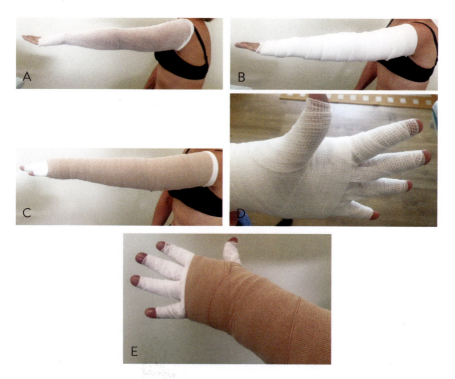

Figura 23 A. Colocação de malha tubular. B. Colocação de proteção com espuma. C. Enfaixamento de mão e dedos. D e E. Enfaixamento multicamadas de membro superior.

Caderno colorido 43

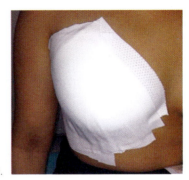

Figura 24 Enfaixamento de mama.

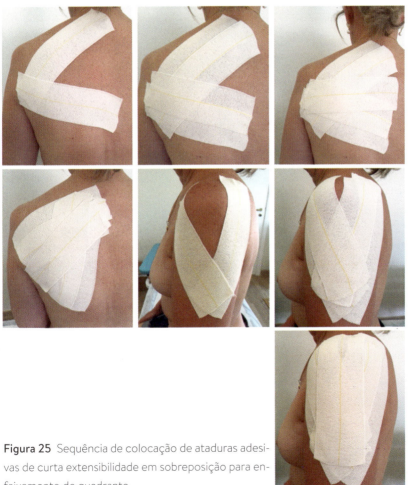

Figura 25 Sequência de colocação de ataduras adesivas de curta extensibilidade em sobreposição para enfaixamento de quadrante.

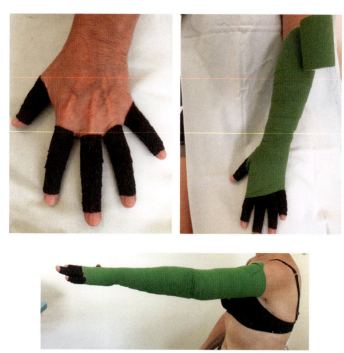

Figura 26 Enfaixamento com ataduras coesivas (Atamed®).

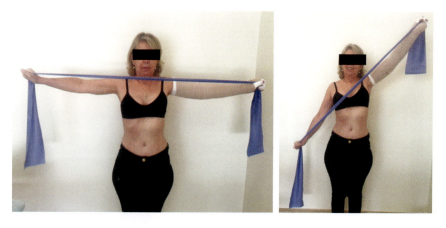

Figura 27 Exercícios realizados pela paciente com enfaixamento compressivo.

Caderno colorido   45

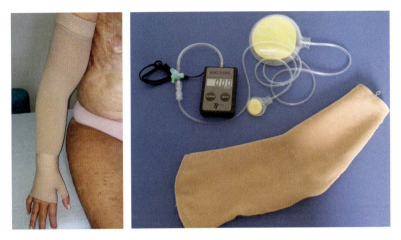

Figura 29 Componentes da segunda fase de tratamento.

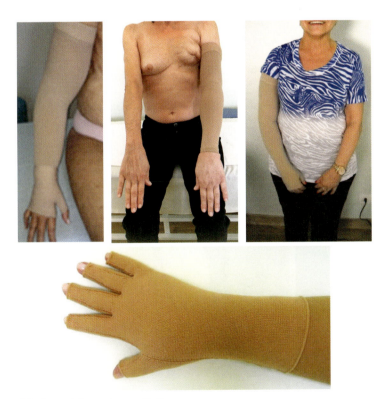

Figura 30 Braçadeiras e luvas elásticas.

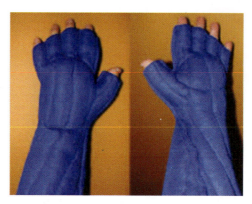

Figura 31 Veste noturna.

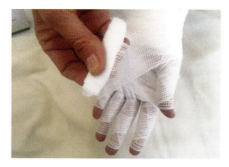

Figura 32 Autoenfaixamento para uso noturno.

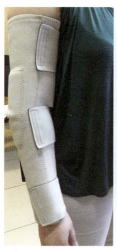
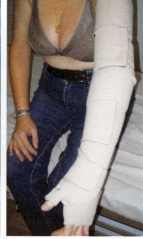

Figura 33 *Wraps* para membro superior.

Caderno colorido 47

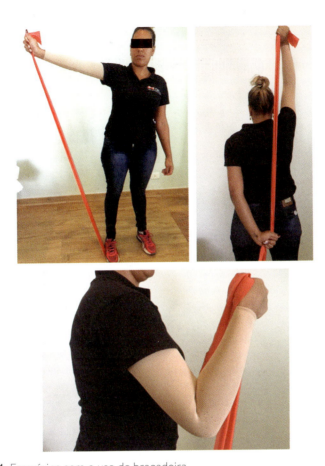

Figura 34 Exercícios com o uso de braçadeira.

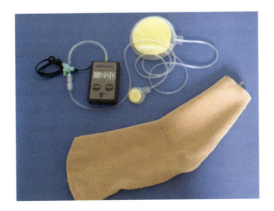

Figura 35 Mensuração da pressão da braçadeira.

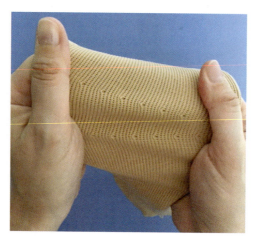

Figura 36 Avaliação da braçadeira com estiramento lateral.

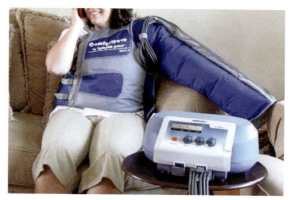

Figura 37 Bomba de compressão pneumática intermitente.

Figura 38 Terapia por ondas de choque.